新中国成立以来
救灾捐赠研究

Research on disaster relief donation
since the founding of PRC

韩 颖 著

人民出版社

国家社科基金后期资助项目
出版说明

　　后期资助项目是国家社科基金项目主要类别之一，旨在鼓励广大人文社会科学工作者潜心治学，扎实研究，多出优秀成果，进一步发挥国家社科基金在繁荣发展哲学社会科学中的示范引导作用。后期资助项目主要资助已基本完成且尚未出版的人文社会科学基础研究的优秀学术成果，以资助学术专著为主，也资助少量学术价值较高的资料汇编和学术含量较高的工具书。为扩大后期资助项目的学术影响，促进成果转化，全国哲学社会科学规划办公室按照"统一设计、统一标识、统一版式、形成系列"的总体要求，组织出版国家社科基金后期资助项目成果。

全国哲学社会科学规划办公室

2014 年 7 月

目　　录

序　言

　　我的学生韩颖撰写的《新中国成立以来救灾捐赠研究》一书就要出版了,这是一件非常令人欣喜的事。

　　韩颖2004年从哈尔滨师范大学马克思主义理论与思想政治教育专业硕士研究生毕业后,在东北林业大学从事教学科研工作。2008年考入中共中央党校中共党史专业攻读博士。从韩颖的学习经历来看,她本科和硕士学的并不是中共党史专业,甚至也不是历史专业,没有进行过党史研究的专业训练。以这样的基础,要完成中共党史专业的博士课程学习,特别是要作出一篇高质量的党史博士论文是相当难的。为此我鼓励她笨鸟先飞,从一入学,在紧张的课程学习的同时就考虑博士论文的研究方向和选题。

　　在研究方向的选择上,鉴于传统的研究领域,如中国共产党的思想理论、政治、经济、军事、文化、自身建设等方面研究较为深入,成果众多,依现有的主客观条件,要在史料和观点上出新很难。而在中国近代和现代社会史研究方面,虽然自1991年张静如先生提出"以社会史为基础深化党史研究"的思路以来,中共党史研究中的社会史研究开始兴起,出了一些有价值的成果,但仍不够深入。应当说这方面研究的空间是比较大的。因此初步考虑将研究方向关注在社会建设方面。

　　2008年四川汶川特大地震灾害发生。一年后,为全面、客观、系统地记述"5·12"汶川特大地震灾害和抗震救灾工作,国务院决定编纂《汶川特大地震抗震救灾志》。2009年4月,韩颖有幸参加了民政部《汶川特大地震抗震救灾志·社会赈灾志》的编纂工作,并接触了大量救灾捐赠、赈灾救灾、社会救助等方面的资料。这使他对救灾捐赠这一问题和领域产生了兴趣。于是,便以"改革开放后的救灾捐赠"作为博士论文的研究对象,开始展开研究。经过了两年的艰苦研究,完成了《1978年以来中国救灾捐赠研究》的论文写作。2011年6月,完成博士论文撰写并顺利通过答辩,获法学博士学位。

　　博士毕业后,韩颖到深圳市委党校任教,从事党史和党建的教学和研究工作。虽然教学和科研工作十分繁忙,而且研究的重点大都与博士论文的内容不相关,但她一直没有放弃对这一课题的关注。2016年5月,韩颖在博士论文的基础上,以《新中国成立以来救灾捐赠研究》为题目,申报了国家社科基金后期资助项目并获得立项。经过三年多的修改完善,这本《新中国成立以来救灾捐赠研究》作为国家社科基金后期资助项目的成果即将出版。

本书从中共党史视角出发,以新中国成立以来党领导救灾捐赠的实践和政策演变为研究对象,以大量档案文献史料为依据,运用归纳与演绎、分析和综合、历史和逻辑一致的方法,对新中国成立以来的救灾捐赠工作进行了系统梳理。力求全面、准确、客观地呈现新中国成立以来党领导救灾捐赠工作的历史脉络,分析其发展演变的深刻历史背景及原因,总结救灾捐赠工作的经验教训,揭示社会捐助工作发展演变的规律,从中窥探未来的改革方向。

综观全书,我认为应当肯定的有以下几点:

一是有较高的学术价值。

首先,开拓了中共党史研究的视野,丰富了党史和国史研究的内容。救灾捐赠问题是党史界较少研究的领域。学术界对新中国成立以来的救灾历史给予的关注比较少,在有些学者的眼中,新中国的救灾事业不过是"情况加政策",似乎没有什么学问可言,登不上学术研究的大雅之堂。随着中共党史和中华人民共和国史研究领域的拓宽,新中国的抗灾救灾历史,尤其是新中国初期的抗灾救灾历史引起了学术界的关注。但是,救灾捐赠作为救灾工作和社会救助事业重要内容,研究还比较薄弱。本书作者以救灾捐赠为研究对象,将新中国成立以来救灾捐赠的发展演变分为四个时期,尝试对新中国成立后党领导的历次救灾捐赠进行历史考察,阐述了各个时期实践的主要内容、党对救灾捐赠认识的发展和政策的演变,总结了其各阶段的特征,概括了党领导救灾捐赠事业的规律。作者将改革开放前救灾捐赠的主要特征,表述为以生产自救为主,强调国内互助,具有一定的零散性、偶然性、被动性,救灾捐赠政策较笼统、缺乏规范性等;将改革开放后救灾捐赠的主要特征表述为规范化、制度化、法制化、社会化、国际化、多元化等,这种对两大阶段特征的概括是比较客观准确的。在此基础上,作者以救灾捐赠为视角,解读了中国共产党领导社会救助事业的历史经验。本书的研究拓宽了中共党史和中华人民共和国史研究的领域。有一定的开拓性。

其次,弥补灾荒史研究的不足。以往的中国灾荒史研究,从纵向的维度来看,学术界关注更多的是中国古代、中国近代和中华人民共和国成立初期的灾害历史研究。从横向的维度来看,学术界对于新中国抗灾救灾的历史的研究是宏大的,面面俱到的,单纯以"救灾捐赠"为研究对象,进行深入研究的比较少。综合纵向和横向两个维度的研究,作者选择新中国建立以来党领导救灾捐赠工作的历史为题，不仅在时间轴上实现了延伸，也在领域空间上实现了扩展。这既是对灾荒史研究的拓展，也是对社会史学研究的拓展。

最后，拓展了制度史研究的领域。党的十九届四中全会，全面阐释了制度和国家治理的关系，明确了我国的制度优势，提出了健全和完善制度的方向。任何制度都不是在某一个时间点上突然生成的，而是长期探索、完善的结果。因此，制度史的研究势必或已经成为党史研究的热门领域。救灾捐赠，不仅是一项简单的工作或者事业，党在领导救灾捐赠工作的过程中，探索形成了一套相对完善的救灾捐赠制度体系。研究这些制度的嬗变，可以为制度史的研究展拓领域，丰富制度史的研究内容。

二是有重要的实践价值。

首先，为完善救灾捐赠制度和社会捐助制度体系提供借鉴。实际上，救灾捐赠是社会捐助工作的重要组成部分，在对历史脉络的爬梳中，透视救灾捐赠制度存在的问题，总结救灾捐赠工作的经验教训，可以为健全和完善社会捐赠制度体系提供借鉴。

其次，为推进减灾救灾工作的健康发展提供借鉴。救灾捐赠是救灾工作的重要内容，对其进行全面系统地研究考察，可以推进中国救灾减灾工作的改革发展。特别是党的十六大以来，民生问题成为党和社会关注的焦点。坚持以人民为中心的发展思想，让人民群众有更大的获得感、安全感、幸福感，推动打造共治共建共享的社会治理格局，是党的十八大以来以习近平同志为核心的党中央围绕创新发展和推动社会治理提出的重要思想和观点。"以人为本""坚持以人民为中心"，这是民政工作的基本内涵和应有之义，也是民政工作的本质要求。救灾捐赠关乎民生，关乎社会公平、正义、法治、和谐和稳定，对于培育和弘扬社会主义核心价值观，构建中国特色社会主义慈善文化具有重大意义。

最后，为推进社会治理提供借鉴。党的十八届三中全会明确提出，全面深化改革的目标是实现国家治理体系和治理能力的现代化。社会治理是国家治理的重要组成部分，也是社会体制改革的重要内容。治理和管理，一字之差，但理念差别是巨大的。尤其是，治理强调权力下沉，充分发挥社会组织、社区、志愿者等主体在社会治理中的作用。这一点在我国抗击新冠肺炎疫情中表现得淋漓尽致。那么在救灾捐赠和社会捐助工作中，如何厘清政府和其他主体的角色、作用，是社会治理必须要关注的问题。因此，梳理新中国救灾捐赠工作救灾体制的发展脉络，透视政府和社会组织等主体关系的演变，对当前深化社会体制改革，推进社会治理工作具有重要的价值。

总之,作者在充分吸收前人研究成果的基础上,提出的中国特色社会主义慈善捐赠文化是中国优秀传统文化的重要组成部分,也是中华民族文化自信的内容之一,需要大力继承、传扬和创新性发展;规范政府部门监督、社会公众监督、第三方机构监督和媒体监督等多重防线组合的救灾捐赠监管的全方位网络,充分发挥互联网时代下,"大数据"和信息化互联的优势,实现对救灾捐赠监管的"玻璃瓶"等观点,是很有见地的。作者将救灾捐赠的意义概括为对缩小贫富差距,弘扬中华民族扶危济困的优良传统美德,筑牢中华民族命运共同体意识产生了积极效应,激发了全体公民的慈善意识和自觉行动,增强了全社会、全民族的凝聚力。同时,深化了对外开放的领域和内容,增强了与国际社会广泛合作的认识,也是很到位的。

尽管作者对这项研究倾尽了全力,按照要求完成了课题,但对于这样一个政策性、现实性很强的问题研究,囿于时间、精力、资料、知识结构等因素,还是存在一些不足。

对救灾捐赠研究的理论深度不够。这或许与本书以历史叙述为主的结构有关。系统梳理新中国成立以来救灾捐赠的历史演进,很容易陷入单纯的历史性叙述之中。每个时期救灾捐赠的实践、做法、过程有其共性、重复性,要对每个时期救灾捐赠进行规律性认识和归纳总结,就必须透过其中的时代背景、逻辑演变进行整体性系统性把握。由于自身的学识能力、理论功底和分析问题能力有限,对问题的捕捉,若干难点研究不够深入。造成这种状况也和作者的知识结构有关。救灾捐赠是一个极为复杂的问题,它涉及募捐的权限、如何募捐、如何管理捐赠物资、如何分配和使用捐赠物资等诸多环节,其中有许多难点。要解决这些问题,在研究过程中不可避免要涉及一些其他相关学科,比如法学、社会学、公共管理学等学科领域。作者受知识结构存在的局限性制约,导致对理论问题的分析不够深入、充分,这也是以后作者作党史研究需要努力加强的。

史料挖掘还有一定空间。新中国成立以来救灾方面的文献资料众多,作者虽在博士论文的基础上,又收集补充了一些新的文献档案资料,但由于培训教学工作繁重,能够专注本课题研究的时间多被碎片化,难以集中时间和精力专注于这项工作。因此,一些资料,特别是近十年来的史料没能深入挖掘,有待进一步广泛搜集和整理。

救灾捐赠是一项操作性、现实性很强的社会工作,总会面临一些新情况、新问题。2020年年初,一场突如其来的新冠肺炎疫情肆虐中国,社会各界发扬一方有难,八方支援的精神,慷慨解囊。但是,在捐赠工作中也暴露了很多问题。实际上有些问题是顽疾,一直没有很好地解决。比如,武汉红十字会在捐赠物资的分配使用上，引发了社会的广泛质疑，再次把慈善捐助的公信力问题推到风口浪尖。那么，如何通过制度的创新或者机制的完善，去堵住这些漏洞？这是社会捐助研究需要深入探讨的问题。再比如，在中国抗疫取得有效进展的同时，新冠肺炎疫情以更加猛烈之势席卷全球，中国充分发扬国际援助精神，为很多国家捐赠了防疫抗疫物资，可谓是雪中送炭，体现了大国担当。但是，有些国家却对中国的捐赠行为说三道四，国内有些民众也不理解这种做法。面对捐赠中存在的这些问题，该如何治理？这也是未来救灾捐赠工作需要深入探讨的问题。因此，关于救灾捐赠的研究不是一朝一夕的事情，需要学界共同努力，把救灾捐赠的研究做实做牢，不断地认识和解决时代发展带来的新问题。期望学术界有志于从事救灾捐赠研究的同仁们继续努力，奉献出更多既有理论意义又有实践价值的新成果。

刘晶芳

2020 年 4 月 10 日

导　　论

一、主要概念的界定

概念是思维的基本形式,是课题研究的基础。在进行课题研究之前,有必要对相关概念予以界定。

(一) 自然灾害

中国是世界上自然灾害最为严重的国家之一。自然灾害是指因自然因素发生异常、环境遭到破坏而危及人类生存的灾害,一般分为四种类型:一是气象灾害,指由于大气的各种物理现象和运动引起的灾害,如干旱、洪涝台风等;二是地表灾害,指构成地表形态的各种自然物运动变化造成的灾害,如雪崩、滑坡、泥石流等;三是地质构造灾害,指地壳内部巨大能量的急剧释放对人类造成的危害,如火山爆发、地震、山崩等;四是生物灾害,指自然界中有害生物或其毒素的大量繁殖扩散形成的灾害,如病虫害、畜疫、烈性传染病的暴发等。常见的自然灾害包括干旱灾害、洪水灾害、地震灾害、海洋灾害、农林牧生物灾害、森林灾害和草原火灾等。①　其中,影响最大的是洪水、干旱和地震等灾害。这些灾害是本课题关注的重点。

(二) 社会救助与救灾捐赠

1. 社会救助

关于社会救助,学术界有各种不同的定义。郑功成认为,“社会救助是指国家和社会面向由贫困人口与不幸者组成的社会脆弱群体提供款物接济和扶助的一种生活保障政策。它通常被视为政府的当然责任或义务,采取的也是非供款制和无偿救助的方式,目标是帮助社会脆弱群体摆脱生存危机,以维护社会秩序的稳定”②;时正新、廖鸿认为,“社会救助是在公民因各种原因导致难以维持最低生活水平时,由国家和社会按照法定的程序给予款物接济和服务,以使其生活得到基本保障的制度”③。这两个定义虽然表述不同,但其核心是一致的,即社会救助是国家和社会对遇到困难和不幸的

---

①　曹立前:《社会救助与社会福利》,中国海洋大学出版社 2006 年版,第 132—133 页。
②　郑功成:《社会保障学》,商务印书馆 2000 年版,第 13—14 页。
③　时正新、廖鸿:《中国社会救助体系研究》,中国社会科学出版社 2002 年版,第 2 页。

公民提供款物救济和服务的一种政策或制度。是一种积极的救困助贫措施,是作为政府责任的一种长期性救助。社会救助主要是对遭遇困难的社会成员提供最低生活保障的社会制度,通过扶危济贫,救助社会弱势群体,最终实现全体人民共同富裕的目标,社会救助集中体现了中国特色社会主义制度的优越性,是社会保障的最后一道安全线和防护网。

从外延来看,现代社会救助领域广泛,根据救助对象、救助手段、救助内容等,可以作出不同的划分。根据致贫原因,社会救助可划分为失业救助、孤寡病残救助、自然灾害救助和其他贫困户救助等;依据救助手段,可分为资金救助、实物救助和服务救助等;依据救助的实际内容,可分为生活救助、住房救助、教育救助、医疗救助和法律援助等。其中自然灾害救助是本课题研究的视阈,它是对公民因自然灾害而造成生活困难时,由国家和社会提供必要的资金和物质援助,以维持其最低生活水平的社会救助,是社会救助的重要内容之一。自然灾害所造成的困难一般来说是短期的又必须紧急解决的,需要以最快的速度向灾民提供救助,以维持灾民的最低生活水平,乃至简单再生产。因此,自然灾害救助有两大特点:一是必须在公民遭受自然灾害袭击而生活无着落时进行救助;二是救灾所提供的资金和物质必须是急需的和能够维持灾民最低生活水平的。①

2. 救灾捐赠

《社会捐助基本术语》中指出:救灾捐赠是指自然灾害发生时,有组织有管理有发动的以救灾为目的的捐赠活动。② 邓国胜指出,救灾捐赠是指在发生自然灾害时,通过救灾募捐主体开展的募捐活动或捐赠人的自发捐赠行为,募集款物用于支援灾区、帮助灾民的捐赠行为。③ 在救灾捐赠中,救灾是目的,捐赠是手段。救灾捐赠是社会救助事业的一部分,是一项社会公益事业。④

笔者认为,救灾捐赠作为自然灾害发生后,以救灾为目的的重要手段,可以有效地整合社会资源,为灾区和灾民提供紧急救助和服务、解决生产生活困难,是自然灾害救助的有效实现形式,也是救灾工作的重要内容和途径

---

① 费梅萍编著:《社会保障概论》,华东理工大学出版社 1999 年版,第 218 页。

② 中华人民共和国国家质量监督检验检疫总局、中国国家标准化管理委员会发布:《社会捐助基本术语》,中国标准出版社 2009 年版。

③ 邓国胜等:《响应汶川:中国救灾机制分析》,北京人民出版社 2009 年版,第 9 页。

④ 《中华人民共和国公益事业捐赠法》规定,公益事业是指非营利的下列事项:救助灾害、救济贫困、扶助残疾人等困难的社会群体和个人的活动;教育、科学、文化、卫生、体育事业;环境保护、社会公共设施建设;促进社会发展和进步的其他社会公共和福利事业。

之一,属于慈善捐赠的一部分。因此,救灾捐赠具有慈善性、社会公益性和人道主义的性质。慈善性是救灾捐赠的伦理道德属性。中国传统文化中的慈善思想是一种自然的扶弱济困思想,即同情人、关怀人的思想。一是人皆有同情心,二是"善有善报"的积德行善心理。社会公益性是救灾捐赠的社会特性。救灾捐赠作为一项社会活动,其运作动机、方式和目的具有明显的社会性、群体性。人道主义性质是救灾捐赠国际化的政治理论依据。强调人与人之间的平等、权利和互相友爱、互相关怀。在救灾捐赠中,人道主义可以贯穿于各国政府、国际组织、社会团体和民间组织,成为跨越社会制度、意识形态、经济条件等差别而互相关怀的一座桥梁,是全球合作应对自然灾害的最集中体现。

救灾捐赠作为有组织、有管理、有发动的以救灾扶贫为目的而开展的社会公益和慈善活动,其主要内容是在发生较严重的突发性自然灾害后,由政府部门或社会团体等机构有组织地向国内社会各界及国际社会募集资金和物资,帮助解决灾区和灾民因灾害造成的困难。捐赠款物主要来自国内社会各界,包括各机关、团体、企事业单位、军队、学校和个人,还有国外各国家和地区政府、国际组织、国外民间团体、企业及个人,海外华人华侨组织及个人、港澳台同胞等。捐赠募集到的款物,主要用于满足灾区和灾民的紧急需要,包括解决灾民的食品、饮水、医疗防疫、临时住所、衣被等;安置灾民和帮助灾区恢复重建,包括帮助灾民修复重建住房、灾区敬老院、福利院、中小学校、医疗诊所,修建灾民新村,改善灾区饮水条件,提供基本的生产资料,恢复交通、通信等基础设施等。

救灾捐赠具有两个特点:一是救灾捐赠受突发事件的制约,具有突发性、临时性,一般没有长期具体的计划,其结果也难以预测。救灾捐赠的直接目的是为了对每次受灾的重灾民进行有效的救济,其服务对象往往是特定范围内的某些灾民群体,具有救急的特点。二是救灾捐赠的发动对象是整个社会,任何单位和个人都是潜在的捐赠者。捐赠行为是完全自愿的、无偿的,无论是捐赠者还是管理者都不追求经济效益。救灾捐赠是自发的社会行为同有组织的机构管理相结合的产生社会效益的公益行为。捐赠者有指定捐赠对象、了解救济过程和效果的权利,管理机构同时对捐赠者和灾民负责,灾民享有无须事先履行任何义务而无条件接受救济的权利。

救灾捐赠是一个庞大的系统工程,涉及民政、外交、宣传、铁路、交通、民航、海关、检验检疫、卫生等多个部门,包括国内和境外救灾捐赠的组织发动、接收、使用、发放、监督管理等多个方面和环节。这些环节作为救灾捐赠工作系统的子系统,它们之间相互联系、相互作用、相互制约、相互影响。在本课题的研究过程中发现,新中国成立以来,党领导的救灾捐赠工作随着自然灾害的频繁发生和经济社会的不断发展调整改革,在救灾捐赠实践中逐步形成了相对稳定的救灾捐赠工作程序、运作机制以及相关的政策制度和法律法规,这对考察救灾捐赠的改革发展和演进有很大帮助。

二、基本结构框架

本文由导论、正文(四章)和结束语(第五章)组成。

导论部分主要介绍本书的概念界定和基本框架结构。

第一章,1949—1978 年救灾捐赠的初步实践。通过对史料的挖掘、梳理,对 1949—1978 年中国发生的自然灾害情况,以及党和政府开展的救灾捐赠活动进行归纳梳理,总结 1949—1978 年间党领导救灾捐赠的实践和规律性特征,即以生产自救自助为主,有限开展救灾捐赠;在物质上和精神上给灾民以有力支持;强调国内互助,排斥救灾外援;募捐活动具有一定的零散性、偶然性、被动性;救灾捐赠具体政策较笼统,缺乏规范性等特点。

第二章,1978—1988 年救灾捐赠的调整与全面展开。党的十一届三中全会后,人们的思想观念还没有从长期禁锢中彻底解放出来,"左"的思想影响在一定程度上还依然存在着。中国的改革开放刚刚起步。这一阶段救灾捐赠还处于摸索和调整时期,一方面,党和政府对救灾工作进行调整探索,开始尝试恢复国内救灾捐赠,但还没有准确的把握,没有受到足够的重视;另一方面,虽然中国开始接受国际救灾援助,在救灾外援的接收、入境、运输、检验检疫、发放等方面初步形成了一些固定做法和规定,但对救灾外援的态度还比较保守、谨慎、出现犹豫反复,仍然在一定程度上将灾情、救灾和接受救灾外援与政治因素和意识形态混在一起考虑,国际救灾援助被意识形态化,打上深深的政治烙印,对待救灾外援还不够开放、理性和务实。

第三章,1989—1999 年救灾捐赠的改革实践。20 世纪 80 年代末 90 年代初,随着经济和政治体制改革的发展,救灾捐赠开始真正步入改革探索阶段。以中国国际十年减灾委员会的成立、减灾被纳入国民经济计划和社会发展总体规划以及救灾工作实行分级管理体制改革为契机,民政部开始初步探索经常性社会捐助和救灾对口支援模式,并逐步规范、完善国际救灾援助的政策和制度规定。从 1991 年华东水灾到 1998 年长江流域特大水灾,以明确接受救灾外援为突破口,积极探索和发展了同国际社会在救灾领域的合作,努力与国际惯例接轨,基本形成了立体化的救灾捐赠新格局。救灾捐赠的范围、领域、途径、内容、影响和作用不断扩大,成为救灾工作的重要内容和途径。与此同时,民政部从 1996 年开始初步探索"扶贫济困送温暖"经常性社会捐助活动,在组织、宣传、接收、运输、分配、发放、监管、对口支援等方面初步形成了一些做法、规定和运行模式,虽然还处于初步摸索阶段,但一些做法在后来经常性社会捐助的开展中得到沿用和推广。社会捐赠立法也实现了突破,《中华人民共和国公益事业捐赠法》的颁布,标志着国家以法律形式对扶贫济困捐赠行为的肯定、保护、规范和鼓励,为救灾捐赠工作的开展提供了基本法律依据,奠定了救灾捐赠工作法制化的基础。

第四章,2000年后救灾捐赠的快速蓬勃发展。2000年后救灾捐赠驶入蓬勃发展的快车道。本章主要介绍2000年后救灾捐赠在经常性社会捐助制度、救灾对口支援、救灾捐赠激励、救灾捐赠应急响应机制、国际救灾援助以及立法工作等方面的建设和发展。笔者认为,经历了2003年防治非典、2008年年初南方低温雨雪冰冻灾害和"5·12"汶川特大地震、2010年"4·14"玉树地震和"8·7"舟曲泥石流灾害、2013年"4·20"四川雅安芦山地震、2014年"8·3"云南鲁甸地震等救灾捐赠实践,经常性社会捐助、救灾对口支援、救灾捐赠激励、救灾捐赠应急响应机制、国际救灾援助及立法工作都取得了长足的进步和发展,救灾捐赠在组织、发动、接收、运输、分配、统计、信息公开、监督等环节的具体操作流程逐步规范、完善,形成了一套比较成熟、规范的运行模式,逐步确立了"政府推动、民间运作、社会参与、各方协作"的救灾捐赠工作机制。经常性社会捐赠活动取得了突破性进展,向日常化、经常化、制度化转变,作为一种救灾制度被固定下来;救灾捐赠对口支援模式根据灾情特点和实际受灾情况不断调整,并被运用到灾后恢复重建中,并与精准扶贫相结合,初步形成中国特色社会主义救灾对口支援制度;初步建立起救灾捐赠工作规程和应急响应机制;探索并形成了表彰奖励和税收优惠相结合的救灾捐赠激励机制;国际救灾援助也突破单一接受救灾外援界限,扩展为积极进行对外救灾援助和参与国际救灾减灾交流合作与互助;《救灾捐赠管理办法》等一系列救灾捐赠政策制度和规定的出台,推动救灾捐赠立法快速发展,2016年3月16日,第十二届全国人大四次会议审议通过了《中华人民共和国慈善法》,并于2016年9月1日实施。以法律形式明确规范了捐赠行为,对募捐主体资格的取得和捐赠违法行为的法律责任进行了规制,为中国特色社会主义慈善事业发展提供了强有力地法制保障和广阔的制度空间。

结束语(第五章),新中国成立以来救灾捐赠的成效与启示。本章在对新中国成立以来救灾捐赠取得的重大进展与存在的问题和不足进行深入分析的基础上,为当前减少政府对救灾捐赠的行政干预、进一步放开救灾捐赠市场、改革社会捐助工作、推进救灾捐赠和社会慈善事业发展、创新社会治理、提高党的执政能力和国家治理能力现代化提出发展思路和具体路径。

在对新中国成立以来救灾捐赠的历史考察过程中,本书着重对该课题研究的几个薄弱环节进行了较为深入细致的梳理研究,系统考察了中国在对待国际救灾援助、经常性社会捐助、救灾对口支援、救灾捐赠激励和救灾捐赠立法等问题上的政策变化及其深刻的历史背景,并总结其经验教训。

第一章　1949—1978 年救灾捐赠的初步实践

　　人类自产生以来,就无时无刻不受到灾害的侵袭和困扰。人类社会发展的历史,是同自然界不断斗争的历史。自然灾害对人类的生存和发展造成了极大威胁,无论过去、现在还是将来,它都是人类社会面临的最大、最危险的敌人和挑战。

　　中国是世界上自然灾害最为严重的国家之一,灾害种类多,发生频率高,分布地域广,造成损失大。中华民族的发展史,包含着同自然灾害不断斗争的历史。"中国灾荒之多,世界罕有,就文献可考的记载来看,从公元前十八世纪,直到公元二十世纪的今日,将近四千年间,几乎无年无灾,也几乎无年不荒;西欧学者甚至称中国为'饥荒的国度'(The Land of Famine)。"①"自公元前 1766 年(商汤十八年)至纪元后 1937 年止,计 3703 年间,共达 5258 次,平均约每六个月强便有灾荒一次"。②

　　1949 年新中国成立后,国家面临的灾害形势依然严峻。频繁发生的自然灾害,不仅威胁着人们的生命和财产安全,破坏着人们正常的生产、生活秩序,而且对社会稳定以及新政权的巩固带来极大威胁,严重阻碍着新中国的发展和进步。中国共产党领导中国人民同各种自然灾害进行斗争的过程中,进一步发扬了中华民族"一方有难,八方支援"、扶贫济困、互帮互助的优良传统,把组织群众互助互济作为救灾工作的重要内容之一。在政府的积极引导下,民间自发零散的、局部和偶然的互助互济行为逐步演变为以支援灾区和贫困地区为目的的、具有一定组织性的社会救灾捐赠活动,成为社会救助事业的重要组成部分。

第一节　1949—1978 年党对救灾工作的初步探索

　　中国是一个自然灾害频繁发生的国家。1949—1978 年的 30 年间,中国发生了大大小小多次自然灾害,遭遇了包括 1954 年江淮特大洪水、1958

---

① 邓云特:《中国救荒史》,生活·读书·新知三联书店 1958 年版,第 1 页。
② 邓云特:《中国救荒史》,生活·读书·新知三联书店 1958 年版,第 38 页。

年黄河特大洪水、1959—1961 年三年自然灾害、1963 年海河特大洪水、1966 年邢台 7.2 级地震、1970 年通海 7.7 级地震、1973 年炉霍 7.9 级地震、1975 年海城 7.3 级地震、1975 年河南驻马店特大洪水、1976 年唐山 7.8 级地震等在内的多次严重自然灾害。中国共产党对救灾工作给予了高度重视，在救灾方面进行了积极有效的应对和探索。

一、自然灾害频繁发生

1949 年新中国刚刚成立，长江、淮河、汉水、海河流域等 16 个省区就遭受了特大洪涝灾害。由于处于夏秋之际，雨水过多，河堤又年久失修、千疮百孔，江河泛滥，再加上战争对各种水利设施的破坏，导致大量堤坝决堤，洪水肆虐。"据内务部统计，这一年全国受灾面积约 12787 万亩，受灾人口约 4555 万人，倒塌房屋 234 万余间，减产粮食 114 亿斤"①。其中华东地区以皖北、苏北、山东等地水灾最重。皖北受灾面积 1789 万亩，灾民 719 万人。苏北受灾面积 1776 亩，灾民 450 万人。山东受灾面积 1248 亩，灾民 332 万人。② 如此严重的自然灾害，对刚刚建立起来的新中国和中国共产党来说，都是一个严峻的考验。能否战胜灾害，直接关系到新政权的巩固和社会的稳定，关系到党和国家的威信，关系到人民的生产生活。因此，中国共产党对救灾工作给予了高度重视和关注，认为"生产救灾是关系到几百万人的生死问题，是新民主主义政权在灾区巩固存在的问题，是开展明年大生产运动、建设新中国的关键问题之一"③，采取多种有效措施开展生产救灾运动。

1950 年夏，正当灾民在党和政府领导下救灾渡荒、重建家园时，河北省部分地区及淮河流域又遭受了严重的水灾。"除淮河流域和河北省的永定河流域有严重水灾外，其他平原、辽西、山东、湖北、湖南等省也发生了不同程度的水灾，共计受灾面积 986 万亩，受灾人口 496 万人。山西、平原、黑龙江、湖北等省的部分地区还受了一些旱灾，共计受灾面积 618 万亩，受灾人口 179 万人。"④

1954 年 7 月，长江中下游发生百年一遇的特大洪水。这一年是新中国成立以来受灾范围最广、程度最深的一年。"据内务部统计，全国遭受水灾

---

① 中华人民共和国内务部农村福利司：《建国以来灾情和救灾工作史料》，法律出版社 1958 年版，第 1 页。
② 中央人民政府内务部研究室：《救灾工作及其问题》，《人民日报》1950 年 1 月 15 日。
③ 新华时事丛刊社：《生产救灾》，新华书店 1950 年版，第 4 页。
④ 中华人民共和国内务部农村福利司：《建国以来灾情和救灾工作史料》，法律出版社 1958 年版，第 29 页。

的有十四个省（区），成灾面积：长江流域部分为 4700 万亩，淮河流域部分为 6200 万亩，大清、子牙等流域部分为 3700 万亩；加上各省山洪灾害，总共16958 万亩。农业减产：粮食 2589000 万斤，棉花 414 万担。成灾人口：6069万人，其中重灾人口 3947 万人。倒塌房屋：1024 万间。"[1] 由于受灾地区多为粮棉高产地区，因此，对国家农业增产计划的完成造成了很大的影响，对社会生产力的破坏较为严重，给人民的生产生活也带来了非常深重的困难。

　　1959 年至 1961 年，中国连续遭遇自然灾害，引发严重饥荒。先是 1959年年初，北方出现旱灾。1—4 月，河北、黑龙江出现严重春旱，4—5 月，又遭受霜冻；而南方则连续遭受三次洪涝灾害，珠江、长江、淮河流域洪水泛滥，造成 200 多万公顷农田被淹。紧接着下半年，7—9 月，湖北、河南、山西、湖南、四川又大范围少雨，华南地区出现秋旱，农业生产受到极大影响。7 月下旬，河北、北京、黑龙江等地区又突降暴雨，暴发山洪，又有大量农田被淹。1960 年，又是接二连三的旱灾和洪涝灾害。除西藏之外，全国大部分地区遭受了新中国成立以来最严重的自然灾害，有的地方甚至是冬、春、夏三季连旱。1961 年，全国范围的灾情仍然没有缓和，主要以旱灾为主，农业成灾面积近 3000 万公顷，成灾人口也超出前两年，达到 16326 万人。[2] 这三年间，中国主要遭受了以旱灾、洪涝灾害为主的自然灾害，其他霜冻、风雹、蝗灾等自然灾害也是轮番来袭，"大跃进"和"反右倾"等错误决策使自然灾害程度加剧。并且，由于过高估计和夸大主观意识的作用以及农业生产条件的变化，把"人定胜天"的决心当作了现实，过分夸大了主观意志，脱离了当时连年自然灾害的事实，对抗灾没有给以足够的重视，用行政化、政治化的思维来对待救灾和农业生产等问题，使新中国进入了最严重的困难时期。农业遭受了最直接的破坏，主要产粮区河南、山东、黑龙江、四川、安徽、湖北、湖南等省都受灾严重，粮食产量逐年下降，粮食异常短缺，半数人口处于饥饿状态，数以千万计的人口非正常死亡，国民经济几乎陷入停滞状态。"据内务部统计，1959 年全国农作物自然灾害受灾面积为 65571 万亩，受灾面积 19415 万亩；1960 年受灾面积为 98182 万亩，成灾面积 37466 万亩；1961 年受灾面积为 92623 万亩，成灾面积 43251 万亩。"[3]

---

[1]　中华人民共和国内务部农村福利司：《建国以来灾情和救灾工作史料》，法律出版社 1958 年版，第 102 页。

[2]　中华人民共和国国家统计局、中华人民共和国民政部：《中国灾情报告（1949—1995）》，中国统计出版社 1995 年版，第 322 页。

[3]　中华人民共和国国家统计局、中华人民共和国民政部：《中国灾情报告（1949—1995）》，中国统计出版社 1995 年版，第 290—292 页。

1966—1976 年间,自然灾害依旧频繁发生,几乎一年一大灾。除水灾、旱灾、台风等自然灾害不时光顾外,中国进入了地震多发期,大地震频繁发生,7 级以上的强烈地震发生了 9 次,地震灾害成为这一时期主要的自然灾害。

1966 年 3 月 8 日,河北邢台地区发生 6.8 级地震。这是新中国成立后,首次发生在大陆人口稠密地区、破坏性最强的地震,受灾面积达 23000 万平方公里。据统计,地震致死 8064 人,受伤 38451 人(其中重伤致残 9492 人,轻伤 28959 人),倒塌房屋 262 万间,死亡牲畜 1696 头,烧毁山林 800 公顷,110 多家工矿企业、5 条铁路线、近 100 座桥梁以及众多的农田、水利设施遭到破坏,经济损失惨重。[①]

1970 年 1 月 5 日,云南通海地区发生 7.7 级大地震。通海地区处于西南边陲,是汉族、回族、彝族等少数民族杂居地区,平均人口密度低于发达地区,但仍然是云南经济较发达的地区之一。这次强烈地震使当地人民生命财产遭受了严重损失,造成 15261 人死亡,26783 人受伤,地震波及的地区房屋倒塌率达 56%,死亡牲畜 16638 头。[②] 这是共和国历史上发生的仅次于 1976 年唐山大地震和 2008 年四川汶川特大地震造成万人以上人员死亡的大地震。

1975 年 2 月 4 日,辽宁省海城、营口一带发生 7.3 级地震。这是辽宁地区也是东北地区有记载以来最严重的一次地震。而这次地震与以往不同的是,由于成功准确地预测、预报和预防,震区人员伤亡数降到了最低点,大幅度地减少了灾区的经济损失,使国家和人民能够在短时间内恢复正常的生产生活秩序,实现了巨大的经济效益和社会效益,成为中国首次对 7 级以上震级地震成功预报和预防的典型范例。如果按中国邢台地震、通海地震等震级相近、地区条件相当的地震的平均死亡率与经济损失估算,辽宁海城地震的死亡人数将达 10 多万人、直接经济损失将达数十亿元。[③] 而该地震实际共造成 1328 人死亡,4292 人重伤,12688 人轻伤,人口死亡数占受灾地区人口总数的比例不到 0.02%,直接经济损失为 8.1 亿元。[④]

1976 年可谓是地震灾害年,5 月 29 日,云南龙陵连续发生 7.3 级和 7.4级地震,7 月 28 日,河北省唐山市发生 7.8 级强烈地震,8 月 16 日和 8 月 23日,四川松潘、平武地区连续发生两次 7.2 级地震。"7·28"唐山地震更成

①　郑功成:《中国灾情论》,湖南出版社 1994 年版,第 62 页。
②　郑功成:《中国灾情论》,湖南出版社 1994 年版,第 62 页。
③　郑功成:《中国灾情论》,湖南出版社 1994 年版,第 68 页。
④　郑功成:《中国灾情论》,湖南出版社 1994 年版,第 62 页。

为人类历史上永远无法忘却的重大灾难。1976 年 7 月 28 日清晨,人们还在熟睡中,突然地动山摇,房屋倒塌,一座拥有百万人口的河北省最大的重工业城市顷刻之间化为一片废墟,地震所释放出的能量相当于 400 颗投放到广岛的原子弹。地震造成的直接经济损失达 100 亿元以上,总经济损失达 300 亿元,死亡人数达 24.2 万人,是至今为止世界上人员伤亡最多的地震。

从上述简略的灾情档案可见,中国确实是一个多自然灾害的国家,而且自然灾害造成的损失是巨大的(见表 1.1)。1949—1978 年的 30 年间,对于一个百废待兴、国力贫弱的新生共和国,频繁发生的自然灾害不仅造成了大量人口死亡和社会物质财富的巨大损失,而且极大地制约了国民经济的发展和人民生活水平的提高,延缓了国家经济发展的脚步。如 1959—1961 年的三年自然灾害不仅造成了罕见的大饥荒,还迫使国家从 1963 年开始进入国民经济调整时期,第三个五年计划被迫推迟到 1966 年才开始。而 1976年的唐山大地震,不仅造成了 100 多亿元的直接经济损失,而且迫使国家中断许多正在建设的项目,在财政困难的情况下拿出 100 多亿元用于救灾及善后工作。频繁发生的自然灾害对新生的国家政权是一个极大的难题和掣肘。

表 1.1　1949—1978 年中国因灾损失情况

年份 \ 受灾情况	受灾人口 （万人）	倒塌房屋 （间）	死亡人数 （人）	死亡牲畜 （头）
1949	4555	2066940	8109	26762
1950	3384	1391740	22985	3562
1951	6068	693934	9828	4824
1952	2760	283073	4433	5163
1953	3435	3593590	2943	1406
1954	6223	10242151	15551	257632
1955	3622	1213394	4497	4965
1956	7434	8084143	10679	23457
1957	6015	4441012	4114	619588
1958	1144	779264	5054	76649
1959	8043	857726	6721	138732
1960	9231	2554836	6247	29322
1961	16326	7481805	7710	54494

续表

受灾情况 年份	受灾人口 （万人）	倒塌房屋 （间）	死亡人数 （人）	死亡牲畜 （头）
1962	8462	4356368	6002	15768
1963	14858	22119346	10131	31590
1964	7330	7086194	6722	52654
1965	7121	375812	2115	1585
1966	4935	715405	2722	3936
……				
1978	21739	730952	4965	2262605

资料来源：根据中华人民共和国国家统计局、中华人民共和国民政部：《中国灾情报告（1949—1995）》，中国统计出版社1995年版，第316—325页绘制该表。

二、党对自然灾害认识的变化

新中国成立之初，面对各种频繁发生、规模和影响极大地自然灾害的挑战，党对救灾工作给予了高度重视和积极应对。

1949年新中国刚刚成立，巩固新生的人民政权是首要任务。鉴于当时所处的特殊历史阶段和社会环境，党清醒地认识到和灾荒作斗争是最迫切、最现实的任务。1949年12月19日，中央人民政府政务院发出《关于生产救灾的指示》，明确指出，"生产救灾是关系到几百万人的生死问题，是新民主主义政权在灾区巩固存在的问题，是开展明年大生产运动、建设新中国的关键问题之一"，"灾区的各级人民政府及人民团体要把生产救灾作为工作的中心"①。当时身为新中国首位内务部部长的谢觉哉深刻认识到了救灾工作的重要性。他提出"生产、救灾、三反、五反，都是政"②，"救灾是严重的政治任务"③，"救灾工作不要被其他工作挤掉"，"只有做好救灾工作，其他工作才有可能做好；不是做其他工作时不要忘记救灾，而且其他工作必须服从救灾"④。谢觉哉把救灾工作提升到政治任务的高度来看待，并且要其他工作服从、服务于救灾工作，把救灾工作放到首要位置。党中央把救灾工作确定为新中国建设的"关键问题"并提升为各级政府的"中心工作"，这表

---

① 新华时事丛刊社：《生产救灾》，新华书店1950年版，第4页。
② 《谢觉哉文集》，人民出版社1989年版，第809页。
③ 中华人民共和国内务部农村福利司：《建国以来灾情和救灾工作史料》，法律出版社1958年版，第5页。
④ 《谢觉哉文集》，人民出版社1989年版，第878页。

明中国共产党从执政伊始就对新中国所面临的严重自然灾害有着清醒的认识,并给予高度的、非同寻常的重视,以积极的态度领导人民与灾荒进行斗争,开展救灾工作。

同时,党中央也充分认识到处理好农业生产与自然灾害关系的重要性。中国是一个人口众多、生产落后、以农立国的国家,农业生产是最重要的。"象我们中国这样的国家,土地十分广阔,气温跨寒、温、亚热三带,局部的自然灾害是每年都有的。因此,从事农业生产不可避免地要同灾荒作斗争,才能得到发展。为此,各地不要孤立地去看救灾工作,应当把救灾工作看作发展农业生产的一个重要环节。同时,救灾工作也要通过发展农业生产来结合进行。"①

此外,党和政府还明确认识到与自然灾害斗争的长期性。1950 年 8 月 18 日,周恩来同志在主持政务院第 46 次政务会议,讨论全国民政会议综合报告时指出,"对自然灾荒来说,在相当长时间内,我们还不能控制它",因此,"只能做到防止它和减少它所给予我们的灾害"②。谢觉哉强调,要把"防灾、救灾看作生产救灾一系列工作中的一环,不要把它孤立起来"③。只有把救灾工作同发展生产结合起来,把救灾工作与防灾工作结合起来,才能够战胜自然灾害。1952 年 5 月 14 日,《内务部关于生产救灾工作领导方法的几项指示》明确指出:"救灾是长期性的工作。在尚无高度的防灾建设以前,在人民家底尚未充裕以前,各地随时都可遭到灾荒的袭击。因此,我们应时时作救灾的准备。"1953 年 11 月 13 日,《第二次全国民政会议决议》中指出,"目前中国防灾设施虽在大力建设,但在相当长的时期内,自然灾害的袭击尚难避免"④。可见,新中国成立之初,党在"生产救灾,防救结合"思想指导下,对自然灾害的认识还是比较客观、清醒的,对自然灾害保持着应有的警惕,并强调救灾工作要与发展生产紧密联系在一起。

但随着"大跃进""反右倾""文化大革命"等运动的展开,受"左"的思想影响,党对自然灾害的认识开始发生转变,忽视了灾害的多发性、长期性和严重性,违背自然灾害规律,认为在短时期内通过政治热情就可以战胜灾荒。

---

① 中华人民共和国内务部农村福利司:《建国以来灾情和救灾工作史料》,法律出版社 1958 年版,第 203 页。

② 方樟顺主编:《周恩来与防震减灾》,中央文献出版社 1995 年版,第 354 页。

③ 《谢觉哉文集》,人民出版社 1989 年版,第 735 页。

④ 中央人民政府内务部办公厅:《第二次全国民政会议文件汇编》,人民出版社 1954 年版,第 9 页。

1956 年年底,对农业、手工业、资本主义工商业的社会主义改造基本完成。随着第一个五年计划的顺利完成,国家工业体系初步建立起来,国民经济快速发展,城乡社会秩序稳定,人民生活有了较大改善,各项事业欣欣向荣。然而,这种快速发展带来了全国上下盲目乐观、急于求成的冲动。

从 1957 年开始,国家进入一个曲折发展的时期。"反右派""大跃进""人民公社""文化大革命"等一连串的运动打乱了国家和社会生活的正常秩序,也阻碍了救灾工作的正常进行。应该说,面对依旧频繁发生的自然灾害,一段时间内,党和一些领导人还是保持着清醒认识的,对做好防灾救灾工作也作出了一些具体的指示和部署。

1958 年 7 月,黄河三门峡至花园口之间发生洪水,周恩来同志亲自在黄河岸边指挥抗洪斗争,并作出不分洪、不决口的救桥保堤决策。1959 年出现严重春旱时,党中央也注意到了防灾抗灾问题。4 月 17 日,毛泽东同志在看了国务院关于山东等省春荒缺粮的材料后,亲自拟定题目《十五省二千五百一十七万人无饭吃大问题》,要求在三日内用飞机送到 15 省委第一书记手里,迅即处理紧急危机。① 6 月 20 日,毛泽东在《关于如实报道灾区唤起人民全力抗争的批语》中写道,"广东大雨,要如实公开报道。全国灾情,照样公开报道,唤起人民全力抗争。一点也不要隐瞒。政府救济,人民生产自救,要大力报道提倡"②。1963 年,海河流域发生特大洪水,洪水退去后,毛泽东同志于 12 月 17 日即刻题词"一定要根治海河"。

1959—1961 年三年自然灾害后,国家开始重视防灾、抗灾工作,毛泽东同志为此先后提出了"备战、备荒、为人民"和"广积粮"的政策。1966 年,周恩来同志在北方八省市区抗旱会议上也指出,北方抗旱是长期的事情,要做长远打算。1966 年 3 月 8 日邢台地震发生后,周恩来同志立即召开了中央有关部委负责人参加的紧急会议,全面部署邢台地区的抗震救灾工作,并派出以时任内务部部长曾山为团长的中央慰问团到灾区慰问受灾群众,转达党中央和毛泽东同志的关怀,鼓励人民奋力救灾。1970 年 1 月 5 日,云南通海地震发生当日,周恩来同志作出重要指示:"密切注视,地震是有前兆的,是可以预测的,可以预防的,要解决这个问题。地震工作要以预防为主。"③随后,他还指示,"首先是确定区域,有重点地布置,不要病急了,才去抓医生,要像地方病那样,事先防止"④。2 月 7 日,他在接见全国地震工作

---

① 《建国以来毛泽东文稿》第 8 册,中央文献出版社 1993 年版,第 209 页。
② 《建国以来毛泽东文稿》第 8 册,中央文献出版社 1993 年版,第 314 页。
③ 郑功成:《多难兴邦:新中国 60 年抗灾史诗》,湖南人民出版社 2009 年版,第 163 页。
④ 方樟顺:《周恩来与防震减灾》,中央文献出版社 1995 年版,第 35 页。

会议代表时,还阐述了"预防为主"的思想。"不要等到地震之后去救,去救那也是很重要的,但更重要的是预防,防就要预测","要预防,首先要预测才行",为此,"要动员一切积极因素,抓住重点,实现地震的预报"。同时,还要加强"防震、抗震工作,否则预防为主就实现不了"①。此后,在党中央的直接领导下,组建了全国性的地震研究权威机构和直接领导机构——国家地震局,并在华北、西北、西南、中南筹建地震大队,同时,在地震活跃的省、市、自治区成立地方地震工作专业队伍,以监测和预防地震灾害的发生。

　　但是,由于当时"左"的错误思想指导,正确的救灾方针、政策和指示没有得到真正的贯彻执行,人们在"大跃进"的生产热情下充满了"人定胜天"的豪情壮志,对自然灾害的影响估计不足,盲目乐观,过分夸大人的能力,片面夸大精神的作用,最终改变了新中国成立之初对于自然灾害长期性的认识,违背自然规律,错误地提出了"消灭灾荒"的观点。1958 年 5 月 26 日到6 月 18 日,内务部召开了第四次全国民政会议。会议提出"救灾工作必须为农业生产大跃进和消灭自然灾害服务"②的要求,强调"自然灾害终于要被消灭,而且很快会被消灭","生产救灾工作,直接决定着灾区农业生产能不能跃进的问题,也直接影响着全国工农业生产跃进的速度。必须把灾区人民全部调动起来,消灭自然灾害"。③ 确定了"防重于救,防救结合,依靠集体,农业为主,兼顾副业,互相协作,厉行节约,消灭灾荒"④的救灾方针。1958 年 10 月,中华人民共和国内务部农村福利司编写的《建国以来灾情和救灾工作史料》一书中指出:"灾荒,现在已不是什么大的问题,再过几年,十几年,终将成为历史名词而被人们所遗忘。"⑤"河南省基本实现了水利化,消灭了一般水旱等灾害"。⑥ 在这种错误认识和思想的指导下,负责指导全国救灾工作的中央救灾委员会于 1958 年被撤销,由内务部管理基本救灾工作。

　　"大跃进"时期,用战争中群众运动的工作方法大搞经济建设,以钢铁为中心,各行各业都开展"全民大办",其中也包括救灾防灾工作。1957 年

---

① 方樟顺:《周恩来与防震减灾》,中央文献出版社 1995 年版,第 44 页。
② 《第四次全国民政会议决定从四个方面贯彻总路线》,《人民日报》1958 年 6 月 30 日。
③ 中华人民共和国内务部农村福利司:《建国以来灾情和救灾工作史料》,法律出版社 1958 年版,第 214 页。
④ 《第四次全国民政会议决定从四个方面贯彻总路线》,《人民日报》1958 年 6 月 30 日。
⑤ 中华人民共和国内务部农村福利司:《建国以来灾情和救灾工作史料》,法律出版社 1958 年版,第 4 页(代序)。
⑥ 中华人民共和国内务部农村福利司:《建国以来灾情和救灾工作史料》,法律出版社 1958 年版,第 219 页。

冬至 1958 年春,在全国范围内掀起了一个空前规模的防灾建设高潮。"到 1958 年 4 月中旬的不完全统计:全国农村兴修水利、水土保持和洼地治理三项完成的工程总量共达土石方 250 多亿公方,这些土石方如果铺成 1 公尺厚、66 公尺宽的路,可以从地球铺到月球。在此期间,全国农民共作了 130 多亿个工日,以 1 亿劳动力计,每个劳动力就做了 130 多个工日。这事实上是 5 亿农民的总动员。"①"投入水利建设的劳动力,10 月份有两三千万人,11 月份有六七千万人,12 月份有八千万人,1958 年 1 月达到一亿人。空前规模的农田水利建设运动的掀起,实际上吹起了农业'大跃进'的号角"。②

　　1959 年 8 月庐山会议开展"反右倾"后,迫于一定的政治压力,个别地区开始向党中央隐匿灾情不报或者报告已经战胜了灾害。而当时《人民日报》不断发表社论,如《把大跃进的战鼓敲得更响》《千方百计增产钢材》《提前超额完成 1200 万吨钢》等,鼓吹"大跃进"和"反右倾"。从中央到地方都被急于求成、盲目乐观的态度和情绪所笼罩,对自然灾害的认识程度和判断出现了严重不足,缺乏应有的思想准备和应对措施,且继续进行"大跃进",从而加重了自然灾害的破坏程度,降低了救灾工作的水平和力度。尽管主观愿望是好的,关注速度也是应该的,但由于急于求成思想占了主导,不切实际的高指标导致浮夸风,结果事与愿违,"'大跃进'是一场实实在在的大灾难"。③

　　日益加深的政治运动对救灾工作的冲击是很大的,使得党和国家对自然灾害应有的认识和重视出现了偏差,甚至主观唯心地认为,"经过全民整风运动和反右派斗争,政治在生产上挂了帅,人民群众有了教育自己、提高自己的最好方式——大鸣、大放、大辩论。哪里有干旱就在哪里展开大辩论,看是天战胜人,还是人战胜天"。④ 用政治运动来统帅一切,必然会分散弱化救灾减灾的力量和效果。"文革"开始后,这种冲击就更大。1968 年 12 月 11 日,国家高检、高法、内务部的军代表和公安部领导小组联名向中央和中央文革提交《关于撤消高检院、内务部、内务办三个单位,公安部、高

---

① 中华人民共和国内务部农村福利司:《建国以来灾情和救灾工作史料》,法律出版社 1958 年版,第 217 页。
② 薄一波:《若干重大决策与事件的回顾》(修订本)下卷,中共中央党校出版社 1997 年版,第 705 页。
③ 薄一波:《若干重大决策与事件的回顾》(修订本)下卷,中共中央党校出版社 1997 年版,第 745 页。
④ 中华人民共和国内务部农村福利司:《建国以来灾情和救灾工作史料》,法律出版社 1958 年版,第 223 页。

法院留下少数人的请示报告》，经毛泽东、周恩来同志批示后，1969年1月内务部被撤销，其承担的救灾工作被分割肢解到农业部、财政部、中央农业委员会等部门。此后，救灾工作陷入无序、混乱、缺乏整体统一、系统管理的局面。

1975年8月，河南水库垮坝导致大灾难，这些溃决的大坝大多是在"大跃进"和"文化大革命"十年动乱期间见缝插针遍地抢修抢建的"满天星"式的水库，缺乏综合治理，只顾数量不重质量，水库工程质量难以保证，这是当时全国范围内兴修水利建设和空前规模防灾建设新高潮的直接后果。薄一波在回顾这段历史时说："采用自上而下刮大风式的推动工作的方法，特别是在反'右倾保守'的紧锣密鼓声中，即使是正确的方式，也难免被扭曲，往往弄得面目全非；更不用说一系列过高的指标，求成过急的要求，一些并不科学或只在一定条件下见效的具体经验被拔高为普遍经验加以推广，所以带来副作用了。……山西有个和尚同一个农民合伙，在山坡上挖鱼鳞坑蓄水，这个办法合乎当地实际，本来是不错的，但是，后来一普遍宣传，并在平原地区也盲目加以推广，搞所谓'葡萄串'、'满天星'，以至给平原地区农民带来严重的灾难。这些现象及其后果，都说明了不按客观规律办事，脱离客观条件去盲目发挥主观能动性，没有不闹笑话，不迭跤子，不受客观规律的惩罚的。"①违背自然客观规律必然要受到惩罚。

"文化大革命"期间，中国发生了多次地震，但成功预报的只有海城、松潘两次地震。周恩来同志提出的要"总结战胜（地震）灾害的经验，把坏事变成好事"的指示，已经没有办法贯彻落实。像通海、唐山地震前都出现了很多奇怪现象，但由于当时中苏关系紧张，全国上下都在备战备荒，大搞阶级斗争，很多人都把这些反常自然现象当成战争即将到来的前兆，而忽略了是地震。而1975年"四人帮"掀起的所谓"反击右倾翻案风"运动，使所有工作都几乎处于瘫痪状态。就在唐山地震发生前半个月的时间里，多个地震观测点都发出了大震高危预报，但由于"四人帮"的干扰破坏，不但中央制定的地震工作方针没有能够得到很好的贯彻，而且有关部门和地区对防震工作也没有给以足够的重视并存在着一定的侥幸心理。直到地震发生时，唐山还是一座完全不设防的城市，顷刻间就毁于一旦。地震发生后，在抗震救灾工作中仍然以阶级斗争为纲，"抗震工作千头万绪，每一个领导干部，都要自觉提起阶级斗争这个纲，以批邓为动力，搞好抗震救灾，否则，修

---

① 薄一波：《若干重大决策与事件的回顾》（修订本）下卷，中共中央党校出版社1997年版，第709页。

正主义路线就会在自然灾害面前趁机而入,把人们引向资本主义邪路"①。在"文化大革命"那个"政治挂帅"的特殊时期,一切都被打上深刻的政治烙印,救灾这一关系国计民生的工作也不例外,各部门防震减灾的措施被打乱,不能正确贯彻执行,使本来就不完善、还不够强大的抗灾救灾体系更加削弱,严重影响救灾效果,这不得不说是人民的不幸、时代的悲哀、历史的局限。

由于长期受"左"倾错误思想指导,以阶级斗争为纲,党对自然灾害的认识发生了偏差,从而直接导致了救灾能力和救灾工作的缺失和不足,也直接影响到党对国际救灾援助的态度,既不接受国际援助也不提倡社会捐赠(事实上也不存在能够进行大规模社会捐赠的主体——富庶的居民、民营企业和合法独立的社会组织)。

三、初步提出救灾工作方针

新中国成立之初,党和政府就把救灾工作提上重要议程。针对河北、安徽等地发生的特大洪涝灾害,内务部制定了"节约防灾,生产自救,群众互助,以工代赈"的救灾方针。在此基础上,1950年2月27日,董必武在中央生产救灾委员会成立大会上作了《关于深入开展生产自救工作》的报告,首次将中华人民共和国中央人民政府的救灾工作方针表述为"生产自救,节约渡荒,群众互助,以工代赈,并辅之以必要的救济"②。同年7月,中央人民政府内务部召开第一次全国民政会议,重申并正式确定了这一方针为全国救灾工作的指导思想,为党开展救灾工作指明了方向,对新中国成立之初党领导人民群众战胜灾荒具有重要意义。

1953年10月,第二次全国民政会议召开。会议总结了新中国成立以来的民政工作情况,根据党在过渡时期的总路线和总任务确定了今后民政部门的工作任务,考虑到今后国家在有计划地经济建设中将不断地兴修各项工程,毫无例外地要吸收大量灾民来参加各项工程的建设,无须强调以工代赈就可以起到以工代赈的作用,因此救灾工作方针中可以不需要再特别提出"以工代赈"。为此,救灾工作方针被修改为"生产自救,节约渡荒,群众互助,辅之以政府必要的救济"③。

1956年农业合作化以后,又将救灾工作方针调整为:"依靠群众、依靠

---

① 《深入批邓是战胜震灾的强大动力》,《人民日报》1976年8月28日。

② 《深入开展生产救灾工作——董副总理在中央救灾委员会成立会上的报告》,《人民日报》1950年3月7日。

③ 中华人民共和国内务部农村福利司编:《建国以来灾情和救灾工作史料》,法律出版社1958年版,第89页。

集体、生产自救为主,辅之以国家必要的救济。"①这是救灾工作方针指导思想上的一次重要转变,特别强调了集体力量的作用。当时全国农村已经完成社会主义改造,实现了农业合作化、集体化,农村中的社会主义集体组织已经具备了一定的抗灾救灾能力和物质条件,因此,救灾工作方针中随之相应地增添了依靠集体的内容。

1958 年"大跃进"、人民公社化运动中,由于"左"倾教条主义错误思想的影响,曾不切实际的提出过"消灭灾荒"的错误观点,提出"救灾工作必须为农业生产大跃进和消灭自然灾害服务",确定了"防重于救,防救结合,依靠集体,农业为主,兼顾副业,互相协作,厉行节约,消灭灾荒"②的救灾方针,认为救灾已完成历史使命,改变了新中国成立之初对自然灾害长期性的认识,救灾工作方针在一段时间内未被提及。

三年自然灾害后,又重提救灾工作方针。1963 年 9 月 19 日,在中央工作会议上周恩来同志就"国内几个重要问题"之一的救灾问题讲话中,再次强调了救灾工作的方针:"救灾的方针,第一是生产自救,第二是集体的力量,第三是国家支援。这样三结合,才可以渡过灾荒。"③1966 年 3 月 16 日,周恩来同志再次强调指出,救灾工作要立足生产自救,避免单纯救济的做法,克服依赖救灾的思想,使国家救济能真正发挥作用。④ 这一方针在一定程度上恢复了新中国成立之初党对救灾工作的认识,阐明了救灾工作中个人、国家、集体三者之间的关系问题,以生产自救为主,辅之以国家和集体必要的救济和扶持,才能真正地做好救灾工作。

"文化大革命"期间,全国人民遭遇一场政治灾难,救灾工作同其他各项工作一样受到了严重冲击。林彪、"四人帮"提出的不许搞家庭副业生产,遭灾后有国家救济、"穷光蛋光荣"、"怕群众富"等反革命谬论横行,救灾工作被打乱,正确的救灾工作方针受到极大冲击,不能被贯彻落实,抗灾救灾能力被严重削弱。

新中国成立后,在初步提出救灾工作方针后,根据形势变化和工作重点转移,党对救灾工作方针不断进行调整、改变,由于政治因素和意识形态的影响,国家既不接受国际社会援助,也给不了灾区充足的救灾款物,只能依靠灾民自力更生、艰苦奋斗,通过发展生产恢复基本生活,1958 年"大跃进"

---

① 转引自张建民、宋俭:《灾害历史学》,湖南人民出版社 1998 年版,第 436 页。
② 《第四次全国民政会议决定从四个方面贯彻总路线》,《人民日报》1958 年 6 月 30 日。
③ 中共中央文献研究室编:《周恩来年谱(1949—1976)》中卷,中央文献出版社 1997 年版,第 580 页。
④ 方樟顺主编:《周恩来与防震减灾》,中央文献出版社 1995 年版,第 372 页。

后,由于一连串的政治运动和"以阶级斗争为纲"的"左"倾错误思想影响,正确的救灾工作方针、政策和指导思想不能真正贯彻落实,救灾工作被严重打乱,导致救灾工作由有序到无序状态,严重制约了人民生活水平的提高和国家经济的发展。

第二节　1949—1978 年救灾捐赠活动

新中国成立后,国家各项事业百废待兴,国民经济和人民生活水平还很低。面对连年不断的自然灾害,单靠救济是不能解决问题的,而主要的要靠领导和组织灾民自救,"我们的救灾,不只是代赈,我们认为最重要的是组织和帮助人民生产"①。围绕发展生产、开展自救,党制定了一系列抗灾救灾方针、政策,拿出大量财政拨款防灾、抗灾、救灾。为弥补财政紧张,救灾经费严重不足的缺陷,党在"生产自救"方针下,动员群众广泛开展互助互济,依靠群众,依靠集体,以生产自救为主,节约渡荒。党在领导人民抵御自然灾害过程中,发扬扶危济困、互助互济的优良传统,并赋予其崭新健康的内涵,开始救灾捐赠工作的初步探索。

一、节约捐输救灾运动

1949 年长江、淮河、汉水、海河流域等 16 省区发生特大洪水灾害。大部分受灾地区是新解放区,曾遭受战争的严重破坏,民无储蓄,生产力极低,又缺乏救灾经验,为此,党和政府对救灾工作给予了极大重视。1949 年 12 月 19 日,中央人民政府向全国发出《关于生产救灾的指示》,1950 年 1 月 6 日又发出《关于生产救灾的补充指示》,要求党和各级人民政府把生产救灾作为当前工作的中心。要求"全体干部对生产救灾工作要有极高度的热忱,极周密的方法与极深入的工作……发动与组织人民战胜灾荒,即为自己的生存而奋斗"②。并强调指出:"各级人民政府要对救灾负起高度责任,不要饿死一个人!"③为进一步落实政务院《关于生产救灾的指示》,1950 年 2 月 27 日中央救灾委员会正式成立。董必武同志在中央救灾委员会成立大会上作了《关于深入开展生产救灾工作》的报告,并首次将新中国的救灾工作方针表述为"生产自救,节约度荒,群众互助,以工代赈,并辅之

---

① 董必武:《新中国的救济福利事业——一九五零年四月二十六日在中国人民救济代表会议上的报告》,《人民日报》1950 年 5 月 5 日。

② 新华时事丛刊社:《生产救灾》,新华书店 1950 年版,第 4 页。

③ 新华时事丛刊社:《生产救灾》,新华书店 1950 年版,第 9 页。

以必要的救济。"①在这一方针指导下,政务院根据当时的客观条件,号召"灾民省吃俭用,长期打算,开展节约互助运动","非灾区也应进行节约,发扬友爱互助的精神,帮助灾区","城市人民也应当进行节约捐输,机关干部要带头节约救灾,响应中央人民政府每人节约一两米的运动"②。各级人民政府根据中央指示精神和救灾工作方针基本要求,结合当地实际,采取了一系列相应措施积极进行灾害救济,在轻灾区和非灾区广泛开展了"一碗米""一两米""一把菜"等节约互助救灾运动,以非灾区支援灾区,轻灾区支援重灾区,城市支援乡村为主,发动社会力量节约渡荒。

中央和许多地方机关干部、部队,率先掀起了"一两米"节约救灾热潮。"有的机关甚至每日每人节约四、五两粮,有的干部拿出全部津贴救济灾民。"③"中央各机关工作人员自 1949 年 10 月至 1950 年 4 月,捐出赈款 12 亿元(旧币,当时 1 万元相当于币制改革后新币 1 元。——作者注,下同),粮食39 万斤,华北军区 6 个月即节约了 360 万斤。"④苏北从 1949 年 10 月起,各级机关部队,每人每天节省口粮一两,很多机关每天由干饭改吃稀粥,全区党政军节约捐献粮食共 1012 万斤,捐献及清理旧衣物 50 余万件。同时,还在全区进行整编节约,共整编出近 3 万人投入生产,节省 1 亿斤粮食,大大缩减了财政支出,减轻了人民负担。⑤ 山东省各直属机关、部队,徐州市、济南市及鲁中南地区 3 个月节约捐助粮食 48 万斤、款 3 亿余元。⑥ 面临依然严峻的灾情,河北省委于 1950 年 1 月 21 日发出《关于动员全党全民战胜严重灾荒的号召》,号召"全省各级机关团体,一切供给制、薪金制脱离生产的干部和人员(部队除外),每人每月节米捐输灾区同胞 5 到 10 斤米(从 2 月开始到 5 月止)",并指出"每人每月节米 10 斤(或每两人节米 10 斤)就能救活一个灾民,如此我们就能救活 5 到 10 万灾民 4 个月的生活"! 这次捐输得到大家的热烈响应,仅至 2 月底就有 184 个单位、20848 人捐助小米 523608 斤。⑦

① 《深入开展生产救灾工作——董副总理在中央救灾委员会成立会上的报告》,《人民日报》1950 年 3 月 7 日。

② 新华时事丛刊社:《生产救灾》,新华书店 1950 年版,第 5 页。

③ 新华时事丛刊社:《生产救灾》,新华书店 1950 年版,第 15 页。

④ 中华人民共和国内务部农村福利司:《建国以来灾情和救灾工作史料》,法律出版社 1958 年版,第 13—14 页。

⑤ 华东生产救灾委员会:《华东的生产救灾工作》,华东人民出版社 1951 年版,第 243—244 页。

⑥ 华东生产救灾委员会:《华东的生产救灾工作》,华东人民出版社 1951 年版,第 196 页。

⑦ 河北省人民委员会办公厅:《募集物资分配计算统计表》,1950 年 1 月 24 日,河北省档案馆 907—1—63,第 23 页。

各地非灾区农民也在"天下农民是一家""一家失火百家救""亲帮亲、邻邦邻""饥了帮一口,强似饱了帮一斗"的口号下,掀起"一碗米""一把米"节约捐献运动的热潮。"仅河北一省即募得救济粮食 1250 万斤。"①而山东省"至 1950 年 6 月,在济南、青岛、徐州、潍坊等城市,共捐献粮食498000 多斤,人民币 179728 万元;鲁中南、渤海、胶东等地农村共捐献粮食1261 万斤,人民币 6221 万元。"②

"一碗米""一两米"等一系列节约捐献运动所募得的粮食和物资虽然是有限的,但却在物质上给灾区人民以有力的支持,而这种互助互济、团结友爱的精神也给灾区人民以莫大的鼓舞,在人民群众中形成了友爱互助的优良传统,为生产救灾积累了宝贵的经验,并为开展大规模地救灾捐赠创造了有利的社会氛围和条件。

二、社会募集救济款物

当自然灾害给灾区人民带来巨大困难时,仅仅靠灾民自身力量是不够的,需要发挥全社会力量,依靠集体力量,互助互济,共同渡过灾荒。通过向社会募集资金和物资,帮助灾区群众解决生活困难,是救灾捐赠的主要内容。从新中国成立到 1978 年间,由政府、社会团体和群众组织发动开展的以支援灾区和贫困地区为目的的募捐活动已初具雏形。

新中国成立之初,由于遭受自然灾害的地区大多是农村,党和各级政府通过对城市人民进行"农民在长期革命战争中出力最大,今天遇到灾难,城市人民应支援农村"的教育,使城市人民充分认识到,只有农村战胜了灾荒,逐渐达到丰足,城市才能更快地恢复起来。以此鼓励城市人民发扬友爱互助精神,热烈响应募捐救灾运动,支援灾区农民。这一宣传教育不仅密切了城乡关系,而且坚定了大家共同克服困难,战胜灾害的信念。城市各界人民群众纷纷发起救灾劝募,支援灾区,工人、学生、店员、工商业者等城市各界都积极踊跃捐献。

1949 年水灾,天津工厂开展了"救妈妈报恩情运动"(救农民不忘本——笔者注),"京津两市工商业界即劝募款项 12.78 亿余元,粮食78 万斤"③。皖北生产救灾委员会劝募团在上海一个多月中收到各界旅沪同乡自动送交捐款 18 亿元,衣服 5000 余件,西药 4000 余包及面

---

① 新华时事丛刊社:《生产救灾》,新华书店 1950 年版,第 15 页。
② 中华人民共和国内务部农村福利司:《建国以来灾情和救灾工作史料》,法律出版社 1958年版,第 14—15 页。
③ 《谢觉哉文集》,人民出版社 1989 年版,第 722 页。

粉鞋袜等。①　西北各地城市,采用剧团公演、义卖等方式募集粮款。仅西安市即募集到人民币 2286 多万元,面粉 195 袋,土粉 3820 斤,小米 17200余斤。其他尚有衣、被、鞋、袜、布匹、白洋等。②　青岛、济南、济宁、新海连等市都组织慰问团和医生,深入灾区,慰问农民,抢救病灾。济南各界代表会即推选 54 人及医药界 27 人携带粮食 10 万斤和大批药品,赴鲁中南灾区慰问。③

　　1950 年,皖北、苏北、河南、河北等省许多地区连年遭受严重水灾,灾民严重缺少寒衣。1950 年 9 月 18 日,中国人民救济总会、中华全国总工会、中华全国民主妇女联合会、中国红十字会总会、中华全国民主青年联合会、中华全国学生联合会、新民主主义青年团中央委员会等七个群众团体在北京成立了皖北、苏北、河南、河北灾民寒衣劝募总会,并向全国发出募集 600万套寒衣支援灾区同胞度过寒冬的号召。全国人民热烈响应,短时间内,从城市到农村,掀起了轰轰烈烈的募集寒衣支援灾胞的群众运动。"鞍山市工厂中,工友们普遍献工一天到五天。""四川省华阳县一个农民,在他听到劝募寒衣代金消息后,把所存的十余万元,送进城自愿捐献。""天津市二区致安里赵氏,将多年存的衣服,共有 48 件包了四个包,捐给了灾民。""西康省部队干部都自愿捐献出 11 月份全部津贴,战士捐半个月津贴。""全国妇联第三次执委扩大会议听到寒衣劝募总会成立,首先响应,将会议聚餐费876032 元节省捐出。"④在广大人民群众的积极响应和支援下,短短两三个月时间,就超额完成了募集寒衣任务。全国共募得寒衣 6616594 套,完成了任务的 109.15%。其中,天津市仅一个多月时间(10 月 10 日至 11 月 15日)就完成了任务的 194.17%。上海市超额完成了 1171466 套,超出华东地区劝募数字的 1/3(100 万套)还多。⑤　这次募集寒衣运动,不仅解决了灾民缺少寒衣的困难,也大大提高了广大群众的思想觉悟,增强了民族凝聚力,在精神上给灾区人民以莫大的鼓舞。

　　当时还形成了救灾募捐的基本原则,即募捐救灾在城市和非灾区易于

---

①　中华人民共和国内务部农村福利司:《建国以来灾情和救灾工作史料》,法律出版社 1958年版,第 14 页。

②　中华人民共和国内务部农村福利司:《建国以来灾情和救灾工作史料》,法律出版社 1958年版,第 14 页。

③　华东生产救灾委员会:《华东的生产救灾工作》,华东人民出版社 1951 年版,第 112 页。

④　中华人民共和国内务部农村福利司:《建国以来灾情和救灾工作史料》,法律出版社 1958年版,第 39 页。

⑤　参见中华人民共和国内务部农村福利司:《建国以来灾情和救灾工作史料》,法律出版社1958 年版,第 39 页。

掌握,可在必要时进行,但必须讲明政策,贯彻自愿原则,坚决禁止强迫摊派,并且不能一再募集,以造成群众疑虑。而在灾区不易掌握,一般不主张进行。

1956年夏秋,浙江、江苏、安徽、河南、河北等省遭受严重的台风、水灾,虽然中央拨给灾区大量救济款和贷款,但仍然不能满足灾区的实际需要,特别是寒衣问题难以解决。河北、河南、浙江、江苏、安徽、黑龙江、吉林等省灾民严重缺少寒衣。全国人民十分关心灾区人民的生产、生活,纷纷要求为灾民捐献寒衣。当时部队、机关、厂矿都已进行了工资改革,调整了待遇,其中有一部分人是有力量帮助灾民的。他们的热情也很高,愿意募捐寒衣帮助灾民。为满足人民群众爱国、爱民的愿望,1956年9月11日,国务院批转了内务部《关于募捐寒衣救济灾民问题的请示》,同意在部分省、市适当开展一次寒衣募捐工作。《请示》对募捐寒衣工作的范围、归口、原则、对象等问题进行了明确规定。指出,此次募捐工作不必由中央统一办理,也不必在全国各省、市都开展,只在黑龙江、吉林、辽宁、河北、山西、山东、江苏、浙江、安徽、河南、湖北、北京、天津、上海等省、市进行。募捐工作不必由政府出面,可由各省、市的群众团体特别是救济分会等单位出面。募捐时一律不规定任务,完全按照自愿原则,能募捐多少就募捐多少。募捐以旧寒衣和旧棉被为主,无寒衣和棉被的,可以捐单衣、棉花、鞋帽等实物或现金,但不必收其他实物。募捐对象"应限于县级以上的机关、团体、企业干部,大、中城市的市民,厂矿职工,部队军官,高中以上的学校教师范围内,而对县以下农村(包括小城镇)的干部和群众,部队战士,小学师生,大、中学生则一律不进行募捐"。①

以上这些影响比较大的救灾募捐活动表明,在政府财力有限的条件下,为在短时间内筹集救济款物以集中解决灾民实际困难,恢复发展生产,达到"不饿死一个人"的目标,发动全社会力量,在全国各机关、部队、团体以及非灾区的广大人民群众中开展自愿的互助互济的募捐运动,不仅是社会各界人民群众的愿望要求,也是赈灾的实际需要。这一做法体现了社会化救灾的功能,在一定程度上调动了全社会力量参与抗灾、救灾,直接缓解了政府救灾的压力。

三、群众互助互济

中华民族有着扶危济困、互助互济的传统美德。每当发生天灾人祸,邻

---

① 民政部法规办公室:《中华人民共和国民政工作文件汇编(1949—1999)》,中国法制出版社2001年版,第1333页。

里、乡亲之间以及宗族内部会互相接济,共渡难关。一些寺院、大户或官宦人家也会开仓放粮赈济灾民。像明清时期的同善会、广仁会、善堂等一些民间慈善团体、教会、城市工商业和社会名流也会组织一些慈善活动。但这些自发、零散和偶然的民间的互济行为容易受到封建意识和迷信思想的影响,很难形成群体性的较大凝聚力和影响力。民间的互助互济行为是救灾捐赠的初级形式。中华人民共和国成立后,互助互济的优良传统得到进一步发扬,被赋予了新的内涵。新中国成立之初,党和政府就提出把组织群众互助互济作为救灾工作方针的一项内容,使其由民间的自发行为转变为一种有组织性的社会活动,成为救灾工作的重要内容。

　　1950年1月9日,中央人民政府内务部《关于生产救灾的补充指示》中指出:"灾民与灾民搞生产要互助,灾民中有劳力的与无劳力的要互助,有劳力与有资金的要互助,灾民与非灾民要互助,灾区与非灾区要互助。""发展社会互助互济运动,以人民的力量弥补社会上一切缺陷,实现自救互救,自助互助。"①"所得到的物资支援,比政府给的支援要大到若干倍"②,鼓励灾民在自愿两利的原则下自由结合,进行互助生产。创造了渔农互助,即农民给渔民种地,渔民专事打鱼,并将打鱼利润按一定比例与农民分红或付给农民工资;农业、手工业、副业结合,农民与矿工及手工业工人互助,城市与非灾区帮助灾区等多种形式的以集体互助生产为主的广泛的互助互济。同时还明确了组织群众互助的范围,即在生产互助合作组织基础好的灾区,主要是依靠农业生产互助,以更大的发挥群众力量,增强抗灾能力。在生产互助合作基础薄弱地区,尤其是重灾区,因农民缺乏负担能力,一般不能提倡社会互济。在当时小农经济条件下,灾区通过搞临时互助,组织生产,倡导社会互济,不仅有利于战胜灾荒,也为灾区农业互助合作的发展奠定了思想上和组织上的基础。

　　农业合作化完成后,抗灾、救灾以及灾后恢复都是通过农业合作社来进行,群众间的互助形式也随之改变,个人间的互助互济发展成为集体内部和集体之间的互助,充分展示了集体的强大力量。当时提倡,灾区的农业社与农业社之间,要在防灾、救灾方面联合起来通力合作,许多合作社彼此关心,互相支援。随着农业集体化程度的提高,"一社有灾百社救""一乡有难千乡帮"的集体主义思想蓬勃发展,互助互济蔚然成风。1956年"河北省景县景新农业社遭受水灾后,受轻灾的生产队曾调剂5万斤粮食支援重灾队的

---

①　《谢觉哉文集》,人民出版社1989年版,第722页。
②　《谢觉哉文集》,人民出版社1989年版,第724页。

社员渡荒,重灾队的社员则到轻灾队去帮助收割。隆尧县旧城农业社在组织社员个人纺织时,首先尽量照顾无劳动力的孤寡户,并发给他们修房补助费,帮助他们解决生活困难"。"河南省饶阳县五公乡耿长锁领导的农业社,虽然 1956 年也遭受了水灾,但他们仍然热情地接待了附近四个村庄送来的 65 头牲口,并且对寄养的牲口特别加以照顾。该社饲养员说:'这些牲口是客人,我们不能让他们掉膘,掉了膘对不起兄弟社呀!'"①充分体现了集体救灾的力量和作用。

新中国成立后,由最初的个体互助互济生产救灾发展到农业化集体互助合作共同抵御灾害,群众互助互济被赋予了新的内涵,并随着救灾工作的发展,已具有了崭新的性质,由民间的自发行为转变成为一种有组织性的社会活动,在救灾工作中发挥着重要的作用。

20 世纪 50 年代末 60 年代初开始,由于受"左"的思想影响,党对自然灾害的认识出现偏差,错误地认为在短时期内可以消灭灾荒,过分强调自力更生,救灾捐赠活动被意识形态化,甚至被认为是不光彩的事情而不被提倡。党对全国性的群众救灾捐赠基本上采取了不鼓动、不号召的政策,救灾捐赠工作基本处于停滞状态。

"文化大革命"期间,国家的政治、经济秩序遭到严重破坏,受"左"的思想影响,救灾捐赠虽不被提倡,但仍然有一些群众间的互助互济行为。特别是 1976 年唐山地震发生后,虽然在当时的政治环境下,没有开展全国性、群众性的救灾捐献活动,但全国支援唐山的互助互济行动却迅速、自发、广泛地开展起来。当得知唐山发生大地震的消息后,全国立即掀起了一个支援唐山、慰问灾民的高潮。全国各地都不遗余力,多方筹措、支援救灾物资。由于"文化大革命"的干扰,国民经济处于十分不正常的状态,特别是"四人帮"刮起"反击右倾翻案风"之后,工农业生产进一步受到影响,物资供应困难。在此情况下,各地采取动用储备、压缩本地供应,甚至节衣缩食等办法,挤出物资供应唐山。全国各地为灾区运送了各种食品、药品、衣服、鞋袜、锅碗瓢盆等生活必需品、少量急用的帐篷、板房、搭盖临时住房的物料、抢修及恢复生产用的机械设备和各种材料等物资。各类物资总重量 70 多万吨,共动用飞机 1038 架次,汽车 4500 辆,火车车皮 18000 个来运输。②（见表 1.2）这些来自全国各地的救援物资对帮助灾区群众渡过难关、恢复生产生活

---

① 中华人民共和国内务部农村福利司:《建国以来灾情和救灾工作史料》,法律出版社 1958 年版,第 183 页。

② 孙志中:《1976·唐山大地震》,河北人民出版社 1999 年版,第 128—129 页。

起到了极大的作用。

表 1.2　全国各兄弟省份支援唐山救灾物资分类金额统计表

（单位：万元）

地区	合计	粮食	食品	副食	医药	杂品	土产	五金	建材	交通	燃料	百货	生产
总计	20376.5	1257	1339	14	2606	295	5519	6685	1428	1952	402	3253	1643
四川	23.4				20		3.4						
贵州	3.4						3.4						
云南	93		16		75	2							
陕西	351.2	17	37	0.2	55	46	38	25	72			55	6
甘肃	94	10	28		33							23	
青海	34				28							6	
宁夏	57				22		26					9	
新疆	159						159						
河南	3154	407	76		41	57	2549					8	6
湖北	149.4	11			2		87		5.4			44	
湖南	269.6		1.4	1.2	12		123		127.8			5	
广西	637		354		69		208					6	
广东	177		32		16	1	59		14			55	
上海	1836.6	7	89	0.1	236			349.5	333			822	
江苏	584.4				37		265		94.4		15	89	84
浙江	133.5	15	0.4	0.1	2	4	99					12	1
安徽	552	55	6		146		309	6				30	
福建	431.1		78		91	6	165.2	14	20.2			57	
江西	83.2	2.2	16		1		37	15				12	
山东	311.3	70	7.2	2.1	4		130					56	42
北京	906.5	456	44		93	61	4.5	2			45	177	24
天津	347.9	21	2		30	1.4	10.5	232				50	1
河北	4026												
山西	182.4	2.4	4		4	88		3				71	10
内蒙古	319	4	188		55		48					24	
辽宁	1582.8	50	180	6.2	141	13.6	74	10	498			520	90
吉林	1142	20	15	1	12	15.8	102		49			48	880
黑龙江	1268.5	109.4	57	3.7	9		929		96			65	

地区	合计	粮食	食品	副食	医药	杂品	土产	五金	建材	交通	燃料	百货	生产
总后	1131		108					12				999	12
中央各部	4362				1372		90		119	1952	342		487

资料来源:引用孙志中:《1976·唐山大地震》,河北人民出版社1999年版,第128—129页。

综上所述,新中国成立后,在"生产自救"方针指导下开展的节约捐输、社会募捐、群众互助互济等救灾捐献活动,虽然规模不大,但却汇聚了极大的力量,在全社会形成了一定影响力和凝聚力,在物质上为灾区提供了一定的物质支援,缓解了政府救灾的压力,在精神上极大鼓舞了灾民渡荒的信心。通过政府、社会团体组织广大人民群众在自觉自愿的原则下,开展互助互济的生产救灾方式成为救灾工作的重要内容和不可或缺的组成部分,由其衍生出来的救灾捐赠形式在后来的救灾工作中得到了不断的发展和完善。

第三节　1949—1978 年救灾捐赠的特点

新中国成立后,在"生产自救"方针指导下,党和政府号召群众发扬中华民族"一方有难,八方支援"、扶贫济困、互帮互助的优良传统,以生产自救为主,动员全民节约渡荒,广泛开展了节约捐输、社会募捐、群众互助互济等救灾募捐活动,积累了救灾捐赠工作的一些初步做法和经验,为改革开放后救灾捐赠的调整发展奠定了基础,开辟了道路。

一、以生产自救自助为主,有限开展救灾捐赠

新中国成立后,党的救灾工作更多的是强调自力更生、生产自救自助,同时开展一些节约捐输、救灾募集等社会互助互济运动,"生产自救""自力更生"是主导。这是由当时的国力和人民生活水平决定的。

1950 年 2 月 27 日,在中央生产救灾委员会成立大会上,党和政府首次提出"生产自救,节约度荒,群众互助,以工代赈,并辅之以必要的救济"的救灾工作方针。由于新政权刚刚建立,国家各项事业百废待兴,财力有限,政府不可能拿出很多的钱和物资去援助灾区,更不可能把灾民的生产生活全都包下来,因此,在给群众以必要的救济、急赈外,主要是发动群众生产自救,依靠群众自己,发挥群众的创造力,挖掘群众的潜力,渡过灾荒。

当时,党和政府号召各地"靠山吃山、靠水吃水",因地制宜组织群众开展多种形式的副业生产,如纺织、编席、捞水产、刨药材等,力求自救,重建家园。在河北省一些灾区进行了织席、纺织、榨油、轧花、运输、打柴草等生产,水乡地区则从事渔业和编席;在平原省主要进行采煤、运煤、捕鱼、织席、刨药、绸缎等生产;在察哈尔则以采草药为主。

这种"生产自救、自力更生"在"文化大革命"期间被发挥到了极致。1970 年云南通海发生 7.7 级地震,灾区在中共中央"奋发图强、自力更生"的号召下,真正自力更生、白手起家,发展生产、重建家园。当时灾区向国家提出了"不要救济粮、不要救济款、不要救济物"的"三不要",没有被动等待救援,而是以"要依靠战无不胜的毛泽东思想,要依靠自力更生、艰苦奋斗的革命精神,要依靠集体的力量来发展生产"的"三要",积极开展自救。"生产自救"的救灾方针在当时的国情下是正确的,对动员人民群众战胜灾荒起到了很好效果。

在"生产自救"方针下,党也看到了"依靠集体、依靠群众"的力量,广泛动员群众开展了一些节约捐输、社会募集、互助互济等救灾捐赠活动,从物质和精神上给灾区以一定的帮助和支持。但当时人民生活水平还很低,生活还很贫困,这种救灾募捐只在非灾区、轻灾区和城市中进行局部发动和组织,并强调自觉自愿原则。与此同时,各地政府在中央"生产自救"方针下,以自力更生、自救自助为救灾主导思想,主要依靠自己力量进行救灾,还不具备发动全社会力量参与救灾的意识和能力。因此,开展救灾捐赠活动比较有限、还没有形成一定的规模。

二、强调国内互助,排斥救灾外援

面对新中国成立之初的灾情,1949 年 12 月 19 日,中央人民政府向全国发出《关于生产救灾的指示》,1950 年 1 月 6 日,中央人民政府内务部又发出《关于生产救灾的补充指示》,要求"各级人民政府要对救灾负起高度的责任,不要饿死一个人"。强调"救灾是关系成百万人民的生死问题,我们必须彻底负责"①。同年 2 月 27 日,在中央生产救灾委员会成立大会上,党和政府首次提出"生产自救,节约度荒,群众互助,以工代赈,并辅之以必要的救济"的救灾工作方针。"生产自救、自力更生"是新中国成立之初党领导人民战胜灾荒的主导,虽然也提出"必要的救济",但仅仅是"辅之",而且这种"必要的救济"仅指国内各级党和政府的救济,并不包括国外的国际

---

① 《谢觉哉文集》,人民出版社 1989 年版,第 798 页。

救灾援助。

新中国成立后的相当长时期内,党和政府在"生产自救"救灾方针指导下,组织群众开展了节约捐输、社会募捐、互助互济等形式的救灾捐赠活动以支援灾区,但对外国援助持排斥态度。

1950 年 3 月 15 日,美国国务卿艾奇逊在《美国对亚洲政策》的演说中讲道,"今天的中国面对着 4000 万灾民,在现在和下一个收获之间挨饿,数以万计的人会死亡"①,并声言要对中国救济。对此,时任中央人民政府副主席刘少奇于 4 月 29 日《在庆祝五一劳动节大会上的演说》中给予驳斥:"由于人民自己的努力和人民政府的大规模组织工作,今年的灾荒已经确定地可以渡过,而不要外国一粒粮食的救济。美国帝国主义者在帮助蒋介石匪帮杀死了几百万中国人以后,忽然又装作慈善家的面孔,说是要来救济我们这里的灾民。他们所谓救灾的目的,就是要到中国的灾民中来进行破坏活动。中国人民虽然欢迎那些确属善意的国外帮助,但是对于帝国主义者的'好意',我们已经领教得够多了,我们不需要这些人来进行破坏活动。"②同日,时任中央人民政府副主席宋庆龄在中国人民救济代表会议闭幕词中号召:"希望全国人民在人民政府的号召与全国救济总会的推动之下,更加积极地行动起来,组织起自己的力量,通过生产节约,劳动互助,坚决地以自力更生的精神来克服目前暂时的灾难。"③

对于国际友人和友好国家的援助,新中国也逐渐改变战时积极接受援助的态度。1950 年 4 月 26 日,董必武《在中国人民救济代表会议上的报告》中讲道:"新民主主义国家的救济福利事业,自然也并不拒绝而且欢迎国际友人的真正善意的援助。但我们今天已经是胜利的中国,不应该再与过去一样,在过去,中国人民处在敌人重重压迫之下,需要国际友人援助,以壮我声势,长我力量,暴露敌人残暴,动摇敌人阵营。现在压迫我们的敌人已被推翻,而过去援助中国人民的真正国际友人,他们现在在帝国主义国家及殖民地半殖民地国家中所受的压迫却正如我们过去所受的压迫一样,或犹过之。因此,现在需要援助的,不是我们,而是他们。我们感谢他们过去的援助,现在则应反过来援助他们。我们今后在对这些国家的人民关系上,应是救人助人,而不是求人救,求人助。连对华侨的关系,我们也应改变过去求助于华侨的观念为助华侨解除痛苦的观念。至于苏联和新民主主义国家与我们都是兄弟

---

① 转引自孙绍骋:《中国救灾制度研究》,商务印书馆 2004 版,第 137—138 页。

② 《建国以来刘少奇文稿》(第二册),中央文献出版社 2005 年版,第 105 页。

③ 《宋庆龄选集》(上卷),人民出版社 1992 年版,第 530 页。

之邦,应是平等互助,不应只望人助,而不助人。"①这段表述充分展示出新中国作为一个新生政权,是一个具有独立主权的国家,要在国际舞台上显示自己的独立性、强大性,展现被压迫民族的扬眉吐气。新中国成立后,新生政权不同于过去旧中国,只能接受别人的援助,新中国现在是胜利的、独立的,不再受压迫,所以,应该更多地去帮助像过去旧中国一样遭受压迫的民族和国家;与苏联邻邦也是平等关系,要互助,而不是只接受援助。

　　8 月 21 日,由内务部办公厅整理并经周恩来同志亲自修改过的《答外国记者问》一文,对中国政府对待国际救灾援助的政策做出了明确具体的阐释:"中国对国际友人的真正友好的援助,在原则上是欢迎的。但中国是一个统一的、地大物博、人口众多的国家。中国虽然每年在某些地区可能发生程度不同的自然灾害,而同时在另外一些广大地区却是丰收年成。因此,虽然灾荒给我们国家和人民带来了很大困难,只要在各省、区间调剂得宜,我们仍有力量克服困难,渡过灾荒。"②

　　1959—1961 年三年自然灾害期间,美国肯尼迪政府企图以粮食援助换取中国在台湾问题上的让步,遭到我国政府的严厉拒绝。1962 年 2 月,美国提出以硬通货向中国出售 300 万—500 万吨小麦的不附加政治条件和只要中国同意放弃对邻国的军事政治压力,可在长期低息基础上每年向中国出售 1000 万—1200 万吨小麦的附加政治条件的两份建议。企图略施小恩小惠诱逼中国在国家重大的台湾问题上让步。③ 对此,时任中国驻波兰大使兼中美大使级会谈中方第一任首席代表王炳南庄严地给了拒绝:"新中国正在经历严重的困难时期,但是,中国地大物博,人民勤劳勇敢,我们有信心依靠自己的力量解决这些困难,中国人民绝不依靠别人的施舍而生活,更不会拿原则去做交易。"④在涉及国家利益这一核心问题上,中国政府是不会做任何交易和让步的。6 月 11 日,中国外长陈毅在尼泊尔大使为庆祝马亨德拉国王诞辰的招待会上也表示:"现在处境不美妙和维持不下去的,正是帝国主义和殖民主义者自己……中国目前在经济上尽管还存在着困难,但是中国人民一定能够用集体的力量和辛勤的劳动去战胜它。"⑤

---

① 董必武:《新中国的救济福利事业——一九五零年四月二十六日在中国人民救济代表会议上的报告》,《人民日报》1950 年 5 月 5 日。
② 转引自孙绍骋:《中国救灾制度研究》,商务印书馆 2004 版,第 138 页。
③ 牛大勇:《缓和的触角抑或冷战的武器——美国政府 20 世纪 60 年代初期对中国粮荒的决策分析》,《世界历史》2005 年第 3 期。
④ 王炳南:《中美会谈九年回顾》,世界知识出版社 1985 年版,第 84 页。
⑤ 资中筠:《战后美国外交史—从杜鲁门到里根》(上),世界知识出版社 1994 年版,第 431—432 页。

　　新中国成立后的相当长时间内,西方国家对新生的社会主义中国实行"封锁""禁运""颠覆"政策。由于冷战思维和东西方两大阵营的对峙,受社会制度、意识形态、国家主权、国家利益等政治因素的影响,长期受帝国主义侵略、剥削和敌视的中国,对国际救灾援助始终保持着高度的警惕和敌视,拒绝、排斥国外救灾援助,这在当时的国际环境和政治因素背景下,是完全可以理解的。

　　然而,20世纪60年代末70年代初,世界政治格局开始发生重大变化。1964年1月,中国和法国正式建交;1971年10月,中国政府恢复在联合国的合法席位;1972年2月,美国总统尼克松访华,1973年中美两国互设联络处,正式开启了中美两国外交的新纪元;1972年9月,中国与日本实现邦交正常化。到了70年代末,中国已经与西方多个国家建立外交关系。中国所处的国际环境得到明显改善,但对待国际救灾援助的态度和方针却没有适时调整,仍然一味排斥救灾外援,国际救灾援助政策明显滞后于当时中国在国际舞台上与各国的国际关系。

　　1970年发生的云南通海地震正处于"文化大革命"的特殊时期,当时全国都在紧锣密鼓地进行"反帝反修"斗争。地震消息并没有大规模外传,只是新华社于1970年1月8日对外发布了一条短讯:"1970年1月5日凌晨1时,中国云南省昆明以南地区发生了一次7级地震。受灾地区人民在云南省和当地革命委员会的领导下,在人民解放军的帮助下,发扬一不怕苦、二不怕死的革命精神,正在胜利地进行抗震救灾工作。"[1]有意降低了地震的震级,而且突出强调用"一不怕苦,二不怕死"的革命精神来救灾,并对国际社会救灾援助采取了排斥的态度:"我们感谢外电,但不要他们的物资,我们这么大的国家,内债、外债都没有,我们不向他们化缘。"[2]

　　1976年7月28日,河北省唐山市发生7.8级大地震。地震发生后,不少国家和国际组织主动表示将向中国提供救灾援助。地震当日,时任美国驻华联络处主任盖茨即表示愿意提供中国人所希望提供的任何援助;29日,时任联合国秘书长瓦尔德海姆致电华国锋,称联合国准备帮助灾区人民为克服这场自然灾害的影响而进行的斗争;同日,英国外交大臣克罗斯兰宣布,愿意向中国提供紧急援助和医药物资;30日,日本外相宫泽喜一宣布,

---

[1]　郑功成:《多难兴邦　新中国60年抗灾史诗》,湖南人民出版社2009年版,第161—162页。

[2]　李敏等:《断裂的高原》,《山茶》2000年第2期。

将迅速向中国发出救灾物资,并请中国政府做好接收准备。①

　　然而,就当日本大使转达援助愿望时,中国以谢绝日本的方式告知世界,中国拒绝外国因华北东部地震而提供的任何援助。日本共同社引述中国外交部官员的话说:"中国人民正在毛泽东主席和中国共产党的领导下进行抗震救灾工作……中国人民决心以自力更生的精神克服灾害造成的困难。"②当时《人民日报》社论明确阐释了中国拒绝国际救灾援助的原因:"自力更生的救灾努力,说明用马克思主义、列宁主义、毛泽东思想武装起来的、经过无产阶级文化大革命考验的人民是不可战胜的,说明中国无产阶级专政的社会主义制度具有极大的优越性。"③

　　由于帝国主义历史上曾经对中国进行过侵略、压迫、敌视、封锁,我们对"外国"有所警惕,是合乎情理的。但在"文化大革命"那个"政治挂帅"的特殊年代里,在极"左"错误思潮的影响下,一些人滋长了一种不加分析地盲目蔑视外国和"妄自尊大"的情绪。把学习外国,哪怕是学习外国先进的东西和接受外国援助等,都认为是有损民族尊严的事情,而不是把国与国之间的互相学习、互相支援、互帮互助看成是正常的国际交往。

　　在《唐山大地震(续)——"七·二八"劫难十周年祭》一文中,有这样一段叙述:"那是我们的失策啊!"迟浩田同志在接受采访时深为感慨地谈起"拒援"一事。唐山地震时,他作为北京军区副政委,是北京军区抗震救灾指挥部的领导成员。"但那时我们谁意识到了呢？当时中央领导人率领中央慰问团到灾区,在我们的帐篷里,他说:'外国人想来中国,想给援助,我们堂堂中华人民共和国,用不着别人插手,用不着别人支援我们!'我们当时听了很激动,鼓掌,流泪,也跟着那么喊。多少年后才知道是干了大蠢事! 自然灾害是全人类的灾害,我们每年不也都要向受害国家提供那么多的援助么!"④这段文字真实记录了当时人们对"外援"的认识与态度,并且作了十分恰当的评价。当时的历史条件、政治观念、国际环境和国人的眼界格局都不可能让中国对国际救灾援助敞开大门。当自力更生被提高到极致之时,伴随而来的就是更加严重的闭关锁国。

　　从 1949—1978 年的 30 年间,尽管中国多次遭遇了严重自然灾害,但始终排斥国际救灾援助。当时普遍认为,在两种制度、两种意识形态的斗争

---

① 参见詹奕嘉:《从拒绝到开放——中国接受外援 32 年风雨历程》,《文史博览》2008 年第 7 期。

② 詹奕嘉:《从拒绝到开放——中国接受外援 32 年风雨历程》,《文史博览》2008 年第 7 期。

③ 詹奕嘉:《从拒绝到开放——中国接受外援 32 年风雨历程》,《文史博览》2008 年第 7 期。

④ 转引自孙志中:《1976·唐山大地震》,河北人民出版社 1999 年版,第 134 页。

下,接受外援与自力更生是根本对立的,接受外援就等于放弃自力更生、艰苦奋斗的原则,就是否认社会主义制度的优越性,就是否定社会主义。我们曾以"勒紧腰带,自力更生"为骄傲,"把接受外援当作是一种不光彩的事情,好像只有援助别人是应该的。"①中国作为社会主义大国,当其他国家发生灾害时,我们要发扬国际主义精神给予社会主义援助,而当我们自己受灾时,就要自力更生、艰苦奋斗,战胜灾害,向全世界显示社会主义制度的优越性,证明走社会主义道路的中国人民是不可战胜的。这也是长期受"左"倾教条主义影响的结果。

三、募捐活动具有一定的零散性、偶然性、被动性

社会劝募是新中国成立后救灾工作的内容之一。根据灾害情况,开展一定范围的社会募捐,不仅可以募集大量资金和物资,有力支援灾区人民抗灾救灾、重建家园,同时也大大地弥补了单靠国家财政拨款救济灾民,救灾经费严重不足的缺陷。新中国成立后,党和政府充分认识到了这一点,组织开展了以节约捐输、社会募集、群众互助互济为主要形式的救灾捐赠活动。但是,从20世纪50年代末开始,由于受"左"的思想影响,党对救灾捐赠的认识发生了偏差,过分强调自力更生,救灾捐赠活动被意识形态化,甚至被认为是不光彩的事情而不被提倡。党对全国性的群众救灾捐赠基本上采取了不鼓动、不号召的政策。加之接二连三的各种政治运动,使得救灾捐赠活动在新中国成立初期比较集中、广泛,而60年代后,基本处于停滞状态。

从总体上看,新中国成立之初的救灾募捐活动大多由人民政府或社会群众团体发起、组织,在一定范围内,围绕一定内容开展,即只在发生重大自然灾害情况下开展。以1950年的募集寒衣运动为例,这次募集寒衣运动是由中国人民救济总会、中华全国总工会、中华全国民主妇女联合会、中国红十字会总会、中华全国民主青年联合会、中华全国学生联合会、新民主主义青年团中央委员会等七个社会群众团体发起和组织的。为更好地领导和推动这次募捐活动,这七个群众团体还在北京专门成立了皖北、苏北、河北、河南灾民寒衣劝募总会,针对当时水灾造成灾民缺少寒衣的问题,向全国发出募集寒衣号召,掀起了空前规模的、全国性的募集寒衣运动。1956年5月的募集寒衣工作,是内务部针对当时灾区严重缺乏寒衣,而非灾区人民强烈要求支援灾区的形势下提议开展的。可见,新中国成立初期的募集活动是针对发生重大自然灾害进行的,一般是由政府或社会团体发起,只在非灾

---

① 范宝俊:《中国国际减灾十年实录》,当代中国出版社2000年版,第153页。

区、轻灾区和城市等部分地区局部、偶然进行,极少有大规模地、全国性救灾募捐活动。因此,具有偶然性、零散性、被动性等特点。

四、在物质上和精神上给灾民以有力支持

党和各级政府积极组织灾民进行生产自救,开展节约捐输、社会募集等社会互济运动,"不仅是物质上的有力支持,且对广大灾民生产渡荒情绪上也是莫大的鼓舞"①,政治上也取得了不可估量的收获,为党赢得了群众的忠实拥护和支持。当时好多灾民说:"毛主席领导的天下真和一家人一样!"②

在"生产自救"方针指导下,党和政府教育灾民实行节约渡荒,强调不仅灾区要节约,非灾区和城市也要提倡节约,以充实支援灾区的物资。同时,对城市人民也进行互帮互助、相互支援、节约渡荒教育,通过教育让城市人民充分认识到"只有农村战胜了灾荒,逐渐达到丰足,城市才能更快地恢复起来",鼓励城市人民发扬友爱精神,热烈响应募捐救灾运动,支援灾区农民。总之,"一个膀子力小,两个膀子力大,灾民与灾民搞生产要互助,灾民中有劳力和无劳力的要互助,有劳力与有资金的要互助,灾民与非灾民要互助,灾区与非灾区要互助"③,采取一切可能的形式开展互帮互助,充分发挥人民的主体力量抗击自然灾害,"发展社会互助互济运动,以人民的力量弥补社会上一切缺陷,实现自救互救,自助互助"④。这种节约捐输、社会劝募、互助互济等救灾捐赠活动所汇集的物资支援和精神鼓励支持都是无穷的、巨大的,增强了灾区人民抵御自然灾害的能力,在精神上极大地鼓舞了灾区人民,体现了党和政府以及全国人民对灾区的关心,弘扬了中华民族扶贫济困的优良传统。

五、救灾捐赠政策较笼统,缺乏规范性

救灾工作是新中国成立后中国共产党领导人民建设国家所面临的一项崭新的工作。在与自然灾害的斗争中,党积累了丰富的抗灾救灾经验。但这些经验的积累也是以一定的失败和损失为代价的。开展节约捐输、社会募集、互助互济等救灾捐赠活动,虽然取得了一定的成绩,为灾区人民提供

① 《谢觉哉文集》,人民出版社 1989 年版,第 722 页。
② 中华人民共和国内务部农村福利司:《建国以来灾情和救灾工作史料》,法律出版社 1958 年版,第 40 页。
③ 《谢觉哉文集》,人民出版社 1989 年版,第 722 页。
④ 《谢觉哉文集》,人民出版社 1989 年版,第 724 页。

了急需物资,也赢得了一定的政治影响,但还有很大的随意性和不规范性,存在着一定的问题。

党和政府通过发布"指示""社论"等对救灾捐输进行广泛宣传,如1949年12月19日,中央人民政府政务院发出《关于生产救灾的指示》;1949年12月19日,新华社发表《生产自救,渡过灾荒》的社论;1949年12月20日,中共中央华东局发出《关于紧急开展生产救灾工作的指示》;1950年1月6日,中央人民政府内务部发出《关于生产救灾的补充指示》;1950年9月30日,华东军政委员会发出《关于劝募寒衣工作的指示》等。在这些"指示""社论"中号召"灾民与灾民搞生产要互助,灾民中有劳力的无劳力的要互助,有劳力与有资金的要互助,灾民与非灾民要互助,灾区与非灾区要互助"①,并对募捐原则、具体负责机构和募捐时间等做了具体说明。如华东军政委员会《关于劝募寒衣工作的指示》明确规定了"由华东生产救灾会联合华东一级各人民团体及工商界、新闻出版界、文化教育界、慈善团体及各民主党派等,组织灾民寒衣劝募委员会,统一领导华东寒衣劝募工作;华东各省、市、区由各该地生产救灾委员会联合协商委员会、工会、青年团、学生会、民主妇联、工商界、新闻界、文化教育界、慈善团体及民主党派,各界热心救济人士组织灾民寒衣劝募委员会,迅速开展工作;劝募应本自觉自愿原则,严禁强迫,反对摊派;劝募以代金和实物(不论男女老幼、新旧单夹棉皮衣服乃至棉花、棉布及其他御寒物品均可)为主,并兼收金银饰物等;劝募工作定11月底完成。"②

但由于政策较笼统、弹性和随意性较大,没有制定出指导募捐的具体、规范的政策、法规,导致一些地方出现了变相募捐现象。有些地方干部对政策认识、掌握、宣传不够,不能有效发动群众,且未及时检查,同时一些干部强迫命令的作风尚未完全改变过来,因此,在一些地区出现了违背自觉自愿捐输原则的摊派、硬捐等偏向。在农村还出现了一些违反政策强迫中农捐粮、侵犯中农利益等现象,有的还多次连续发动募集,虽及时发现纠正,但对群众生产积极性影响很大,以致有些农民不满地说:"这又是一次小征粮。"

另外,由于"左"的倾向,对宗教团体的赈济捐输活动不能正确认识,也没有相关的政策规定,因此,对一些宗教团体的赈济活动采取了压制。如1950年春,苏北大许家教堂为赈济灾民发放了200片豆饼,泗阳教会发放

---

① 新华时事丛刊社:《生产救灾》,新华书店1950年版,第10页。
② 华东生产救灾委员会:《华东的生产救灾工作》,华东人民出版社1951年版,第107—108页。

了200余万元的粮食,但政府对教会的善举却认为其目的是"以物资救济来麻痹与笼络人民心里,以达到发展扩大活动",予以制止。①

面对频繁发生的自然灾害,党和政府虽然开展了节约捐输、社会募捐、互助互济等救灾捐赠活动,调动了社会成员共同参与抗灾、救灾的积极性,在一定程度上缓解了政府的救灾压力,但由于政策管理和运作机制尚不完备,还缺乏相关配套政策的指导,难免发生一些偏差。

小　结

新中国成立初期,在社会生产力落后和国家经济实力较低、人民生活水平很不富裕、国家财政预算比较紧张的情况下,中国共产党在"生产自救"方针指导下,号召群众发扬中华民族"一方有难,八方支援"、扶贫济困、互帮互助的优良传统,组织开展了以节约捐输、社会募集、群众互助互济为主要形式的救灾募捐活动,对发动人民群众,依靠群众力量抗灾救灾,缓解灾区困难,弥补中央政府财政不足等缺陷起到了重要作用,是救灾工作走群众路线的具体表现。

在20世纪50—70年代实行计划经济体制的背景下,人们的生产和生活都是由政府通过单位或集体统一安排的,在大一统的状态下,国家对政治、经济和社会生活领域的方方面面都进行着掌控,国家自然而然成为救灾的主体,从政治动员到指导救灾政策,再到灾区重建,国家都发挥着重要的主导作用。在国内社会物质财富极度缺乏,人民生活水平低下,大家都过着一种不富裕但相对平均主义生活的条件下,整个社会还缺少开展大规模救灾捐赠活动的物质基础。而且,从50年代末60年代初开始,由于受"左"的思想影响,党对自然灾害的认识出现偏差,严重影响了党对救灾捐赠的认识和态度。在长期"左"的思想影响下,各地政府遵照中央"生产自救、自力更生",不给人民群众增加负担,依靠自己力量救灾的指导思想,过分强调自力更生,捐赠活动被意识形态化,甚至被认为是"有损政府形象"、不光彩的事情而不被提倡。党对全国性的群众救灾捐赠基本上采取了不鼓动、不号召的政策。群众自发捐赠的款物,都要求全部退回。如1976年唐山大地震,全国人民自动捐赠的款物很多,中央仍决定不搞群众性的捐献活动,并将邮寄来的款物一一退还给捐献者本人。而对于国际救灾援助,为维护国家形象,保持社会主义国家的独立性和先进性,在意识形态的干预下更是采

---

① 《苏北社团调查综合报告(1950年)》,江苏省档案馆藏,3067,长期卷,第47页。

取拒绝、排斥的态度。这与当时的政治环境和国家治理能力有着密切的关系。当时的中国共产党对救灾捐赠和救灾社会化的力量和作用还没有也不可能达到足够的认识高度,这也是历史局限性和执政党自身发展所带来的。

第二章　1978—1988 年救灾捐赠的调整与全面展开

1976 年 10 月，"四人帮"被粉碎，"文化大革命"宣告结束。1978 年 12 月，党的十一届三中全会召开，重新确立了"解放思想、实事求是"的思想路线，开始全面纠正"左"倾错误，开启中国改革开放历史新时期。在实事求是的思想路线指引下，党的各项事业开始全面拨乱反正，救灾捐赠工作也得以恢复、调整和全面展开，重新走上正确道路。

第一节　党的十一届三中全会后救灾工作的调整

1978 年 2 月，第五届全国人民代表大会第一次会议召开。会议通过新宪法，并决定设立中华人民共和国民政部，主管业务包括优抚安置、救灾救济、社会福利、行政区划、婚姻登记、殡葬改革、政府机关人事工作（1980 年 7 月划出），后又陆续增加了基层政权建设、军队离退休干部安置、地名管理、社团管理等工作。1978 年 9 月，全国第七次民政会议在北京召开，明确了新的历史条件下，民政工作的业务范围和指导思想，确定了包括救灾在内的各项工作的具体任务、方针、政策。12 月，党的十一届三中全会后，在实事求是思想路线指引下，民政工作实现拨乱反正，走上正轨。

一、重新明确民政工作的性质和特点

新中国成立后，民政工作在毛泽东、周恩来、朱德、刘少奇、陈毅等老一辈无产阶级革命家指导下，经过长期的发展逐步成为具有中国特色的、体现社会主义制度优越性的一项工作。毛泽东曾说过，"民政工作就是做人的工作"。朱德说，民政部门"就是人民群众的组织部"，"人民群众有什么困难，有什么问题就找民政部门"。[1] 这些指示和论断明确指出了民政工作的性质和特点。

但是，"文化大革命"期间，由于林彪、"四人帮"集团长期推行极左路线，颠倒是非界限，许多正确的思想、理论、政策不能得到贯彻执行，许多民

---

[1]　民政部政策研究室：《民政工作文件汇编（一）》（内部文件），1984 年版，第 30 页。

政干部和民政工作对象遭到残酷打击和迫害。谁抓业务、抓福利生产、抓救济补助,谁就是搞物质刺激、福利主义;谁如实地反映灾情和群众生活困难,谁就是给社会主义的大好形势抹黑。任意诬陷、批斗民政对象、优抚对象等现象时有发生,导致民政工作处于停滞或削弱状态。1978年9月第七次全国民政会议后,特别是党的十一届三中全会召开后,通过揭批林彪、"四人帮"的流毒,民政工作有所调整。但是,由于"文化大革命"的严重破坏,一些干部的思想被长期禁锢,处于僵化和半僵化状态,不敢大胆地实事求是地提出问题和解决问题,仍然心有余悸,民政工作还是没有得到足够重视,被认为无非是"过年过节搞搞拥军优属""救济一下灾民""发放一些福利救助"等等。在这种情况下,1979年3月10日,民政部党组下发《民政部关于民政部门工作着重点转移的意见》,明确指出民政部门工作着重点的转移,首先要解放思想,要从一切从"本本"出发、从"长官意志"出发的精神枷锁下解放出来,要从以阶级斗争为中心、政治运动代替一切的精神枷锁下解放出来,要从"宁'左'勿右"的精神枷锁下解放出来,要"把民政部门的工作从政治运动为中心转到以民政业务工作为中心"①。这三个"从精神枷锁下解放出来"为民政部门工作着重点的根本转移提供了正确的思想路线,指明了民政工作的重点方向。

1983年4月9日,时任民政部部长崔乃夫同志在第八次全国民政会议上作了题为《在党的十二大精神指引下,为开创民政工作新局面而奋斗》的报告,进一步明确了民政工作的性质、特点、任务和作用,并第一次提出了"三个一部分"的理论。他指出:"民政工作就是做人的工作,做群众的工作。进行这些工作不但要有国家的支持,而且要发动群众,依靠社会力量","民政工作具有群众性、社会性和多元性的特点"②,并将民政工作概括为"三个一部分",即政权建设的一部分、社会保障的一部分、行政管理的一部分。这就为进一步肃清林彪、"四人帮"集团的流毒,解放思想,打破禁区,弄清楚新的历史时期民政工作的地位和作用提供了理论基础。

救灾是民政部门的主要职能之一,按照国务院赋予的职能,民政部主要承担灾情核查,灾情发布,组织、协调抗灾工作,对中央救灾款物进行管理、分配,并监督其使用,统一组织和指导救灾捐赠等工作。民政工作重点、性质、特点和任务的重新明确为救灾捐赠的恢复、全面展开和调整奠定了理论基础,开辟了道路。

---

① 民政部政策研究室:《民政工作文件汇编(一)》(内部文件),1984年版,第37页。
② 民政部政策研究室:《民政工作文件汇编(一)》(内部文件),1984年版,第30页。

二、调整救灾工作方针

党的十一届三中全会后，救灾工作开始解放思想、拨乱反正，救灾工作方针重新得到了调整和明确，实现了救灾指导思想上的拨乱反正。

1978 年，第七次全国民政会议重申了"依靠群众，依靠集体，生产自救为主，辅之以国家必要的救济"的正确的救灾工作方针，强调"生产自救是救灾的根本方针"①，"是党和政府的一项重要工作"，"一定要作为长期的重要任务来抓"②，重新强调了生产救灾的重要性，从而实现了救灾指导思想的拨乱反正。

1983 年，第八次全国民政会议对救灾工作方针进行调整。救灾工作方针被修订为："依靠群众，依靠集体，生产自救，互助互济，辅之以国家必要的救济和扶持。"③这一方针是根据当时全国农村广泛实行家庭联产承包责任制的现实情况提出来的，适应了当时农村形势的变化，体现了正确处理国家、集体、个人三者之间关系的原则，强调了发动群众生产自救与互助互济。

这次救灾工作方针调整的最显著特点是增加了"互助互济"的内容，同时还增加了"国家扶持"的内容。从第一次全国民政会议救灾工作方针被提出开始，救灾工作方针中就一直包含"群众互助"的内容，但这种"互助"仅仅是在当时人民群众生活水平普遍较低的情况下的劳动力及救灾工具等的简单合作，虽然也有通过节约捐输而进行的物质方面的一定的互济，但数量和质量都十分有限。党的十一届三中全会后，随着农村家庭联产承包责任制的实行，农村生产力得到大幅度提高，群众生产积极性普遍加强，生活水平日益改善，积累逐年增加。在经济生活水平逐年好转的背景下，不仅灾民的生产自救能力得到增强，群众之间也具有了相互进行一定的物质救济的条件，并为恢复救灾捐赠创造了条件。而国家必要的救济和扶持，可以更好地帮助灾区人民发展农副业生产，解决生产、生活问题，对人民群众灾后的基本生活和重建家园也起着积极的保障作用。1988 年，第九次全国民政工作会议在重申这一救灾工作方针的同时，又增加了救灾工作要与扶持生产相结合、有偿与无偿救灾相结合及救灾向社会保险方向过渡的内容。

从新中国成立初期到党的十一届三中全会后，救灾工作方针进行了几次调整。从中可以看出，救灾工作方针的核心始终是以生产自救为主，就是

---

① 民政部政策研究室：《民政工作文件汇编（二）》（内部文件），1984 年版，第 342 页。
② 民政部政策研究室：《民政工作文件汇编（二）》（内部文件），1984 年版，第 48 页。
③ 民政部政策研究室：《民政工作文件汇编（一）》（内部文件），1984 年版，第 26 页。

从发展生产着手,依靠集体和个人的力量,自力更生,恢复和发展生产,来达到克服灾害所造成的困难的目的。救灾工作方针的基本精神始终是践行群众路线,通过依靠群众、发动群众,充分调动群众的积极性,开展互助互济,最终依靠全体民众的力量战胜灾害。国家必要的救济和扶持,对人民群众灾后的基本生活起到积极的保障作用。

三、科学认识自然灾害

党的十一届三中全会后,在实事求是的思想路线指引下,党和政府对自然灾害的认识重新回归科学,认为自然灾害"是不依人们的意志为转移的客观现象"①,"现在科学技术等条件下,是不可能完全避免的"②,"随着经济的发展和科学技术的进步,人类增强了抗灾能力,但是,还不可能消灭灾害"③,因此,"不仅要认识到救灾工作对四化建设的重要意义,而且要充分认识同自然灾害做斗争的长期性、艰巨性","要注意掌握自然灾害发生、发展和生产、救灾工作的规律"④。同时,伴随着各项工作的全面拨乱反正,"大跃进"时期的"人定胜天""人有多大胆,地有多大产"等唯意志论带来的恶果,让人们开始反思过去不能正确认识自然灾害长期性、客观性和规律性所带来的严重后果。民政部副部长王国权指出:"不尊重科学,不尊重自然发展规律盲目干是不行的(如乱砍森林不注意保持大自然生态平衡),要认真调查研究,摸索自然发展规律并善于利用其规律来发展生产,才能逐步达到防灾救灾的根本胜利"⑤。

自然灾害是威胁人类生存、生产和文明发展的大敌,是全人类的共同敌人。人类为了自身的繁衍生息和生存发展,同自然灾害进行着不屈不挠的斗争。随着科学技术的进步,人们对于自然灾害的认识也日益深化。党的十一届三中全会后,在实事求是的正确思想路线指引下,党和政府对待自然灾害的认识日趋科学、理性,还自然灾害之本性、客观性和规律性认识,这是抵御自然灾害威胁,健全防灾、救灾技术和手段,增强防灾、抗灾、救灾能力,

---

① 民政部法规办公室:《中华人民共和国民政工作文件汇编(1949—1999)》,中国法制出版社 2001 年版,第 1443 页。
② 民政部政策研究室:《民政工作文件汇编(二)》(内部文件),1984 年版,第 48 页。
③ 民政部法规办公室:《中华人民共和国民政工作文件汇编(1949—1999)》,中国法制出版社 2001 年版,第 1443 页。
④ 民政部法规办公室:《中华人民共和国民政工作文件汇编(1949—1999)》,中国法制出版社 2001 年版,第 1390 页。
⑤ 民政部法规办公室:《中华人民共和国民政工作文件汇编(1949—1999)》,中国法制出版社 2001 年版,第 1393 页。

从而有效防灾、救灾的根本基础和前提。

四、开展救灾理论研究

实践是理论的先导,理论是实践的指导。救灾是一项实践性很强的工作,但同样也需要科学理论的指导和护航才可以不偏离基本规律。新中国成立后相当长时间里,党和政府凭借在根据地和解放区时积累的救灾工作经验,领导人民进行抗灾救灾工作。但是,由于长期忙于救灾实践,忽视了相关理论的研究,使救灾工作不能得到科学理论的指导,在实际的救灾工作中难免出现一些问题。这就要求必须不断地从现实救灾实践中发现问题,解决问题,总结经验,汲取智慧,并上升到理论的高度,以科学的理论指导改革开放后的救灾工作。1983 年 2 月 11 日,民政部下发《民政部关于开展民政工作理论研究的通知》,指出:"在新的历史时期立志改革,开拓前进,大力开展民政工作理论研究,就成为一项刻不容缓的任务了。"[1]并列出了一些研究课题,其中涉及救灾方面的主要有:《中国灾荒史略》《论救灾款管理使用的改革》《略论中国救灾工作的历史经验》《论中国救灾工作的方针》《论中国农村实行联产承包责任制后查灾、报灾、计灾、核灾制度的改革》等课题。救灾理论研究的深入开展为救灾工作的科学发展和改革奠定了基础,为今后更好地解决救灾工作中出现的新问题、新情况奠定了理论基础。救灾理论的深入研究表明救灾工作开始走向理论研究、科学发展的轨道。

党的十一届三中全会后,救灾工作的调整改革是全方位的、多层次、多领域的,是粉碎"文化大革命"后民政工作改革的重要内容,为救灾捐赠活动的全面展开营造了有利的大环境。

第二节　国内救灾捐赠与扶贫工作的结合

党的十一届三中全会后,农村实行家庭联产承包责任制,极大地调动了农民的生产积极性,农业生产迅速发展,农民的经济收入和物质生活水平有了一定的提高,抗灾救灾能力也随之增强。但仍有一部分农民,缺乏劳力、资金和生产技术,在生产和生活上仍然存在困难;有些地区逢灾必受灾,仍处于贫困状态。为了使这部分地区和群众尽快摆脱贫困和灾害,走上劳动致富的道路,党和政府开始探索救灾改革的新思路,将扶贫与救灾结合起来,并将救灾捐赠引入扶贫工作,逐步扩展和发挥救灾捐赠在救灾与扶贫工

---

[1]　民政部政策研究室:《民政工作文件汇编(一)》(内部文件),1984 年版,第 68 页。

作中的作用。

一、救灾与扶贫相结合的新思路

　　贫困与自然灾害是密切联系在一起的两个概念。历史的经验和教训早已从正反两个方面证明,贫穷和灾害是影响社会稳定和发展的重要因素。自然灾害是致贫的一个主要原因,而贫困又会引发更严重的灾害。越是贫困地区,自然环境越恶劣,灾害发生的频率越高,灾民抵抗自然灾害的能力也越弱,"旧灾造成的民困未苏,疮痍未复,新的打击又接踵而至"[1],结果对社会经济的破坏越为严重,灾民也就越贫穷。如果不帮助灾民彻底摆脱贫困,减少灾害或减轻灾害带来的损失,就会形成贫困——受灾——越贫困——越严重受灾的恶性循环。因此,在贫困地区,扶持群众发展生产,帮助其摆脱贫困,有灾救灾,无灾扶贫成为群众生产自救、增强抗灾防灾能力的主要方法和途径。

　　中国经济社会发展一直存在着严重不平衡、不协调的状态。从地域上看,有东部、中部和西部之分,一般来说,东部地区较为发达,中、西部地区相对落后。从城乡来看,城市地区较为发达,农村地区比较落后。党的十一届三中全会后,农村经济形势发生了很大好转。但由于历史原因、自然条件、工作基础和政策贯彻落实情况的差异,仍然有许多人口处于较为贫困的状态,严重的甚至连基本的温饱问题都还没有解决,大量人口生活在贫困线以下。《中共中央、国务院关于帮助贫困地区尽快改变面貌的通知》中指出,"农村经济还存在发展不平衡的状态,特别是还有几千万人口的地区仍未摆脱贫困,群众的温饱问题尚未完全解决,其中绝大部分是山区,有的还是少数民族聚居地区和革命老根据地,有的是边远地区。解决好这些地区的问题,有重要的经济意义和政治意义"。[2] 为此,党和政府开始有组织、有计划地开展扶贫工作,组织贫困户搞家庭副业生产。

　　粉碎"四人帮"后,最早开展扶贫工作的是四川、湖北、广东、黑龙江等四省。1978年9月,第七次全国民政工作会议总结交流了扶贫工作的经验,提倡在全国逐步推行。1978年10月,中共中央66号文件——《中央批转〈全国民政工作会议纪要〉的通知》下达后,扶贫工作在全国逐步开展起来。1980年3月20日,《中共民政部党组关于农村扶贫工作向中央的报

---

[1]　李文海:《历史并不遥远》,中国人民大学出版社2004年版,第209页。

[2]　中共中央文献研究室:《十二大以来重要文献选编(中)》,人民出版社1986年版,第539页。

告》中指出:"扶贫工作是解决贫困户困难的有效办法之一,好处很多","这件事是'解民愁','得民心','合时宜','利四化'"①。

1982 年 12 月,国家经委、民政部、财政部、中国农业银行、商业部、对外经济贸易部、农牧渔业部、教育部、国家物资局等 9 部委联合发出《关于认真做好扶助农村贫困户工作的通知》。通知中指出,扶助农村贫困户是党的一项重要政策,是完善农业生产责任制的一个重要内容,是社会主义制度优越性的具体体现。关心群众疾苦,扶贫助难,是政府各部门和各级干部义不容辞的责任。帮助贫困户摆脱贫困是关系全局的、具有战略意义的大事。因此,要把扶贫工作列为我们工作的重要任务之一,加强领导,有计划、有组织地从人力、物力、财力上积极帮助贫困户发展生产和解决生活困难,尽快使他们从根本上摆脱贫困。② 提出民政部门拨出适当数额的农村救济经费,用于扶贫。并要求各地结合自己的实际情况,拟定具体扶贫办法,付诸实施。从 1982 年起,各地每年都从农村社会救济费中拨出一定的资金,用于扶持贫困对象开展生产自救。

1984 年 9 月 29 日,中共中央、国务院下发《关于帮助贫困地区尽快改变面貌的通知》。通知要求:"各级党委和政府必须高度重视,采取十分积极的态度和切实可行的措施,帮助这些地区的人民首先摆脱贫困,进而改变生产条件,提高生产能力,发展商品生产,赶上全国经济发展的步伐。"③10月 20 日,中共第十二届中央委员会第三次全体会议通过的《中共中央关于经济体制改革的决定》进一步指出,在允许和鼓励一部分地区、一部分企业和一部分人依靠勤奋劳动先富起来的同时,"必须对老弱病残、鳏寡孤独等实行社会救济,对还没有富裕起来的人积极扶持,对经济还很落后的一部分革命老根据地、少数民族地区、边远地区和其他贫困地区实行特殊的优惠政策,并给以必要的物质技术支援"④。这就为进一步开展农村扶贫工作指明了方向。

为贯彻执行中共中央、国务院关于农村扶贫的政策要求,民政部调整了救灾工作的重点,提出救灾和扶贫相结合的新办法。1985 年 4 月 26 日,国

---

① 民政部法规办公室:《中华人民共和国民政工作文件汇编(1949—1999)》,法制出版社 2001 年版,第 1627 页。

② 中华人民共和国民政部:《中华人民共和国民政法规汇编(1949.10—1993.12)》,华夏出版社 1993 年版,第 627 页。

③ 中共中央文献研究室:《十二大以来重要文献选编(中)》,人民出版社 1986 年版,第 539 页。

④ 中共中央文献研究室:《十二大以来重要文献选编(中)》,人民出版社 1986 年版,第 578 页。

务院批转了民政部、国家经委、财政部等九部委联合递交的《关于扶持农村贫困户发展生产治穷致富的请示》，指出各级人民政府要加强领导，把扶贫工作纳入农村经济和社会发展总体规划中去，并提出"要把扶贫和救灾结合起来。救灾款在保障灾民基本生活的前提下，可用于灾民生产自救，扶持贫困户发展生产。救灾款有偿收回的部分用于建立扶贫救灾基金，有灾救灾，无灾扶贫"。① 从而在国家政策上正式明确了救灾款在灾区可以直接用于扶贫的原则。

1986 年，国务院正式成立"国务院扶贫开发领导小组办公室"，确定于1990 年之前贫困县在正常年景下解决 90%以上贫困户的温饱问题。此后，相继出现了许多形式多样的救灾与扶贫相结合的扶持形式，扶贫工作开始从最初的生活救济的"输血式扶贫"转为"造血式扶贫"。通过深入实际开展调查研究，在新的历史条件下，把扶贫与救灾相结合，防灾、抗灾、救灾工作探索出一系列新的做法和途径。

（1）救灾和扶贫相结合，关键是重点扶持。救灾和扶贫的对象一般都是贫困户，把救灾和扶贫这两项工作有机结合在一起来推进，可以更好地帮助贫困户克服遭灾而引起的困难，治穷脱贫。把救灾与扶贫紧密结合起来的最好方式就是对多灾贫困县的重点扶持。在保障灾民困难户基本生活的前提下，从救灾款中适当拿出一部分，重点扶持多灾贫困县的贫困灾民开展生产自救，发展商品生产，是帮助灾民、贫困户和全国人民共同富裕的有力措施。扶持多灾贫困县的贫困户因地制宜地经营一些"旱涝保收"的商品生产项目，变单一经营为多种综合经营，实现有灾救灾，无灾治贫。不仅可以增强群众抗灾救灾的自救能力，不再等、靠、要国家的救济，而且可以为脱贫致富广开门路。

（2）发挥城市优势，以科技支援贫困地区发展商品生产。对多灾贫困县的重点扶持，不仅仅局限于资金，更要在技术上给予扶持。多灾贫困地区虽然拥有丰富的资源和劳动力，但由于缺少资金，商品生产不发达，最主要的是缺少人才，科学技术水平落后，信息不通畅，使得这些地方蕴涵的许多丰富的自然资源得不到开发，不能变成商品，劳动力作用发挥不足。因此，"科学技术扶持，即着眼于扶技术、送信息，开拓新的生产门路，是从根本上治穷致富的一项重要举措"②。1985 年，民政部和中国科协联合向全国发出了《关于开展科技扶贫工作的通知》，要求充分发挥城市在科技方面的优

---

① 民政部政策研究室编：《民政工作文件选编（1985）》，华夏出版社 1986 年版，第 104 页。
② 民政部政策研究室编：《民政工作文件选编（1985）》，华夏出版社 1986 年版，第 115 页。

势,帮助多灾贫困地区广开生产门路。利用科技扶贫,把科学技术教给贫困户,提供经济信息,开展技术咨询服务,培训技术人才等,依靠他们自己的力量,按照当地的特点和优势,利用当地的资源,因地制宜,发展商品生产。①支援多灾贫困地区发展商品生产,对多灾贫困地区改变落后面貌和提高抗灾救灾能力都具有重要意义。

(3)救灾与防灾相结合,因地制宜地调整农村产业结构,大力发展商品经济,开拓致富道路。坚持因地制宜原则,实事求是地调整农村产业结构是做好救灾、防灾的重要措施。这就要求从各地实际出发,本着适合发展什么就发展什么,发展什么有市场就发展什么的原则,充分利用自然资源,积极发展多种经营,建立多样化的发展型农村产业结构,做到救灾与防灾相结合,以防为主,以救为辅,防救结合,来增强人民群众生产救灾、防灾抗灾的能力。具体说来,就是根据当地自然条件,搞多种经营,发展商品生产。有草山、草坡的地方,就发展畜牧业;矿产资源丰富的地方,就发展采矿、建材业;有水利资源的地方,就发展水电、水产;宜种则种,宜林则林,宜草则草,宜养则养,宜渔则渔,宜牧则牧,发展适合当地自然规律和经济规律的生产项目,增加农民经济收入,尽快脱贫致富,以增强防灾抗灾的能力。② 以河南省渑池县陈村乡为例,这个乡是个十年九旱的地方,1982 年人均纯收入不足 120 元,人均生产粮食 530 多斤,1983 年他们从当地实际出发,调整产业结构,增种抗旱作物,开办工副业生产,到 1984 年人均纯收入达到 358元,人均生产粮食达到 843 斤,经济收入增加,生活有了保障,增强了抗灾能力。③

(4)救灾扶贫与社会保险相结合,帮助贫困户克服灾难造成的困难。社会保险是取之于民、用之于民的事业,是在更大的社会范围内组织群众互助互济,克服灾害造成的困难的一个有效途径,为救灾救济和扶贫工作开辟了一条新路子。发动和帮助贫困户参加保险,可以使其在遭灾后及时得到经济补偿,较好较快地恢复家园,发展生产,克服灾害造成的困难,提高防灾抗灾能力,减轻国家财政负担,是广大人民群众致富路上的重要保障。

农村扶贫工作是在社会救济工作的基础上发展而来的。主要特点是以

---

① 参见民政部政策研究室编:《民政工作文件选编(1985)》,华夏出版社 1986 年版,第 115—116 页。

② 参见民政部政策研究室编:《民政工作文件选编(1985)》,华夏出版社 1986 年版,第 59—65 页。

③ 民政部法规办公室:《中华人民共和国民政工作文件汇编(1949—1999)》,中国法制出版社 2001 年版,第 1412 页。

扶持贫困户发展生产,自力更生为主,做出规划,在一定时间内改变贫困面貌,使党的社会救济方针得到更好地贯彻执行。把救灾与扶贫结合起来,通过对农村贫困户,从政策、思想、资金、物资、技术信息、劳务、就业等方面给予扶持,帮助贫困户自力更生发展生产,使其通过生产经营活动,提高生产与生活自给能力,摆脱贫困,在发展生产中救灾扶贫,以救灾扶贫促进生产发展,是贯彻党的富民政策,推动灾民和贫困群众走共同富裕道路的有效途径,也是探索农村救灾救济和社会保障工作改革和发展的新思路。

二、救灾与扶贫募捐工作的初步实践

20 世纪 80 年代初期,改革开放刚刚起步,人们的思想还没有完全从过去的禁锢中走出来,虽然党和国家开始对各项事业进行改革,但步伐还不是很大,还处于摸索、调整时期。救灾工作改革也是如此,虽然党中央作出了改革救灾工作的指示,但是在实施过程中救灾社会化改革还比较慢,救灾社会化水平还比较低。在救灾工作中,还没有完全充分认识到救灾捐赠对于弥补政府救灾资金不足和作为政府救灾补充手段的重要作用,对在群众中开展救灾募捐工作采取不鼓动、不号召、不宣传的政策。

1981 年夏,辽宁省部分地区遭受严重水灾。9 月 25 日,辽宁省民政厅向民政部询问是否可以发动群众募捐支援灾区和接收个人捐助。10 月 4 日,民政部作出《民政部关于可否发动群众募捐支援灾区问题的答复》,指出:"根据中央有关指示精神,灾区人民的生活困难,主要依靠自力更生和国家必要的救济解决,对单位或群众都不号召不发动救灾募捐,但如有些单位和个人出于自愿主动给予捐赠,民政部门可以接收,并将收到的捐赠物寄到重灾地区,由社队评发给灾民。对捐赠的款物一定要加强管理,建立专项账目和健全收转手续,防止发生问题。"①可见,在改革开放之初,救灾捐赠作为救灾社会化的重要内容之一,还没有得到足够的认识,其作用还没有得以充分发挥和显示。

随着改革开放的深入,中国的经济社会状况发生了巨大变化,经济快速发展,社会财富不断增加,人们的经济条件和生活水平也逐年改善,并有很大提高。这就为开展群众性救灾捐赠工作提供了一定的物质基础和比较成熟的社会经济条件。20 世纪 80 年代中后期,在救灾与扶贫相结合的救灾工作思路指导下,1986 年年底至 1987 年年初在全国开展了募集多余衣被

---

① 民政部法规办公室:《中华人民共和国民政工作文件汇编(1949—1999)》,中国法制出版社 2001 年版,第 1388 页。

支援多灾贫困地区的社会救灾扶贫募捐活动,开始初步探索救灾与扶贫相结合的捐赠工作新思路。

改革开放后,党中央、国务院和各级党委、政府先后制定了许多优惠政策,下拨大批资金和物资,帮扶、支援贫困地区,并收到了显著效果。但是,由于客观条件的限制和某些因素的制约,仍有少数地区经济发展缓慢,群众生活困难,缺衣少被。而在大中城市中,许多家庭还积存一些多余的衣被。如适当进行募集,支援贫困地区,可以解决一定的问题。而且,有些城市和地区也曾进行过类似的工作,收到了很好的效果。① 为此,1986 年 9 月 11日,民政部向国务院递交《关于在全国大中城市募集多余衣被支援贫困地区的请示》,拟于 1986 年秋季在全国大中城市开展一次为贫困地区募集衣被的活动。10 月 11 日,国务院批准了这一请示,并发出通知,对此次募集衣被工作的组织、范围、原则、宣传等工作做了具体规定。通知指出,这次募集活动由民政部门负责。开展募集的时间以及支援哪些地区等具体问题,由各省、自治区、直辖市自行决定。各地募集的衣被,支援本省、区的贫困地区,京、津、沪三大城市募集的衣被,由民政部与三市协商安排,主要支援全国少数最贫困地区。中央国家机关的募集活动,归口北京市统一进行。募集范围只限于大中城市党政机关、群众团体、企业事业单位的干部职工,不要扩大。坚持自愿,量力而行,不搞摊派。衣被的收集、保管、包装和运输等费用,由省、自治区、直辖市地方财政解决。同时,要求对此项工作不作公开宣传报道。但内部要认真做好思想工作,避免引起误解。②

这次募集活动,从 1986 年年底至 1987 年年初,在全国 27 个省、直辖市、自治区的 233 个大中城市开展,有 2700 多万人参加,共募集衣被 3824万件③,得到了全社会的广泛参与。虽然主要是支援贫困地区,但贫困地区大多数是多灾地区,缺衣少被的群众也是连年遭受自然灾害的灾民。这不仅帮助贫困灾民解决了缺衣少被的困难,有效地补充了救灾经费的不足,而且对于促进社会主义精神文明建设,密切党群、干群关系,密切工农、城乡关系都发挥了积极的作用。同时,也进一步加强了救灾扶贫的计划性和组织性,体现了救灾与扶贫相结合的新思路。

20 世纪 80 年代,在救灾与扶贫相结合的思路下开展的救灾捐赠活动,

---

① 参见民政部政策研究室编:《民政工作文件选编(1986)》,华夏出版社 1987 年版,第 225—226 页。

② 中华人民共和国民政部:《中华人民共和国民政法规汇编(1949.10—1993.12)》,华夏出版社 1993 年版,第 621 页。

③ 李本公、姜力:《救灾救济》,中国社会出版社 1996 年版,第 92 页。

虽然在一定程度上缓解了国家资金短缺的问题,但仅仅是改革开放后的初步尝试和探索,只是救灾和扶贫工作相结合的一小步,还比较保守、谨慎,如明确要求不号召、不公开宣传报道、限制募集范围等,而且是通过政府行政手段干预指导,采取自上而下地层层下达指标和任务来完成的。这一时期的工作具有明显的临时突击性和行政指令性的特点,还处于零散的、偶然的较低层次上。

第三节　对待国际救灾援助的政策调整和反复

1978 年 12 月,党的十一届三中全会重新确立了"解放思想、实事求是"的思想路线,开始纠正"左"的错误倾向,并作出改革开放的重大决策,开启了中国改革开放的崭新时代。在对待国际救灾援助的态度和政策上,党和政府也出现了变化和调整。

一、首次被动接受救灾外援

1980 年夏季,中国遭遇"南涝北旱"的特大自然灾害。华北、东北大部和西北部分地区出现严重旱灾,全国受旱面积 3.92 亿亩,成灾面积 1.87 亿亩,是新中国成立后罕见的大旱。与此同时,南方的长江流域出现特大洪灾,仅湖北一省就淹没农田 4283 万亩,粮食减产 31 亿公斤,棉花减产 265 万担。① 联合国有关组织及一些友好国家纷纷表示愿意对中国灾区开展无偿援助。

面对严峻形势,在联合国救灾署关于"今后遇到灾害时不再拒绝该署组织的国际救济"②的要求下,10 月 4 日,对外经济贸易合作部、民政部、外交部联合向国务院提交了《关于接受联合国救灾署援助的请示》,请示中指出"鉴于发展中国家遭受严重自然灾害时要求救灾署组织救济较为普遍,属于各国人民相互支援的性质","今后中国发生自然灾害时,可及时向救灾署提供灾情,对于情况严重的,亦可提出援助的要求","建议由外经部作为与救灾署对口的机构,负责与该署进行联络和交涉;民政部负责内部工作归口,包括迅速及时地调查和提供灾情资料,联系中国新闻宣传机构作及时报导,负责向灾区分发救灾署提供的救灾款项和物资的协调工作"。并表

---

① 参见詹奕嘉:《从拒绝到开放——中国接受外援 32 年风雨历程》,《文史博览》2008 年第 7 期。

② 民政部政策研究室:《民政工作文件汇编(二)》(内部文件),1984 年版,第 166 页。

示"我们欢迎国际社会向我灾区提供人道性质的援助"①。国务院批准了这一请示。这是一个重大的转变,意味着中国开始放弃固守已久的拒绝国外救灾援助的态度,在坚持自力更生的同时,决定开始接受国际救灾援助。

11 月,中国政府向联合国通报灾情,"河北和湖北正分别遭遇严重的旱灾和水灾,数百万民众正处于饥荒之中。"②虽未主动、公开要求国际社会提供救灾援助,但向联合国救灾署反映灾情这一举动本身背后就已隐含了中国对国际救灾援助采取接受的态度,这是改革开放后中国第一次被动地、谨慎地向国际社会表示愿意接受国际救灾援助。

1981 年 3 月,联合国救灾署派考察团对湖北和河北进行调查。3 月 23 日,呼吁世界各国向中国灾区提供七亿美元的援助。在联合国救灾署的呼吁下,20 多个国家和国际组织向湖北和河北两省捐赠了价值 2000 多万美元的救灾物资。③ 这是改革开放后中国首次接受国际救灾援助,在世界上引起了强烈反响。这一举措是中国救灾领域的重大突破,是救灾捐赠工作对外开放的实际步骤,促进了中国救灾事业的发展。

为配合这一举措,国务院办公厅和民政部及各有关部委先后发出各种通知,部署接受、发放国际救灾援助工作。其中,包括国际救灾援助在国内运输费用、物资检验检疫、发放办法和原则、宣传等一系列问题。1981 年 5 月 16 日,民政部在《关于减免外援救灾物资运输、商检和卫检费用的请示报告》中提出,"由于中国首次接受救灾外援,在国内外都有较大的政治影响。为了表示中国政府的重视,以及与联合国有关机构及友好国家的密切配合,从政治上考虑,外援救灾物资,在国内的运输费用原则上也作适当减免"。④ 6 月 10 日,国务院办公厅在复函中答复:"联合国救灾署和一些友好国家援助河北、湖北两省救灾物资的国内运输费用,两省同意自行负担。商检和卫检费用,已请商检总局和卫生部研究给予全免。"⑤6 月 19 日,国家商检总局下发《关于做好进口援助救灾物资检验工作的通知》,要求上海、天津、广州商检局对给湖北、河北两省旱灾的国际救灾援助物资施行检验但不收取检验费,并为及时运往湖北、河北两省,可在口岸卸船时抽取样品后,即可同意发运。

① 民政部政策研究室:《民政工作文件汇编(二)》(内部文件),1984 年版,第 167 页。
② 詹奕嘉:《从拒绝到开放——中国接受外援 32 年风雨历程》,《文史博览》2008 年第 7 期。
③ 詹奕嘉:《从拒绝到开放——中国接受外援 32 年风雨历程》,《文史博览》2008 年第 7 期。
④ 民政部政策研究室:《民政工作文件汇编(二)》(内部文件),1984 年版,第 172 页。
⑤ 民政部法规办公室:《中华人民共和国民政工作文件汇编(1949—1999)》,中国法制出版社 2001 年版,第 1341 页。

1981 年 4 月 1 日,外经部、卫生部、民政部联合下发《关于发放联合国儿童基金会援助中国灾区药品的通知》。4 月 24 日,民政部、财政部、对外经济联络部联合下发《关于发放日本政府援助中国灾区奶粉的通知》。7 月 4 日,民政部、外经部、粮食部、财政部联合下发《关于发放外援救灾小麦和食油的通知》。上述通知分别对接收、发放国际救灾援助物资的原则、对象、办法做出相关规定。具体规定:第一,要做好宣传工作。要向广大干部和群众讲清楚,对于自然灾害造成的困难,我们要认真贯彻党的生产救灾方针,继续要发扬自力更生、艰苦奋斗的精神,努力恢复和发展生产,战胜灾荒。同时,对联合国的有关组织及友好国家的正常的人道的援助,我们也应该重视,一定要把它用好。第二,无偿发放,严禁变相收费。第三,要在重灾区发放,贯彻重点使用、专物专用原则,不搞平均分配。第四,要将发放的有关规定广泛向群众宣传,采取民主评议,大队审查,公社批准,张榜公布的办法,落实到户。第五,严禁挪用、滥用、徇私舞弊、贪污盗窃等不法行为。若有违法乱纪者,严肃处理,情节恶劣的,给予纪律处分,直至依法惩办。第六,外援物资在港口的一切费用和运费由受援省地方财政开支。第七,在接收发放外援物资时,需拍摄一些现场照片,由省里以灾区人民的名义写出感谢信等。

国务院、民政部及各有关部委的通知、规定,对救灾外援物资的接收、发放、运输、入境、检验检疫等工作进行了有效指导,确保了这次接受国际救灾援助工作的顺利开展。

刚刚打开的国门让人们逐渐明白:自然灾害是一种自然现象,与社会制度和意识形态无关,本身不带有任何政治色彩。中国不能只尽义务不要权利,而应该享有接受援助的权利,这也体现了共享发展的理念。但也应该看到,20 世纪 80 年代初期,改革开放刚刚起步,人们的思想观念还没有彻底解放,"左"的思想影响依旧存在。出于意识形态和政治上的考虑,党和政府对国际救灾援助依然保持着非常谨慎的态度。

当时,中国虽然向外界告知了灾情,也表示愿意接受援助,但并没有主动提出求援,而是完全被动地状态。在向联合国报告灾情时,有意压低了受灾程度,只说明湖北和河北因灾情严重需要援助,而对山西、内蒙古、陕西、甘肃、安徽等地同样严重的灾情却没有说明。同时限定受援范围,只允许灾害最为严重的湖北和河北两省接受救灾援助,而且在受援渠道方面,要求所有国家和国际组织的援助物资必须经由联合国救灾署发放给中国。可见,当时对待国际救灾援助在受援范围和渠道方面是有所限制的,在对待国际救灾援助的态度上还是比较保守、谨慎的。但中国毕竟对国际救灾援助敞开了大门,相比改革开放之前"拒绝、排斥外援",已经取得了巨大的进步。改革开放后,随着国门的打开,中国对待国际救灾援助政策的大方向已经初步确立。

二、缩紧外援口径,接受国际救灾援助出现反复

1981 年秋季,四川省发生了百年不遇的水灾。全省受灾人口约 2000 万人,其中 113 万人无家可归。因灾死亡 1358 人,受伤 14509 人,117 万公顷农作物受灾,3115 个工业企业停产,因灾造成的直接经济损失在 25 亿元以上,当年财政收入减少 5 亿多元,估计因灾减产粮食 30 亿斤以上。[①]

中国政府原本不接受外国援助,但由于灾情的发展,国内国际都很关注,联合国救灾署、儿童基金会、红十字会协会和一些友好国家的红会纷纷表示愿意提供援助。考虑到"一些友好国家主动向我提出要给予援助,出于诚意,似难拒绝"[②],为此,8 月 27 日,外交部、外经部、民政部联合向国务院提交《关于处理国际上对四川水灾救济问题的请示》,提出对接受国际救灾援助采取以下对策:"第一,对灾情由新华社进行适当的报道,对联合国救灾署也适当提供灾情资料,但不向联合国组织和国际社会发出救灾呼吁。第二,对各国政府、联合国系统各机构和其他国际组织及个人一般询问我是否要求国际救灾援助,我可说明灾情和我正努力组织生产自救,相信可自力克服困难,感谢其好意。友好国家政府如主动表示愿提供援助,只要不要求先派视察团访问灾区等先决条件,我可接受。一般民间组织,如红十字会协会、各国红会及其他民间组织主动提供捐赠,我一般可接受。如对方提出要向公众募捐,我应劝阻。对国际友人和爱国华侨个人的捐助,一般可接受。对教会组织的救济一般婉拒。第三,接受的援助只限物资和款项,志愿人员和技术性援助一概婉拒。第四,接受其捐赠的政府和红会等民间组织要求派个别代表去灾区慰问,可视情况予以安排,但应从严掌握其活动范围。对外提供灾情和救灾工作情况,基本以新华社公开发表的资料为准。"[③]国务院批准了这一请示,这就意味着中国在实际上又缩紧了接受外援的口径。

从 1982 年到 1986 年间,中国在遭遇自然灾害时对待国际救灾援助基本处于拒绝、紧缩、收口状态。这期间,偶有一些小的自然灾害发生,一些友好国家通过使馆询问灾情,并提出救援意向,中国也接受了一些国际援助,

① 中华人民共和国国家统计局、中华人民共和国民政部:《中国灾情报告(1949—1995)》,中国统计出版社 1995 年版,第 45 页。
② 民政部政策研究室:《民政工作文件汇编(二)》(内部文件),1984 年版,第 175 页。
③ 民政部政策研究室:《民政工作文件汇编(二)》(内部文件),1984 年版,第 175—176 页。

但依然是有限的、被动的、保守的。如 1986 年广东省遭受 7 号台风灾害后，接受了欧洲共同体委员会 50 万欧洲货币单位和 2.7 万吨小麦的援助。①

刚刚打开的接受外援大门，仿佛又要重新关闭。中国在接受国际救灾援助方面出现犹豫反复是有其原因的。20 世纪 80 年代初期，中国的国门刚刚打开，对外开放的程度还相当有限，救灾作为关系国计民生的一项长期、重要的工作，一直带有浓厚的政治色彩，中国的灾情一般是不对外公开发布的，灾害损失情况属于对外保密的内容。而外国政府和国际组织在提供救灾援助时往往有一定的程序，首先要求受灾国政府及时提供灾情信息（包括伤亡和经济损失的具体数字），并提出救济请求；必要时救灾署派人前往灾区了解灾情和紧急需要，并将情况通报可能提供援助的国家和国际机构，组织国际救援活动。为促使救灾署的呼吁产生效果，受灾国还应积极对灾情进行宣传报导，以引起国际社会的关注和同情。这些程序对于当时的中国来讲恰恰是一个禁区，与中国对外保密灾情的做法完全相悖，必然产生难以调和的矛盾。因此，中国一直以来就本着自力更生的原则救灾，加之，1982 年至 1986 年间，并无特大自然灾害发生，在接受救灾外援方面缩紧口径、出现反复收紧、停止也就不难理解了。这也表明，党和国家对于国际救灾援助的性质和作用的认识还不够准确、成熟。

三、通过联合国救灾署向国际社会提出救灾援助要求

1987 年 5 月 6 日，大兴安岭发生特大森林火灾。据统计，这场特大森林大火造成 211 人死亡，重伤 200 多人，轻伤 2 万多人，5 万多人无家可归，过火面积 130 万公顷，损失木材蓄积量 8000 多万立方米，烧毁林场 9 个、贮木场 4 个半、存材 85.5 万立方米、房舍 61.4 万平方米、各种设备 2488 台、铁路线 9.2 公里、通信线路 483 公里、输变电线路 284 公里，剔除森林损失和灭火费用，其他各项损失达 5 亿多元。② 这场持续 27 天的大火所带来的灾难，更多的不是用数字能够计算出来的。这是新中国成立以来毁林面积最大、伤亡最多、损失最为惨重的特大森林火灾。

这一特大森林火灾引起了国际社会的普遍关注。许多国家和国际组织都纷纷对中国提供各种救灾援助，中国政府专门成立了统筹国外援助工作小组（设在林业部），统一领导国际救灾援助的接收捐赠工作。

根据当时客观形势的变化，5 月 13 日，民政部、经贸部、外交部向国务

---

① 参见孙绍骋：《中国救灾制度研究》，商务印书馆 2004 年版，第 140 页。
② 郑功成：《中国灾情论》，中国劳动保障出版社 2009 年版，第 150 页。

院提交了《关于调整接受国际救灾援助方针问题的请示》,建议调整接受国际救灾援助的方针。《请示》回顾了 20 世纪 80 年代以来中国接受救灾外援的历程,认为 1981 年四川水灾后,中国接受救灾外援的工作基本上处于停止状态。然而,联合国救灾署曾多次要求同我们交流灾害和救灾工作情报,并表示愿意在救灾援助方面给予合作。与此同时,每遇较大的自然灾害,一些友好国家也通过使馆询问灾情和了解中国对接受救灾援助的意向。在这些交往中,我们往往表现得非常被动。①

　　为开放、搞活救灾工作,中国决定将接受国际救灾援助的方针做适当调整。主要包括:"第一,要有组织有计划地向国际社会通报和提供有关灾情和救灾工作的资料。今后中国对灾情和救灾工作,可视需要向联合国救灾署、开发署提供阶段性的综合资料,对重大灾情可及时提供资料。如有关国际组织和新闻单位,外国使馆询问灾情,可予以及时答复。第二,有选择地积极争取国际救灾援助。如遇重大灾情,可通过救灾署向国际社会提出救灾援助的要求,但次数不宜过多。对局部灾情,有关国际组织和友好国家主动询问,可表示接受救灾援助的意向。外国民间组织和国际友人、爱国华侨主动提供捐赠,一般可接受。对教会组织的救济仍予以婉拒,特殊情况逐案报批。第三,接受联合国系统各机构、其他国际组织和友好国家政府的救灾援助,由经贸部负责归口办理对外联系交涉;由民政部负责归口办理提供灾情资料、组织宣传报道和资金物资的接收、分配,其中属于来自国际和友好国家红会、妇女等组织援助的款物,或与红会、妇联有关的国外民间组织的救灾捐赠,可由红会、妇联分别接收和分配。对除上述以外的国外民间组织和个人的救灾捐赠,可由民政部通过外交途径直接对外联系交涉和接收分配。如遇特殊情况(例如此次东北森林火灾),可由国务院指定的部门牵头,协同经贸、民政、外交部对外联系、交涉和接受援助。第四,不涉及救灾援助,纯属向有关国际组织和友好国家提供灾情和救灾工作资料的业务交往,可由民政部直接对外,并与外交、经贸两部通气。"②6 月 9 日,国务院批准了这一请示。

　　调整后的接受国际救灾援助方针有三个方面的特点:第一,在接受国际救灾援助的态度方面,跟之前相比更加积极、主动;第二,在接受国际救灾援助的渠道方面,较之以前更加拓宽,从过去单一通过联合国救灾署和国际红

①　参见民政部救灾救济司编:《捐赠工作资料汇编》(内部资料 1998 年),第 52—54 页。
②　民政部法规办公室:《中华人民共和国民政法规大全》,中国法制出版社 2002 年版,第 1088 页。

十字会接受救灾外援,扩展为可以直接接受来自友好国家、国际组织乃至个人的救灾援助;第三,在接受国际救灾援助的政策制度方面,更加具体、规范和程序化,明确规定出接受国际救灾援助时不同单位、不同部门的具体职责。

这次调整接受国际救灾援助方针,不仅适应了对外开放的形势,符合共享发展、开放发展的理念,而且对同国际社会进行救灾方面的交流与合作、搞好救灾工作具有重要意义。据资料显示,此次国际援助中,国际组织和国外政府共援助大兴安岭生产工具7995台(件)、药品13630箱(盒)、食品584544件(箱)、生活用品59362箱(件)、现金702903.79美元。截至1987年年底,国际救灾外援物资折合现金4134408美元(不包括在途物资)。①

四、规范接受国际救灾援助口径

1987年接受国际救灾援助方针调整后,中国接受国际救灾援助工作取得了很大进展,先后接受了一些国际组织和友好国家的救灾援助。如1988年福建"5·20"水灾发生后,中国政府不仅对外表示准备接受国际组织和友好国家政府的紧急援助,而且还对外通报了灾区所需救灾紧急物资的品种。截至7月底,共接收了8个国家和国际组织的200多万美元的救灾援助。②

随着接受国际救灾援助方针的积极调整,接受国际救灾援助不断增多,因此,有必要进一步规范接受救灾外援口径。1988年8月3日,民政部、经贸部、外交部向国务院提交了《关于在接受国际救灾援助中分情况表明态度的请示》,建议根据不同程度的灾情,对国际救灾援助采取三种不同的态度:"(1)省范围内一次性灾害倒房5万间以上,农作物失收面积500万亩以上,6级以上地震,属其一者,及时通报灾情,有主动援助者可接受。(2)省范围内,一次性灾害倒房10万间以上,农作物失收面积1000万亩以上,7级以上强烈地震,属其一者,在及时通报灾情的同时,表示准备接受外援的意愿,并列出急需救灾物资的种类,但不提出呼吁。(3)省范围内,一次性灾害倒房30万间以上,农作物失收面积1500万亩以上,7.5级以上地震,属其一者,在通报灾情的同时,公开呼吁请求国际援助,如有适当时机,也可向联合国有关组织提出抗灾救灾的项目,申请专项援助。"③

---

① 詹奕嘉:《唐山大地震后30年》,《世界知识》2006年第14期。
② 民政部救灾救济司:《救灾救济工作文件汇编》(1988—2005)内部资料2005年版,第199页。
③ 民政部救灾救济司:《救灾救济工作文件汇编》(1988—2005)内部资料2005年版,第199—200页。

同时,在对外公布灾情方面,为使通报灾情及时、规范,提出"拟由民政部编发《中国救灾情况通报》,视情况不定期地向联合国有关机构和查询灾情的外国驻华使馆,以及国内有关通讯社通报灾情,必要时,还可举行中外记者新闻发布会,通报灾情,并表明对待救灾外援的态度。待条件成熟时,将民政部救灾救济司的微机并入联合国救灾机构的微机网,以提高通报灾情的效率,同时也有利于了解国外的救灾情况"。[1]

请示中还针对民间组织救灾对外交往的问题提出建议。针对有些国际民间组织不习惯与政府部门直接交往,希望中国能有与之相对应的民间机构。拟联合有关部门,邀请有关专家成立民间性的"中国抗灾救灾协会",负责接受国际民间组织的救灾援助(与红会、妇联有关的国外民间组织提供的救灾捐赠,仍由红会、妇联分别接收和分配),加强同他们的友好往来,从事一些政府部门不宜出面的有益活动,对内则从事一些抗灾救灾方面的研究工作。该协会实行理事制,牌子挂在民政部,具体事宜由民政部救灾救济司承办,编制列为民政部的事业编制。[2]

随后,国务院各主要领导传阅、审批了这一请示。8 月 26 日,时任国务院总理李鹏在请示文上批示:"救灾事同意由民政部统一管理。"[3]9 月 8日,民政部、经贸部、外交部向各地民政厅(局)、经贸厅(局、委)、外办和驻外使(领)馆转发了《关于在接受国际救灾援助中分情况表明态度的请示》,并指出,凡申请国际救灾援助,统一报民政部归口办理。10 月 15 日,由民政部主编的《中国灾情信息》创刊。与此同时,按照边筹划、边工作的原则,由民政部救灾救济司牵头的"中国抗灾救灾协会"挂牌成立。至此,接受国际救灾援助的归口管理、灾情信息通报、与国际救灾组织联系合作的民间组织等一系列相关问题都得以明确,接受国际救灾援助的规范程度有所加强。

1988 年 11 月 6 日,云南澜沧县境内和耿马县与沧源县交界处分别发生 7.6 级和 7.2 级大地震。此次地震震级高、范围广、余震多,造成 748 人死亡,3759 人重伤,倒塌房屋 73.35 万间,损坏房屋 70 万间,两座县城被夷为平地,毁坏农田近 5 万公顷,农作物受灾面积 2 万多公顷,损失粮食近 2亿斤,直接经济损失达 20.5 亿元。[4]

根据已逐步形成并比较规范的接受国际救灾援助的方针和口径标准,

---

① 民政部救灾救济司:《救灾救济工作文件汇编》(1988—2005)内部资料 2005 年版,第200 页。

② 民政部救灾救济司:《捐赠工作资料汇编》内部资料 1998 年版,第 56 页。

③ 孙绍骋:《中国救灾制度研究》,商务印书馆 2004 年版,第 142 页。

④ 郑功成:《中国灾情论》,湖南出版社 1994 年版,第 63 页。

中国迅速向国际社会公开提出救灾援助要求。11 月 11 日,云南省人民政府迅速成立抗震救灾接受国际援助小组,民政部也随即成立接收国际救灾援助款物办公室。随后,国家商检局发文规定:对国际救灾援助物资,各地商检局要给予方便,及时组织人力,优先检验,并免收检验费用。卫生部发出通知规定:国家救灾物资入境时,要认真按照中国有关法规、标准,进行卫生检验、检疫,优先安排,尽快处理,不收取检验、检疫费用。海关总署也发出通知规定:对国际救灾援助物资的进口,海关应尽一切可能提供方便,优先办理有关手续,随到随收,使之尽早运往灾区投入使用;入境时,海关凭灾区县以上人民政府或其授权的机构出具的公函和提供的捐赠单位的单证、函件及填具的进口货物报关单检验免税放行;如单证不齐,也可先予放行,后补齐有关手续;对捐赠的食品、药品、衣物,海关要凭口岸有关单位出具的检验证明验放。

　　11 月 25 日,民政部下发《关于做好外援抗震救灾款物接收、发放、使用、管理工作的通知》,对做好救灾外援款物的接收、发放、使用、管理工作做出规定:第一,受援地区各级办事机构接收、转运外援款物要严格交接手续,做到账目清楚、手续完备,防止发生漏洞。第二,分配外援款、物要严格按照援助国的协议和意愿,坚持专款专物的原则,重点使用,统筹安排,严禁挪用和弄虚作假。第三,对按协议和意愿用于生活救济的外援款物,不得平均发放,应采取村民委员会提名造册、乡政府批准、张榜公布的发放办法,发给因灾生活确实困难的灾民。第四,对外援款、物一律实行无偿发放,严禁变相收费和变卖转卖。第五,对指定用途的援助,在接收发放时,要适当拍摄一些带有援助者标签的现场照片或录像。到 1989 年年底,共接收 30 多个国家、地区、国际组织及民间团体的援助款物 3000 多万美元。①

　　以上可以看出,改革开放后,中国对待国际救灾援助经历了一个逐步接受的过程,并初步形成了有关国际救灾援助的接收、入境、运输、检验检疫、发放等方面的一些固定做法和规定。但这其中也出现过犹豫反复,从中折射出中国救灾捐赠对外开放的渐进性和曲折性。接受国际救灾援助拓宽了中国救灾捐赠工作的领域和内容,是中国救灾捐赠工作对外开放的重大突破,不仅对更快、更好地解决灾区实际困难具有重要意义,而且为进一步推动救灾减灾领域的国际交流合作奠定了政策基础。

---

① 　李本公、姜力:《救灾救济》,中国社会出版社 1996 年版,第 92 页。

小　　结

自然灾害是一种自然现象,是大自然与整个人类的冲突和矛盾,是人类的共同敌人。在同自然灾害的斗争中,全人类无论哪个国家、哪个民族和哪种信仰的人,都有与自然灾害斗争的义务。这一认识是我们在经过重大挫折、教训,在改革开放后逐步认清和理解的。

20 世纪 80 年代,中国的改革开放还处于起步和摸索阶段。人们的思想观念还没有从长期禁锢中彻底解放出来,"左"的思想影响在一定程度上还依然存在着。

一方面,党和政府对救灾工作进行全面展开和调整,开始尝试扶贫与救灾捐赠相结合的做法,但救灾捐赠还没有得到足够的重视,作用发挥还不够。如在 20 世纪 80 年代末,广东省遭受台风袭击,市民踊跃捐赠款物支援灾区,政府却发表文告,称政府有能力解决灾民生活困难,要求市民不要再进行捐赠。这也表明,党和政府对于救灾捐赠的认识还处于一种边试边看的摸索状态,还比较模糊,还不清晰成熟。

另一方面,虽然中国开始对外接受国际救灾援助,在国际救灾援助的接收、入境、运输、检验检疫、发放、监管和归口管理等方面初步形成了一些固定做法和规定,但还没有正确认识、把握国际救灾援助的本质。对救灾外援的态度还比较保守、谨慎、出现犹豫反复,仍然在一定程度上将灾情、救灾和接受救灾外援与政治因素和意识形态混在一起考虑,还不够开放、理性和务实。如 1988 年云南澜沧—耿马地震,比苏联亚美尼亚地震重得多,虽然也对外发出了救灾援助要求,也接受了一些友好国家和国际组织的援助,但是我们接受的国际救灾援助比苏联要少得多。这主要是由于我们在宣传、舆论和工作方法上存在一定的问题。苏联对地震灾害进行了大张旗鼓地宣传,很多国家都给他们送钱和物资,当时因为给他们运送物资,还有两架飞机失事。而我们过去则常常"把接受外援当作是一种不光彩的事情,好像只有援助别人是应该的"①。正是在这种观念影响下,我们无法正确对待国际救灾援助。对此,1989 年,时任国务院副总理田纪云在中国国际减灾十年委员会成立大会的讲话中讲到"这种观念现在应该彻底抛弃"②。这就为正确认识和对待国际救灾援助指明了方向。

---

① 范宝俊:《中国国际减灾十年实录》,当代中国出版社 2000 年版,第 153 页。
② 范宝俊:《中国国际减灾十年实录》,当代中国出版社 2000 年版,第 153 页。

第三章　1989—1999 年救灾
捐赠的改革实践

20 世纪 90 年代,随着改革开放的深入推进,救灾捐赠工作进入改革、发展、深化时期。与改革开放初期相比,救灾捐赠在经常化、制度化、法制化、对口支援、国际救灾援助政策等方面都取得了较大成果,救灾捐赠工作的具体内容和环节更加细化、完善,救灾捐赠的改革、探索取得重大进展。

第一节　1989—1999 年救灾捐赠改革探索的背景

进入 20 世纪 90 年代,社会形势变化迅猛,各项事业改革深入、持续推进,取得较大成绩。救灾工作的改革和救灾、减灾理念的形成,为救灾捐赠改革的进一步深化提供了良好的政策形势和社会条件。

一、中国国际减灾十年委员会成立

中国国际减灾十年委员会的成立是中国救灾减灾领域的重大步骤,对中国救灾减灾事业具有里程碑意义,标志着中国正式加入国际减灾行列。

（一）“国际减灾十年”的由来

减轻自然灾害给人类带来的危害,是全人类共同面对的课题。减轻自然灾害,提高生存环境质量,需要全球性的协调合作。“自然灾害不承认疆界,哪个国家也不具备对付自然灾害所必需的全部知识或物质资源。只有通过国际合作才能取得重大进展,尤其是在资源有限和专业人员极少的发展中国家。”①

多年探索研究减轻全球自然灾害问题的美国科学院院长弗兰克·普雷斯博士认为,制定一个与减轻自然灾害有关的协同一致的全球计划是处于危险中的世界的紧迫需要,同时在科学技术上也是可能的。1984 年 7 月,他在第八届世界地震工程会议上指出:“对自然灾害产生原因的科学技术上的认识和减轻生命财产损失的技术已经取得了长足的进步,通过汇集、传

---

① 金磊等主编:《中国 21 世纪安全减灾战略》,河南大学出版社 1998 年版,第 45 页。

播和应用这种知识的协同努力可以取得重大的积极效果。"①他建议应该认真研究一个减轻自然灾害损失的全球计划。他的这一设想和建议,得到许多国家的赞同。

1987 年,时任联合国秘书长佩雷斯·德奎利亚尔访问华盛顿,他与弗兰克·普雷斯博士围绕减灾领域开展国际合作以及如何发挥联合国的作用等问题进行了专门交谈。在摩洛哥和日本的联合倡议下,1987 年年底,数十个国家联名向第 42 届联合国大会提出减轻自然灾害的议案。12 月 11 日,该提案被联合国大会通过并形成第 169 号决议,确定 1990—2000 年为"国际减轻自然灾害十年"。在这十年里,在联合国主持下国际社会将对促进减轻自然灾害领域的国际合作给予特别关注。其宗旨是通过一致行动,以减轻自然灾害所带来的,尤其是带给发展中国家的生命和财产破坏以及由此引起的社会和经济停滞。决议还要求秘书长就筹备工作的进展情况,特别是联合国本身如何发挥推动与促进作用等问题向下届联合国大会进行报告。

1988 年 3 月 22 日至 24 日,由科学家、工程师、联合国代表以及外交官组成的国际小组在华盛顿美国国家科学院集会,讨论"国际减轻自然灾害十年"的问题。会议建议应立即由联合国秘书长组建一个特别专家组为规划"减灾十年"提供科学和技术领导。

1988 年 7 月 5 日,"国际减灾十年特设国际专家组"首次会议在日内瓦联合国总部举行。时任联合国秘书长佩雷斯·德奎利亚尔和特设国际专家组主席美国科学院院长弗兰克·普雷斯博士作了讲话。指出,成立特设国际专家组是为了帮助秘书长履行第 42 届联合国大会的 169 号决议;制定如何实现"国际减轻自然灾害十年"活动的详细计划;并为执行计划提出一个相应的体制,以发挥联合国的作用。②

1988 年 12 月 20 日,第 43 届联合国大会就开展"国际减轻自然灾害十年"活动的内容与模式作出相应的决议,并号召各国政府为在"国际减灾十年"期间,更好地参加减轻自然灾害的国际行动,建立国家委员会。这些倡议得到美国、日本及一些西欧国家的响应。

1989 年 12 月,第 44 届联合国大会通过《国家减轻自然灾害十年国际行动纲领》,对"国际减灾十年"的目的和目标、国家一级须采取的措施、联合国自身须采取的行动以及"十年"期间的组织安排等做了详细规定。

---

① 杨毅:《"国际减灾十年"简介》,《中国减灾》1991 年第 1 期。
② 杨毅:《"国际减灾十年"简介》,《中国减灾》1991 年第 1 期。

（二）中国国际减灾十年委员会的正式成立及演变

中国是世界上发生自然灾害比较严重的国家之一。一方面,灾害种类繁多;另一方面,发生频率非常高,造成损失也很大。据 20 世纪 90 年代初期统计,新中国成立以来,干旱平均每年出现 7.5 次,洪涝平均每年发生 5.8 次,台风平均每年 6.9 次,冰冻平均每年 2.5 次,都远远超过了世界的平均频度。四十几年间,共发生 7 级以上地震 50 余次,其中 8 级以上地震 3 次。较大海潮海浪平均每年 7 次。崩塌、滑坡、泥石流每年发生 1 万处以上。农作物病虫害较重,大约每隔 4 年就有一次。[①] 而每年自然灾害造成的直接经济损失(折算成 1990 年价格),50 年代平均每年约 480 亿元,60 年代平均每年约 570 亿元,70 年代平均每年约 590 亿元,80 年代平均每年约 690 亿元,90 年代前 5 年平均每年约 1190 亿元。[②] 为此,建立专门机构并通过制订中长期规划以减轻自然灾害造成的损失是十分必要的。

为积极响应第 42 届联合国大会第 169 号决议关于从 1990—2000 年在世界范围内开展减轻自然灾害活动的倡议,中国国际减灾十年委员会于 1989 年 4 月 12 日正式成立,主要负责制定国家减灾规划和减灾方针政策,组织协调有关部门和群众团体共同开展减灾活动,指导地方政府的减灾工作等。该委员会为国家级委员会,是国务院领导下的部际协调机构,由民政部作为牵头单位。[③]

中国国际减灾十年委员会下设办公室和专家委员会,并建立自然灾害管理中心和若干区域中心,负责组织减灾技术培训、信息交流、灾害评估,为政府救灾减灾提供决策依据。其宗旨是:响应联合国倡议,积极开展减灾活动,增强全民、全社会减灾意识,提高中国防灾、抗灾、救灾能力和工作水平,减轻自然灾害造成的生命财产损失。目标是:贯彻以预防为主,防抗救相结合的方针,防患于未然。增加灾前的经费投入,建立并完善预警系统和抗灾设施,提高灾害预测、预报、预防和灾害评估水平;完善全国灾害信息网络及辅助决策系统,增强对自然灾害的快速反应能力及决策能力;强化各级政府的减灾功能,并设置相应的灾害分级管理系统,加强地区之间的灾害联防、联抗、联救工作,提高灾后快速恢复、重建水平;建立健全减灾法规,做到依

① 民政部法规办公室:《中华人民共和国民政工作文件汇编(1949—1999)》,中国法制出版社 2001 年版,第 1489 页。

② 中华人民共和国国家统计局、中华人民共和国民政部:《中国灾情报告(1949—1995)》,中国统计出版社 1995 年版,第 407 页。

③ 参见范宝俊主编、中国国际减灾十年委员会办公室编:《中国国际减灾十年实录》,当代中国出版社 2000 年版,第 104、155—157 页。

法减灾;推动减灾科研,发展减灾技术,逐步完善救灾工业体系,建立救灾器械研制机构,发展生产企业;开展减灾科普宣传活动,提高全民族、全社会减灾意识,建立健全减灾组织;到 20 世纪末,最终达到减少自然灾害损失 30%的目标。①

1989—2000 年的十余年间,中国国际减灾十年委员会在救灾减灾方针政策、具体工作以及与国际社会协调合作共同应对自然灾害等方面作出了积极的努力和贡献。2000 年 10 月,中国国际减灾十年委员会更名为中国国际减灾委员会。2005 年 4 月 2 日,国务院办公厅下发《国务院办公厅关于中国国际减灾委员会更名为国家减灾委员会及调整有关组成人员的通知》,决定将中国国际减灾委员会更名为国家减灾委员会,主要任务是研究制定国家减灾工作的方针、政策和规划,协调开展重大减灾活动,指导地方开展减灾工作,推进减灾国际交流与合作。② 其具体工作由民政部承担。国家减灾委员会主任由时任国务院副总理回良玉担任,时任民政部部长李学举担任副主任。

中国国际减灾十年委员会的成立是中国救灾减灾事业的一个重要里程碑,标志着中国救灾工作迈上一个新的台阶,推动和促进了中国救灾减灾事业与国际社会的合作交流与发展。

二、减灾被纳入国民经济计划和社会发展总体规划

1989 年中国国际减灾十年委员会成立之后,"减灾"这一概念在中国社会被广泛普遍使用。在此之前,虽然中国一直也在从事着与减灾有关的活动,但并不系统、明确,直到 20 世纪 90 代后才开始真正意义上的系统减灾、科学减灾。

"减灾"包含两个方面的含义:一方面是指通过一系列减灾工程和非工程性的减灾措施(非工程性的减灾措施主要是通过法令、政策、经济手段和工程以外的其他技术手段,以减少自然灾害发生频率和减轻自然灾害损失的措施),防止或减少自然灾害的发生;另一方面,是指通过降低自然灾害发生的频率和及时有效的救灾措施,减轻自然灾害带来的损失。

减灾工作是一项系统工程,包括灾前预防、灾中抢救和灾后恢复重建,即防灾、抗灾、救灾,三者缺一不可。同时,也是一项复杂的自然—社会和技

---

① 《中国国际减灾十年委员会简介》,《中国减灾》1991 年第 1 期。
② 《国务院办公厅关于中国国际减灾十年委员会更名为中国国际减灾委员会的通知》(国办发〔2000〕68 号),国务院公报 2000 年第 35 号,见 http://www.gov.cn/gongbao/content/2000/content_60553.htm。

术—经济系统工程,必须树立科学技术减灾的观念,把依靠科学技术作为减灾的根本途径。中华人民共和国成立后,党和政府一直在积极从事减灾工作,领导人民防灾、抗灾、救灾。但在长期减灾工作中,多是以抗灾和救灾为主,而防灾却较弱,多是灾害来了才开始抵御防护,抢救灾民生命财产安全。虽然提出了把抗灾、救灾和防灾结合起来,以预防为主的方针,但由于缺乏指导和协调防灾工作的专门部门,又缺少现代化的科学技术手段,而在实际中无法真正贯彻落实。另一方面,由于社会条件和科技水平的限制,20世纪90年代之前,中国的减灾措施并不系统全面,多局限于减灾工程建设,主要进行了水利工程建设和植树造林等减灾工程建设,如长江三峡水利工程、黄河小浪底工程、"三北"防护林、沿海防护林等,这对于预防自然灾害的发生起到了重要作用。但非工程性措施建设则不足。像中国这样社会物资储备有限,经济生活对自然依赖较大,对自然灾害承受能力还比较弱的发展中国家,进行系统减灾、全面减灾、科学减灾是十分必要的。特别是中国国际减灾十年委员会的成立,标志着国家减灾理念的重大转变。

在"以防为主,防、抗、救相结合"的救灾方针指导下,党和政府积极开展减灾活动,突出"减灾"功能,推动了救灾减灾事业的发展。

20世纪90年代开始,党和政府越来越重视自然灾害与经济建设、社会发展之间的关系,开始更多地考虑减灾与经济、社会发展问题。发展国民经济,一方面要坚持改革开放,发展生产力;另一方面则要做好减灾,减少灾害造成的损失。保持正向发展和减少负向发展是国民经济建设的两个重要方面,缺一不可。随着经济建设的不断发展,同样程度的自然灾害带来的损失将越来越大。改革开放越深入,经济越发展,就越要加强减灾工作。搞好减灾工作,不仅是一个经济问题,而且是一个政治问题,是稳定社会、富国安邦的一项基本国策。

为保证国民经济持续、快速、健康发展,中国提出"把减灾纳入国民经济和社会发展总体规划"的思想,并开始着手编制中国减灾规划。1989年4月,在中国国际减灾十年委员会成立大会上,时任国务院副总理、中国国际减灾十年委员会主任田纪云提出:"应把减灾工作作为推进社会经济发展的一件大事,列入各级政府的重要议事日程,纳入国民经济发展规划。我们的各项经济活动都要考虑减灾的因素。"[1]1990年2月13日,时任民政部副部长、中国国际减灾十年委员会秘书长张德江在就"国际减灾十年"答中央电视台记者问时也讲道:"'减负等于加正',减轻自然灾害造成的损失,就

---

[1] 范宝俊主编:《中国国际减灾十年实录》,当代中国出版社2000年版,第152页。

等于增加财富。""搞好减灾工作,有利于我们战略目标的顺利实现。""是保持社会稳定的需要。……减灾工作搞不好,不仅制约国民经济的持续、稳定、协调发展,而且往往会引起社会的动荡。减灾工作是社会稳定机制的一个重要组成部分。"①时任国务委员、中国国际减灾十年委员会主任李贵鲜在《在中国国际减灾十年委员会第四次全体会议上的讲话》中也指出:"一手抓经济建设,一手要抓减灾,防患于未然,……只有在保持经济持续、快速、健康发展的同时,减少负向效应,才能使国民经济建设取得最佳的效益。……减灾工作不仅关系经济建设的快慢兴衰,而且关系到社会安定团结的大局。"②1993 年 6 月 25 日,江泽民同志在给中国灾害管理国际会议的贺信中提出:"中国要实现本世纪 90 年代经济和社会发展的宏伟目标,不能不更加重视减灾工作。我们将继续坚持经济建设同减灾一起抓的指导思想。把减灾纳入国民经济和社会发展的总体规划中;继续贯彻以防为主,防抗救相结合的基本方针,增加投入,加强防灾建设,提高抵御自然灾害的能力。"③

　　1994 年 10 月,中国国际减灾十年委员会和国家计委开始联合组织编写《中国减灾规划》,历时三年。1997 年 12 月 18 日,中国国际减灾十年委员会正式颁布《中华人民共和国减灾规划(1998—2010 年)》(以下简称《规划》)。

　　《规划》是中国第一部综合性的减灾规划,是推动中国减灾事业持续发展的纲领性文件。《规划》贯彻了将农业放在首位的战略意图,将减轻农业灾害、保证农业可持续发展作为重要方面,予以优先考虑;重点规划了对国民经济和社会发展影响最大的灾害的防御和治理,并着眼于 21 世纪和社会发展规划了城市减灾,第一次提出城市综合减灾规划。

　　《规划》分为 3 个部分,共 19 章。第一部分提出中国减灾的总体战略;第二部分规划了中国减灾体系的宏观布局;第三部分是中国减灾涉及的各相关领域。在总结中国 40 多年减灾工作经验教训的基础上,对未来一段时间的减灾工作作出了具体规划。第一,要"进一步确立减灾在保障国民经济和社会可持续发展中的基础地位"。"将其纳入国民经济和社会发展规划"。④ 第二,强调要"充分利用现代科学技术,提高国家综合减灾能力。加

---

① 范宝俊主编:《中国国际减灾十年实录》,当代中国出版社 2000 年版,第 159 页。
② 范宝俊主编:《中国国际减灾十年实录》,当代中国出版社 2000 年版,第 190 页。
③ 范宝俊主编:《中国国际减灾十年实录》,当代中国出版社 2000 年版,第 3 页。
④ 民政部救灾救济司编:《救灾救济工作文件汇编(1988—2005)》(内部资料),2005 年版,第 146 页。

强对重大灾害的监测和预警,提高灾害信息采集和快速处理水平,做好灾害评估工作,建立减灾信息的共享机制"。[1] 第三,强调法制建设在减灾工作中的重要性。要"积极开展减灾立法研究,健全和完善减灾法律法规体系,使减灾工作进一步规范化和制度化"。[2] 第四,强调社会减灾。要通过多种形式的减灾宣传教育,普及减灾知识,提高全民减灾意识;在减灾工作中挖掘社会潜力,积极推动救灾捐赠工作的经常化和社会化,加强民间的互助互济,鼓励社会团体广泛参与减灾工作,建立社会化的灾害救援和救助机制。

三、救灾工作实行分级管理体制改革

新中国成立后,在计划经济体制指导下,我国的救灾工作模式一直是党中央、国家包揽救灾工作的一切。受灾后灾民首先想到的是找政府、地方想到的是找中央,这样就形成了中央总动员领导救灾的体制,从救灾资金、物资,到具体救灾政策、指挥都由中央统包统揽。无论灾害程度如何,从小灾到大灾,从灾害紧急救助到灾民生活安排以及灾后恢复重建,都由中央政府出钱,这就降低了国家对其他社会领域的投入,制约经济社会的全面发展。同时,由于中央统一包揽制定的救灾政策较为笼统,随意性较大,因此,当自然灾害来临时,地方政府往往互相推诿、扯皮,"等、靠、要、拿"的依赖思想严重,大大降低了地方政府救灾的时效性、主动性和责任心。此外,依靠行政手段,逐级上报灾情,逐级下达救灾款物,不仅周期长,而且粗估、乱估、平均分配救灾款物现象严重,加之被动、推诿的工作方式,无法真正调动人民群众防灾的积极性。

从计划经济到市场经济的转型过程中,社会各领域的变革和社会形势的发展变化,使得计划经济体制下的传统救灾工作模式越来越难以适应经济和社会发展需要,改革救灾工作模式势在必行。改革开放后,农村产业结构发生重大调整,即使是经济落后地区也改变了过去单一农业经济的状况,副业和第三产业比重增加,随着农村经济的发展,农民收入有了一定的提高,手里有了余钱,有了一定的存款。因此,一旦遭灾,群众之间首先可以开展自救或互救,过去那种受灾后千里绝收,人人都要靠救济的情形已不复存在。这样就为救灾工作改革提供了一定的客观条件。

1993 年 11 月,党的十四届三中全会召开,确立了社会主义市场经济体

---

[1]　民政部救灾救济司编:《救灾救济工作文件汇编(1988—2005)》(内部资料),2005 年版,第 147 页。

[2]　民政部救灾救济司编:《救灾救济工作文件汇编(1988—2005)》(内部资料),2005 年版,第 147 页。

制的基本框架,制定了建立社会主义市场经济体制的总体规划。中国开始由传统的计划经济体制向社会主义市场经济体制转变,中国改革开放的伟大实践进入到一个新的历史时期。这一重大历史变革不仅给社会主义现代化建设带来了重大而深远的影响,也给救灾工作带来新的机遇和挑战。

进一步解放和发展生产力,增强国家的经济实力和综合国力,提高城乡居民的经济收入和生活水平是建立社会主义市场经济的根本目的,这本身也为救灾工作的深入改革提供了更多的财力和物力等物质基础。同时,建立社会主义市场经济体制也促进了各行各业深化改革,国家在金融、财税体制等方面的重大调整和改革,也直接或间接地影响和推动着救灾工作的深层次变革,直接推动适应社会主义市场经济体制的救灾工作新体制的建立。此外,在由计划经济向市场经济的转轨变型过程中,国家需要拿出大量资金投入社会主义市场经济建设,而中国还尚属于资金短缺国家,很难再拿出更多的资金用于救灾。在社会主义市场经济条件下,救灾经费紧张的难题将更加突出。

面对救灾工作的新形势,1993 年 11 月,民政部在福建省南平市组织召开全国救灾救济工作座谈会。会上提出了深化救灾工作改革的新思路,提出在全国建立救灾工作分级管理、救灾款分级承担的救灾管理新体制。

此后,1994 年 5 月 12—18 日第十次全国民政会议召开。会上充分肯定了救灾工作分级管理、救灾款分级承担的救灾工作改革的新思路,强调将救灾工作分级管理作为建立与经济发展水平相适应的社会保障制度的重要措施。"要建立一种体制,以省为主,省里要建立救济基金,省财政要拨出一部分经费来备用,特别是那些自然灾害较频繁的地方"。①

为了进一步推进救灾工作的分级管理,1996 年 1 月,民政部在广西南宁市召开全国民政厅(局)长会议,专门讨论研究救灾工作分级管理问题,并对救灾工作分级管理、救灾经费分级负担的改革目标、任务和措施进行了研究和部署。会议在对救灾工作实行分级管理予以充分肯定的基础上,决定加大力度,进一步推行救灾分级管理。会议提出,"争取把救灾分级管理工作列入政府的重要议事日程,纳入当地的经济和社会发展规划"②,协调各有关部门共同商定推行救灾工作分级管理的政策措施;加强社会互助,推动救灾工作社会化进程,要求大中城市要探索建立经常化、规范化的募集衣

---

① 民政部法制办公室:《民政工作文件选编(1994 年)》,中国社会出版社 1995 年版,第 6 页。
② 民政部法制办公室:《民政工作文件选编(1996 年)》,中国社会出版社 1997 年版,第 38 页。

被制度,对口支援灾区和贫困地区,并以此推动救灾工作社会化,使救灾工作由政府行为,部门行为变成全社会共同义务;以救灾分级管理为契机,完善农村社会保障制度。① 之后,地方各级政府加快了实行救灾分级管理的步伐。至此,在全面改革开放的背景下,救灾工作改革取得了实质性进展,确立了"政府统一领导,上下分级管理,部门分工负责,以地方为主、中央为辅"的新救灾工作体制。

救灾工作分级管理,促进了互助互济的救灾捐赠活动的广泛开展。"生产自救、互助互济"是中国救灾工作方针的主要内容。实行救灾分级管理后,单纯依赖中央政府拨款的格局被打破,各级政府的救灾责任更加明晰,财政压力也随之加大。积极发动社会力量参与救灾,把战胜自然灾害的立足点放在组织群众生产自救和互助互济上,成为地方政府缓解财政压力的有效途径。因此,各地政府千方百计组织灾民发展生产,增加收入,增强抗灾救灾的能力。如 1995 年吉林省遭受严重水灾后,在全省范围内开展了广泛的社会互助活动,共募集资金 8300 万元,衣被 170 多万件,其他各类物资折款 6700 多万元。1996 年遭受大灾的江西省余干县除组织灾民就地生产自救外,还组织 12 万灾民劳力输出劳务。许多重灾区都发动了广泛深入、声势浩大的救灾捐赠,捐赠范围之广、数量之多,超过了 1991 年。在大规模发动救灾捐赠活动的同时,各地还普遍组织机关和企事业单位包村包户,帮助灾民建房。有的地方还制定了一系列优惠政策,免除灾民的相关税费,为其生产自救提供方便。灾区的生产自救和发动社会力量参与救灾,推动了救灾工作的社会化进程,增强了灾区抗灾救灾的实力。②

综上所述,进入 20 世纪 90 年代,中国国际十年减灾委员会的成立、救灾工作分级管理体制的改革以及减灾被纳入国民经济计划和社会发展规划,推动了救灾工作的深化改革和发展,也为救灾捐赠的改革发展奠定了良好的基础,创造了有利的条件。

第二节　经常性社会捐助的初步探索

在 20 世纪 80 年代末救灾与扶贫相结合的初步募捐实践基础上,90 年

---

① 民政部法制办公室:《民政工作文件选编(1996 年)》,中国社会出版社 1997 年版,第 39—40 页。

② 民政部法制办公室:《民政工作文件选编(1996 年)》,中国社会出版社 1997 年版,第 35 页。

代后,党和国家更加关注贫困地区和灾区群众,开始深入探索救灾与扶贫相结合得更好、更有利的形式并使之经常化、日常化,初步探索和形成了经常性社会捐助这一新的救灾捐赠形式,并付诸实践,初步摸索出一套经常性社会捐助的运行和管理模式。

一、经常性社会捐助的源起

在救灾与扶贫相结合思路的指导下,20 世纪 90 年代起,党和国家更加关注贫困地区和灾区人民群众,开始逐步探索救灾与扶贫相结合得更好、更有效的方式,以期给予更持久、更有效地帮助。

（一）20 世纪 90 年代党和国家更加关怀和重视贫困地区人民群众

党的十一届三中全会后,中国进入社会主义现代化建设的新时期,邓小平同志从中国国情出发开始思考中国现代化的进程问题。1979 年 12 月,邓小平在会见时任日本首相大平正芳时第一次提出了"小康"的概念。1980 年 1 月,他把 20 世纪末的 20 年分为两个 10 年,提出分两步走,达到翻两番的小康目标。1982 年党的十二大根据这一思想,确定了到 20 世纪末实现全国工农业总产值翻两番,达到小康水平的战略目标和"两步走"的战略部署。随着改革开放和现代化建设的推进,在"两步走"的基础上,1987 年 10 月,党的十三大确定了中国现代化建设"三步走"发展战略,即到 21 世纪中叶,人均国民生产总值达到中等发达国家水平,人民生活比较富裕,基本实现现代化。

为实现"三步走"战略,彻底解决温饱问题实现小康,党在改革开放之初,就把解决贫困问题作为经济建设的重中之重,把救灾工作与扶贫结合起来,实行改革开放的同时不忘扶贫,先富帮后富,实现共同富裕。经过十几年的努力,到 20 世纪 90 年代中期,已经在全国范围内基本解决大多数农民的温饱问题。但由于历史、经济、社会和地理等各种因素的影响,各地发展并不平衡。到 1996 年,全国农村仍有 6000 万人口没有解决温饱问题,他们大多数居住在耕地较少,严重缺水,交通不发达,发展程度很低的老区、边区和少数民族聚居地区。这些老、少、边、穷地区一旦遇到自然灾害,由于生产力水平低,基本生产生活条件差,抵御自然灾害能力薄弱,一部分已经初步解决温饱问题的群众就会重返贫困。随着经济体制的转轨和城市改革的进一步深化,原先依靠企业工资和单位福利而生活的职工,由于企业改制、不景气、下岗分流、失业而沦为城市贫困人口,导致城镇居民中的贫困人口不断增加,超过 2000 万人。为此,"帮助这些地方尽快摆脱贫困,实现共同发展,不仅是重大经济问题,而且是关系到民族团结、国家统一和边防巩固的重大政治问题"。①　要实现这些地区和贫困人口的脱贫问题,在当时的经济社会发展条件下,党和政府探索出救灾救济与扶贫相结合的办法,收到了一定的成效。

1992 年年初,邓小平视察南方谈话时首次提出了共同富裕的构想。他指出:"走社会主义道路,就是要逐步实现共同富裕。一部分地区有条件先发展起来,一部分地区发展慢点,先发展起来的地区带动后发展的地区,最终达到共同富裕。"②这就为解决落后、贫困地区的发展问题,实现共同富裕指明了道路和方向。

随着社会主义市场经济体制的确立,中国传统计划经济体制下形成的以政府大包大揽为特征的救灾和社会保障体制暴露出越来越多的缺陷和不足,特别是经费陷入捉襟见肘的窘境。为弥补资金不足的缺陷,在探索解决贫困问题的过程中,中国政府采取了把救灾与扶贫结合起来的思路,重新认识到社会捐赠作为政府救灾扶贫必要补充手段的社会作用,并得到党和国家领导人的重视。

1994 年 2 月 18 日,时任国务委员李贵鲜在《关于开展扶贫帮困献爱心活动的报告》的批示中指出:"中国自然灾害较多,农村又有贫困地区和贫困户,城市也有一部分贫困户,解决这些问题光靠中央财政是有困难的。发动富裕地区、富裕户帮助贫困地区、贫困户,既是献爱心,也是公民的责任。"③1995 年,江泽民同志在陕西和甘肃考察时指出,"要在城市募捐些衣被和用品,支持帮助贫困地区群众",并强调"要把这件事情作为经常性的工作来搞,不要有灾才搞","要在城市募捐些衣服和用品,支持帮助贫困地区群众,并且把这件事情作为一项经常性的公益活动常年开展起来"。④1996 年,他在中央扶贫开发工作会议上指出,要做好这项工作,"关键在于做好动员和组织工作,而且要持之以恒地做下去",做到经常化,并强调"广泛动员全社会力量参与扶贫,是扶贫工作的重要方针"。⑤　他多次明确提出开展社会捐助活动的方针、任务和要求。在谈到开展捐助活动的意义时,他强调:"通过这项工作的开展,既发扬人民的爱国主义精神,又弘扬中华民

---

① 江泽民:《扶贫开发要坚持不懈、锲而不舍地长期抓下去》(1994 年 3 月 3 日),《开发与致富》1994 年第 4 期。
② 《邓小平文选》第二卷,人民出版社 1993 年版,第 373—374 页。
③ 民政部救灾救济司:《捐赠工作资料汇编》(内部资料),1998 年版,第 12 页。
④ 民政部救灾救济司:《经常性社会捐助工作手册》(内部资料),2002 年版,第 3 页。
⑤ 江泽民:《中央扶贫开发工作会议上的讲话》(1996 年 9 月 23 日),《开发与致富》1996 年第 10 期。

族扶贫帮困、团结友爱的优良传统。它既更好地体现党和政府对人民群众的关怀,体现社会主义制度的优越性,又解决群众的实际问题。"①他还指出,"解决农村贫困人口的温饱问题,关系到'九五'计划目标的全面实现,关系到整个国家经济和社会的协调发展和长期稳定,关系到社会主义的优越性和党在人民群众中的威信。这不仅是个经济问题,也是个政治问题"②。这些对募捐工作的多次指示,表明党和国家对灾区和贫困地区人民群众的殷切关怀,对救灾扶贫捐助工作的高度重视,解决贫困地区和灾区人民群众温饱问题进入实质性阶段。

(二)20 世纪 90 年代初期救灾扶贫募捐工作实践

1989 年 9 月 12 日,为了更好地开展社会募集活动,民政部办公厅发出《关于在国内募集衣被等物资支援灾区有关问题的通知》。通知指出:现在,一方面灾区有些群众缺衣少被;另一方面,城镇又确有些居民存有不少多余的旧衣被,所以,开展募集活动是有条件的、可行的,募集活动不仅能解决一部分灾民的一些困难,而且又有深远的政治意义。因此,要把募集活动作为救灾工作的一项补充措施,列入经常性的工作日程。适时适度地开展募集活动,广泛发动非灾区支援灾区,城市支援农村,党政机关支援基层的互助互济活动,帮助灾区群众解决困难;今后除特殊情况外,一般不搞全国性的募集活动,主要由各地自行开展。经过协商也可进行跨省(区)的"双边"或"多边"支援;由于工作涉及面广,政策性强,要在当地政府统一领导下进行,民政部门要当好政府的参谋助手,适时提出开展募集活动的建议和方案,积极会同有关部门做好接收、发放工作;要做好组织和思想发动工作,坚持自愿原则,不搞摊派,更不得强迫命令;对于贪污、挪用、私分救灾捐赠的单位和个人,一定要严肃处理,绝不姑息迁就。③ 这些规定为此后国内开展救灾募集活动提供了政策基础和具体指导。20 世纪 90 年代初,中国先后开展了几次大规模的社会救灾扶贫募捐活动,为开展经常性社会捐助提供了先例和经验。

1. 1991 年夏秋的华东水灾捐赠活动

1991 年夏,中国华东和中南地区发生严重洪涝灾害,水灾漫及 24 个省区,其中安徽、江苏、湖北、河南等 8 个省损失最大。据统计,全国洪涝受灾

①　民政部救灾救济司:《经常性社会捐助工作手册》(内部资料),2002 年版,第 3 页。
②　江泽民:《考察京九沿线贫困地区和革命老区时的讲话》(1996 年 9 月 20 日),《江西日报》1996 年 9 月 23 日。
③　民政部法规办公室:《中华人民共和国民政工作文件汇编(1949—1999)》,中国法制出版社 2001 年版,第 1453 页。

面积 36894 万亩,成灾面积 21921 万亩,死亡 5113 人,倒塌房屋 497. 9 万间,直接经济损失 779. 08 亿元。[①] 党中央和国务院正式作出向国际社会呼吁紧急救灾援助和在国内广泛发动救灾捐赠的重大决策。7 月 11 日,中国国际减灾十年委员会代表中国政府向国际社会发出为安徽、江苏等灾区提供人道主义援助的紧急呼吁,成立接收救灾捐赠办公室,并在中国银行和工商银行设立两个捐赠专用账户,为灾区接收来自国内外的救灾捐赠款物。7 月 14 日,国内各省、自治区、直辖市也相继开始大规模地捐赠活动。

　　为切实做好救灾捐赠工作,7 月 17 日,时任民政部部长崔乃夫签发《民政部国内救灾捐赠工作通告》,对国内救灾捐赠工作作出具体规定,由民政部设国内救灾捐赠接收办公室,直接办理接收事宜。各级民政部门代办国内救灾捐赠接收事务,公布联系电话、接收地点和接收捐款账号;接收国内救灾捐赠以现金为主,也可接收救灾必需的物资、器材、药品等;凡定向捐赠现金,可直接汇寄所支援地区的民政部门接收,也可交当地民政部门或直接汇寄民政部国内救灾捐赠接收办公室转交;凡定向支援物资、器材、药品等,可直接或通过当地民政部门和民政部国内救灾捐赠接收办公室;凡非定向的捐赠,均由民政部国内救灾捐赠接收办公室统一分配。各地民政部门接收捐赠,均应开收据,给感谢信;义演问题,由当地文化、宣传和民政部门视情况需要共同商定办理;各级民政部门对所接收的捐赠,应采取适当方式通过报纸杂志公布于众,接受群众监督;捐赠款物要设立专账,专人负责,严格管理。对捐赠款物要按日清理,做到账款、账物相符,防止漏洞。[②] 这是民政部第一次以公告形式对国内救灾捐赠活动给以明确的、具体的规定和指导,是对组织实施救灾捐赠进行指导的有益探索和尝试,为推动新时期救灾捐赠工作提供了先例和经验。

　　以中华民族为主体、国际社会广泛参与的救灾捐赠活动迅速开展起来。中央党政机关在政府呼吁的第二天即开始行动,捐款 1300 多万元;上海市遭受洪灾后,不仅没向国家要救灾款,而且向重灾区捐赠了总值 5923 万元的款物;江苏省内轻灾市、县捐赠现金超过 9000 万元;地处偏远、少数民族聚居的新疆维吾尔自治区向灾区捐赠 4000 多万元;辽河油田 11 万职工捐款 500 万元;深圳市 58 家企业提出"超产一成,为灾区减少一分损失"的口号,加班加点、开展义务劳动,把超额利润捐献给灾区;"一方有难、八方支

---

① 中华人民共和国国家统计局、中华人民共和国民政部:《中国灾情报告(1949—1995)》,中国统计出版社 1995 年版,第 47 页。

② 民政部法规办公室:《中华人民共和国民政工作文件汇编(1949—1999)》,中国法制出版社 2001 年版,第 1467 页。

援""风雨同舟"的标语口号随处可见;义演、义卖、义赛、义诊等活动遍及全国各地。广大华人、华侨向灾区捐赠 1000 多万美元。港澳台同胞也积极捐赠,交到民政部的捐款和款物折价款总数达 5.3 亿港元,直接汇寄灾区的还有相当数量,创下港澳有捐赠史以来的最高纪录。① 91 岁高龄的冰心女士委托女儿向安徽灾区捐款 1 万元,时任全国人大常委会副委员长荣毅仁先生捐款 20 万元支援灾区抗洪救灾。香港亚洲电视台于 7 月 20 日举行《爱心献华东》筹款活动,800 多名演艺界人士参加义演,筹款 2700 多万港元。②

为支援灾区人民,确保灾民安全过冬,9—10 月全国救灾工作领导小组分别在中央党、政、军机关,北京,沈阳,呼和浩特,包头,银川等城市开展募集衣被支援安徽、河南、湖北等省灾区的活动。募集活动得到各地军民的广泛支持,各地踊跃捐献,掀起了全民动员支援灾区的捐赠热潮。除党中央和国家机关各部委、各直属机构,解放军三总部及在京各大单位,各民主党派、人民团体之外,北京、天津、河北、山西等 16 个省、自治区、直辖市和沈阳、呼和浩特、包头、银川等 4 个城市参加了这次救灾募集活动,是首次在全国范围内开展的大规模募集衣被跨省救灾实践。其中,人民解放军驻京各单位募集 97.9 万件质量很好的衣被;北京、沈阳、呼和浩特、包头、银川等城市募集 1190 多万件质量较好的衣被;全国妇联及山东、上海、天津等地政府也主动为灾区募集 2000 多万件衣被。③ 这些御寒衣被为灾区人民安全过冬提供了重要保障。

截至 12 月 31 日,全国共接收境内外捐赠款物合 23 亿多元人民币(其中物资折款 6.1 亿多元),相当于国家正常年份灾民生活救济费的 2.3 倍。④ 其中国内捐赠占绝大部分,达到 17.41 亿元。

这次救灾捐赠活动,让人们更加明确地认识到,救灾捐赠不仅是互助互济、弘扬中华民族传统美德的有效方式,也是救灾工作社会化的形式之一;接受救灾外援则是中国对外开放政策的重大实践。救灾捐赠在政治、思想、社会稳定和国际社会等方面都产生了积极影响,今后仍要继续开展这方面的工作。1991 年 12 月 12 日,崔乃夫在《全国民政系统救灾工作会议上的讲话》中指出,开展募捐活动"要视灾情而定,而且不能过于频繁;向国外呼

---

① 范宝俊主编:《中国国际减灾十年实录》,当代中国出版社 2000 年版,第 170—171 页。
② 郑成功等:《多难兴邦——新中国 60 年抗灾史诗》,湖南人民出版社 2009 年版,第 274 页。
③ 民政部法规办公室:《中华人民共和国民政工作文件汇编(1949—1999)》,中国法制出版社 2001 年版,第 1346 页。
④ 范宝俊主编:《中国国际减灾十年实录》,当代中国出版社 2000 年版,第 170 页。

吁捐赠要经国务院批准,呼吁国内捐赠要把握频率,不能超出群众的经济和心理承受能力,不搞攀比,更不许摊派。同时必须管好、用好捐赠款、物。总之,一要讲政策,二要稳妥,三要适度"。① 为保护、激发人民群众的捐赠积极性,继续开展救灾捐赠活动提出了具体要求和政策导向。

2. 1993 年"减灾扶贫义演"活动

改革开放后,中国政府一直高度重视减灾和扶贫工作。通过长期努力,防灾抗灾能力已大大提高,扶贫工作也取得了显著成果。但是,彻底解决灾害和贫困问题仍然是一项长期而艰巨的任务。作为一个发展中国家,尽管政府已投入大量资金和人力来解决灾害和贫困问题,并在政策上予以支持和保证,但资金的不足仍使减灾扶贫事业进程缓慢。

1993 年 4 月,为响应联合国开展"国际减轻自然灾害十年"的倡议,倡导扶贫活动,积极推动中国减灾扶贫事业的发展,由中国国际减灾十年委员会办公室、中国抗灾救灾协会、中国贫困地区经济开发服务中心、中央电视台、广东清远经济开发区与香港演艺界联合发起和主办了"减灾扶贫义演"活动筹募捐款,以资助内地发展减灾扶贫事业。首场演出于 4 月 18 日在人民大会堂举行,之后,在上海、广州、香港各义演一场。义演的全部收入,由中国国际减灾十年委员会办公室成立"中国减灾扶贫基金",用于资助多灾贫困地区人民的生活和生产自救。这次义演活动得到了社会各界的热情赞助和踊跃捐款。

时任中共中央政治局常委李瑞环在接见参加减灾扶贫义演的香港演艺界人士时,对这次义演活动给予了高度评价。他强调:"搞义演,能募集到一部分钱,对减灾扶贫发挥作用,但更重要的是能在社会上唤起对贫困地区和灾区的同情。中华民族是一个整体,我们中国人有着共同的感情。……如果大家像你们一样,都献上一份关怀,灾区的问题就可以解决。"②

这次"减灾扶贫义演"活动引起了全社会的强烈反响,不仅大力宣传了减灾扶贫事业,唤起了全社会对减灾扶贫事业的关注和支持,而且推进了中国减灾工作和脱贫致富的进程。同时,也开辟和探索出义演、新闻宣传等减灾扶贫募捐工作的新形式。

3. 1994 年向贫困地区和灾区捐送衣被活动

1993 年 12 月末至 1994 年 1 月中旬,大连市开展了以"扶贫帮困献爱心"为主题的解决低收入群众和民政对象生活困难的捐赠活动。这一活动得到

---

① 民政部法规办公室:《中华人民共和国民政工作文件汇编(1949—1999)》,中国法制出版社 2001 年版,第 1479 页。

② 范宝俊主编:《中国国际减灾十年实录》,当代中国出版社 2000 年版,第 13 页。

了时任国务委员李贵鲜和民政部部长多吉才让的充分肯定,并要求在全国进行推广。随后,民政部向全国发出通知,要求借鉴大连市的经验,结合各地实际,发动群众开展多种形式的支援灾区和贫困地区的社会互助活动。以大连市扶贫帮困献爱心活动为契机,1994年成为全国募捐扶贫济困的高潮年。

1994年3月3日,江泽民在《扶贫开发要坚持不懈、锲而不舍地长期抓下去》的讲话中指出:"大中城市和经济发达地方,人们衣被都比较充裕,而有些贫困地区群众缺衣少被,难以避寒,可以考虑在今年冬天到来之前,动员机关干部和城市居民发扬团结、友爱、互助精神,为贫困地区送衣被。"①这一年恰逢中国部分地区遭受了较重的旱灾、洪涝等自然灾害。随着天气转冷,灾民御寒衣被问题凸显出来。因此,结合江泽民同志的指示,中共中央办公厅、国务院办公厅下发《关于动员全国各大中城市向贫困地区捐送衣被的通知》,具体部署9、10两个月在全国30多个大中城市开展募集衣被支援贫困地区和灾区的活动。

8月22日,募集衣被工作会议召开,对这次募集活动做出具体安排。这次募集活动主要在全国各大中城市中的机关干部、群众团体、企事业单位干部职工、城市居民、大专院校教职工和军队驻地机关干部中进行,坚持自愿原则,量力而行,不下指标,不搞摊派。全国共捐送衣被10538万件,其中棉毛皮类3720万件,占35.3%。募集衣被100万件以上的大中城市23个。②这是继1991年之后第二次大规模的全国范围的募捐活动,捐赠范围广,数量多,许多省份的捐赠数额都超出了1991年。这也充分体现了党和国家对广大灾民和贫困群众的亲切关怀,对振奋灾区和贫困地区群众抗灾救灾精神起到极大地鼓舞作用。这次全国性的统一募捐活动也成为开展经常性社会捐助的实际操作和演练,为经常性社会捐助的开展准备了条件,推动了社会互助和救灾工作的社会化进程。

以上这些20世纪90年代初期影响较大的救灾扶贫捐赠活动主要以临时动员,集中募捐为主,具有临时性、突发性、行政性等特点,还没有成为一项经常性、规范性、社会性的工作。这些募捐活动使党和人民充分认识到社会捐助作为政府救灾补充手段的重要作用,认识到"随着城市居民生活水平的提高,有组织地发动城市居民向灾区和贫困地区群众捐赠衣服是可行的,既不增加城市居民的负担,也可帮助灾区和贫困地区群众解决一些困

---

① 江泽民:《扶贫开发要坚持不懈、锲而不舍地长期抓下去》(1994年3月3日),《开发与致富》1994年第4期。

② 民政部救灾救济司:《捐赠工作资料汇编》(内部资料),1998年版,第18页。

难"①,是可以提倡的、可行的。"号召党员、干部,特别是收入较高,生活较富裕的家庭捐出几元钱,拿出自己不用的衣被等生活用品,一个城市包建一个受灾村的住房,等等,都是可以推广的"②。发动群众开展社会互助活动成为城市帮助农村灾区和贫困地区、富裕地区帮助贫困地区和灾区的一个好办法。在指导救灾募捐的实践中也制定出一些救灾捐赠的相关政策和具体制度(见表3.1),其中一些做法、规定不仅指导了当时救灾捐赠活动实践,而且被固定下来,成为后来开展经常性社会捐助的依照,为探索和实践经常性社会捐助奠定了一定的政策基础。例如,国务院办公厅1991年9月7日印发的《关于向安徽灾区运送捐赠衣被有关问题的通知》中,规定"由各捐赠衣被的单位负责运往灾区"的安排,这一做法一直沿用至今。

表 3.1　　20 世纪 90 年代初期有关救灾捐赠的政策制度文件

时间	发文单位	文件名称
1991 年	国务院办公厅	《关于做好境外救灾援助和捐赠款物管理工作的通知》(国办发明电［1991］20号)
1991 年 7 月 17 日	民政部	《关于印发〈民政部国内救灾捐赠工作通告〉的通知》(民救函［1991］195 号)
1991 年 8 月 5 日	民政部	《关于救灾物资接收、分发、使用、管理的规定》(民电［91］323 号)
1991 年 9 月 14 日	民政部	《关于做好接收境外救灾捐赠物资工作的通知》(民电［91］355 号)
1991 年 10 月 15 日	民政部	《关于安排使用境外捐赠资金有关事宜的通知》(民救函［91］306 号)
1991 年 10 月 16 日	审计署	《审计署做出审计结论,接收和处理救灾捐赠款物制度健全,账实相符》
1991 年 10 月 22 日	中国国际减灾十年委员会、民政部	《关于国内外救灾捐赠款物接收处理情况的公告》
1994 年 7 月 14 日	民政部	《关于港澳台同胞救灾捐款使用办法的通知》(民电［1994］115 号)
1994 年 7 月 20 日	财政部、海关总署、国家税务总局、民政部	《关于为救灾接受捐赠进口物资税收问题的通知》(［1994］财税明传 1 号)
1994 年 11 月 30 日	民政部	《社会福利性募捐义演管理暂行办法》(中华人民共和国民政部令第 2 号)

---

① 民政部救灾救济司:《捐赠工作资料汇编》(内部资料),1998 年版,第 13 页。
② 民政部救灾救济司:《捐赠工作资料汇编》(内部资料),1998 年版,第 12 页。

二、初步探索和实践经常性社会捐助活动

1949 年新中国成立到 20 世纪 90 年代中期开展的一系列救灾捐赠活动，一定程度上缓解了中央政府的救灾压力，起到了良好的收效。但就救灾捐赠活动本身来看，有明显的偶然性、零散性和被动性的特征，特别是仅仅在发生重大自然灾害的情况下才会进行，缺乏长效性、经常性、规模性和制度性的机制。20 世纪 90 年代中后期，国民经济的迅速发展和人民生活水平的普遍提高，使捐赠工作的常态化具备了一定的物质基础。在此基础上，社会捐助工作的经常化、常态化开始得以探索和实践。

（一）经常性社会捐助的初步开展

1. 1996 年以"扶贫济困送温暖"为主题的经常性社会捐助活动启动

20 世纪 90 年代初期，党和国家领导人通过对一些贫困地区和灾区的考察，对当地人民群众的真实生活有了深刻的了解。

1993 年 4 月 19 日，时任中共中央政治局常委李瑞环在接见参加减灾扶贫义演的香港演艺界人士时谈道，"广西的石山地区，没有水，没有地，种地不按亩，按棵数。喝水靠夏天集一点水放水罐里"，"在生活好的时候，要想到贫困地区，不能只搞锦上添花，不搞雪中送炭，像北京这种地方，衣服更换很快，尤其是女孩子，完全可以帮助贫困地区"。[1] 1994 年 2 月 18 日，时任国务委员李贵鲜在《关于开展扶贫帮困献爱心活动的报告》的批示中谈道："现在不少城市中的较富裕的家庭也有很多用不着的衣被、家具，甚至过了时的家电（如收音机等），处理了不值几个钱，可是这些东西拿到贫困地区，分配给贫困户就解决了实际问题。"[2]1996 年，江泽民同志在中央扶贫开发工作会议上讲道："很多贫困户不但缺衣少被，就连孩子上学用的书包和文具都买不起，而在城市和发达地区，这些东西很宽裕，稍旧一点就不用了，可以捐献给贫困地区，群众也有这个积极性。"[3]在随后考察贵州、广西扶贫工作时，他再次讲道："上海、北京和沿海的城市，人们的生活水平提高了，衣物等生活用品需要更新，把替换下来还可以用的东西送往贫困地区，就能帮助贫困农户解决一些问题。"[4]

---

① 范宝俊主编：《中国国际减灾十年实录》，当代中国出版社 2000 年版，第 13 页。
② 民政部救灾救济司：《捐赠工作资料汇编》（内部资料），1998 年版，第 12 页。
③ 江泽民：《中央扶贫开发工作会议上的讲话》（1996 年 9 月 23 日），《开发与致富》1996 年第 10 期。
④ 江泽民：《在贵州、广西考察扶贫开发工作时的讲话》（1996 年 10 月 29 日），《中办通报》1996 年第 22 期。

从中我们可以看出，在党和国家领导人中已形成这样一种理念：发动城市居民和单位把闲置不用的衣被、文具、家具和家用电器等各类物品捐献出来，通过社会捐助点集中起来，运送到贫困地区和受灾地区，充分发挥这些物品的价值，既可以解决贫困地区和灾区人民群众的实际困难，也可以表达城市人民的友爱之情。这充分表明，开展经常性社会捐助是必要的，也是可行的。

1995 年 12 月底，时任民政部副部长范宝俊随同江泽民同志考察陕、甘两省慰问人民群众回京后，立即传达了江泽民同志关于在大中城市开展经常性社会捐助活动支援灾区和贫困地区，并由民政部负责这项工作的指示。随后，1996 年 1 月，在全国民政厅（局）长会议上，将开展经常性社会捐助活动确定为今后救灾救济工作的重点之一。

1996 年 1 月 21 日，中共中央办公厅、国务院办公厅转发民政部、国务院扶贫开发领导小组印发的《关于在大中城市开展经常性捐助活动支援灾区、贫困地区的意见》，决定从 1996 年开始，每年在全国大中城市开展以募捐衣被为主要内容的"扶贫济困送温暖"活动，并对开展经常性捐助活动作出具体说明。这一文件的发布，标志着经常性社会捐助活动正式启动，由临时性、突击性的救灾募捐活动转变为经常性社会捐助活动。2 月 26 日，民政部、国务院扶贫开发领导小组、公安部、财政部、铁道部、交通部、全国总工会、共青团中央、全国妇联等下发《关于开展"扶贫济困送温暖"捐赠活动的通知》，对开展"扶贫济困送温暖"捐赠活动作出具体部署。①

这两个文件是开展"扶贫济困送温暖"经常性社会捐助活动的指导性文件，对开展经常性社会捐助活动提出了具体要求。

第一，将每年的 4 月和 10 月定为"扶贫济困送温暖募捐月"，采取集中时间募集和随时接收相结合的办法。

第二，将"扶贫济困送温暖"活动作为社会主义精神文明建设的一项重要工作来抓，要动员社会各界力量积极参与。要依靠工、青、妇等群众团体，积极做好宣传、发动和组织工作。要积极组织青年志愿者队伍，参与募集衣物的接收和发放。

第三，捐助活动由民政部牵头组织管理，各有关部门要积极配合。新闻单位要配合做好宣传报道。铁道部门要优先安排车皮，保证募集衣物的及时运输。凭省、市民政部门出具的证明，交通部门免收过桥、过路等费用，公

---

① 参见民政部救灾救济司：《捐赠工作资料汇编》（内部资料），1998 年版，第 25—32 页。

安部门要做好沿途运输的安全保卫工作,防止发生盗窃、哄抢。

第四,支援城市民政部门要设立捐赠工作站,做好捐赠物资的接收、仓储、消毒、整洗、包装、运输等工作。工作站要常年开放,随时接收群众捐赠。受援地区民政部门也要相应设立捐赠物资的集散点,负责物资的分配、运输、发放以及相关协调管理工作。

第五,坚持自愿的原则,量力而行,不下指标,不搞摊派。动员城市居民自愿捐赠闲置不用的衣被、物品等,就近、定向送给灾区、贫困地区生活困难群众。不向义务兵和大、中、小学生及亏损企业职工募集。

第六,除募集衣被外,其他物品和资金也可接收,接收的资金要按照捐赠者的意愿发放,企事业单位捐赠的积压物品,经指定部门变卖后,所得资金要如数发放给贫困群众。

第七,募集衣物的仓储、消毒、整洗、包装、运输、劳务等开支由支援城市地方财政负担,受援地区由地方财政和中央财政共同负担。

第八,受援地区要做好捐赠物资的接收和分发工作。基层接收单位要指定专人负责,建立专账,登记造册。县、乡政府和村民委员会要合理确定发放对象,切实把物资发放到贫困户和灾民手中。分配情况要张榜公布,接受群众监督。

随后,各大中城市按照中央的指示精神广泛深入开展了社会募捐活动。1996 年 1—2 月,北京、广东、上海和福建 4 省率先开始行动,分别成立了接收捐赠领导小组或协调机构,对捐赠工作作出具体部署安排,市、区、街道都建立了接收捐赠网点,在春节前 20 天,共募集 2000 多万件衣被和 2000 多万元款物。[①]

6 月 20 日,民政部公布《关于大中城市开展捐助活动支援灾区和贫困地区工作情况的报告》,对上半年捐助工作进行总结,并制定了下半年工作计划,同时确定了今后工作的发展方向,即实现两个转变,一是由突击性的活动向经常性的活动转变;二是由单纯政府部门行为向全社会的自觉行为转变。[②] 并为实现两个转变,把捐赠工作推向制度化、经常化作出部署:第一,建立党政领导、民政部门协调下的由各社会团体、基层组织实施的经常性募集活动的新机制。第二,建立集中时间募集和接收工作日常化相结合的工作程序。第三,充分发挥社会团体尤其是新闻媒体的作用。第四,要大力抓仓储建设,为开展经常性募集工作创造基本条件,仓储建设资金以地方

---

① 　民政部救灾救济司:《捐赠工作资料汇编》(内部资料),1998 年版,第 29 页。

② 　民政部救灾救济司:《捐赠工作资料汇编》(内部资料),1998 年版,第 31 页。

财政为主,各级募委会募集的福利资金予以支持。第五,解决募集衣物城市在收集、仓储、消毒、整洗、包装、运输等环节所发生的大量费用问题。第六,解决不适合贫困地区使用的物品变卖和境外捐赠生活物资进口关税问题。①

为进一步做好"扶贫济困送温暖捐助活动"的宣传工作,充分调动干部群众募捐的积极性,把募捐活动变为干部群众的自觉行动,为捐赠活动经常化、社会化创造良好舆论环境,9月26日,中宣部、民政部等部委和团体联合下发《关于做好开展"扶贫济困送温暖捐助活动"宣传工作的通知》,明确规定每年4月份的第一周和10月份的第三周为"扶贫济困送温暖活动宣传周",宣传周的星期六和星期日要组织力量走上街头,开展宣传和咨询活动;报纸杂志、广播、电视要对"宣传周"和捐助活动积极进行报道,并印发《关于开展"扶贫济困送温暖"捐助活动宣传提纲》。

1996年9—11月,全国30个省(自治区、直辖市)的大中城市掀起了更大规模的捐助活动。截至12月下旬,全国共募集衣被9500万件,接收救灾扶贫捐款和其他物资折合人民币15.8亿元(其中捐款11.5亿元),据不完全统计,1996年共捐款13.24亿元(包括救灾捐款),接收各种捐赠物资折款4.3亿元,累计折款近30亿元,是国家当年下拨救灾款的1.3倍,累计救济灾民和贫困人口达4770万人。② 大大增强了救灾减灾的实力,收到良好社会效果。

经常性社会捐助活动作为一项崭新的工作,在具体操作实施过程中也出现了一些问题。如日常化捐助工作还没有广泛开展起来;一些地方领导对开展经常性捐助活动有畏难情绪或依赖思想;社会力量参与不够;捐助工作基础薄弱;很多省、市没有仓储设施;捐助工作经费无法落实;等等。针对这些问题,1997年1月15日,民政部下发《关于贯彻江总书记指示开展经常性捐助活动情况及今后工作意见的报告》,对今后进一步开展经常性社会捐助活动的试点、经费、仓储设施建设、宣传等方面提出意见,有力地推动了经常性社会捐助活动的深入开展。10月,在大连市召开的扶贫济困送温暖捐助活动经常化现场经验交流会上提出,"到2000年在全国有条件的中等以上城市和经济发达地区,设有经常性捐助工作机构和仓储设施,形成以社区为单位,以居委会、街道和社区组织为依托,社会力量广泛参与的捐助

---

① 民政部救灾救济司:《捐赠工作资料汇编》(内部资料),1998年版,第30—31页。
② 刘乃山:《加大救灾捐赠力度》,《中国减灾》2005年第11期。

接收网络,建立较完善的经常性捐助工作体系和有效的运行机制"。① 这就进一步明确了经常性社会捐助工作的发展方向。

据不完全统计,1996 年和 1997 年,全国 600 多个城市开展了较大规模的扶贫济困送温暖捐助活动,参加捐赠人数近 1 亿人次,捐助现金和物资折款 30.3 亿元。②

2. 1998 年新中国成立以来规模最大的抗洪救灾捐赠活动

1998 年夏季,长江、嫩江、松花江流域以及珠江流域西江、福建省闽江发生了全流域性大洪水或特大洪水灾害。据统计,全国共有受灾人口 1.86 亿人,农作物受灾 3.3 亿亩,成灾 2.07 亿亩,倒塌房屋 685 万间,死亡 4150 人,直接经济损失 2551 亿元。③ 这一年灾情超过多年平均水平,属洪涝灾害偏重年份,是中国 20 世纪继 1931 年、1954 年、1991 年大水灾后又一次特大洪涝灾害。全国上下开展了声势浩大的抗洪抢险救灾工作。

原定十月开展的"扶贫济困送温暖活动"提前启动,结合主题为"扶贫济困,支援灾区"的经常性社会捐助活动,民政部、中国红十字会总会、中华慈善总会、各地民政部门组织发动了新中国成立以来最大规模的抗洪救灾捐赠活动。

民政部、中华慈善总会、中国红十字会总会先后公布救灾捐赠账号;通过联合国副秘书长向联合国系统通报中国灾情、呼吁国际援助;中央及地方各级民政部门组建专门小组,24 小时接收、管理、发放捐赠款物;民政部与铁路、交通、民航、海关等部门密切合作,使救灾捐赠接收、入关、组织发运手续 24 小时内完成;举办赈灾义演活动,8 月 16 日,中华慈善总会、中国红十字会总会、中央电视台联合举办"我们万众一心"大型赈灾义演晚会,共收到各界捐款和捐物总值 6 亿多元。④ 8 月 21 日,民政部、文化部联合举办"携手筑长城"大型赈灾义演,共接收到国内外各界认捐款物 10.93 亿元。⑤ 民政部紧急发动了 17 个省(区、市)开展专项募集衣被活动。一场声势浩大的抗洪救灾捐赠活动在全国展开。

为加强规范救灾捐赠工作,国务院专门召开会议研究部署救灾捐赠工作,并作出一系列重要指示。8 月 23 日,国务院办公厅发出了《关于加强救灾捐赠管理工作的通知》,对救灾捐赠工作的组织权限、救灾捐赠款物的使

① 民政部救灾救济司:《捐赠工作资料汇编》(内部资料),1998 年版,第 46 页。
② 刘乃山:《加大救灾捐赠力度》,《中国减灾》2005 年第 11 期。
③ 李宪文、郭孔文:《98 大洪水百问》,中国水利水电出版社 1999 年版,第 111 页。
④ 李尚志、何平:《98 抗洪抢险备忘录》,中国方正出版社 1998 年版,第 240 页。
⑤ 李尚志、何平:《98 抗洪抢险备忘录》,中国方正出版社 1998 年版,第 240 页。

用原则、分配权限等作出了明确规定。①

第一,救灾捐赠工作由民政部门统一组织,各系统、各部门只能在本系统、本单位内组织救灾捐赠活动。除中国红十字会外,未经民政部门同意,任何个人、任何单位不得在社会上开展任何形式的救灾募捐活动。义演、义卖、义诊等救灾募捐活动,必须按照国务院 1997 年发布的《营业性演出管理条例》和民政部 1994 年发布的《社会福利性募捐义演管理暂行办法》的规定,严格履行报批手续。重灾省(区)的各级民政部门要有专门机构负责接收省内外的救灾捐款。任何系统开展救灾捐赠工作,都必须坚持自愿原则,不得搞行政命令、硬性摊派。

第二,要切实管好用好救灾捐赠款物。接收救灾捐赠必须做到手续完备、专账管理、专人负责、账款相符、账目清楚。接收的每一笔捐款,都要当面点清,开具收据。救灾捐赠款物要坚持专款专物专用、集中使用、统一制定分配方案、分头组织实施的原则。定向捐赠的款物,必须按捐赠者意愿使用;非定向捐赠的款物,除少量用于紧急转移安置灾民生活所需外,要重点用于帮助灾民重建或新建家园。党中央和国家机关有关部门、非重灾省区及全国性民间组织要将救灾捐赠的接收情况及时报民政部、由民政部负责统计汇总,并按照国务院确定的原则,根据灾情统筹平衡,制定非定向捐赠款物的分配方案,由各部门、各单位具体组织实施。重灾省(区)的各级民政部门统一接收本行政区域内外的救灾捐赠,制定分配使用方案,报同级政府批准后组织实施,同时将方案报上级主管部门。

第三,对国有企业救灾捐赠的税收优惠进行了规定。国有企业救灾捐赠(包括现金和实物),按现行财税制度规定,在年度应纳税所得额 3% 以内的部分可以从应纳税所得额中抵扣,超过年度应纳税所得额 3% 以上的部分只能从税后企业工资基金结余和福利费中列支。

第四,强调加强对救灾捐赠工作的监督、检查。捐赠款物的接收、分配、使用情况要及时向社会公布,自觉接收公众监督。救灾捐赠工作的主管部门要及时查处和取缔各种形式的非法募捐活动。新闻媒介要充分发挥舆论监督作用,揭露救灾捐赠工作中的违纪、违法现象。审计、监察部门要对救灾捐赠工作跟踪检查、审计,发现问题及时处理。公安、司法部门要坚决打击借募捐名义从事诈骗活动等救灾捐赠工作中的违法犯罪行为。

此外,民政部还先后下发了《关于组织好救灾捐赠活动的紧急通知》

---

① 参见民政部法规办公室:《中华人民共和国民政工作文件汇编(1949—1999)》(中),中国法制出版社 2001 年版,第 1352—1353 页。

《关于组织好救灾捐赠活动的补充通知》《关于管好用好救灾捐赠款物的紧急通知》《关于各地捐赠物资调拨及募集衣被对口支援意见》《关于救灾募捐义演等有关问题的通知》，中央纪委驻民政部纪检组、监察部驻民政部监察局下发了《关于加强对救灾捐赠款物接收、管理、发放工作监督检查的通知》等文件，这一系列通知、规定，对 1998 年抗洪救灾捐赠工作进行了有效的规范、指导和管理，及时纠正了救灾捐赠活动中出现的一些问题，如捐赠款物多头管理、分配；募捐主体和捐赠渠道混乱等，及时制止了一些个别地方出现的以救灾募捐名义实施诈骗的行为，加强了对救灾捐赠款物的管理使用，保护了人民群众捐赠的积极性，保证了抗洪救灾捐赠工作的正常有序进行，收到了较好的效果。1998 年，全国共接收国内外社会各界捐赠款物 134 亿元人民币（其中资金捐款 64 亿元，衣被 3 亿件，物资折价 70 亿元）。①

（二）经常性社会捐助的有关规定

从 1991 年华东水灾救灾捐赠到 1998 年新中国成立以来最大规模的抗洪救灾捐赠，救灾捐赠开始从集中性、临时性、突发性向经常性、日常性转变，这其中形成的一些做法、规定、政策，为经常性社会捐助的顺利开展提供了重要的制度支持和政策保障。

1. 组织形式

组织形式是经常性社会捐助活动最重要的制度内容之一，是经常性社会捐助活动运转的外在表现。经常性社会捐助活动实行集中募集与经常性捐助相结合的运作方式，每年 4 月和 10 月被规定为"扶贫济困送温暖募捐月"，集中时间和人力组织动员城市群众将多余衣被和生活物品捐送给灾区和贫困地区，同时，各大中城市设有随时捐赠、随时接收的扶贫济困工作站，常年开放，随时接收群众捐赠。从 20 世纪 90 年代社会捐赠活动情况来看，虽然是集中募集和经常性捐助相结合，但大多还是以集中募集为主。

从组织方式来看，扶贫救灾捐助工作在 1996 年之前是由党中央和国务院政府发起，各省委、省政府统一安排组织，全社会积极响应的全国性、临时性、突发性救灾扶贫募捐活动。1996 年 1 月 21 日，民政部、国务院扶贫开发领导小组《关于在大中城市开展经常性捐助活动支援灾区、贫困地区的意见》明确提出，经常性募集活动由民政部牵头组织管理，有关部门积极配合。随后，又提出经常性募集活动由党政领导、民政部门协调下的社会团体、基层组织实施，即各级党政领导主要体现在帮助解决遇到的实际问题；

---

① 邹铭：《减灾救灾》，中国社会出版社 2009 年版，第 148 页。

民政部门协调主要体现在制订规划、加强管理和抓仓储建设;由慈善总会等机构或其他社会团体、街道、居委会负责具体的募集活动和组织发动工作。在此基础上,1997年又确定为以社区为单位,以居委会、街道和社区组织为依托,各种社会力量广泛参与的经常性捐助运行方式。

从中我们可以看出,从最初的政府发起,到民政部门牵头负责组织管理,再到以社区为基地,依托街道、居委会和各类社区组织,动员发动社会力量广泛参与。经常性社会捐助活动的组织形式经历了由政府主导向社会转变的过程,由政府行为逐步向社会化运行方式转变,充分展现了捐赠活动的社会化进程。

虽然中国的居委会、街道和社区组织同政府部门保持着很紧密的关系,但还不是严格意义上的社会领域。毕竟捐赠制度政策已经考虑到社会化的倾向,并已开始向社会化方向倾斜并转变。

2. 工作经费

经费开支是经常化捐助活动得以健康运转的必要条件。如果没有相应的政策规定来解决经费问题,经常性社会捐助活动就会遇到很大的困难。

1994年8月22日,时任民政部副部长范宝俊在募集衣被工作会议上的讲话中指出:"募集、包装费用由募集单位负担。仓储装卸、运输等费用由募集地政府负担。募集地政府要从地方财政中拨专款给负责承办工作的部门,用于募集衣被的开支。""受援地区在接收、运送、分发过程中产生的费用由受援地区政府负担。"①在1996年年初的《关于在大中城市开展经常性捐助活动支援灾区、贫困地区的意见》和《关于开展"扶贫济困送温暖"捐赠活动的通知》两个文件中再次明确了募集物品的仓储、消毒、整洗、包装、运输等环节所发生的费用,支援城市由地方财政负担;受援地区由地方财政出一部分,中央财政补助一部分。没有跨省支援任务的大中城市全部由地方财政负担的经费负担模式。②

由于捐助活动经常化的深入开展,在收集、仓储、消毒、整洗、包装、运输等环节需要的费用越来越大。据核算,支援地城市从募集到发运,平均每件衣被的费用需1元左右,募集的衣被越多。负担的募集工作经费也就越多,仅此一项每次募集活动支援城市需要负担的经费多则上千万元,少则几十万元,而捐助活动的经常化,还使宣传费和其他必要经费(如印刷账目单据和证卡等)和劳务费用都大量增加。以大连市为例,上述三项费用占整个

① 民政部救灾救济司:《捐赠工作资料汇编》(内部资料),1998年版,第24页。
② 民政部救灾救济司:《捐赠工作资料汇编》(内部资料),1998年版,第27页。

捐助活动经费支出的 48.4%。①

随着捐助活动的经常化,支援城市负担将进一步加重,如果仍按原来办法由支援城市地方财政支付经费,势必影响支援城市的积极性,不利于捐助活动深入持久地开展。为此,民政部提出采取由受援省财政、中央救灾款中灾民衣被救济部分和中央财政专项款来解决募集衣物城市所承担的费用问题。1997 年 1 月 15 日,《关于贯彻江总书记指示开展经常性捐助活动情况及今后工作意见的报告》中再次建议受援省(区)从中央下拨和地方财政用于灾民冬令救济的救灾款中拿出一部分,补助支援省、市的部分费用。经过研究,1998 年 1 月 8 日,民政部、财政部下发《关于扶贫济困送温暖捐助活动费用负担问题的通知》,对捐助活动费用负担问题作出重新规定:"募集物品在铁路运输前发生的费用,由支援城市财政负担;铁路运输到站以后发生的费用,由受援省(区)财政负担;募集物品从支援城市到受援地区的铁路运费由支援城市先行垫付,年底由支援省、直辖市民政、财政厅(局)向民政部、财政部写出专题报告并附铁路运费单据,两部审核拨付铁路运输补助费。"②明确规定了支援城市和受援地区在捐助物资运输之前、运输途中及运输到站后各自承担的费用问题。

经常性社会捐助活动的经费负担问题,经历了从支援城市和受援城市分别承担各自的一部分费用,到受援城市接收中央财政的一部分补助,再到受援地区和中央救灾款中冬令救济款和中央财政专项款补助支援城市一部分,最后到由中央财政支付铁路运输费用的演变过程。从中我们可以看出,随着捐助活动的经常化,经费问题越来越成为制约其进一步发展的瓶颈,捐得越多,承担的经费也就越多。因此,制定合理的激励性的经费承担政策,是使经常性社会捐助活动成为一项可持续发展的社会公益事业的重要保障。

3. 对口支援方式

对口支援方式是经常性社会捐助活动采取的主要方法。分为跨省对口支援和本省对口支援两种。这一方法在发展中国边境地区和少数民族地区经济文化建设、国家扶贫工作中早已实行。作为一种资源流动方式,它对于集中缩短地区之间的差距,实现共同富裕具有重要作用。改革开放以来,地区之间的差距越来越明显,采取东部地区支援西部落后地区,符合邓小平同志"先富起来的地区和人民帮助后富起来的地区和人民"的设想。在救灾

---

① 孙绍骋、张杰等:《捐助活动社会化研究》,《中国社会工作》1998 年第 2 期。

② 民政部救灾救济司:《捐赠工作资料汇编》(内部资料),1998 年版,第 49 页。

捐赠工作中引入对口支援模式,明确支援和受援关系,最终确定一对一的对口关系,有利于支援和受援地区建立长久稳固的关系,有效沟通需求信息,实现捐赠物资使用价值的最大化。(详细叙述见第三节《探索和建立对口救灾支援模式》)

4. 仓储设施建设

随着 1996 年经常性社会捐助活动的启动,越来越多的捐助物资需要存放,仓储设施建设问题被迫切地提了出来。建设仓储设施成为影响社会捐助活动能否经常化、可持续化、持久开展下去的一个重要方面。对仓储设施建设的规定也逐步明确和完善起来。

1996 年 1 月 21 日,民政部、国务院扶贫开发领导小组印发《关于在大中城市开展经常性捐助活动支援灾区、贫困地区的意见》,决定从 1996 年开始在全国大中城市开展以募捐衣被为主要内容的"扶贫济困送温暖"活动。由于这一工作刚刚开始,处于摸索阶段,为此,对仓储设施问题仅仅指出,各级政府要帮助解决仓储场所和工作条件;募集物品的仓储等必要开支费用,支援城市由地方财政负担的内容。

1996 年 6 月 20 日,民政部《关于大中城市开展捐助活动支援灾区和贫困地区工作情况的报告》着重提出了仓储建设问题,把"设置经常性捐助工作网点和仓储建设"当作四项基本内容中的一项来看待(其他三项分别是采取集中募集和随时接收相结合的办法,确定每年 4 月和 10 月为集中募集月;划定跨省对口支援省、城市范围;明确社会参与原则),提出要狠抓仓储建设,为开展经常性的募集工作创造基本条件,仓储建设资金以地方财政为主,各级募委会募集的福利资金予以支持。

1997 年 1 月 15 日,《关于贯彻江总书记指示开展经常性捐助活动情况及今后工作意见的报告》中指出,必要的仓储设施是开展经常性捐助活动的基本条件,它既是募集衣被、物品的集散场所,也是紧急救灾物资的储备基地。在中等以上城市,特别是省会城市和直辖市,更要抓紧仓储设施的建设,地方党委和政府要在资金、土地、税费等方面给予支持和优惠政策;部分建库资金可使用非定向的救灾捐赠款或从地方财政"217"科目里开支;中央和各级社会福利有奖募捐委员会募集的福利资金可视情况给予部分补助。

1998 年 1 月 8 日,民政部、财政部印发《关于扶贫济困送温暖捐助活动费用负担问题的通知》,又对仓储设施建设提出了具体目标和指导意见。要求各地因地制宜,抓紧仓储建设,逐步建立救灾捐助物资仓储设施,争取用 3 到 5 年时间完成省级仓储建设。有条件的地方要把市(地)、县两级的仓储设施建立起来,为经常性捐助活动的开展创造条件。

仓储设施是一个大的网状系统,除大型储备库以外,每个捐赠接收站点还要有小型的周转库。因此,这是一个一级一级地仓储网络体系。需要投入大量的资金,用来支付占用土地费用和清洗、消毒、打包等辅助设备的费用,而且当集中募集结束后,空余的仓储设施如何利用等问题,都是仓储设施建设过程中需要周密考虑、合理安排的,在政策规定上还需要完善。

5. 捐赠款物的监督管理

在 20 世纪 90 年代经常性社会捐助活动中,对于捐赠款物的监督管理制定了一些规定,如规定基层接收单位要指定专人负责,建立专账,登记造册;县、乡政府和村民委员会要合理确定发放对象,切实把募集的衣被发放到贫困户和灾民手中;分配情况要张榜公布,接受群众监督;防止平均发放和优厚亲友,不准私分、截留和调换;未经批准,任何部门、单位和个人,不准假借"扶贫济困送温暖"捐赠活动从事各种形式的募捐、集资、收购等活动。这些规定在一定程度上确保了捐赠款物的接收和发放。

（三）经常性社会捐助的运行模式

经常性社会捐助活动是从最初的政府发动、全社会响应的全国性募捐活动,到民政部门主导的救灾扶贫募捐活动,最终向经常化、日常化的社会捐助演变的。在这个演变过程中,社会捐助活动的运行机制也随之逐渐形成。

1. 民政部门牵头,有关部门配合,社会力量参与

1991 年夏华东水灾,国务院救灾领导小组动员中央党、政、军单位和北京、沈阳等城市向安徽、河南等灾区捐赠衣被,成为由中央政府发动的首次全国性的救灾募捐活动。1994 年向贫困地区和灾区捐送衣被活动是由中共中央和国务院向全国各大中城市发起的,要求由各省委、省政府按中共中央和国务院部署统一安排募集的组织工作,各省由一位领导同志负责,成立有关部门同志参加的工作班子专门负责这项工作。这两次捐助活动都是由中共中央和国务院政府发起的全国性救灾扶贫活动,具有突击性、临时性、集中性等特点。

从 1996 年开始,救灾扶贫捐赠活动开始由政府发动向民政部门牵头组织管理演变。1996 年 1 月 21 日,《关于在大中城市开展经常性捐助活动支援灾区、贫困地区的意见》指出,这项工作由民政部牵头组织管理,有关部门要积极配合,吸收社会团体、志愿人员参加。2 月 26 日,《关于开展"扶贫济困送温暖"捐赠活动的通知》中指出,要依靠社会方面(工、青、妇等群众团体和青年志愿者队伍)的支持,做好捐赠物资的接收、仓储、消毒、整洗、

包装、运输等工作。强调了工、青、妇等群众团体和青年志愿者等社会力量的参与。6月20日,《关于大中城市开展捐助活动支援灾区和贫困地区工作情况的报告》首次对经常性社会捐助活动机制进行了描述:"逐步建立党政领导、民政部门协调下的由社会团体、基层组织实施,形式多样的经常性募集活动新机制。新机制下,各级党政的领导主要体现在帮助解决遇到的实际问题;民政部门的协调主要体现在制定规划、加强管理和抓仓储建设;具体的募集活动和组织发动工作,由慈善总会等机构或其他社会团体、街道、居委会负责。"①着重指出了由民政部协调下的慈善总会等机构和社会团体以及街道、居委会等社区基层组织负责募集活动的具体组织实施。1997年10月,在民政部召开的扶贫济困送温暖捐助活动经常化现场经验交流会上,提出"到2000年在全国有条件的中等以上城市和经济发达地区,设有经常性捐助工作机构和仓储设施,形成以社区为单位,以居委会、街道和社区组织为依托,社会力量广泛参与的捐助接收网络,建立较完善的经常性捐助工作体系和有效的运行机制"②。至此,由民政部门牵头,相关部门配合协作,社会力量广泛参与的经常性社会捐助活动正式形成和确定下来。

2. 各相关部门的参与和职责

经常性社会捐助活动是一个大的系统工程,在民政部门的牵头主导下,还需要很多相关部门的配合和参与。从操作层面上看,无论是集中募集还是经常性捐助都有一个完整的捐助工作程序。首先是发动阶段的宣传工作;然后有一个社会各企事业单位、国家机关和学校科研院所及解放军、武警官兵的宣传组织动员环节;接下来是民政系统和社区系统的接收工作和后续的整洗(整理消毒)、包装、入库等环节;最后就是集中发运环节。除此之外,在社会捐助活动的整个运作过程中,还有一些部门没有直接参与其中,但他们的政策供给和执法行为却对经常性社会捐助工作起着至关重要的作用。如财政、税收、工商、公安等部门。因此,宣传、铁路、交通、公安、财政等各部门都是经常性社会捐助工作的重要参与部门,承担着相应的职责。

(1)宣传工作

宣传是经常性社会捐助工作的重要环节。宣传工作可以为调动干部群众募捐的积极性,把募捐活动变为干部群众的自觉行动,使捐赠活动经常化、社会化创造良好的舆论氛围。宣传工作开展怎样,效果如何,直接关系着社会捐助工作的规模和深度。除经常性社会捐助工作的主要承担者民政

① 民政部救灾救济司:《捐赠工作资料汇编》(内部资料),1998年版,第31页。
② 民政部救灾救济司:《捐赠工作资料汇编》(内部资料),1998年版,第46页。

部门和社区系统自行开展的形式多样的宣传活动之外,大众媒体、社会团体和各国家机关、企事业单位、科研院所等都是宣传环节中的重要参与力量。

在宣传环节中最主要的举措是确立了"扶贫济困送温暖活动宣传周"。即把每年 4 月份的第一周和 10 月份的第三周定为"扶贫济困送温暖活动宣传周"。1997 年 7 月 17 日,《关于开展扶贫济困送温暖捐助活动"宣传周"的通知》,除再次明确"宣传周"活动之外,还对宣传形式、内容和具体做法进行进一步部署:第一,党政机关、各社会团体在 10 月份的第三周的星期六、星期日两天都应开展形式多样的街头"宣传周"活动。各单位要在邻近大街上设立宣传站(台),悬挂宣传标语、板报,散发宣传品,开展咨询活动。第二,《人民日报》《光明日报》《经济日报》等各大报刊,中央电视台、中央人民广播电台与地方台广泛地开展新闻报道和专题宣传。第三,电台、电视台要增加公益性广告宣传。各大中城市繁华街道要开设宣传广告栏(箱、牌),刊登公益性广告(标语、图片)。电影和戏剧演放前以适当形式开展捐助活动宣传。第四,宣传活动要生动活泼,扎实有效,有感召力。第五,《中国社会报》提前一个月开始,开辟专栏,有选择地陆续刊登各省、区、市,各部委和人民团体开展捐助活动的经验、专题报道,并刊发公益性宣传广告(标语、图片)。①

1997 年 9 月 4 日,民政部向全国印发开展扶贫济困送温暖捐助活动标识。捐助标识图案由一只手和心的图案构成,表现出向灾区、贫困地区伸出援助之手,积极行动起来,为灾民和贫困对象献出一份爱心的扶贫济困送温暖捐助活动主题。标识的配色为蓝色和红色。蓝色寓意广阔深远,用以体现捐助活动广泛性和持久性;红色寓意热烈温暖,用以体现群众高昂的捐助热情,为灾区、贫困地区送去无限的温暖。规定捐助活动标识可以广泛用于社会宣传和捐助活动。一是制作公益广告、标语牌等;二是制作各种宣传品、纪念品等,如徽章、彩旗、帽子等;三是印制在捐赠工作用品上,如捐助物品包装袋、接收捐赠工作站站牌等。

综合以上文件内容,我们可以看出,开展经常性社会捐助宣传工作的主要形式和方法包括以下方面。

第一,媒体宣传。通过电视、电台、报纸、杂志等新闻媒体,以消息、综述、调查、评论、访谈、纪实、专题片等新闻形式报道经常性社会捐助工作方面的政策、经验、动态、事例等。

第二,街头宣传。每年 4 月、10 月"扶贫济困送温暖活动宣传周"高潮

---

① 民政部救灾救济司:《捐赠工作资料汇编》(内部资料),1998 年版,第 80 页。

日,大中城市在其主要街道或繁华地区设立宣传站点,展示宣传板报,散发宣传材料,播放宣传录像,提供捐助咨询服务;组织小型医疗、理发服务及业余文艺宣传队参加活动,增加热烈、活泼的宣传气氛;设立流动宣传车,在主要街道或繁华地区开展流动宣传活动;在机场、车站、码头等公共场所设立宣传材料发放点,让公众自取各种免费宣传材料。

第三,广告宣传。制作反映经常性社会捐助活动的公益广告,通过电视、电台、报纸、杂志等新闻媒体在一定时段内反复播放或登载;在主要街区、车站、码头等地点,悬挂各种形式的标语、彩旗、气球等宣传经常性社会捐助工作;制作形式多样、样式新颖的灯箱广告,在捐助站点门前和主要街道悬挂。

第四,网络宣传。在互联网上建立经常性社会捐助网站或设立网页,介绍社会捐助政策、知识、经验,发布工作信息,公布捐助热线,开展网上捐助业务等。

第五,制作发放宣传物品。印制反映经常性社会捐助情况的画册等宣传材料,制作印刻有经常性社会捐助标识的太阳伞、日历、证章等宣传物品,免费发给公众和机关、企事业单位等。

第六,举办各种活动。举办理论研讨会、座谈会、发行纪念邮票等。在符合国家有关法律规定的前提下,会同各有关部门、单位开展经常性社会捐助方面的知识竞赛、演出、夏令营等宣传活动。

第七,捐助服务宣传。主要通过公布捐助站点热线电话、地址、服务项目,举办接收捐助仪式和活动,流动接收捐助物品等业务活动,宣传经常性社会捐助工作。

（2）铁路、交通、公安等部门运输环节的工作

运输环节是募集捐赠物资的运送过程,是最终体现经常性社会捐助活动价值的关键性步骤。这个环节主要依靠铁路部门、交通部门和公安部门的支持与配合。其中铁路部门主要负责解决车皮和制订运送方案;交通部门主要负责在市区内运输或短途陆路运输等方面,给予优先安排和免收过路、过桥费用等;公安部门则主要负责捐赠物资在运输途中的安全工作。

关于运输环节的指导性意见主要包括以下几点。

1991 年 9 月 7 日,国务院办公厅《关于向安徽灾区运送捐赠衣被有关问题的通知》规定:运送捐赠衣被的车辆,统一使用民政部印制的车证,沿途各地凭此证免检放行,并免收各种费用(如养路费、公路费、过桥费、保险费等);车辆沿途过夜,设立接待站,安排运送人员住宿和车辆保卫工作;沿

途各地协助做好运输安全和保卫工作。①

1994 年 8 月 22 日,《民政部副部长范宝俊同志在募集衣被工作会议上的讲话》就运输问题作出如下指示:铁道部门要优先安排车皮,调度车辆及时发运;凡经公路、水路运输的,运送衣被的车、船要进行编队,制定运输路线;运输车辆往返途中,各地见民政部门介绍信一律免除过路、过桥等费用,优先放行;市内汽车运输,凭民政和交通部门统一制作的通行证,不受时间、车种、车道限制随时放行;铁路、交通、公安等有关部门要密切配合,确保运输安全。对设置障碍,乱收费和阻挠车辆正常行进的要严肃处理,对盗窃和破坏运输捐赠衣被的不法分子要严厉打击。②

1996 年 2 月 26 日,《关于开展"扶贫济困送温暖"捐赠活动的通知》中对运输问题也作出类似安排:铁道部门要优先安排车皮,保证募集衣物的及时运输。交通、公安等部门凭省、市民政部门出具的证明免收过桥、过路等费用,公安部门要做好沿途运输的安全保卫工作,防止发生盗窃、哄抢。③

(3)财政、税收、海关、工商等部门的工作

财政、税收、海关、工商物价等部门虽然不直接介入社会捐助活动的运作过程,但这些部门作为社会捐助活动政策层面的支持和合作力量,对经常性社会捐助活动的有效运转起着十分重要的政策保障作用。

财政部门间接参与经常性社会捐助活动主要包括两个方面:其一,负责由支援城市先行垫付的铁路运费的年底结算;其二,地方财政负责编列捐赠活动的工作经费和仓储设施建设费用。

税收部门的政策供给主要是制定个人、企业和团体捐赠行为可以享受的税收优惠政策等内容。1998 年 9 月 22 日,国家税务总局《关于企业向灾区捐赠所得税前扣除问题的通知》规定,企业捐赠额在年度应纳税所得额的 3% 以内的部分,计征企业所得税时准予扣除;超过年度应纳税所得额 3% 的部分,计征企业所得税时不得扣除。④

海关部门的主要工作是针对境外捐赠物资的关税问题参与制定相关政策,以确保境外救灾捐赠工作的有序开展。1998 年 6 月 29 日,财政部、国务院关税税则委员会、国家税务总局、海关总署《关于救灾捐赠物资免征进口税收的暂行办法》规定,对外国民间团体、企业、友好人士和华侨、香港居

---

① 民政部救灾救济司:《捐赠工作资料汇编》(内部资料),1998 年版,第 8 页。
② 民政部救灾救济司:《捐赠工作资料汇编》(内部资料),1998 年版,第 23—24 页。
③ 民政部救灾救济司:《捐赠工作资料汇编》(内部资料),1998 年版,第 33 页。
④ 跨国公司与公益事业高级论坛暨公益项目展示会:《公益事业法律文献汇编》(内部资料),2003 年版,第 96 页。

民和台湾、澳门同胞无偿向我境内受灾地区捐赠的直接用于救灾的物资,在合理数量范围内,免征进口关税和进口环节增值税、消费税。[①]

工商物价部门的间接参与主要体现在当社会捐助接收站点有权将不便运输或不适合灾区和贫困地区使用的捐赠物资就地变卖时,物价和工商部门为捐赠物资的变卖活动创造有利条件。

从这些政策支持和各部门的配合上来看,我们不难发现,经常性社会捐助活动的相关政策规定还是比较模糊的,还没有进入可操作化阶段,有些政策比较死板,或比较苛刻,如税收优惠政策,并不能起到应有的激励捐助行为的作用,但毕竟已经为经常性社会捐助活动的开展做了一定的政策支持,作为一项刚刚起步的新的工作,经常性社会捐助活动的各个环节包括相关部门的配套政策等都需要在今后的工作中不断研究探讨、补充完善。

经常性社会捐助活动是一项新的工作,各方面都处于起步摸索阶段。虽然 20 世纪 80 年代末、90 年代初的几次救灾捐赠活动为其提供了不少经验,但随着这项工作的深入推广,在实际捐赠活动中还需要不断地探索、研究,不断解决出现的新问题。

第三节　探索和建立救灾对口支援模式

对口支援是经常性社会捐助活动采取的主要方式,它是在短时间内集中而迅速缩短地区之间的差距,实现共同富裕的有效途径。20 世纪 90 年代后,党和国家开始正式将对口支援运用到救灾捐赠工作中,探索和建立了救灾对口支援模式,实现了救灾工作的创新。救灾对口支援模式使支援和受援地区建立了长久稳固的关系,实现了需求信息的有效沟通和捐赠物资使用价值的最大化,集中体现了社会主义集中起来办大事的优越性这一救灾领域具有中国特色的一项政策模式,展现出中国特色社会主义制度的优越性。

一、对口支援政策溯源

对口支援是在中国特色社会主义政治生态制度下萌芽、发展和不断完善的一项重要政策,是具有中国特色的政策模式。

新中国成立到改革开放前,在计划经济体制下,"按照全国一盘棋"的思想,中央政府在全国范围内对各种资源进行统一调配。对口支援模式就是在计划体制下,为解决东部较发达地区与中西部欠发达地区之间区域发

---

① 民政部救灾救济司:《救灾救济工作文件汇编》(内部资料),2005 年版,第 189 页。

展不协调和资源分布不平衡问题而萌生的。它萌芽于 20 世纪 50 年代，当时，上海根据中央统一部署和沪陕两地经济社会发展需要，派出金融、建筑、纺织、电力、机械、高教等行业的数万名干部、工人和知识分子支援陕西建设，为陕西经济建设和社会进步作出了重要贡献。① 这种东部发达地区与中西部欠发达地区间的交流与支援协作逐渐形成一定的规模和延续，到 60 年代初开始被明确提出并贯彻实施。1960 年 3 月 20 日的《山西日报》发表了题为《厂厂包社、对口支援——论工业支援农业技术改造的新形势》的社论，充分肯定了经纬纺织机械厂支援人民公社所采取的"对口支援，一包到底"的举措，认为对口支援是一种工农结合、城乡结合、厂社协作的新形式。② 1979 年 7 月 31 日，中央批转了时任中共中央政治局委员、中央统战部部长乌兰夫在全国边防工作会议上的《加速发展边疆、少数民族地区的经济文化建设，做好边防工作》的报告，报告明确提出：国家要组织内地省市，实行对口支援边境地区和少数民族地区。北京支援内蒙古，河北支援贵州，江苏支援广西、新疆，山东支援青海，天津支援甘肃，上海支援云南、宁夏，全国支援西藏。③ 至此，对口支援以国家政策的形式被正式提出并确定下来。同时，对口支援的地区结对关系也得以明确下来。此后，国家又先后出台一系列政策措施不断对其进行调整和补充，使其在实践中得到不断发展和完善。

1982 年 10 月，由国家计委、民委主持召开的经济发达省市同少数民族地区对口支援和经济技术协作工作座谈会在银川市举行。1983 年 1 月，国务院批准了这次座谈会的纪要，提出对口支援的方针和原则，强调对口支援必须坚持"共同发展"和"互利互惠"的方针，坚持"经济效益与互助风格的有机结合"的原则。1984 年 9 月，在天津召开全国经济技术协作和对口支援会议，再次强调开展对口支援，要贯彻互助互利的原则，帮助少数民族地区发展经济建设。要求"在加强一般的地区之间的经济技术协作的同时，要把对民族地区和边疆的对口支援放在重要地位。对口的省、自治区和直辖市，应在技术支援、人才培训、物资协作、经济联合等方面，建立固定的、长期的支援和协作关系。少数民族地区要积极主动地同支援一方加强联系，共同协商，做好工作"④。1984 年 12 月，《中共中央关于经济体制改革的决

①　袁振武等：《1950 年代上海对陕西建设的支援》，《西安邮电学院学报》2008 年第 4 期。

②　谭震林：《现代化的大规模的农业建设开始了》，山西日报出版社 1960 年版，第 115 页。

③　《乌兰夫文选》(下册)，中央文献出版社 1999 年版，第 280 页。

④　国家民委政策研究室：《国家民委民族政策文件选编(1979—1984)》，中央民族版社 1988 年版，第 246 页。

定》明确指出:"经济比较发达地区和比较不发达的地区,沿海、内地和边疆,城市和农村,以及各行业各企业之间,都要打破封锁,打开门户,按照扬长避短、形式多样、互利互惠、共同发展的原则,大力促进横向经济联系,促进资金、设备、技术和人才的合理交流,发展各种经济技术合作,联合举办各种经济事业,促进经济结构和地区布局的合理化,加速我国现代化建设的进程。"①

对口支援与经济技术协作在范围和深度方面都有了极大发展,长期固定的协作关系不断增多,企业联合体不断涌现,横向协作突破条块分割,出现区域性经济联合。例如,1984 年以后建立的西北五省(区),即陕西、甘肃、宁夏、青海、新疆的西北经济协作区;西南五省(区)六方,即云南、贵州、四川、广西、西藏、重庆的西南经济协作区;由广西、广东、湖南、湖北、河南、海南、广州、武汉、深圳组成的中南经济协作区。1986 年 4 月,由沈阳、大连、长春、哈尔滨、赤峰市和兴安盟、呼伦贝尔盟、哲里木盟组成的东北三省和内蒙古"五市三盟"建立的经济区域网络等。② 1987 年 4 月,中共中央、国务院批转《关于中国民族工作几个重要问题的报告》中进一步指出:"大力开展横向联系,这是加快发展少数民族地区的经济,促进民族交往和进步的重要途径。发达地区应继续做好对少数民族地区的对口支援。这是一项历史使命,应当坚持做好。同时,在自愿结合、互利互惠的基础上,大力发展多方面、多层次、多渠道、多形式的横向联系。通过横向联系,互通有无,取长补短,促进资金、技术、人才的合理流动。"③1995 年 9 月,中共中央十四届五中全会通过《中共中央关于制定国民经济和社会发展"九五"规划和 2010 年远景目标的建议》,专门提出缩小东西部差距的措施,规定沿海发达地区对口帮扶中西部的 10 个省区。其中,天津帮扶甘肃,上海帮扶云南,江苏帮扶陕西,浙江帮扶四川,山东帮扶新疆,北京帮扶内蒙古,辽宁帮扶青海,福建帮扶宁夏,广东帮扶广西,大连、青岛、深圳、宁波四个计划单列市共同帮扶贵州省。④

随着对口支援在实践中的不断发展和广泛应用,对口支援已涉及工业、

---

① 中共中央文献研究室:《十二大以来重要文献选编》(中),人民出版社 1986 年版,第 581 页。

② 李勇:《改革开放以来东西扶贫协作政策的历史演进及其特点》,《党史研究与教学》2012 年第 2 期。

③ 国家民委办公厅等:《中华人民共和国民族政策法规选编》,中国民航出版社 1997 年版,第 52 页。

④ 李勇:《改革开放以来东西扶贫协作政策的历史演进及其特点》,《党史研究与教学》2012 年第 2 期。

农业、商业、贸易、科技、人才、文化、教育、卫生、医疗、健康、扶贫、劳务、救灾等各个领域。对口支援的内涵和形式得到不断丰富,逐步发展为主要的三种形式,即对边疆地区对口支援、对重大工程对口支援、对灾害损失严重地区对口支援,并逐步形成了北京支援内蒙古,天津支援甘肃,上海支援云南、宁夏、新疆、山东、辽宁、湖北支援青海,江苏支援广西、新疆,广东、河北支援贵州,全国(以四川、上海、浙江、天津为主)支援西藏的基本格局。

二、救灾捐赠对口支援的探索和实践

对口支援最初原本是为更好地帮助少数民族地区发展经济文化建设,促进经济发达省市得到更大发展所采取的一个重要措施。随着这一政策模式在实践中的不断应用和发展,这种最初为缩短地区间贫富差距,发展边境地区和少数民族地区经济文化建设的政策模式开始被逐步探索运用到救灾扶贫工作领域中。

早在 20 世纪 50 年代,党中央就有了通过对口支援帮助灾区群众恢复生产的思想萌芽。1956 年 9 月 11 日,在国务院批转内务部《关于募捐寒衣救济灾民问题的请示》中,提出了在救灾捐赠工作中运用对口支援模式的思想。请示中指出:"所募得的寒衣、现金的处理,黑龙江、吉林、江苏、浙江、安徽、河南、河北即由本省处理,上海支援安徽、浙江、江苏三省,北京、天津、辽宁、山东、山西支援河北省,湖北支援河南省。"①按照这一方案开展了当时的募集寒衣活动。

改革开放后,特别是 20 世纪 90 年代中期以来,随着产业结构的调整和社会保障制度改革的日益加剧,对口支援作为辅助性的资源分配模式在救灾捐赠和扶贫工作中被越来越广泛地应用,并产生了巨大的现实意义。

1994 年 8 月,在向贫困地区和灾区捐送衣被活动中开始明确采取对口支援方式。8 月 22 日,《民政部副部长范宝俊同志在募集衣被工作会议上的讲话》中明确指出,这次捐送衣被采取对口支援方式。"指定安排北京、天津、上海三个直辖市和沈阳、大连、济南、青岛、南京、杭州、宁波、厦门、深圳、珠海十个城市募集的衣被跨省支援给贵州、甘肃、宁夏、云南、山西、河北、陕西、广西、江西、湖南等省的灾区和贫困地区。中直机关工委、中央国家机关工委、解放军和武警募集的衣被,除部分单位送往定点扶贫地区外,支援贵州、广西、青海的灾区和贫困地区。军队系统支援的地区,除驻北京

---

①　民政部法规办公室:《中华人民共和国民政工作文件汇编(1949—1999)》,中国法制出版社 2001 年版,第 1333 页。

单位外,由驻地政府统一安排。各省在哪些大中城市募集,对口支援哪些地区,由各省(区)决定。"①

1996 年 1 月 21 日,民政部、国务院扶贫开发领导小组《关于在大中城市开展经常性捐助活动支援灾区、贫困地区的意见》中决定:"对募集的衣被和物品,采取对口支援灾区、贫困地区的方式。北京、天津、上海和广东、山东、江苏、浙江、福建、辽宁等经济较发达省的省会城市、大中城市募集的衣物,跨省支援西北、西南贫困省区;其余城市募集的衣物支援本省灾区和贫困地区。具体的对口方案由民政部、国务院扶贫开发领导小组办公室制定。"②

1996 年 2 月 26 日,《关于开展"扶贫济困送温暖"捐赠活动的通知》明确指出,"扶贫济困送温暖"捐赠活动采取对口支援的办法,并制定出具体方案:"按照国务院确定的对口帮扶计划,确定上海支援云南,天津支援甘肃,北京支援内蒙古,江苏支援陕西,浙江支援四川,山东支援新疆,广东支援广西,福建支援宁夏,深圳、青岛、大连、宁波市支援贵州。对口支援省每年可在一两个大城市发动募集。对跨省支援的城市,民政部可根据灾害发生情况进行调整,其他城市对口支援的地区由所在省民政厅确定。"③至此,一对一的跨省救灾扶贫捐赠对口支援关系最终形成。

在 1998 年抗洪救灾中,为解决灾区尤其是北方灾区群众御寒衣被短缺问题,民政部及时制定了对重灾省区的对口支援方案,紧急发动了全国 17个省(区、市)开展专项募集衣被活动。在不到一个月的时间内,通过各方的共同努力,共募集单衣 5698 万件、棉衣 3575 万件、棉被 608 万床,并在 10月 1 日之前将募集的棉衣被全部运到了灾区。此后,对口支援的方式被民政部门广泛运用于救灾工作中,并随实践发展不断调整、完善,成为救灾捐赠的一项基本制度模式被固定下来。

第四节　确立和完善国际救灾援助政策

1989 年 4 月 12 日,中国国际减灾十年委员会成立,中国正式加入国际减灾行列。时任国务院副总理田纪云在中国国际减灾十年委员会成立大会的讲话中指出:"解放思想,进一步扩大国际救灾交往与合作⋯⋯对外援,

---

① 民政部救灾救济司:《捐赠工作资料汇编》(内部资料),1998 年版,第 23 页。
② 民政部救灾救济司:《捐赠工作资料汇编》(内部资料),1998 年版,第 27 页。
③ 民政部救灾救济司:《捐赠工作资料汇编》(内部资料),1998 年版,第 33 页。

要积极争取,坦然接受,尽量抛开政治因素,除个别别有用心者和带有不利于中国的附加条件者外,对其他人道主义的援助,要来者不拒,一概欢迎。"[1]这表明,中国接受国际救灾援助的大门彻底打开,坦然接受救灾外援的观念开始深入人心,接受国际救灾援助进入到一个新的历史发展时期。

一、明确接受国际救灾援助立场

1991 年华东水灾,中国第一次正式地、直截了当地向国际社会发出救灾呼吁,并第一次在国内外同时发动救灾捐赠。

1991 年夏,中国华东和中南地区发生严重洪涝灾害,水灾范围之广、损失之重、程度之深,为近几十年所罕见。面对严重的灾情,党和政府采取了一系列有效措施,灾区人民也付出了极大努力。但面对如此严重的水灾,仅靠中央救灾拨款也是难以满足灾区的需求,灾区困难依然很大。此时,各国驻华使馆通过媒体看到灾区情况后,纷纷打电话到外交部询问是否需要帮助,外交部将"应及时呼吁国际援助"的建议转到民政部。

为帮助灾区尽快解决实际困难,7 月 5 日,民政部向国务院提交《关于以中国"国际减灾十年"委员会名义向国际社会发出紧急呼吁的报告》。中共中央、国务院高度重视,果断地作出向国际社会呼吁紧急救灾援助和在国内广泛发动救灾捐赠的重大决策。7 月 11 日,中国国际减灾十年委员会代表中国政府向国际社会发出紧急呼吁,要求联合国各有关机构、各国政府、国际组织,以及国际社会各有关方面向遭受严重洪涝灾害的江苏、安徽两省提供人道主义的紧急救灾援助和恢复重建方面的中长期援助,并请求联合国协调国际社会的援助。

这是中国有史以来第一次正式地、直截了当地以政府主体向国际社会发出救灾呼吁,也是第一次在国内外同时发动救灾捐赠,涉及部门之广、环节之多、情况之复杂、时效性和政策性之强,都是前所未有的。

然而,发出呼吁,并不只是召开一个"新闻发布会"那么简单的事。在中国真正开始"打开国门",主动、直接呼吁接受救灾外援之初,有许多实际操作问题,需要事先协商以制定出相关政策。这就为接受国际救灾援助增加了一定的难度。例如,外国用军用飞机运送救灾物品怎么降落,国内军用机场能不能借用,运送人员食宿和飞机加油能否免费,捐赠物品入关能否免税,以及境外宗教组织的捐赠我们能否接收,用工业原料作为捐赠物品怎么变现等许多新问题,都需要众多相关部门事先进行讨论协商。而接受国际

---

[1] 范宝俊:《中国国际减灾十年实录》,当代中国出版社 2000 年版,第 153 页。

救灾捐赠的相关制度规定是否完善、合理,不仅关系到国际援助能否有效开展并及时为灾区提供有效帮助,而且直接关系到党和国家的声誉、国际形象和地位,关系到中国与世界各国之间的交流合作,不仅仅是救灾援助本身,更是国际关系问题。因此,在发出国际救灾援助呼吁之前,在国务院的直接领导下,民政部会同海关、税务、医疗卫生、民航、交通、铁路等各有关部门,就国际救灾捐赠的争取、接收、分配、使用、管理和境外人员、飞机、轮船入境等问题进行了长时间的讨论和研究,有针对性地制定出一系列特殊政策和办法,保证了接收国际救灾援助工作的顺利进行。

民政部与总参、海关、检验、外交及驻外使领馆、港澳工委、民航、铁路、交通、银行、邮电等有关部门采取特殊措施,成立专门机构,打破常规,简化手续,提高工作效率,急事急办,特事特办。海关总署要求各关口 12 小时内完成一般救灾物资的验放工作,较正常情况下提前 40 小时;民航、交通、铁路部门优先、免费运送境外救灾物资;银行规定免收转汇捐款的手续费;邮电部门也以最快速度为减灾委捐赠办公室架设专用电话;接待任务最重的北京机场各有关部门成立了联合办公室,在停机坪办理运送救灾物资飞机的各种手续,使过去要几天才能办完的事宜,在几小时内就得以解决。据统计,这次捐赠活动共接待境外专机、航班 70 架(次)、船只 30 艘(次),动用国内专机 31 架(次),航班数百架(次),火车车皮 10 多万节,汽车台数难以计数。①

7 月 26 日,国务院办公厅下发《关于做好境外救灾援助和捐赠款物管理工作的通知》,要求一定要把境外援助、捐赠款物用好管好。要求救灾援助和捐赠款物必须真正用于救灾;对境外捐赠的款物,由民政部代表国务院归口管理,中共中央、国务院有关部门和群众团体,收到定向援助和捐赠的款物,可直接拨给指定的灾区,同时通报民政部;非定向的款物,统一转交民政部,由民政部按国务院批准的方案分配。凡收到境外援助和捐赠款物,都要及时向援助、捐赠者发出收据和感谢信,通报使用情况。各有关方面对援款援物的接收、使用、分配,要严格交接手续,做到手续完备,账目清楚,增加透明度。各口岸对进关的援助、捐赠物资,要尽快免费检验,尽快转运,所需运费从中央财政掌握的民政生活救济款中支付。②

1991 年 10 月,国家审计署对民政部 2 个多月直接经手的 7.4 亿元国内外捐款,价值 2.4 亿元的物资,600 多批输送物资的单据,7000 多份支票、汇

---

① 史维勤:《第一次向国内外发出救灾援助紧急呼吁》,《中国社会导刊》2002 年第 5 期。
② 民政部救灾救济司:《捐赠工作资料汇编》(内部资料),1998 年版,第 113—114 页。

票,上万张凭证,几大本账目,进行了详细审计,作出审计结论:接收和处理救灾捐赠款物制度健全、账实相符。

这是首次正式对外直接呼吁接收国际救灾捐赠,收到了很好的效果。以往中国发生自然灾害,参与紧急救援的国家政府和国际机构一般只有十几个,而 1991 年参与救援的国家和地区达到 60 多个,共捐款 1373 万美元。国外民间机构捐款超过了政府捐款,总数达到 2683 万美元,占国外援助款数的 66.1%。[①]

此后,每遇自然灾害,中国都根据灾害程度的不同,对外通报灾情,表明接受外援的态度。1996 年丽江 7.0 级地震,1998 年张北 6.2 级地震,1998 年长江、嫩江、松花江流域特大洪水等自然灾害中,中国都积极接受了来自国际社会的一切人道主义援助,如 1998 年抗洪救灾接收捐赠款物中,外国政府、国际组织及海外各界捐款折合人民币 2.53 亿元,捐物折款 2.19 亿元,款物合计 4.72 亿元,占救灾捐赠总数的 6.51%。[②] 中国接受国际救灾援助的态度、立场越来越坚定、开放、成熟和明确。

二、国际救灾援助相关规定逐步完善

中国对待国际救灾援助,从最初的拒绝到逐步接受经历了一个漫长曲折的过程。20 世纪 90 年代开始,随着接受国际救灾援助立场、方向和政策的明确,在接受救灾外援的实践中,逐步形成了一些接受国际救灾援助的相关规定,并随着实践的发展趋于完善,并固定下来。

(一) 接受国际救灾援助的方针

1989 年,中国成立中国国际减灾十年委员会,正式加入国际减灾行列。中国对待国际救灾援助也越来越开放、务实,接受国际救灾援助的基本方针由 1987 年的"有选择地积极争取国际救灾援助",转变为"对外援,要积极争取,坦然接受,尽量抛开政治因素,除个别别有用心者和带有不利于中国的附加条件者外,对其他人道主义的援助,要来者不拒,一概欢迎"。[③] 此后,一直强调"积极接受来自国际社会的一切人道主义援助"。对待国际救灾援助的方针的不断调整变化表明,中国接受国际救灾援助的态度越来越明确,越来越成熟和开放。

(二) 对外通报灾情和宣传

自然灾害发生后,对灾情信息进行准确及时地掌握和发布,做好灾情的

---

① 史维勤:《第一次向国内外发出救灾援助紧急呼吁》,《中国社会导刊》2002 年第 5 期。
② 民政部:《民政 30 年》(内部资料),2009 年版,第 36 页。
③ 范宝俊主编:《中国国际减灾十年实录》,当代中国出版社 2000 年版,第 153 页。

相关通报和宣传不仅是救灾工作的首要环节,也是接受国际救援的关键。国际救灾援助具有很强的紧迫性和时效性,如果在发生重大自然灾害后不能及时准确地掌握和反馈灾害信息,就会丧失受援良机,不仅直接影响救灾效果,而且也影响中国的国家形象和国际威望。因此,为进一步推动救灾改革向着开放、国际合作、争取外援方面深入发展,民政部提出要加强灾情信息上报和规范工作。

1989 年 5 月 3 日,民政部发出《关于加强灾情信息工作及时准确上报灾情的通知》,要求各地一定要把灾情信息工作作为一项重要和紧迫的任务切实抓好。"对灾情信息工作,一要重视,二要迅速,三要准确。"凡发生特大灾害的省、自治区、直辖市,从灾害发生之日起,每天都要向民政部报告,一天一报,或一天几报,特别是向新闻单位提供的情况,一定要先通报民政部,以便事先或新闻发出后,积极开展工作。遭受特大灾害的地(市)、县,在向省里报告的同时,可抄报民政部。各省、自治区、直辖市民政厅(局)要配备必要的信息设备,以保证灾情信息畅通无阻。此外,还明确规定了报灾的主要内容,即灾种、发生时间和地点、受灾人口、人员伤亡、倒塌和损坏房屋、农作物及其他方面的损失情况,灾害造成的直接经济损失等。①

1994 年 6 月,为更好地争取外援,规范对外灾情信息管理工作,国务院新闻办批准了《民政部办公厅关于对外宣传报道中国灾情问题的请示》,进一步规定:"今后对于全国性的灾情信息由民政部负责掌握、整理、编制和发布,其他渠道提供的全国性灾情信息一般不予采纳和发布。……国内新闻媒介对于全国性的灾情均要根据民政部提供的消息予以报道。……对于境外新闻机构要求到灾区采访,可由对方通过正常渠道直接向灾区省级政府有关部门申请,地方根据当地情况考虑是否予以批准进入灾区。"②

由于中国政府在主动请求救灾外援方面刚刚开始松动,因此,在对外通报灾情和呼吁外援等方面还存在着一定的混乱。针对一些地方发生自然灾害后,未经批准,擅自向境外通报、夸大灾情,寻求援助,以及接待境外赴灾区考察人员时,大吃大喝,铺张浪费,在境内外造成极其不良的影响等接受国际救灾援助方面暴露的问题。1995 年 9 月 14 日,民政部下发《关于做好国际救灾援助工作有关问题的通知》,向各地重申有关争取和接受国际救

---

① 民政部政策法规司:《民政工作文件选编(1989 年)》,中国社会出版社 1990 年版,第 194—195 页。

② 转引自李本公、姜力编:《救灾救济》,中国社会出版社 1996 年版,第 109 页。

灾援助工作的规定,以制止混乱现象,使接受国际救灾援助工作有序地进行。在对外通报灾情方面作出如下规定:

第一,各地不得自行向境外通报灾情。未经民政部批准,任何部门、单位和个人都不得擅自对境外(包括外国政府、国际组织、国际新闻机构,港、澳、台地区及其他境外组织和个人)通报灾情。荒情一律不得对外提供。

第二,发布灾情必须实事求是。各级民政部门要认真做好查灾、计灾、核灾工作,提高灾情发布的准确性。各地经批准后发布的灾情,应以实际情况为根据,客观、准确,不得弄虚作假,夸大灾情。

第三,各地不得擅自联系、申请国际救灾援助。未经民政部批准,各地不得以任何名义和方式主动呼吁、申请国际救灾援助。外国政府、国际组织或个人主动给予灾区的人道主义救灾援助,如无政治、经济、宗教目的或其他附加条件,各地可自行接收,但须逐级上报至民政部备案。

第四,要按规定从俭接待境外赴灾区考察人员。如需境外人员赴灾区考察,邀请单位应将所邀人员的身份、背景、所赴地区等有关材料报民政部,经批准后再赴灾区。接待境外人员要有礼有节,言行谨慎,遵守外事纪律。吃、住、行都要从俭,严禁大吃大喝,铺张浪费,赠送贵重物品。不准安排观光游览,如外方提出要求,应婉拒或请其费用自理。各地向外方提供的材料、影像制品必须经过审查,并逐一登记备案。

1997 年 8 月 6 日,民政部救灾救济司在《关于对外通报灾情事宜的答复》中,又对灾情对外通报发布工作作了进一步的强调:"对外通报灾情一定要严格执行 1987 年国务院批准的民政部、经贸部、外交部《关于调整接受国际救灾援助方针问题的请示》和 1988 年国务院批转的三部《关于在接受国际救灾援助中分情况表明态度的请示》的有关规定,不能越级发布灾情,更不能对外发表外援呼吁"①。并指出:"根据国务院《关于加强抗灾救灾管理工作的通知》中规定'局部灾情一般只在当地报道'的精神,当外国新闻单位询问灾情时,要在统一口径的前提下,由民政部门向其提供已公布过的一次性灾害过程的灾情数字及抗灾救灾情况。对索要灾情数字的新闻记者一视同仁"。②

(三) 国际救灾援助物资免税的有关规定

按照国际惯例,国际救灾援助物资属于各国政府、国际组织和友好人士的无偿捐献,是国际人道主义行为,应予以海关免税、免费检验和运输优先

---

① 民政部救灾救济司:《捐赠工作资料汇编》(内部资料),1998 年版,第 67 页。
② 民政部救灾救济司:《捐赠工作资料汇编》(内部资料),1998 年版,第 67 页。

等方便。中国政府遵循国际惯例对国际救灾援助物资的进口、运输等方面给出了很多优惠政策。

1998年6月29日,财政部、国务院关税税则委员会、国家税务总局、海关总署联合下发了《关于印发〈关于救灾捐赠物资免征进口税收的暂行办法〉的通知》,对境外救灾捐赠有关事项作出规定,要求民政部、中国红十字总会、中华全国妇女联合会等机构按照《关于救灾捐赠物资免征进口税收的暂行办法》贯彻执行,开展境外捐赠工作。

《关于救灾捐赠物资免征进口税收的暂行办法》规定:对外国民间团体、企业、友好人士和华侨、香港居民和台湾、澳门同胞无偿向我境内受灾地区捐赠的直接用于救灾的物资,在合理数量范围内,免征进口关税和进口环节增值税、消费税。① 同时,对享受免征进口税的区域作了限定:享受救灾捐赠物资进口免税的区域限于新华社对外发布和民政部《中国灾情信息》公布的受灾地区。

免税进口的救灾捐赠物资限于:食品类(不包括调味品、水产品、水果、饮料、酒);新的服装、被褥、鞋帽、帐篷、手套、睡袋、毛毯及其他维持基本生活的必需用品;药品类(包括治疗、消毒、抗菌等)、疫苗、白蛋白、急救用医疗器械、消杀灭药械等;抢救工具(包括担架、橡皮艇、救生衣等);经国务院批准的其他直接用于灾区救援的物资。②

进口免税审批管理具体程序如下:救灾捐赠进口物资一般应由民政部(中国国际减灾十年委员会)提出免税申请,对于来自国际和友好国家及香港特别行政区、澳门特别行政区、台湾地区红十字会和妇女组织捐赠的物资分别由中国红十字会、中华全国妇女联合会提出免税申请,海关总署依照本规定进行审核并办理免税手续,通知有关直属海关办理验放手续。各地海关不得接受申请。免税进口的救灾捐赠物资按渠道分别由民政部(如涉及国务院有关部门,民政部应会同相关部门)、中国红十字会、中华全国妇女联合会负责接收、管理并及时发送给受灾地区。

对于外国政府、国际组织无偿捐赠的救灾物资按照《中华人民共和国海关法》第三十九条和《中华人民共和国增值税暂行条例》第十六条有关规定执行。

（四） 国际救灾援助物资发放的有关规定

针对国际救灾援助物资的发放工作,主要制定了三个方面的要求:一是

---

① 民政部救灾救济司:《救灾救济工作文件汇编》(内部资料),2005年版,第189页。
② 民政部救灾救济司:《救灾救济工作文件汇编》(内部资料),2005年版,第190页。

要做好宣传工作,教育灾区干部群众,正确对待国际社会的人道主义救灾援助,把国际救灾援助款物接收好、使用好,以免造成不良的国际影响。二是要坚持专款专用、重点使用的原则。有援助意向的,要按援助者的意愿使用;要改变用向,需征得援助者的同意。没有援助意向的,一定要用于救灾,要无偿发放,严禁挪用和变相收费。三是在发放办法上,要与国内救灾款物的发放办法相同。①

（五）接受国际救灾援助应注意的有关事项

国际救灾援助工作是一项涉及国内与国外关系的大事,对于当时的党和政府来说,是一件没有相关经验可循的民政涉外工作。为此,我们一边接受外援,一边摸索制定相关政策规定,以期将救灾外援用好、用到位,真正帮助政府和人民解决灾害带来的问题。为此,当时提出了一些工作上的具体注意事项和要求:一是要牢记"外事工作无小事",认真遵守外事纪律,严格执行有关政策法规,遇特殊情况要逐级上报批准;二是绝不接受附带对中国不利的先决条件和造成不良影响的国际救灾援助;三是一般不接受教会组织的援助;四是对捐赠旧衣物者予以婉拒;五是不经国务院民政部批准,任何单位和个人一律不得对外通报灾情和争取国际救灾援助。

从 1991 年第一次正式、直接呼吁和接受国际救灾援助以来,中国在对待、接受救灾外援方面越来越积极主动。在接受境外救灾捐赠实践中,制定出一系列制度、规定,保障了接受救灾外援工作的顺利开展。随着改革开放的深入和重大自然灾害的频发,接受救灾外援的次数越来越多,救灾捐赠的对外开放程度也越来越深。在接受境外救灾捐赠的实际工作中,会遇到很多新情况、新问题,这些都需要各部门积极协调、配合,协商解决。

第五节　《中华人民共和国公益事业
捐赠法》的颁布实施

1999 年 6 月 28 日,《中华人民共和国公益事业捐赠法》颁布实施,中国首次以国家法律形式来规范社会组织和个人的捐赠行为。其中,包括对救灾捐赠的规定,虽然不是针对救灾捐赠的专门法律,但毕竟对包括救灾捐赠在内的公益事业捐赠行为给予了法律规范,实现了捐赠立法的重大突破。

---

① 　民政部法规办公室:《中华人民共和国民政工作文件汇编(1949—1999)》,中国法制出版社 2001 年版,第 169—174 页。

一、《中华人民共和国公益事业捐赠法》制定的背景

20 世纪 90 年代以来,中国改革开放日益深入,经济社会不断发展,各种慈善类组织和活动,以及各类公益性捐赠行为日益增多。经常性社会捐助活动的开展使得捐赠行为日常化、经常化趋势加强,随着重大自然灾害发生后的集中性捐赠活动也日益增多。为鼓励和规范捐赠行为,保护捐赠人、受赠人和受益人的合法权益,使捐赠工作有法可依,捐赠立法工作被提上议事日程。

(一) 鼓励和倡导捐赠

捐赠是一项有利于国家和社会的公益活动。扶贫济困、乐善好施,一方有难、八方支援,是中华民族的传统美德。新中国成立后,由于实行计划经济,国家几乎包办了教育、卫生、救灾救济、社会保障、社会福利等社会事务的各个方面,加之老百姓的收入较低,财力非常有限。因此,在相当长时期内,民间的公益性捐赠活动并不频繁。改革开放以来,经济社会发展迅猛,人民生活水平提升很快,各种各样的公益性捐赠活动也得以快速发展,境内和境外的捐赠日益活跃。其中,境内捐赠主要有两种形式:一是公民个人及一些企业、事业组织,向各种基金会、慈善会等公益性组织(如中国青少年发展基金会)以及社会团体、科研机构、医院、学校捐款捐物。二是公民个人之间的捐赠,如公民向有疾病的人、遭受灾害的人以及其他有特殊困难的人提供物质帮助。境外捐赠主要包括两个方面:一是广大华侨、华人和港澳同胞出于爱国爱乡之情捐款捐物,造福桑梓,尤其在国内遭受严重自然灾害时,更是慷慨解囊;二是来自外国政府和国际组织提供的用于发展经济、救助灾害等方面的资金和物资。境内境外的捐赠对促进教育、科学、文化、卫生、救灾、灾区恢复重建以及其他社会公共和福利事业的发展,发挥了重要作用。因此,国家和政府有必要制定相关政策法规,规范捐赠行为,对捐赠行为给予鼓励和倡导,让更多的人参与到公益性捐赠中来,发挥公益性捐赠对社会发展的促进作用。①

(二) 规范捐赠和受赠行为

改革开放的深入和经济社会的不断发展,极大地促进了各种慈善组织和公益性捐赠活动的增多。据初步统计,从 1979 年到 1997 年仅侨务部门登记的海外华侨、港澳同胞的捐赠额就达 400 多亿元人民币。② 这些公益

---

① 《中华人民共和国公益事业捐赠法释义》(第一章总则),2001 年 8 月 1 日,见 http://www.npc.gov.cn/npc/c2207/200108/8c71ed32bb314cc3afb73bcd0bec356b.shtml。

② 许安标等主编:《〈中华人民共和国公益事业捐赠法〉学习辅导读本》,中国民主法制出版社 2000 年版,第 17 页。

捐赠对于促进中国教育、科学、文化、卫生、救灾及灾后重建等事业的发展发挥了重要作用。尤其是近些年自然灾害频发,各种救灾捐赠活动为灾区恢复和灾区人民重建家园提供了巨大帮助,但在救灾捐赠过程中,很多捐赠管理措施并不完善,比如:如何捐赠? 如何有效监管捐赠款物,保证善款有效使用? 对不履行捐赠承诺的行为应该如何有效规制? 国家和社会层面应如何引导、鼓励捐赠等。同时,在实际的捐赠过程中也出现了许多亟待解决和需要给予明确的问题,如:受赠主体混乱,对捐赠款物的管理和监督机制不健全;挪用、占用甚至贪污捐赠款物,假借捐赠名义,进行走私、诈骗、逃税和营利活动等,这些问题在境内外都造成了不良影响,不仅直接挫伤了社会各界捐赠的积极性,损害了国家和公众的利益,而且严重影响救灾捐赠工作的正常进行,扰乱正常社会秩序。因此,有必要制定法律,鼓励和规范捐赠行为,保护捐赠人、受赠人和受益人的合法权益,使捐赠活动纳入法治化轨道,使捐赠工作有法可依,保证捐赠款物能够物尽其用,从而实现捐赠的良性循环。根据第八届全国人大常委会的立法规划,1996 年开始,全国人大常委会法制工作委员会同全国人大华侨委员会开始着手研究公益事业捐赠法的起草工作。

（三）1998 年抗洪救灾捐赠加速了捐赠立法进程

在 1998 年的抗洪救灾、重建家园过程中,全国各族人民、港澳台同胞、华人华侨以及国际友人等纷纷向灾区人民解囊相助,捐款捐物。各种渠道的捐赠共计约 115 亿元人民币,这为灾区人民的抗灾救灾提供了重要的物质帮助和精神支持。①

在这次大规模救灾捐赠的初期,各地不同程度地出现了一些无序现象。救灾捐赠活动中出现了一些诸如募捐渠道混乱,捐赠款物分配多头的现象,个别地方甚至出现了以救灾募捐名义进行诈骗活动等问题。有的地方,民政部门、红十字会、慈善协会以外的一些机构和部门,自行接收赈灾捐赠;有的系统和单位,在组织赈灾捐赠中所募集的捐赠款物,不统一上交民政部门,而是自行安排;有的系统和单位,上交到民政部门的捐赠款物,与其在传媒上广为宣传的数额严重不符;有的系统和单位捐赠款物的消息早已见诸报端,但在民政部门的捐赠登记上却是零记录,捐赠款物去向不明;有的单位捐赠款物不多,却抓住不放,借助传媒大肆为自己造势搞起了变相广告;一些传媒处理赈灾捐赠稿件,仅凭捐赠单位提供的数据,未经民政部门审核

---

① 许安标:《促进公益事业发展的重要法律——〈中华人民共和国公益事业捐赠法〉简介》,《中国人大》1999 年第 3 期。

便予以公布。还有一些利欲熏心的厂家和个人,以受灾地区名义出具和持有赈灾募捐的介绍信,到各地上门推销茶叶、办公用品等质次价高的产品。① 还有甚者,在承诺捐赠后并未兑现。有的企业,因为媒体对自己的宣传时间不够长,报道不全面、不到位等各种因素,而对自己所承诺的捐赠数额打了折扣。有些则根本没有捐赠意图,或者根本就没有捐赠的资金实力,只是利用"虚假"的公益捐赠,达到为本企业进行大规模免费宣传的目的。可谓乱象丛生。

1998 年 11 月 26 日,中国青年报刊发了一则标题为《举了牌子不捐年底一律曝光》的文章,披露了当年抗洪救灾 6 亿元募捐款有一半没到位的信息。一石激起千层浪,这则消息引起舆论一片哗然,众多媒体都敏感地抓住这个话题展开讨论,社会各界纷纷对这种假捐赠、诈捐行为进行谴责。这些"洪灾捐赠秀"者是典型的社会牟利者,其中暴露出的社会问题不仅仅是道德谴责所能解决的,更需要在法律制度上加以规范和制约。

这些赈灾捐赠中的不和谐音符,严重影响了救灾捐赠工作的正常有序进行,挫伤了捐赠者的积极性,削弱了捐赠款物的社会效益和经济效益,扰乱了正常的社会秩序。同时,从另一个侧面也表明捐赠立法的紧迫性和迫在眉睫,加速了捐赠法的立法进程。历经三年时间,1999 年 6 月 28 日,第九届全国人民代表大会常务委员会第十次会议审议并通过《中华人民共和国公益事业捐赠法》。

二、《中华人民共和国公益事业捐赠法》关于救灾捐赠的规定

1999 年 6 月 28 日,第九届全国人民代表大会常务委员会第十次会议审议并通过了《中华人民共和国公益事业捐赠法》(以下简称《捐赠法》),并于 1999 年 9 月 1 日起施行。这是中国第一部规范公益事业捐赠方面的法律,首次以国家法律的形式来规范社会组织和个人的捐赠行为。它的立法宗旨是鼓励捐赠,规范捐赠和受赠行为,保护捐赠人、受赠人和受益人的合法权益,促进公益事业的发展。该法第一章规定了制定该法的目的、使用范围及捐赠的原则。第二章详细规定了捐赠和受赠的程序。第三章规定了捐赠财产的使用和管理。第四章规定了捐赠的税收和进口关税等优惠政策。第五章规定了违背以上规定所承担的民事、行政和刑事责任。②

---

① 李明锦:《98 赈灾捐赠启示录》,《民政论坛》1998 年第 5 期。
② 跨国公司与公益事业高级论坛暨公益项目展示会:《公益事业法律文献汇编》(内部资料),2003 年版,第 81—84 页。

（一）救灾捐赠、扶贫济困捐赠等在内的公益性事业捐赠适用于《捐赠法》

根据《捐赠法》的规定,民政部门组织开展的救灾捐赠、社会福利捐赠、扶贫济困捐赠等公益性、福利性捐赠行为都属于《捐赠法》规定的捐赠范围。在这些工作领域,依据《捐赠法》规定,完善捐赠、受赠及捐赠款物的使用、管理制度,使之法制化,将会有效地促进救灾救济、社会福利、扶贫济困等项事业的健康发展。

（二）民政部门既是受赠主体,也是管理受赠主体的重要职能部门

规范公益事业捐赠的受赠主体,是立法的宗旨和主要内容之一。并不是所有的民事主体都能够成为公益事业捐赠的受赠主体。根据《捐赠法》规定,能够接受自然人、法人或者其他组织的公益性社会捐赠的受赠主体主要有三类:一是公益性社会团体,即指依法成立的,以发展公益事业为宗旨的基金会、慈善组织等社会团体;二是公益性非营利的事业单位,即从事公益事业的不以营利为目的的教育机构、科学研究机构、医疗卫生机构、社会公共文化机构、社会公共体育机构和社会福利机构等;三是县级以上人民政府及其部门在发生自然灾害时,或者境外捐赠人要求县级以上人民政府及其部门作为受赠人时,可以接受捐赠。在自然灾害发生时或者境外捐赠人要求下,由政府作为受赠主体之一,是符合现实国情需要的。而民政部门作为政府主管自然灾害救助工作的职能部门,自然成为救灾捐赠的受赠主体。同时,民政部门又是民间组织的登记管理部门,监督公益性事业捐赠的受赠主体及其受赠行为,自然成为民政部门的重要职责。①

（三）捐赠财产的监督管理

规范捐赠财产的使用和管理,建立有效的监督机制,是促进公益事业健康发展的重要保障。《捐赠法》中明确规定了捐赠财产的使用范围,这其中也包括了对救灾捐赠财产的使用和管理。其中第十七条明确规定,对于接受的救助灾害的捐赠财产,应当及时用于救助活动。并要求从四方面加强对捐赠财产的监督:一是受赠人的管理。《捐赠法》第十六条规定,受赠人接受捐赠后,应当向捐赠人出具合法、有效的收据,将受赠财产登记造册,妥善保管。第十九条规定,受赠人应当依照国家有关规定,建立健全财务会计制度和受赠财产的使用制度,加强对受赠财产的管理。二是政府监督。《捐赠法》第二十条规定,受赠人每年度应当向政府有关部门报告受赠财产

---

① 跨国公司与公益事业高级论坛暨公益项目展示会:《公益事业法律文献汇编》(内部资料),2003 年版,第 81—82 页。

的使用、管理情况,接受监督。必要时,政府有关部门可以对其财务进行审计。海关对减免关税的捐赠物品依法实施监督和管理。三是捐赠人的监督,《捐赠法》第二十一条规定,捐赠人有权向受赠人查询捐赠财产的使用、管理情况,并提出意见和建议。对于捐赠人的查询,受赠人应当如实答复。四是社会监督,《捐赠法》第二十二条规定,受赠人应当公开接受捐赠的情况和受赠财产的使用、管理情况,接受社会监督。①

（四）捐赠优惠政策

为了鼓励捐赠活动,大多数国家对捐赠人从税收等方面都给予优惠待遇。我国也有此类规定,国务院现行规定是:捐赠用于公益事业的,企业在年度应纳税所得额 3% 以内的部分,准予扣除;个人在应纳税所得额 30% 以内的部分,准予扣除。境外向境内捐赠的科教用品和残疾人专用物品,可以减免关税和进口环节的增值税。《捐赠法》根据中国国情和现行做法,对捐赠人的优惠作了原则规定。一是企业所得税方面的优惠(第二十四条)。二是个人所得税方面的优惠(第二十五条)。三是减免进口税收(第二十六条)。②

三、《中华人民共和国公益事业捐赠法》的颁布实施加速了救灾捐赠法制化的进程

《捐赠法》的制定和实施,标志着法律对于扶贫济困优良道德传统的认可和保护。对于鼓励和规范捐赠活动,保护捐赠人、受赠人和受益人的合法权益,进一步促进公益事业的有序发展,起到了举足轻重的作用,也为救灾捐赠工作的开展提供了基本法律依据,奠定了救灾捐赠工作法治化的基础。《捐赠法》颁行后对救灾捐赠法治化进程的重要意义主要表现在以下几个方面。

第一,《捐赠法》第一次以立法的形式对中国社会公益事业作出明确界定。《捐赠法》第三条明确指出社会公益事业包括:(1)救助灾害、救济贫困、扶助残疾人等困难的社会群体和个人的活动;(2)教育、科学、文化、卫生、体育事业;(3)环境保护、社会公共设施建设;(4)促进社会发展和进步的其他社会公共和福利事业。③ 这一界定范围不仅包含了赈灾济贫、资助

---

① 许安标:《促进公益事业发展的重要法律——〈中华人民共和国公益事业捐赠法〉简介》,《中国人大》1999 年第 3 期。

② 跨国公司与公益事业高级论坛暨公益项目展示会:《公益事业法律文献汇编》(内部资料),2003 年版,第 96、214、91、83 页。

③ 跨国公司与公益事业高级论坛暨公益项目展示会:《公益事业法律文献汇编》(内部资料),2003 年版,第 81 页。

教育和公共设施建设等传统公益事业,而且具有更为宽泛的内涵,具有一定的时代气息和现代性。这有利于引导国内外社会各界的各种捐赠流向各项事业,使其获得更多资源而得以发展。从这个意义上说,《捐赠法》的颁布实施对促进中国社会公益事业的长期健康发展具有深远意义。

第二,《捐赠法》的颁布实施促成了政府、企业和社会力量合力发展社会公益事业的格局。在计划经济体制下,国家包揽包括社会公益事业在内的一切社会事务。改革开放后,随着市场经济体制的建立和发展,政府不应当也不可能把社会生活中方方面面的事务都包办下来,这种国家大包大揽一切的格局被打破,由有关社会组织去管理社会性事务,转换政府职能,由政府负责对其进行监督,逐步形成"小政府、大社会"的格局,符合现代社会的组织形态。《捐赠法》的颁布,为企业、个人参与社会公益事业提供了更广阔的途径和渠道,有助于理顺政府、企业和其他社会组织的关系,推动公益事业的发展。

第三,《捐赠法》颁布前,社会公众开展慈善活动主要依据的法律法规是国务院颁布的《社会团体登记管理条例》(1989 年 10 月)、《民办非企业单位登记管理暂行条例》(1998 年 9 月)、《基金会管理条例》和一些有关部门发布的规范性文件。一方面这些规定的法律层级比较低,没有较高的法律约束力;另一方面这些规定都是从有利于政府部门管理的角度作出的规定。《捐赠法》的出台是政府对社会领域组织和活动管理实行改革的重要配套措施,第一次从法律层面上对社会公众开展慈善公益活动作出专门规定,为社会公众开展慈善活动提供了法律依据。

第四,《捐赠法》明确了捐赠人与受赠人之间的法律关系,界定了受赠人的范围及其职责,也对公益捐赠的税收优惠政策作出了原则性的规定。可以说,《捐赠法》填补了中国在公益捐赠事业方面的立法空白,为规范捐赠行为及其相关事务提供了法律依据。

第五,以法律形式鼓励捐赠,规范捐赠和受赠行为,有助于在公民中,尤其是对广大青少年树立扶危济困的观念,增强他们的社会责任感,在全社会传承慈善捐赠文化,弘扬社会主义核心价值观,促进社会主义精神文明建设,增强民族凝聚力有着重要的作用。同时,也可以通过多渠道聚集社会财力,弥补中国公益事业的不足。由于有效地推动公益事业的发展。

第六,促进慈善观念和慈善文化的形成。慈善活动是社会公民按照自己内心的意愿自愿帮助他人和奉献社会的行为。慈善活动的开展离不开公民慈善观念的养成,更离不开整个社会的慈善文化氛围。中国自古以来就有互助互爱的文化传统,但中国传统的互助观念一般维持在"熟人社会",

即对自己的亲友或者熟悉的人更愿意伸出援手,但对于自己生活生产范畴之外的他人和社会则缺少自发性的援助意识。慈善观念和慈善文化更强调的是后者,需要公民在更广泛的范围内去援助他人和援助社会。《捐赠法》开宗明义,并在条文中体现了这种"博爱"精神,对于促进社会主义慈善文化发展和社会公众慈善观念的形成具有积极作用。

《中华人民共和国公益事业捐赠法》的颁布实施标志着我国在公益事业立法上取得了突破性进展,对中国社会公益事业的发展起到了巨大的推动作用,具有里程碑意义。但同时也应意识到,《捐赠法》是被一系列捐赠问题倒逼出来的,是在 1998 年洪水过后仓促出台的,在一定程度上存在着法律规定内容原则性强,却缺乏落实的实施细则、可操作性不强、比较笼统等不足。由于并没有明确规定公益事业捐赠的主管部门,这直接导致各部门"各自为战",对公益事业捐赠领域的监管落实不能明确到人、到事、到物,在实际操作上,还存在很多需要进一步细化、具体化、可操作化的方面。尽管如此,《捐赠法》还是在社会公益事业蓬勃发展的大环境下"千呼万唤始出来"了,这表明,党和政府已经开始把包括救灾捐赠在内的公益事业捐赠行为上升至法律高度加以重视和规范、约束,以法律形式肯定和认可了传统意义上的扶贫济困捐赠行为,并给以保护和鼓励。这对于救灾捐赠工作法治化具有标志性意义,进而对中国慈善事业的发展产生了积极的推动作用。

小　　结

20 世纪 90 年代,随着经济、政治体制改革的深化发展,救灾捐赠也取得了长足的进步。从 1991 年华东水灾到 1998 年长江流域特大水灾,以明确接受救灾外援为突破口,我们积极探索和发展了同国际社会在救灾领域的合作,努力与国际惯例接轨,基本形成了立体化的救灾捐赠新格局。救灾捐赠的范围、领域、途径、内容、影响和作用不断扩大,成为救灾工作的重要内容和途径。与此同时,民政部从 1996 年开始初步探索"扶贫济困送温暖"经常性社会捐助活动,在组织、宣传、接收、运输、分配、发放、监管、对口支援等方面初步形成了一些做法、规定和运行模式,虽然还处于初期摸索阶段,但一些做法在后来经常性社会捐助工作的开展中得到沿用和发挥。社会捐赠立法也实现了突破,《中华人民共和国公益事业捐赠法》的颁布实施,标志着国家以法律形式对扶贫济困捐赠行为的肯定、保护、规范和鼓励,为救灾捐赠工作的开展提供了基本法律依据,奠定了救灾捐赠工作法治化的基础。

但同时，也应看到，救灾捐赠在经常化、日常化、对口支援模式、对外开放以及立法等方面都还处于摸索、深化阶段，同社会各项事业的改革开放进程一样，都是摸着石头过河，难免遇到一些问题。诸如经常性社会捐助中捐赠者与受赠者之间的需求信息如何沟通，仓储、经费等问题如何解决；如何维护、实现经常性社会捐助的正常运转；如何调动企业捐赠积极性、建立有效的救灾捐赠激励机制；制定针对救灾捐赠的专门法律及实施细则等，都需要在今后救灾捐赠实践中继续探索和解决。

第四章　2000 年后救灾捐赠的
快速蓬勃发展

进入 21 世纪,中国经济持续快速增长,国家经济实力和人民生活水平显著提升。与此同时,也经历了新型流行疫病、特大地震等各种突发灾害的磨砺。在经历了 2003 年防治"非典"、2008 年年初南方低温雨雪冰冻灾害和"5·12"汶川特大地震、2014 年"8·3"云南鲁甸地震等几次大规模救灾捐赠实践后,救灾捐赠在经常化、制度化,对口支援、应急响应、激励机制、国际救灾援助和立法建设等方面都取得了前所未有的突破性进展,实现了快速蓬勃发展。

第一节　救灾捐赠面临机遇和挑战

21 世纪以来,中国的政治、经济形势以及所处的国际环境都发生了很大变化。国家经济总量跃居世界第二位,人民生活水平显著提高,率先走出2008 年国际金融危机的低谷,救灾工作在"以人为本""和谐社会""四个全面"和"新发展理念"等国家治理理念指导下被赋予了新的内涵,党领导人民成功地应对了"5·12"汶川特大地震等重特大自然灾害,这一切都为救灾捐赠的发展带来了巨大的机遇和挑战。

一、"以人为本""和谐社会""四个全面"和
"新发展理念"等一系列思想理念的提出

坚持以人为本,是科学发展观的本质和核心,也是党的十六大以来中国共产党在执政理念上的重大转变。21 世纪以来,党和国家领导人对"以人为本"的科学发展观的认识经历了一个不断深化的过程。

2001 年 3 月 15 日,第九届全国人民代表大会第四次会议批准通过的《中华人民共和国国民经济和社会发展第十个五年规划纲要》指出:"坚持把提高人民生活水平作为根本出发点。不断提高城乡居民的物质和文化生活水平,是社会主义的本质要求和发展经济的根本目的。"①7 月 1 日,江泽

---

① 全国人民代表大会常务委员会办公厅:《中华人民共和国第九届全国人民代表大会第四次会议文件汇编》,人民出版社 2001 年版,第 41—42 页。

民同志在庆祝中国共产党成立 80 周年大会上的讲话中提出："我们建设有中国特色社会主义的各项事业,我们进行的一切工作,既要着眼于人民现实的物质文化生活需要,同时又要着眼于促进人民素质的提高,也就是要努力促进人的全面发展。这是马克思主义关于建设社会主义新社会的本质要求。我们要在发展社会主义社会物质文明和精神文明的基础上,不断推进人的全面发展。"①2002 年 11 月,党的十六大报告明确提出全面建设小康社会的目标,并把"促进人的全面发展"作为全面建设小康社会不可或缺的重要因素之一。2003 年 4 月,胡锦涛同志在广东考察"非典"防治工作期间,第一次正式提出"以人为本"。10 月 14 日,党的十六届三中全会提出,"坚持以人为本,树立全面、协调、可持续的发展观,促进经济社会和人的全面发展"②。至此,中国共产党首次正式提出以人为本的治国理念。党的十六届四中、五中和六中全会,对"以人为本"的理念又作出了进一步的丰富和完善。2007 年 10 月,党的十七大把"以人为本"的治国理念摆到战略高度,提出"要始终把实现好、维护好、发展好最广大人民的根本利益作为党和国家一切工作的出发点和落脚点,尊重人民主体地位,发挥人民首创精神,保障人民各项权益,走共同富裕道路,促进人的全面发展,做到发展为了人民、发展依靠人民、发展成果由人民共享"③。"以人为本"的治国理念,不仅回答了为什么发展、为了谁发展、依靠谁发展的问题,而且提出了一种全新的、系统的、科学的发展观,是党在新世纪对发展观的科学认识和深刻理解。

在深入贯彻落实"以人为本"的科学发展观的同时,中国共产党进一步提出要积极构建社会主义和谐社会的战略思想。中国共产党对构建社会主义和谐社会的认识和实践,也是一个不断探索、深化的过程。

党的十一届三中全会后,彻底摒弃了"以阶级斗争为纲"的错误思想,把全党和国家的工作重点果断地转移到社会主义现代化建设上来。坚持以经济建设为中心,坚定不移地推进改革开放,积极推动经济发展和社会全面进步,有力地促进了社会和谐。20 世纪 90 年代以来,党在继续推进改革开放和社会主义现代化建设过程中,强调在坚持以经济建设为中心的同时,大力发展社会事业,积极推动社会全面进步,极大地促进了社会主义经济建设、政治建设、文化建设、社会建设的全面发展。

---

① 江泽民:《江泽民同志在庆祝中国共产党成立 80 周年大会上的讲话》,人民出版社 2001 年版,第 42—43 页。

② 中共中央文献研究室:《十六大以来重要文献选编》(上),中央文献出版社 2005 年版,第465 页。

③ 《中国共产党第十七次全国代表大会文件汇编》,人民出版社 2007 年版,第 15 页。

2002 年 11 月,党的十六大报告在阐述全面建设小康社会的目标时,明确把社会更加和谐列为全面建设小康社会的一个重要目标。此后,党对社会和谐在中国特色社会主义事业中的重要地位和作用的认识不断深化。2004 年 9 月,党的十六届四中全会明确提出了构建社会主义和谐社会的重大战略任务,把提高构建社会主义和谐社会的能力确定为加强党的执政能力建设的重要内容,并提出构建社会主义和谐社会的基本要求。2005 年 2 月,胡锦涛在省部级主要领导干部提高构建社会主义和谐社会能力专题研讨班上的讲话提出了构建"民主法治、公平正义、诚信友爱、充满活力、安定有序、人与自然和谐相处"①的社会主义和谐社会的总目标。10 月,党的十六届五中全会把构建社会主义和谐社会明确为全面贯彻落实科学发展观必须抓好的一项重要任务,并提出了一系列工作要求和重大措施。2006 年 10 月,党的十六届六中全会通过《关于构建社会主义和谐社会若干重大问题的决定》,进一步明确构建社会主义和谐社会在中国特色社会主义事业总体布局中的地位,并进行了周密部署。2007 年 10 月,党的十七大报告进一步阐述了社会和谐、科学发展、科学社会主义三者之间的关系,并在新的历史起点上,对以改善民生为重点的社会建设进行了全面部署,使改善民生这一党的工作重点进入可见、可感和可操作层面。

2012 年 11 月 8 日,中国共产党第十八次全国代表大会召开。以习近平同志为核心的党中央以改作风、抓反腐、正风肃纪为切入点,把社会主义现代化建设"四位一体"的布局,拓展为"经济、政治、文化、社会、生态文明"建设的"五位一体"布局,引领 13 亿中国人民为实现中华民族伟大复兴的中国梦而奋斗,开启了治国理政的新篇章。

2013 年 11 月,党的十八届三中全会提出了全面深化改革的总目标。"完善和发展中国特色社会主义制度,推进国家治理体系和治理能力现代化"的时代课题摆在了全党面前。习近平总书记用"协调推进全面建成小康社会、全面深化改革、全面推进依法治国、全面从严治党,推动改革开放和社会主义现代化建设迈上新台阶"的"四个全面"战略布局,勾勒出治国理政的方略图,形成了治国理政的新理念新思想新战略。2015 年,党的十八届五中全会鲜明提出"创新、协调、绿色、开放、共享"的"新发展理念",用新发展理念引领新的发展,在中国掀起了一场关系发展全局的深刻大变革。

党的十八大以来,在全面贯彻落实党的十八大和十八届三中、四中、五

---

① 中共中央文献研究室:《十六大以来重要文献选编》(中),中央文献出版社 2005 年版,第706 页。

中、六中全会精神,以及十九大精神和习近平新时代中国特色社会主义思想的指导下,统筹推进"五位一体"总体布局,协调推进"四个全面"战略布局,经济社会稳步发展,党和国家事业发展取得历史性成就,民生福祉得到极大改善,人民的获得感、幸福感和安全感日益增强,民政工作也被赋予新的内涵。"以民为本、为民解困"的民政工作,本身就蕴涵和体现着"以人为本""以人民为中心""共享发展"的要义。在实现"两个一百年"的奋斗目标下,全面建成小康社会的"全面"不仅包括内容的全面,涉及领域的全面,也包括区域的全面,更包括人口的全面。为此,维护民利、解决民生、落实民权就是在全面建成小康社会目标下对民政工作"以民为本""共享发展""以人民为中心""全面发展"的最新诠释。维护民利,就是维护人民群众的切身利益;解决民生,就是解决人民群众的生活困难;落实民权,就是落实人民群众的民主政治权利。民利、民生、民权最终都是"为民",实现"以人民为中心"的发展,这也是新时期赋予民政工作的重要使命。

民政工作的这种特殊性,决定了民政部门是从"大社会"着手,解决人民群众最关心、最直接、最现实的利益问题,发展社会事业、促进社会公平正义、建设和谐文化、提升社会治理、创造社会活力的重要职能部门。救灾捐赠作为民政工作的一项重要内容,是在救灾中解决灾区人民群众实际困难、化解矛盾、减少不和谐因素,促进社会和谐,实现社会公平的重要途径。在新的历史条件下,如何在救灾工作中实现好落实好民利、民生、民权,如何更好地落实体现"以人民为中心"的发展思想,民政部门面临着新的机遇和挑战。

二、国家综合国力显著增强,人民生活实现小康

新中国成立以来,全国各族人民在中国共产党领导下积极探索,艰苦奋斗,从旧中国的满目疮痍中走出了一条中国特色社会主义道路。中国实现了国家综合实力由弱到强,由小到大的历史性变革和历史性成就,在世界舞台上的影响力和国际地位也显著增强,成为世界第二大经济体,人民生活水平不断提高,实现了由贫困到小康的历史性跨越。通过坚持和发展中国特色社会主义,中国正向着全面建成小康社会的目标不断迈进。2012年党的十八大召开,党中央提出了全面建成小康社会的目标要求,形成了经济、政治、文化、社会和生态文明建设"五位一体"的总体布局。经济发展和综合国力的持续提升,是救灾捐赠发展的物质基础,也是发展中国家面对重大自然灾害给以有力抗击的重要力量源泉,是国家救灾减灾能力不断提升的重要物质保障。

新中国成立之初,中国国家经济总量和人均水平都十分低下,综合实力十分弱小,人民生活积弱积贫。1952 年,中国国内生产总值仅为 679 亿元,人均国内生产总值仅有 119 元,外汇储备 1.39 亿美元。而国家财政收入 1950 年只有 62 亿元,1951 年才上升到三位数,达到 125 亿元。到 1978 年,国内生产总值增加到 3645.2 亿元,人均国内生产总值上升到 379 元,财政收入才达到四位数,为 1132 亿元,外汇储备也只增加到 1.67 亿美元。[①] 在当时的国力下,面对频繁发生的各种自然灾害,国家的物质资源和救济保障是有限的。经过改革开放三十年的发展,到 2008 年,中国的国内生产总值位列世界第二,达到 300670 亿元,人均国内生产总值超过 22698 元,[②]分别比 1952 年增长 78 倍和 32.4 倍。国家经济总量上升到世界第三位,年财政收入也超过 6 万亿元,达到 61317 亿元,比 1950 年增长 985 倍。外汇储备扩大到 19460 亿美元,增加近 14000 倍,居世界第一。到 2015 年,中国国内生产总值已达到 689052.1 亿元,国内总收入为 686449.6 亿元,人均国内生产总值为 50251 元,[③]是 2008 年的 1 倍多。

与此同时,城乡居民收入水平和消费水平也大幅度增加,人民生活由温饱不足走向小康,到 2000 年总体上实现小康,并逐步向全面小康转变。到 2008 年,城镇居民家庭恩格尔系数由 1957 年的 58.4% 下降到 37.9%,农村居民家庭由 1954 年的 68.6% 下降到 43.7%。其中,城镇居民人均可支配收入由 1949 年的不足 100 元提高到 2008 年的 15781 元,扣除价格因素,增长 18.5 倍,年均增长 5.2%。农村居民人均纯收入由 1949 年的 44 元提高到 2008 年的 4761 元,比 1949 年增长 107.7 倍。2008 年年底城乡居民人民币储蓄存款余额达 21.8 万亿元,比 1952 年年底的 8.6 亿元增加 2.5 万倍,人均由 1.6 元增加到 16407 元。居民收入的快速增长带来了居民消费水平的大幅度提高。居民人均消费 1952 年为 80 元,1978 年为 184 元,2008 年为 8181 元,按可比价格计算,比 1952 年提高 15 倍,年均实际增长 5.1%,比 1978 年提高 8 倍,年均实际增长 7.6%。[④] 这些数字随着中国经济社会的持续发展又有了极大程度的提高,到 2014 年城乡居民人民币储蓄存款年底余

[①]　数据参见金勇进等:《数字中国 60 年》,人民出版社 2009 年版,第 6 页。

[②]　国家统计局:《中华人民共和国 2008 年国民经济和社会发展统计公报》,2009 年 2 月 26 日;人均国内生产总值数据根据国内生产总值和公报提供的人口数据计算。

[③]　中华人民共和国国家统计局:《2015 年年度数据》,见 http://data.stats.gov.cn/easyquery. htm? cn＝C01&zb＝A0201&sj＝2015。

[④]　参见《从贫困向全面小康迈进——新中国 60 年人民生活水平连续跨越台阶》,2009 年 9 月 10 日,见 http://www.gov.cn/govweb/jrzg/2009-09/10/content_1414611.htm。

额已达 48.52613 万亿元,2015 年居民消费水平为 19397 元,城镇居民人均可支配收入为 31195 元,农村居民人均可支配收入为 11422 元,到 2012 年城镇居民家庭恩格尔系数已降至为 36.2%,农村居民家庭恩格尔系数已降至为 39.3%。[①] 而 2016 年全年国内生产总值 744127 亿元,全年全国居民人均可支配收入 23821 元,全国居民人均消费支出 17111 元。[②]

　　以上这些数字足以说明改革开放以来中国的巨大变化。改革开放以来是我国城乡居民收入增长最快的时期。21 世纪的第二个十年是中国全面建成小康社会的决定性阶段。2014 年,我国国内生产总值达到 63.6 万亿多元(现价),按汇率折算,迈上 10 万亿美元的大台阶,占世界经济份额 13.3%,一年增量相当于一个中等发达国家的经济总量;人均国内生产总值 7594 美元,按世界银行标准,居中高收入国家中等水平;城乡居民人均可支配收入分别为 2.9 万元和 1.1 万元。从这个起点出发,到 2020 年实现国内生产总值和城乡居民人均收入比 2010 年翻一番时,初步预计我国国内生产总值可达 17 万亿美元左右,经济实力和综合国力进一步增强,人民生活进一步改善,发展将开始向更高水平迈进。[③]

　　国家经济的增长带来居民收入及人民生活水平的大幅度提高,为慈善捐赠和救灾募捐等公益捐赠带来了巨大的前景,一方有难,八方支援的救灾捐赠工作有了更加雄厚的物质基础,为募集到更多善款支援灾区建设创造了条件。2008 年汶川地震募集到高达 700 多亿元善款就是最好的例证,这也是"中国慈善事业的元年"。巨额救灾捐赠善款的募集从另一个侧面证明了发展是解决中国所有问题的关键。以新发展理念引领新发展,坚持改革开放,是提高国家综合国力和抵御重大自然灾害的根本之路。

三、救灾工作方针的新变化

　　长期以来,党和国家根据经济社会发展变化和各个时期救灾工作的不同特点和要求,不断修订完善救灾工作方针。2006 年 11 月 23 日至 24 日,国务院召开第十二次全国民政会议,救灾工作方针被调整为"政府主导、分级管理、社会互助、生产自救"。这次救灾工作方针的调整,是 21 世纪以来,根据社会发展变化和工作实践的不断丰富和发展,在科学发展观指导下

---

① 中华人民共和国国家统计局:《2015 年年度数据》,见 http://data.stats.gov.cn/easyquery.htm? cn=C01&zb=A0201&sj=2015。

② 中华人民共和国国家统计局:《中华人民共和国 2016 年国民经济和社会发展统计公报》,2017 年 2 月 28 日,见 http://www.stats.gov.cn/tjsj/zxfb/201702/t20170228_1467424.html。

③ 李克强:《全面建成小康社会新的目标要求》,《人民日报》2015 年 11 月 6 日。

对救灾工作更准确、更科学、更精辟的概括。

　　首先,第一次明确了政府在救灾工作中的主导地位。政府在救灾中到底处于什么样的位置,具有什么样的作用? 这是救灾工作首先要明确和回答的问题。从公共管理学角度来看,救灾是社会公共事务的重要组成部分,政府主导救灾是政府基本职能的体现,救灾工作涉及方方面面,只有政府才能充分调动各方面因素,统筹兼顾,全面、协调、高效地开展救灾工作。同时,政府主导救灾也是政府保障基本人权的体现。从经济学角度看,政府是国家财力物力的主要掌握者,对资源拥有绝对的支配权;政府也是社会公共产品的主要提供者,政府主导救灾工作与中国特色社会主义制度、体制、机制和特征也是完全吻合的,是提高救灾效率,特别是提升救灾速度的重要保证。因此,积极领导和开展救灾工作是各级政府的职能工作,是各级政府以人为本,执政为民的职责所在,也是政府义不容辞的责任。救灾工作中强调政府主导,不仅包括必要的救济和扶持,还包括救灾的动员、发动、组织、协调和管理等各项工作。为此,政府在救灾中应充分发挥好指挥员、协调员和监督员的作用。

　　其次,突出强调分级管理,厘清中央和地方救灾的不同职责。救灾工作分级管理体制是民政部在 1993 年 11 月提出来的,1994 年第十次全国民政会议充分肯定了这一思路。此后,救灾工作分级管理的新政策得到了积极的推行和实践。1996 年全国民政厅(局)长会议后,各级地方政府就加快了实行分级管理的步伐。1996 年,全国 30 个省区市均列支了"217"科目(中央和地方财政用于支出自然灾害方面资金的一个统一代码)预算,消灭了省一级空白点;21 个省区市的地级 100% 列支,14 个省区市的县级列支率达 90% 以上,其中 8 个省区市的县级 100% 列支;全国已有 2203 个县(市区)列支"217"科目,占全国县(市区)总数的 76.4%。① 各地政府不仅列支了救灾经费预算,而且投入力度也在逐年增加。以 2000 年为例,中央救灾资金投入为 31.771 亿元,地方各级政府除采取生产自救、互助互济等多种办法外,另外安排了 15.74 亿元救灾款,比 1999 年增加了 45.7%,有效增强了政府救灾的物质基础。② 救灾工作实行分级管理,不仅克服了地方上的单纯依赖、等靠思想,也调动了中央和地方各方面的积极性。

　　对各级政府救灾工作的主要任务和工作重点进行科学合理划分,实现

---

① 民政部法规办公室:《民政工作文件选编(1997 年)》,中国社会出版社 1998 年版,第 305 页。
② 民政部法规办公室:《民政工作文件选编(2001 年)》,中国民主法制出版社 2002 年版,第 313—314 页。

了救灾工作的有序、有节、有效地进行,强化了地方各级政府的组织救灾能力,而且通过有效分级管理,促进中央政府集中主要精力对灾情进行掌握分析、制定科学合理的救灾政策,更好地从全局上进行宏观调控和组织重大灾害的救助工作。经过多年的改革和探索,救灾工作分级管理更好地体现了救灾工作分工合作的科学合理性和有序性,是符合中国国情和救灾工作实践的机制创新。

再次,强调社会互助,救灾工作逐步社会化。救灾工作是一项群众性、社会性极强的事业,需要全社会力量的共同参与和广泛支持。一直以来,由于对政府职能定位和社会慈善事业属性在认识上存在一定的偏差和不足,导致片面认为发展社会慈善事业、广泛开展社会慈善捐赠活动、提倡社会互助互济就是抹杀社会主义优越性,抹黑社会主义。为此,当自然灾害发生时更多地看到的是政府对救灾工作的大包大揽,而严重忽视了社会力量在救灾中的巨大潜力。20世纪90年代后,救灾工作逐步走向社会化。政府在号召调动、组织群众团结一致战胜灾害,履行自身主导责任的同时,积极引导和吸纳各种社会力量参与救灾,聚集和整合全社会的人力、物力和财力参与救灾,让全体民众相互帮助、共渡难关。特别是1996年后,在全国大中城市开展的以募捐衣被为主题的"扶贫济困送温暖"活动,开启了救灾捐赠工作的社会化、常态化、制度化进程,在一定程度上弥补了政府救灾的不足。

最后,再次重申生产自救,并赋予其新的内涵。虽然每次灾害发生后,政府都会投入大量救灾资金,帮助灾区恢复重建和灾民发展生产,而且随着社会生产力的不断提高,国家经济水平不断发展,救助金额不断增长,但从中长期来看,这种政府救助仍然不能满足灾民战胜灾害的需要。只有发展生产,鼓励和支持生产自救,不断壮大灾区群众自身的经济实力,改善灾区自身的抗灾防灾条件,积累更多抗灾防灾资金和物资,才能从根本上战胜灾害。随着经济实力的增强和人民生活水平的提高,国家已经有了一定的积累,开展救灾工作已具备相当的物质条件和丰富经验,不再像改革开放前物资严重匮乏、财政困难状况下,救灾工作中首先和突出强调"生产自救"。然而,生产自救仍然是救灾工作方针的核心内容,是战胜灾害的最根本、最有效的方法,并被赋予新的内涵和作用。这是因为,灾民既是救灾中的受助对象,同时也是救灾活动的主体。灾民在生产自救过程中所发挥的内因作用具有巨大推动力,内因是事物发展的主要动力,外因只有通过内因才能发挥作用。在整个救灾过程中政府和社会力量都属于外在客观因素,最终都要通过灾民这一内在主观因素才能发挥作用。因此,通过灾民自身努力展开自救,以积极的心态进行灾后恢复重建对救灾工作具有重要意义。为此,灾民在精神上、心理上参与救灾的积极性和主动性是生产自救中重要的非物质因素力量,对恢复生产生活和灾后重建具有重要意义。

新时期救灾工作方针政策的调整和完善,是对救灾工作实践的科学总结,是救灾工作贯彻落实科学发展观的重要成果。它体现了政府与社会的良性互动、科学分工、以人为本、共治共建共享的现代救灾理念,是全面建成小康社会的重要内容。做好灾民救助工作,无论是从以人为本、改善民生的角度来讲,还是从建设和谐社会、全面建成小康社会的角度来看,都是党和国家工作的重要内容。因此,救灾工作方针的调整,为新时期救灾捐赠工作提供了明确的政策导向,为进一步深化救灾减灾工作指明了方向。

四、救灾体制的改革和重大调整

随着经济社会发展和国家治理体系的变化,我国的救灾体制也处于不断改革发展变动中,逐步形成了中央指导、地方为主、分级负责、组织协调、社会参与的横纵交错、内外联动的救灾新思路、新体制。

2008 年汶川特大地震和玉树地震后,党中央调整之前中央总领导动员的救灾机制,提出并开始实行以"地方为救灾主体"的救灾新思路,强化地方的主体责任和主体作用,开始放权于地方,在中央统一指导下以地方为主的救灾体制充分发挥和显现作用。2013 年雅安芦山地震发生时,李克强总理明确提出:"救灾要科学有序,由四川省为主指挥抗震救灾,国务院派一个工作组在那儿,由四川省作为需方,我们是供方,他提单子,我们给条件,保证抗震救灾有序进行,使死亡人数降到了最低程度。中央决定对此后类似灾害,都以此机制展开。"①至此,中央总指导、地方主体负责的救灾新思路成为救灾工作中调整中央和地方之间关系的总原则。

救灾是一个系统工程,要处理好各部门、各地区、各行业、各系统之间的关系。在中央总领导指挥下,要充分发挥好协调联动、高效运转、快速反应、资源共享的组织协调机制。为加强跨部门、跨职能、跨组织的统一协调,防范化解重特大安全风险,整合优化应急力量和资源,推动形成统一指挥、反应灵敏、上下联动、救灾应急管理体制,提高防灾减灾救灾能力。根据 2018年 3 月,中共中央印发《深化党和国家机构改革方案》,成立中华人民共和国应急管理部,作为国务院的组成部门之一,将原来分散在 9 个职能部门、4个议事协调机构的 13 项救灾职责进行整合。这一举措便于对救灾应急工

---

① 《李克强在中国工会第十六次全国代表大会上的经济形势报告(2013 年 10 月 21 日)》,《工人日报》2013 年 11 月 4 日。

作进行统一管理,在分级负责的原则基础上,明确强调与相关部门和地方各自职责分工,建立协调配合机制,并"建立灾情报告系统并统一发布灾情,统筹应急力量建设和物资储备并在救灾时统一调度,组织灾害救助体系建设,指导安全生产类、自然灾害类应急救援,承担国家应对特别重大灾害指挥部工作"。①

救灾是一个全社会共同面对的问题,不仅需要充分调动发挥政府的主导作用,也需要全社会的广泛参与和力量支持。面对各种突如其来的自然灾害,政府占据救灾的主导地位是保证救灾工作顺利进行的重要支撑,也集中体现出中国特色社会主义制度集中起来办大事的政治优势。但由于政府自身资源分配、人力、组织架构等方面的局限,难以避免会出现一些问题,这就需要社会力量的及时补充和积极参与来弥补政府救灾的不足。在汶川特大地震、玉树地震、芦山雅安地震和鲁甸地震等重特大自然灾害后,各类社会组织、社工、志愿者、爱心企业等各种社会力量参与救灾发挥了重要作用。党中央充分认识到社会力量参与救灾对打造共治共建共享的社会治理格局和国家治理现代化的重要推动作用,因势利导,适时出台了《关于支持引导社会力量参与救灾工作的指导意见》(2015 年 10 月),对支持和引导社会力量有序参与救灾作出规范。2016 年,习近平总书记在河北唐山调研考察时提出,要全面提升全社会抵御自然灾害的综合防范能力,在建立防灾减灾救灾宣传教育长效机制、引导社会力量有序参与等方面进行努力。2016 年发布的《中共中央国务院关于推进防灾减灾救灾体制机制改革的意见》提出,要坚持党委领导、政府主导、社会力量和市场机制广泛参与,"更加注重组织动员社会力量广泛参与,建立完善灾害保险制度,加强政府与社会力量、市场机制的协同配合,形成工作合力"。2014 年,国务院发布《关于加快发展现代保险服务业的若干意见》("新国十条"),对建立巨灾保险作出明确部署。2016 年,中国保监会与财政部联合发布《建立城乡居民住宅地震巨灾保险制度实施方案》,并在深圳、云南、宁波等地相继启动巨灾保险试点。②

中央指导、地方为主、分级负责、组织协调、社会参与的横纵交错、内外联动的救灾体制是新时代中国特色社会主义总体国家安全观指导下探索提高防灾减灾救灾能力,健全公共安全体系,改革救灾工作的重要内容,为进一步推动救灾捐赠发展提供了新的思路和指南。

---

① 《新京报谈应急管理部组建:不只是"合并同类项"》,《新京报》2018 年 3 月 14 日。
② 钟开斌:《我国救灾体制改革的三大动向》,《学习时报》2018 年 7 月 23 日。

五、特大自然灾害频繁发生

进入 21 世纪，中国以更加积极主动的姿态融入国际主流经济体系。加入世界贸易组织后，中国对外贸易额、外汇储备额、吸引外资额都以前所未有的速度增长，成为当代世界任何一个经济体都不可忽视的经济大国。虽然 2008 年国际金融危机的爆发，在一定程度上影响了中国的经济发展，但经过调整后的中国率先走出经济危机的阴霾，继续运行在持续、快速增长的发展轨道上。在经济社会持续发展的同时，中国也经历着各种自然灾害的磨砺。

21 世纪的第一年是 20 世纪 80 年代以来最为严重的旱灾年份。干旱波及范围广，损害程度深，农作物受灾面积、成灾面积和绝收面积远远超过常年平均水平。据统计，全国农作物受灾面积 5469 万公顷，其中成灾 3437 万公顷，绝收 1015 万公顷，分别比 1999 年增长 9%、28.5%、49.2%。[1]

2003 年发生的"非典"，是一场新型流行疫病灾难。它造成的直接损害后果虽然并不十分严重，但却使亿万人民经历了前所未有的社会恐慌，是一场新型的公共灾难，在共和国灾害与抗灾史上留下了难以忘记的一页。

2006 年是新世纪以来第一个重灾年。全国农作物受灾面积达 4109.1 万公顷，因灾死亡 3186 人，倒塌房屋 193.3 万间，直接经济损失 2528.1 亿元。其中，强热带风暴"碧利斯"、百年一遇的台风"桑美"造成损失最为严重。因灾情严重，全年民政部先后针对 17 个省份的灾情启动救灾应急响应 40 次，其中三级响应为 8 次，四级响应为 32 次，应急时间长达 132 天，仅针对福建的台风、洪涝灾害就启动了 8 次应急响应，应急响应次数超过 2005 年的 30 次和 2004 年的 12 次。[2] 因灾死亡失踪人数、紧急转移安置人口、直接经济损失仅次于 1998 年，为 1999 年以来同期最严重年份。

2008 年也是灾害最为严重的一年，是共和国历史上的特重灾年。年初，南方大部分地区发生了罕见的低温雨雪冰冻灾害，全国有 22 个省（自治区、直辖市）不同程度地受到影响，因灾死亡 132 人，失踪 4 人，紧急转移安置 166 万人，直接经济损失 1516.5 亿元。灾害的波及面之广、影响程度之深、社会影响之大，均为历史罕见。距冰雪灾害结束不到 100 天，四川汶

---

① 参见《2006 年度全国"十大自然灾害事件"》，《中国减灾》2007 年第 1 期；《06 年灾害严重民政部四措施保障困难群众生活》，2007 年 1 月 11 日，见 http://www.china.com.cn/policy/txt/2007-01/11/content_7639365.htm。

② 参见《2006 年度全国"十大自然灾害事件"》，《中国减灾》2007 年第 1 期；李立国：《06 年灾害严重　民政部四措施保障困难群众生活》，新浪网 2007 年 1 月 11 日。

川又发生了波及范围极广、伤亡人员极多、经济损失极重、社会影响极深、救灾难度极大的8级特大地震。受灾人口4625.6万人,紧急转移安置1510.6万人,因灾死亡69227人,失踪17923人,受伤37.4万人;倒塌房屋796.7万间,损坏房屋2454.3万间,直接经济损失8523.09亿元。[①] 由于南方特大冰雪灾害和汶川特大地震这两场历史罕见的巨灾,2008年全年各类自然灾害共造成直接经济损失高达11752亿元,使2008年的中国经济在全球金融危机的背景下更加雪上加霜。

2009年是共和国第一个60年的终点,又是第二个甲子的起点。从年初到8月,全国旱灾严重。8月16日,国家减灾委、民政部将旱灾救灾应急响应由此前的四级提升至二级。8月初的台风"莫拉克"给海峡两岸带来了严重的灾难。台湾岛内发生了近50年来最严重的水灾与泥石流灾难,截至8月25日,"莫拉克"台风共造成全台461人死亡、192人失踪、46人受伤,台湾地区累计农林渔牧损失达145亿元(新台币)。[②]

2010年是近20年来仅次于2008年的第二个重灾年份。其中,4月14日,青海玉树发生7.1级强烈地震,摧毁了结古镇几乎所有房屋、基础设施,人员伤亡惨重;8月8日,甘肃舟曲发生特大山洪泥石流灾害,造成舟曲县城部分主城区被掩埋,泥石流阻断白龙江,形成的堰塞湖导致整个舟曲县城近一半区域被淹,被淹时间长达20天之多,是新中国成立以来最为严重的山洪泥石流灾害。据统计,全国各类自然灾害共造成4.3亿人次受灾,因灾死亡失踪7844人,紧急转移安置1858.4万人次;农作物受灾面积3742.6万公顷,其中绝收面积486.3万公顷;倒塌房屋273.3万间,损坏房屋670.1万间;因灾直接经济损失5339.9亿元。[③]

2013年,我国自然灾害情况较2012年明显偏重,属于2000年以来中等偏重年份。我国大陆地区共发生5.0级以上(含5.0级)地震43次(其中含黄海2次),远超常年年均20次水平。地震灾害造成的倒损房屋数量占全年各类自然灾害造成倒损房屋数量的4成左右。其中,四川芦山雅安7.0级地震和甘肃岷县漳县交界6.6级地震震级高、破坏性强,两次地震造成死亡失踪人口、倒塌房屋间数和直接经济损失占全年地震总损失9成以上。据统计,各类自然灾害共造成全国38818.7万人次受灾,1851人死亡,433人失踪,1215万人次紧急转移安置;87.5万间房屋倒塌,770.3万间房

① 参见《2008年十大自然灾害事件》,《中国减灾》2009年第1期。
② 《"莫拉克"致461台胞死亡》,《人民日报·海外版》,2009年8月26日。
③ 《民政部等联合发布2010年全国自然灾害损失情况》,2011年1月14日,见http://www.gov.cn/gzdt/2011-01/14/content_1784580.htm。

屋不同程度损坏;农作物受灾面积 31349.8 千公顷,其中绝收 3844.4 千公顷;直接经济损失 5808.4 亿元。[①]

　　2014 年,我国大陆地区共发生 5 级以上地震 22 次,6 级以上地震 5 次。6 级以上地震集中发生在西部地区,分别是 2 月 12 日新疆于田 7.3 级地震、5 月 30 日云南盈江 6.1 级地震、8 月 3 日云南鲁甸 6.5 级地震、10 月 7 日云南景谷 6.6 级地震和 11 月 22 日四川康定 6.3 级地震。其中,云南鲁甸 6.5 级地震灾害损失最为严重,是鲁甸地区有历史记载以来的最强地震,造成 617 人死亡,112 人失踪,大量城乡房屋倒损,交通、通信等基础设施和学校、医疗卫生机构等公共服务设施遭受严重破坏,给当地群众生产生活造成严重影响,直接经济损失 201.4 亿元(其中云南 198.5 亿元、四川 1.7 亿元、贵州 1.2 亿元)。据统计,2014 年地震灾害共造成全国 12 省(自治区、直辖市)和新疆生产建设兵团 310.6 万人次受灾,736 人死亡失踪,65.9 万人次紧急转移安置;35.7 万人次需紧急生活救助,11.5 万间房屋倒塌,137.1 万间不同程度损坏;直接经济损失 408 亿元。与 2000—2013 年相比,灾害损失总体偏重,其中因灾死亡失踪人数仅次于发生过汶川特大地震的 2008 年和发生过青海玉树地震的 2010 年。[②]

　　灾难是无情的,而党、国家政府和人民是有情的。经过改革开放 40 年的发展,随着国家经济实力和综合国力的增强,各种减灾抗灾措施、救灾体制和机制,都为党领导人民抗灾、减灾、救灾奠定了扎实的基础。国家还大幅度提高了救灾救济款的拨付及灾后重建投入,保障了灾区人民的基本生活,灾后重建也具备了更加坚实的物质基础。与此同时,21 世纪以来,一些特大自然灾害和公共突发卫生事件,极大地激发了人民群众的爱心和捐赠热情,焕发了广大人民互助友爱、和衷共济、扶贫帮困的传统美德,鼓舞了全体中国人民互帮互助、同舟共济的信心,增强了全国人民进一步团结和抵御艰难险阻的无穷力量。

六、社会力量参与救灾被纳入政府规范体系[③]

　　自 2008 年汶川地震后,中国又相继经历了四川雅安、云南鲁甸等特大

---

① 《民政部国家减灾办发布 2013 年全国自然灾害基本情况》,2014 年 1 月 4 日,见 http://politics.people.com.cn/n/2014/0104/c70731-24023291.html。

② 《民政部国家减灾办发布 2014 年全国自然灾害基本情况》,2015 年 1 月 5 日,见 http://www.gov.cn/xinwen/2015-01/05/content_2800233.htm。

③ 本目内容参见徐娜:《支持和引导社会力量参与救灾——专访国家减灾委员会办公室副主任、民政部救灾司副司长杨晓东》,《中国减灾》2015 年第 21 期。

地震灾害的伤痛。2008 年汶川重特大地震开启了中国的"公益元年"。此后，社会上涌现出大量各种各样的救灾力量。他们积极参与救灾援助，从爱心企业到社会组织，从民间救援团队到社工、义工和志愿者，这些社会救灾力量将公益延伸到灾区的各个角落，弘扬着人间正气，传递着正能量。近年来，社会力量参与救灾在数量上、专业化程度、参与救灾的积极性和发挥作用等方面都有了长足的发展，社会力量参与救灾逐渐发展成为救灾工作的一支重要力量。社会力量参与救灾主要以公益组织和民间救援队为两大主体，公益组织注重灾后物资援助与灾后服务，民间救援队则注重生命财产的紧急搜救。这些社会力量在现场救援、捐赠款物、物资运送发放、心理疏导和抚慰、灾后恢复重建等方面都发挥了重要作用，成为国家和政府救灾的重要补充力量。

从数量上看，2008 年汶川地震发生时，以救灾为主旨的基金会在全国不足百家，数量较少，民间救援力量也还处于萌芽孵化阶段。而到 2013 年芦山地震、2014 年鲁甸地震救灾中，基金会、救援团队、志愿者团队等社会组织参与救灾援助的数量大幅增加，规模和数量都以几何倍数增长。这些社会力量在现场救援、捐赠款物、运送发放物资、心理疏导和抚慰、灾后恢复重建等方面广泛参与救灾援助工作。

从参与救灾积极性上看，以 2008 年汶川地震为例，地震发生时，据不完全统计，奔赴四川灾区一线参与救灾的社会组织达到 300 多家。在震后一小时，就有社会组织通过断断续续的网络，利用 QQ 群发出地震自救、避难服务等信息。地震发生仅数小时，社会力量迅速投入抗震救援，四川当地一些登山协会、野外探险组织奔赴现场，第一时间开展救援工作。灾害发生后短短几天内，数以百计的社会组织和大量社会工作者、志愿者如雨后春笋般出现在各个救灾现场。而 2012 年 9 月 7 日，云南彝良连续发生 5.7 级和 5.6 级地震后，大约至少有 30 多家公益组织和近千名志愿者在灾区开展服务工作。"壹基金"联合四支专业救援队和云南、贵州、湖南、陕西的公益伙伴开展联合救援行动。两天后，在 NGO 备灾中心、益行工作组、云南发展培训学院、壹加壹应急救援队、"华夏公益"以及当地志愿者的协助下，彝良抗震救灾民间联合工作站正式成立，联合救援成为此次救援的一大亮点。[①]而此后的芦山地震、鲁甸地震灾害救援中，参与救灾的社会力量无论在响应速度，还是在参与的积极性方面，以及利用民间网络采取联合救援等方面都有了更新的突破，凸显出公益组织在救灾领域的强大助推力。

---

① 李健强：《2012 年民间力量参与救灾综述》，《中国减灾》2013 年第 3 期。

　　从专业性上看,在 2008 年汶川地震之前,国内基本没有专业救灾救援队伍,只有极少的以登山或户外运动等为主要内容而形成的一些零散救援团队。汶川地震后,专业化的救灾救援队伍开始逐渐形成并日益壮大。2012 年 6 月 24 日,以云南宁蒗永宁 5.7 级地震为例,地震发生后,来自各地专业救援队如云南蓝天救援队、云南火峰救援队、云南户外救援 ODRC、四川山地救援队等专业救援队伍赶赴灾区,进行生命搜救和生命财产抢救。①芦山地震、鲁甸地震发生后,也有多支较为专业化的救灾救援团队及时参与救灾。他们围绕生命搜救、轻伤员救助、为分散居住的村民运送生活物资等内容展开了专业化的救援工作,救灾援助的专业化水平明显提高,为灾区和灾民提供了更加专业化的救灾援助服务。此外,为了增强民间救援队的专业化程度,以民间联合救灾网络为载体形成了更加专业化、集约化的救灾救援团队,比如以蓝天救援队和壹基金救援联盟为典型,分别都吸纳了数百支救援队参与。众多救援队共同参与联合起来的救灾救援联盟所形成的合力,对灾区开展更加有效地、精准地救灾救援活动。2008 年汶川地震中,由深圳登山户外运动协会倡议发起成立的深圳公益救援队经过十年间的发展,已经成为一只初具规模的民间综合性救援队。截至 2018 年上半年,深圳公益救援队人员规模已由 2009 年的 131 人发展到 545 人,并拥有救援志愿者 703 人,成员组成也从最初的户外爱好者为主发展成为来自社会各个层面的志愿者;从最初的单一山地环境的救援能力,逐渐发展成为集山地救援、医疗辅助、高空技术救援、城市搜救、水上搜救、应急通信、无人机支援等多种救援能力的综合性的民间专业救援机构。②

　　从发挥作用上看,各种社会力量参与救灾具有组织起来更加灵活,提供服务更加多样,汇聚资源更加广泛等特征。各种社会组织从自身宗旨使命出发,发挥自身业务特长,从擅长的领域发挥专长,深入灾区提供形式多样的救灾援助服务,满足受灾群众各种多样化的需求。比如,一些社会组织在充分细致调查受灾群众需求的基础上,根据妇女、儿童、民族、地域和风俗习惯等不同特征,有针对性地开展心理疏导、情感关怀,并有针对性地运送发放各种救援物资,以满足各种不同的个性化救灾需求。一些社会力量还通过开展救灾捐赠、吸纳招募和管理志愿者、投入自有资源等,聚集多方资源投入灾区,有力支持灾区开展救灾工作。与此同时,各种社会力量在广泛积

　　①　李健强:《2012 年民间力量参与救灾综述》,《中国减灾》2013 年第 3 期。
　　②　深圳公益救援志愿者联合会:《深圳市公益救援志愿者联合会　深圳公益救援队 2008—2018 年工作报告》(内部资料),2018 年 6 月 9 日。

极参与救灾工作中,传播了公益慈善理念,在全社会广泛营造了奉献爱心、慈善捐赠的氛围,弘扬了"一方有难、八方支援"的互助精神。

鉴于近年来社会力量参与救灾的蓬勃发展,党和国家顺势而为,积极鼓励、支持社会力量参与救灾援助工作,把社会力量救灾纳入政府规范体系,初步形成了"政府主导、多方参与、协调联动、共同应对"的救灾工作格局。为进一步加大对社会力量参与救灾工作的支持力度,更好地发挥社会力量参与救灾的积极作用,使社会力量参与救灾更加规范、有序、高效,2015 年10 月 8 日,民政部出台了《关于支持引导社会力量参与救灾工作的指导意见》。在遵循"政府主导、统筹协调;鼓励支持、引导规范;效率优先、就近就便;自愿参与、自助为主"的基本原则上,为破解协调难题,规范工作体系,进一步完善社会力量参与救灾的体制机制,规范引导社会力量高效有序地参与救灾,以提高救灾工作整体水平提出具体指导意见。分别就救灾工作的不同阶段社会力量参与救灾的内容,个人志愿者有序参与救灾工作的机制,建立救灾捐赠导向机制,以及搭建社会力量参与救灾工作的服务平台等主要内容,对规范和引导社会力量高效有序参与救灾工作进行有效指导。

一是明确了救灾工作的不同阶段社会力量参与救灾的内容。在常态减灾阶段,鼓励和支持社会力量参与日常减灾各项工作;在灾害紧急救援阶段,必须突出救援效率。在受灾地区资源环境承载能力、区域空间、后勤保障等基础条件存在诸多制约的情况下,灾区主要是以人民解放军、武警部队、公安干警、民兵预备役人员等灾害救援突击队、主力军为主要救援力量并发挥重要作用。在此基础之上,统筹引导具有救援专业设备和技能的社会力量有序参与,注重发挥灾区当地社会力量的作用,不提倡其他社会力量在紧急救援阶段自行进入灾区;在过渡安置阶段,有序引导社会力量进入灾区,扶助受灾群众恢复生产生活,帮助灾区逐步恢复正常社会秩序;在恢复重建阶段,帮助社会力量及时了解灾区恢复重建需求,支持社会力量参与重建工作。同时提出要加快完善救灾捐赠导向机制,引导社会力量根据灾区需求开展救灾捐赠活动,倡导以捐赠资金为主,募集资金主要用于帮助灾区做好抢险救灾、灾后恢复重建等工作。

二是倡导个人志愿者通过相关组织机构有序参与救灾工作。在鼓励社会力量自愿参与救灾工作时,要充分考虑各类社会力量的组织能力和自我保障能力。对于个人志愿者应鼓励和引导其加入受灾地区的相关社会组织、有关单位或工作队伍等组织机构,借助组织机构开展的专业培训、组织协调、服务保障等工作,提升个人志愿者的组织化水平、专业服务能力及自我保障能力,帮助其更加有序有效地参与到救灾工作中。

　　三是加快建立完善救灾捐赠导向机制。根据灾区需求参与救灾捐赠活动，倡导以捐赠资金为主，募集资金主要用于帮助灾区做好抢险救灾、灾后恢复重建等工作。救灾捐赠可以是经常性捐赠，也可以是发生在救灾工作全过程及各个阶段，积极鼓励支持社会各界通过款物捐赠的方式积极响应、热心支持救灾工作，发扬"一方有难、八方支援"的互助精神。为进一步提高捐赠款物与灾区需求的匹配度，减少救灾捐赠的盲目性，最大限度地避免资源浪费，要通过及时发布灾情、灾区需求和供给信息，规范款物使用，加强信息公开等手段建立救灾捐赠导向机制。同时，要引导捐赠人考虑灾区运输力量薄弱、灾区群众生活习惯差异、食品药品质量安全等因素，倡导其以资金捐赠的方式参与和支持救灾工作。

　　四是建立常设的社会力量参与救灾协调机构或服务平台。协调机构或服务平台是支持引导社会力量参与救灾工作的枢纽机构，是灾区政府、社会力量、受灾群众、社会公众、媒体等相关各方沟通的桥梁。常设的协调机构或服务平台并不是统一要求成立有专门机构、有人员编制、有财政预算的实体机构，而是要求各地结合实际，成立能够在救灾应急工作和日常工作中都能发挥专门作用的职能工作组织。其主要职责就是在救灾过程中，可以及时发布灾情、救灾需求和供给等指引信息，传达贯彻救灾指挥、调配、协作等工作部署，保障救灾行动各方信息畅通。协调指导社会力量及时向服务平台报送参与救灾的计划、可供资源、工作进展等情况，促进供需对接匹配，实现救灾资源高效优化配置。在日常工作中，加强与有关社会力量的联络互动，做好政策咨询、业务指导、项目对接、跟踪检查等工作。

　　《关于支持引导社会力量参与救灾工作的指导意见》的制定对于支持鼓励、规范引导社会力量参与救灾工作起到了极大的促进作用，在规范、高效、有序的基础上加快推进了社会力量参与救灾的蓬勃发展。①

　　综上所述，频繁发生的重特大灾害给救灾捐赠带来了一定的机遇和挑战。无论是经常性捐赠，还是发生在救灾全过程及各个阶段的捐赠，都要以灾区需求为导向。通过及时发布灾情及灾区的需求情况，规范捐赠款物的使用和信息公开对称，尽可能地避免和减少资源浪费，提高捐赠款物和灾区需求的匹配度，降低救灾捐赠的盲目性，使得救灾捐赠发挥最大效益，为帮助灾区抢险救灾和灾后恢复重建等发挥重要作用。2000年后，我国经济社会快速发展，国家经济实力日益增强，人民生活水平不断提高，中国特色社

---

① 《民政部制定印发〈关于支持引导社会力量参与救灾工作的指导意见〉》，2015年10月10日，见 http://www.gov.cn/xinwen/2015-10/10/content_2944638.htm。

会主义已经由富起来走向强起来的时代,这些都为救灾捐赠奠定了坚实的物质基础和雄厚的资源保障。根据救灾工作形势发展需要不断地调整和完善救灾工作方针,为进一步规范和发展救灾捐赠奠定了坚实的物质基础和政策导向,各种社会力量规范高效有序地参与救灾,更为救灾捐赠导向机制的探索和建立提供了广阔的空间和领域,诸上这些因素都为救灾捐赠的发展提供了更加有利的物质保障和外部环境。

第二节　2000年后救灾捐赠典型案例

21世纪以来,随着捐赠活动的增多,捐赠工作中出现的问题也有所增加。比如,募捐渠道不清,接收主体混乱,捐赠款物多头分配,甚至出现以救灾募捐名义进行诈骗活动,等等。为使救灾捐赠更好地、有序地开展,在国务院统一领导下,民政部和各有关部委针对救灾捐赠工作中出现的问题,相继制定出台了一些政策、行政规章,加强了对救灾捐赠的组织和监管。通过2003年防治"非典"、2008年年初南方低温雨雪冰冻灾害和"5·12"汶川特大地震、2010年"4·14"青海玉树地震和"8·7"甘肃舟曲特大泥石流灾害、2013年"4·20"四川雅安芦山地震、2014年"8·3"云南鲁甸地震等几次大规模的救灾捐赠实践,救灾捐赠工作流程不断得到规范和完善,逐步形成了"政府推动、民间运作、社会参与、各方协作"的工作机制。

一、2003年防治非典型肺炎捐赠

2003年,随着"非典"疫情的爆发,社会各界对非典型肺炎防治工作都表现出极大的关心,纷纷采取各种形式进行捐赠。一些国外企业和个人及外国政府组织也纷纷表示捐赠意愿。一时间,受赠单位五花八门。民政社会救助中心、中华慈善总会、希望工程捐助中心、北京市防治非典领导小组办公室、北京市接受救灾捐赠事务管理办公室、各类医院、卫生系统各单位,甚至一些航空、交通等社会服务部门都接受了各种捐赠。一场应对突发公共卫生事件的大规模社会捐赠活动在国内外开展起来。

为避免发生社会捐赠混乱,规范和加强社会捐赠款物的管理使用,5月3日,国务院办公厅下发《关于加强防治非典型肺炎社会捐赠款物管理工作的通知》,对防治非典型肺炎社会捐赠管理工作做出明确规定。

第一,此次捐赠工作由全国防治非典型肺炎指挥部防治组和后勤保障组进行指导和协调,民政部门、卫生部门负责接受社会捐赠款物,中国红十字会总会、中华慈善总会也可接受社会捐赠。其他部门和社会组织一律不

得接受社会捐赠,已接受的捐赠款物应尽快移交民政部门或卫生部门。捐赠活动必须坚持自愿原则,不得搞行政命令或硬性摊派。此次社会捐赠不在全国范围内组织发动,不搞集会性捐赠活动。

第二,要切实加强捐赠款物的使用管理。接收捐赠要按照《中华人民共和国公益事业捐赠法》及有关规定,制定严格的工作程序,明确纪律要求,建立责任制度,务必做到手续完备、专账管理、专人负责、账款相符、账目清楚。接受的每一笔捐赠款物,都要当面点清,并向捐赠人出具合法、有效的收据和感谢信。捐赠款物必须登记造册,坚持专款专物专用、集中使用的原则,切实保证捐赠款物全部用于非典型肺炎的防治和救助,不得挪作他用。

第三,要增加社会捐赠工作的透明度,加强对捐赠工作的监督、检查。民政部门、卫生部门、中国红十字会总会、中华慈善总会要定期将捐赠款物的接收、分配、使用情况向社会公布,自觉接受社会监督、舆论监督和群众监督。民政部门要会同有关部门及时查处和取缔各种形式的非法募捐活动。新闻媒介要充分发挥舆论监督作用,揭露捐赠工作中的违规、违法现象。审计、监察部门要对捐赠工作跟踪检查、审计,发现问题及时处理。公安、司法部门要坚决打击借募捐名义从事诈骗活动等违法犯罪行为。[①]

随后,民政部、卫生部、国家食品药品监督管理局、财政部、监察部、审计署都先后发文,对接收防治非典型肺炎捐赠工作事宜做出具体规定。

5月3日,国家食品药品监督管理局制定了《捐赠防治非典型肺炎药品和医疗器械暂行规定》,规定接受药品、医疗器械的受赠人应为省级以上民政部门、卫生行政管理部门,中国红十字会总会、中华慈善总会及其各省级以上分支机构。4日,卫生部办公厅下发《关于接收防治非典型肺炎捐赠事宜的公告》,明确公布了卫生部接受社会捐赠的机构、捐赠款物的范围、接受程序、接收捐赠款物的使用分配情况及信息反馈、公示和监督等具体问题。7日,民政部发出《关于非典型肺炎社会捐赠的通告》,重申了此次防治非典型肺炎社会捐赠款物的接受渠道和有关具体事项。9日,财政部下发《关于加强防治非典型肺炎社会捐赠资金管理的通知》,对进一步加强防治非典型肺炎社会捐赠资金管理的相关事宜做出规定。14日,民政部、卫生部、财政部向全国联合下发了《关于接收防治非典型肺炎社会捐赠工作有关问题的通知》,再次重申、强调了此次社会捐赠的接收渠道、使用、管理、

[①] 《国务院办公厅下发防非典社会捐赠款物工作通知》,2003年5月4日,见 http://news.sina.com.cn/c/2003-05-04/13001029468.shtml。

监督、检查、审计、信息发布等工作要求。同日,监察部、民政部、审计署联合下发《关于加强对防治非典型肺炎社会捐赠款物管理情况监督检查的通知》,对加强防治非典型肺炎社会捐赠款物管理情况的监督检查提出了明确要求。要求严格捐赠工作责任制;增加社会捐赠工作的透明度;加大对社会捐赠款物的审计力度;严肃查处捐赠工作中的违纪违法案件。

国务院以及各部委的发文对防治"非典"捐赠工作的顺利开展和监管起到了有效的制度保障和规范作用,使捐赠工作更加程序化、规范化和制度化。

首先,明确渠道,精心安排,确保了捐赠工作规范有序地进行。国务院《关于加强防治非典型肺炎社会捐赠款物管理工作的通知》下发后,各地及时公布了防治非典型肺炎社会捐赠的接收渠道。多数地区由民政、卫生部门,红十字会、慈善总会(协会)负责接收,少数地区由防治非典型肺炎指挥部统一接收,并公布了捐赠账号和咨询电话。对捐赠初期其他部门、社会组织开展的捐赠活动,各地予以了纠正,对其已经接收的捐赠款物及时向民政、卫生部门办理移交,避免了多头接收、多头募捐。各地按照国务院《通知》要求,不主动要求或呼吁捐赠,坚持自愿原则,不组织劝捐、募捐活动,不采取行政手段动员捐赠,不搞指标和摊派,严格按原则和政策操作。①

其次,认真做好款物接收发放工作,切实管好、用好捐赠款物。各地、各有关部门讲政治、顾大局、重奉献,通力合作,层层落实工作责任制,全力以赴做好捐赠款物的接收、发放工作。对每笔捐赠款物均登记造册、及时入账,向捐赠人出具财政部门印制的收据,做到手续完备,专账管理,账款相符,账目清楚。对定向捐赠款物,各接收单位严格按照捐赠者的意愿,直接、及时地发放给受益对象。对非定向捐赠资金,按照"财政收支两条线"的规定,及时转入财政专户。在分配捐赠款物过程中,各地坚持专款专用、重点使用、统筹兼顾的原则,特事特办,加快工作节奏,提高效率,确保捐赠款物及时发放到抗击"非典"一线,使捐赠款物真正发挥了作用。②

再次,建立公示制度,加强舆论宣传,增加了捐赠工作的透明度。各地、各部门认真做好捐赠款物接收分配的公示、公开,通过新闻媒体及时公布捐赠情况,自觉接受舆论和社会监督。民政部将本级接收、分配捐赠款物的详

---

① 《国务院办公厅下发防非典社会捐赠款物工作通知》,2003年5月4日,见 http://news. sina.com.cn/c/2003-05-04/13001029468.shtml;《民政部发布关于"非典"社会捐赠的通告》,2003年5月8日,见 http://news.sohu.com/77/72/news209147277.shtml。

② 《财政部关于接收防治非典型肺炎社会捐赠工作有关问题的通知》,《中国财经审计法规公报》2003年第13期。

细情况全部在《人民日报》《人民日报(海外版)》等媒体和网站上公示,卫生部、中国红十字会、中华慈善总会也以各种方式向社会公布捐赠情况。①

最后,政策优惠,措施到位。国家出台了一系列优惠政策,极大地促进了社会各界的捐赠积极性。为鼓励企业和个人捐赠,国家出台了捐赠税收优惠政策,允许捐赠人在缴纳所得税前全额扣除。对境外捐赠的物资,国家免征进口关税和进口环节增值税。国家邮政总局对抗击"非典"捐款免收各种费用。财政、海关、商检、银行、交通、民航、铁路和驻外使领馆对捐赠工作也给予了大力支持。审计、监察部门对捐赠工作进行了全面跟踪检查、审计,发现问题并及时处理。②

在这次防治"非典"捐赠工作中,民政部门负责主管社会捐助事务的职责得到了进一步明确和充分展现。在"非典"疫情发生后,国务院和全国防治非典型肺炎指挥部明确了由民政部实行对防治"非典"社会捐赠工作的归口管理,要求民政部负责此次捐赠工作的具体指导、协调和综合管理。由民政部对外公开发布接收"非典"捐赠的渠道、原则,并牵头协调卫生部、财政部、监察部、审计署等部门制定捐赠款物管理使用办法,负责将捐赠情况和数据汇总后报告国务院,并向社会公布。按照国务院和民政部的要求,各地民政部门和各有关部门、单位通力合作,及时明确接收捐赠的渠道,公布捐赠账号和咨询电话,采取各种措施,严格规范执行捐赠款物的接收、分配和发放,确保了此次防治"非典"社会捐赠工作的规范有效进行。在此次社会捐赠工作中,不仅社会捐赠政策有了新的突破和完善,管理体制得到有效整合,而且民政部门在社会捐赠工作中的管理职责也越来越明晰。此后,民政部牵头、有关部门密切配合、社会力量广泛参与的社会捐赠运行机制逐步确立起来。

此次接受捐赠的数额较大。据统计,截至 2003 年 7 月 31 日,全国共接收社会捐赠款物 40.74 亿元,其中民政部门接收 14.94 亿元;卫生部门接收 14.73 亿元;中国红十字会总会和地方红十字会接收 6.36 亿元;中华慈善总会和地方慈善总会接收 1.96 亿元;其他指定机构接收 2.75 亿元。在全部捐赠款物中,内地企业、个人捐赠 27.44 亿元,占 67.3%;党政机关及事业、社团组织捐赠 6.1 亿元,占 15%;港澳台地区捐赠 1.57 亿元,占 3.9%;外国政府、国际组织捐赠 2.36 亿元,占 5.8%。③

---

① 《三部委发文:规范和加强接收"非典"社会捐赠》,2003 年 5 月 13 日,见 https://news.sina.com.cn/c/2003-05-13/14581054557.shtml。

② 《三部委发文:规范和加强接收"非典"社会捐赠》,2003 年 5 月 13 日,见 https://news.sina.com.cn/c/2003-05-13/14581054557.shtml。

③ 中华人民共和国民政部:《中国民政年鉴2003》,中国社会出版社 2004 年版,第 225—226 页。

二、2008 年年初应对南方低温雨雪冰冻灾害捐赠

2008 年 1 月 10 日至 2 月上旬，中国南方大部分地区遭受了一场突如其来的持续一个月之久的低温、雨雪、冰冻灾害。1 月 21—28 日，国家减灾委、民政部分别对湖南、湖北、贵州、广西、江西、安徽等六个省、自治区，启动四级应急响应；1 月 29 日，又将响应级别提升至二级。1 月 31 日，针对四川省的冰雪灾情，又再次启动了二级应急响应。此次冰雪灾害影响范围之广、程度之重、持续时间之长，整体上属五十年一遇，在贵州、湖南等南方省份则为百年一遇，实属罕见。

灾害发生后，社会各界积极、主动、自发地开展了多种形式的捐赠活动，为全国抗灾救灾工作的胜利提供了重要的支持和帮助。民政部积极有效地组织了此次应对低温雨雪冰冻灾害救灾捐赠工作。

首先，明确了此次捐赠工作的接收主体，理顺了捐赠渠道。本次捐赠活动遵循统一指挥，归口管理，协调行动的原则。由民政部成立救灾捐赠小组，统一负责救灾捐赠的组织协调、宣传报道、数据汇总、信息发布等工作。规定除民政部可以直接接受救灾捐赠外，各地民政部门、中国红十字会总会及各地红十字会、中华慈善总会及各地慈善会具体负责接收捐款，各接收捐赠机构每日定时向民政部报告捐赠信息，及时拨付捐款。民政部及时与银行、邮政等部门协调，开通账号和咨询电话，为社会各界捐赠提供便利服务，保证了捐赠渠道的畅通。为做好国外捐赠物资入境和及时发放到灾区，民政部与外交部、国家质监总局、海关总署等部门进行协调，特事特办，采取先取保入关、后补办手续等紧急措施，保证外援物资以最短时间运往灾区并发放给困难群众。新闻宣传部门和有关媒体大力宣传报道救灾和捐赠情况，极大鼓励了社会各界踊跃参与捐赠活动。

其次，统一了此次接收救灾捐赠的口径，整合发挥了政府和社会两方面的合力。根据各地受灾实际和需要救助情况，民政部及时研究、制定了《关于此次低温雨雪冰冻灾害救灾捐赠的口径和捐赠方式的意见》，确定了此次接受社会捐赠的三条原则：一是鉴于中央和地方政府针对这次低温雨雪冰冻灾害，已经投入了大量的人力、物力和财力，抓紧开展抗灾救灾，决定暂不组织开展全国性的救灾捐赠活动，也不主动向国际社会发出请求援助呼吁。但对于国内外主动提出捐赠的单位、组织和个人，表示感谢和欢迎，并视情况采取适当方式接收；二是鉴于灾区交通压力较大，国外和港澳台的救灾物资很难及时运抵灾区发挥作用，决定对有意向进行物资捐赠的一般婉拒，建议以捐赠资金为主，由灾区就近采购急需的救灾物资；三是根据不同

捐赠者确定不同的接受救灾捐赠方式,如针对外国政府、联合国机构、国际组织或团体、外国企业和知名友好人士等不同捐赠主体,采取灵活的接受捐赠形式,充分发挥慈善组织在社会捐赠中的运作功能,认真做好接收国际救灾援助工作。

最后,加强了救灾捐赠工作的监督和管理。为做好此次救灾捐赠工作的管理,民政部对各地开展捐赠活动提出明确要求,制定了严格的工作程序,建立了明确的责任制度,要求做到接受捐款手续完备、专人负责、专账管理、账款相符、账目清楚。接受捐款要向捐款人出具合法、有效的收据和感谢信。同时,在全国建立信息统计报告制度。从 2008 年 2 月 1 日起,各地民政部门及中国红十字会总会、中华慈善总会在每日 16 时前将当日接受捐款情况报民政部,确保了捐赠款物接收、发放的公开、合理、透明。3 月 21 日,民政部救灾救济司、民政部慈善事业协调办公室会同中民慈善捐助信息中心,在汇总和分析全国救灾捐赠情况的基础上,共同编制《2008 年初严重低温雨雪冰冻灾害全国社会捐赠总体情况》,并向全社会发布,推动了捐赠工作的透明化。

据统计,截至 2008 年 2 月 29 日,国内外社会各界针对此次灾害的捐赠款物总额共计 22.75 亿元(捐款 19.84 元,捐赠物资折价 2.91 亿元)。其中,来自境内的捐赠为 15.41 亿元,占总捐赠额的 67.74%;来自境外的捐赠为 7.34 亿元,占总捐赠额的 32.26%。[1] 红十字会、慈善总会等社会组织在捐赠中发挥了积极作用。包括各级红十字会和各地慈善会在内的社会组织共接收各界捐赠款物 6.09 亿元,占总捐赠额的 26.8%。来自民众(包括公务员、军人、企事业单位职工和其他民众)的捐赠潜力也很大,其捐赠额为 4.21 亿元,占捐赠总额的 18.5%,占国内捐赠额的 27.3%。[2]

在这次救灾捐赠活动中,民政部门牵头并推动指导、各有关部门密切配合、社会各界广泛参与的协调一致的捐赠工作机制得到进一步发展、完善。

三、"5·12"汶川特大地震抗震救灾捐赠

2008 年 5 月 12 日,汶川 8.0 级特大地震发生后,民政部成立了抗震救灾捐赠工作组,统一负责救灾捐赠的组织协调、宣传报道、数据汇总、信息发布、监督管理等工作。民政部有效组织开展了全国性社会赈灾捐赠活动,较

---

[1] 《民政部:国内外社会各界为冰雪灾区捐赠 22.75 亿元》,2008 年 3 月 25 日,见 http://www.gov.cn/gzdt/2008-03/25/content_927879.htm。

[2] 《民政部:低温雨雪冰冻灾害捐赠活动呈现 6 大特点》,2008 年 3 月 21 日,见 http://news.sina.com.cn/c/2008-03-21/203315198670.shtml。

好地支援了灾区群众生产生活,缓解了灾区生活困难问题,推动了救灾捐赠工作的进一步发展和完善。

（一）明确接收救灾捐赠渠道,组织发动全国性救灾捐赠

2008 年汶川地震抗震救灾捐赠渠道非常明确,主要有三个层面:第一个层面,全国、中央层面,包括民政部、中国红十字会总会、中华慈善总会三个主要渠道;第二个层面,地方层面,即各级民政部门公布的救灾捐赠渠道;第三个层面,这次地震的重灾区——四川省、甘肃省、陕西省。

2008 年 5 月 13 日,地震发生后第二天,民政部即向全国发出《关于组织开展向地震灾区捐赠工作的通知》(以下简称《通知》),紧急动员部署向地震灾区开展捐赠活动的有关工作,并通过媒体向全社会公布接收捐赠的正规渠道。各级民政部门负责以政府名义接收救灾捐赠款物,各有关部门可接收本系统的捐赠款物。各级红十字会、慈善会等具有救灾宗旨的公募基金会可以救灾名义向社会开展募捐活动,接收救灾捐赠。组织开展义演、义赛、义卖等各类救灾募捐活动,要按规定报有关部门批准,募集的捐赠款物要及时移交民政部门或者红十字会、慈善会等具有救灾宗旨的公募基金会。为更好地组织开展救灾捐赠活动,有效支援灾区应急救助,根据社会捐赠意愿和要求,民政部先后批准了 20 余家公募基金会接受和分配使用社会捐赠款物,允许相关部门和单位在统筹安排的情况下接受审核捐赠。

《通知》明确规定、说明接收捐赠渠道,为抗震救灾捐赠工作的顺利开展提供前提条件,确保了这次全国性社会赈灾活动的有序进行。

（二）协调各部门接收救灾捐赠款物

四川汶川特大地震发生后,民政部积极协调交通、铁路、民航、财政、各地方民政部门、中国红十字会总会、中华慈善总会等部门和单位组织接收社会捐赠,投入抗震救灾工作,保证了全国抗震救灾捐赠工作的顺利开展。

在此次救灾捐赠活动中,民政部主要通过四种方式接收救灾捐款,即银行捐款、邮局捐款、现场捐款和各部门、社会团体转交捐款。民政部与银行协商制订简便快捷的捐赠接收和跨行协作办法,与邮政部门协调,经邮局接收大量境内和境外救灾捐赠物资,保障捐赠渠道通畅。民政部收到的捐赠资金,首先汇入建设银行,建设银行凭民政部开具的缴款通知书上缴民政部——中央财政汇缴专户。从银行汇款的捐款,需 2—3 个工作日,经银行、民政部、财政部三个工作环节后,最终得到确认;直接交纳的支票和现金捐款,第二天即可确认。现场捐款,当场开具发票和感谢信;非现场捐款,在接到邮局捐款或银行捐款到账后,财务部门将开具收据,并将收据经邮局寄送捐赠人。

民政部还积极与交通、民航、铁路、财政等部门沟通,协调解决灾区救灾物资紧急调运和救灾捐赠物资的运输问题。5月13日,交通运输部向四川、陕西、甘肃省交通厅、重庆市交通委发出《关于对抗震抢险救灾物资免缴车辆通行费的紧急通知》,要求在抗震救灾期间,对向灾区运送抗震抢险救灾物资的运输车辆,一律免缴车辆通行费,使用"绿色通道",确保车辆快速、优先通行。14日,中国民用航空局下发《关于免收救灾飞机有关费用的通知》,决定免收运送救灾人员和物资飞机的航空性业务收费、地面服务费、进近指挥费和航路费。15日,交通运输部下发《关于继续全力做好四川汶川地震抗震救灾交通保障工作的紧急通知》,要求各地对向灾区运送救灾物资的车辆,按照"绿色通道"政策,免收车辆通行费,保障救灾车辆优先、快速通过。16日,交通运输部海事局发出紧急通知,要求全国海事系统各单位采取开辟绿色通道、简化办理程序、加强护航等措施,确保救援人员和设备、重要物资水上运输安全畅通。22日,外交部、民政部、财政部、中国民航局及四川省驻京办事处有关负责同志,对救灾捐赠物资的运输问题进行专题研究,决定地方民政部门接收救灾捐赠物资在运送灾区过程中所发生的费用,由支援地政府财政负担,并由当地民政部门协调交通运输部门先行办理,事后由当地财政部门统一结算。铁路部门也与民政部门、部队等建立联系协调机制,铁道部专门成立救灾运输调度指挥台,对抗震救灾物资计划、运输实施全过程盯控,对救灾人员和物资采取立即挂运、特事特办、加速放行等非常措施,确保灾区群众急需物资快速到达。

民政部与各有关部门进行有效沟通、积极协调,各有关部门相继制定发布了一系列通知文件。这些成熟的做法和程序为抗震救灾捐赠物资及时、快速运往灾区,解决灾区群众生产生活困难起到了积极保障作用。

(三)救灾捐赠款物的监管

此次灾害突如其来,破坏性强、波及范围广、救灾难度大,均为历史罕见,为此,在抗震救灾工作中出现不少新情况,特别是救灾捐赠款物的监管方面,不同程度存在着资金滞留基层较多、捐赠款物与灾区需求脱节、捐赠款物统计和管理不够规范等问题。为加强和规范救灾捐赠工作,国务院、民政部和各有关部门先后发文,对救灾捐赠物资的组织、接收、分配、使用、统计、信息公开和监督等环节进行规范和指导。

在救灾捐赠的组织开展方面,民政部下发了《关于组织开展向地震灾区捐赠工作的通知》,对救灾捐赠的组织和接收等工作提出具体要求,规范了救灾捐赠操作程序。

在救灾捐赠款物管理和使用方面,国务院办公厅先后颁布了《关于加强汶川地震抗震救灾捐赠款物使用的通知》和《关于汶川地震抗震救灾捐赠资金使用指导意见》，民政部、财政部、住房和城乡建设部下发《关于进一步做好汶川地震灾区救灾款物使用管理的通知》，民政部、国家发展改革委、财政部、教育部、卫生部下发《关于汶川特大地震抗震救灾捐赠资金使用有关问题的意见》，民政部下发《汶川地震抗震救灾生活类物资分配办法》。这些意见和通知从各方面提出对捐赠款物管理和使用的具体要求和实施办法。

在救灾捐赠款物统计工作方面，民政部、财政部、国家统计局出台了《汶川地震抗震救灾捐赠款物统计办法》，民政部下发《关于加强 5·12 汶川地震抗震救灾捐赠款物信息统计工作的紧急通知》，规范了救灾捐赠统计工作，开创了救灾捐赠属地化统计办法，避免了重复统计和遗漏统计，为救灾捐赠信息平台建设奠定了良好的基础。

在救灾捐赠信息公开方面，民政部制定了《汶川地震抗震救灾资金物资管理使用信息公开办法》，提出了信息公开的具体要求。

在救灾捐赠款物管理和使用的监督检查方面，国家食品药品监督管理局下发《关于进一步做好捐赠救灾药品和医疗器械监管工作的通知》，中央纪委、监察部、民政部、财政部、审计署下发《关于加强对抗震救灾资金物资监管的通知》，民政部下发《救灾物资回收管理暂行办法》。

这些通知、意见、要求、办法等涉及此次救灾捐赠的全部环节，对救灾捐赠的各个环节做出了明确规定，使此次救灾捐赠在接收、管理、使用、统计、信息公开和监督检查等方面都有了明确的指导和规范。主要包括以下五个方面的内容。

这些规定要求，有效地保证了捐赠资金的有序接收、合理配置和规范使用，提高了捐赠资金的使用效益，避免交叉重复和损失浪费，确保了救灾捐赠资金及时、最大效益地用于灾民救助和群众基本生活，推动了抗震救灾工作的顺利进行。

"5·12"汶川特大地震抗震救灾捐赠活动是新中国成立以来规模最大的一次全国性救灾捐赠。截至 2009 年 4 月 30 日，全国共接收国内外社会各界抗震救灾捐款 659.96 亿元，其中"特殊党费"97.3 亿元；捐赠物资折价107.16 亿元，已全部拨给灾区使用；捐赠款物合计 767.12 亿元。[①] 参与捐赠款物的国家和地区多达 170 多个，国际组织 16 个，其他社会组织 7 个，参

---

① 《民政部关于全国接收 5·12 汶川地震抗震救灾捐赠款物及使用情况的公告》（民政部公告 2009 年第 140 号），2009 年 5 月 12 日，见 https://laws.66law.cn/law-121882.aspx。

与捐赠范围之广、影响之深远、捐款数额之巨大,都是史无前例的。这些捐赠款物极大地补充了国家救灾资源的缺口,为安置受灾群众生产生活和开展灾后恢复重建工作提供了有力的物质保障。

四、2010 年玉树"4·14"地震和"8·7"舟曲泥石流灾害捐赠

(一)"4·14"玉树地震抗震救灾捐赠工作

2010 年 4 月 14 日,青海省玉树发生 7.1 级地震,造成重大人员伤亡和财产损失。由于此次地震灾害的范围和重灾区的空间比较有限、集中,灾害程度相比汶川地震略微轻一些。因此,此次青海玉树地震,民政部并没有在全国发动大规模地救灾捐赠活动,而只是由有关单位和地方自发组织开展了局部救灾捐赠活动。

在 2008 年汶川地震救灾捐赠活动的基础上,4 月 17 日,民政部下发通知对做好玉树"4·14"地震抗震救灾捐赠工作提出两方面的明确要求。一方面,明确了救灾募捐主体,向民众明确了捐款渠道。通知指出,各省(自治区、直辖市)、民政厅(局)可视情况决定开展救灾捐赠活动。开展接收救灾捐赠限定于各级民政部门及其下设的捐赠接收机构、各级红十字会、各地慈善会,集中捐赠活动原则上 5 月上旬结束。中国红十字会总会、中华慈善总会、中国扶贫基金会、中国老龄事业发展基金会、中国宋庆龄基金会、中国光华科技基金会、中国残疾人福利基金会、中国人口福利基金会、中国青少年发展基金会、中国儿童少年基金会、中国绿化基金会、中国教育发展基金会、中华环境保护基金会、中国妇女发展基金会、中国医药卫生事业发展基金会等 15 个社会组织和公募基金会可开展救灾募捐。其他机构不得开展救灾募捐,已接收救灾捐赠的,要将所募捐款转交上述机构。考虑到玉树地处偏远,运输困难,对捐赠物资暂时不接收。已接收的捐赠物资,应及时运往灾区,并纳入统计。① 此次救灾捐赠民政部明确规定出 15 家社会组织和公募基金会作为救灾募捐主体,这就从源头上清理杜绝捐赠的不规范行为,确保了募捐主体的规范性以及募捐渠道的明晰,避免出现多头募捐的混乱。

另一方面,对资金如何汇缴提出了明确要求,规范了救灾募捐秩序。各地民政部门及其下设捐赠接收机构所募资金须逐级汇缴到民政部——中央财政汇缴专户。各级红十字会、慈善会所募资金逐级汇缴到中国红十字会总会、中华慈善总会,民政部协调两个总会和其他基金会将所募资金统筹用

---

① 《民政部下发通知要求做好玉树"4·14"地震抗震救灾捐赠工作》,2010 年 4 月 18 日,见
　　http://www.gov.cn/gzdt/2010-04/18/content_1585781.htm。

于灾区抗震救灾和恢复重建。各级民政部门及其下设的捐赠接收机构、各级红十字会、各地慈善会每 3 日将所募捐款逐级向上汇缴。中国红十字会总会、中华慈善总会和其他基金会于每日 12 时前向民政部报送捐款接收和使用最新情况。青海省各捐赠接收机构所募资金不需汇缴,但要按上述渠道报送数据。各捐赠接收机构要定期向社会公布捐赠款物接收和使用情况。① 从资金汇缴的层面对救灾捐赠的接收使用进行监管,保证了捐赠活动的有序规范。

4 月 30 日,国务院抗震救灾总指挥部发布《青海玉树地震抗震救灾捐赠资金使用管理监督办法》,分别对民政部门、有关社会组织、青海省等接收的救灾捐赠资金和物资的使用管理做出严格、具体规定。为贯彻落实该办法,7 月 7 日,民政部、发展改革委、监察部、财政部、审计署等各部委联合下发《青海玉树地震抗震救灾捐赠资金管理使用实施办法》,具体明确了玉树地震抗震救灾捐赠资金的使用原则、使用范围、运作方式、拨付方式、反馈要求及监管方式。这两个办法的出台基本保障了青海玉树地震抗震救灾捐赠资金的合理配置和规范使用。

截至 2010 年 12 月 31 日,民政部共接收玉树地震救灾捐款 279963.069905 万元,其中直接接收社会捐款 151992.745488 万元,中央各有关部门转入 8571.309847 万元,全国性公募基金会转入 34.95457 万元,各级民政部门、部分地方慈善总会转入 119364.06 万元。②

此次青海玉树抗震救灾捐赠无论从规模、范围、捐款数额等方面,都没有汶川地震影响大。但此次捐赠开展的规范化程度较高,特别是在汶川地震救灾捐赠实践经验的基础上,民政部对救灾捐赠工作的透明化、规范化、秩序化更加重视,实际工作和经验积累更加丰富,这次捐赠对接收捐赠主体的明确和捐赠款物监管的要求都体现出救灾捐赠工作的规范化、透明化、制度化程度越来越高。

(二)"8·7"舟曲泥石流灾害捐赠工作

2010 年 8 月 8 日,甘肃舟曲发生新中国成立以来最为严重的特大山洪泥石流灾害。8 月 10 日,国务院办公厅下发《关于有序做好支援甘肃舟曲灾区有关工作的通知》,强调要有序做好支援甘肃舟曲救灾工作。通知指出,鉴于此次特大山洪泥石流灾害现场地域狭小、地处偏远、交通极为不便、

---

① 《民政部下发通知要求做好玉树"4·14"地震抗震救灾捐赠工作》,2010 年 4 月 18 日,见 http://www.gov.cn/gzdt/2010-04/18/content_1585781.htm。

② 《民政部公告 2010 年本级救灾捐赠资金管理使用情况》,2011 年 1 月 5 日,见 http://www.gov.cn/gzdt/2011-01/05/content_1778908.htm。

地质灾害多发,大规模救援行动展开困难,救援人员、施工机械、救灾物资等运输压力很大等因素,社会各界如有捐赠意愿,建议以捐赠资金为主;对于灾区急需的物资装备,可统一安排接收并有组织地运往灾区,不要自行分散运送。此次救灾捐赠工作主要由甘肃省来组织开展,甘肃省民政厅、财政厅分别设立了救灾捐赠资金接收和管理专户。主要捐赠机构包括中国红十字基金会、壹基金、中华社会救助基金会、中国妇女发展基金会、中国红十字会——甘肃省红十字会、甘肃民政厅等。① 随后,甘肃省出台了《甘肃省舟曲县特大山洪泥石流地质灾害救灾资金和物资管理办法》,加强对救灾资金、物资和捐赠款物的监管。

在捐赠资金的使用和监管方面规定,捐赠资金除少量用于采购灾区急需物资等应急使用外,其余都统筹安排用于灾后恢复重建,恢复重建规划确定后,即拨付到位。捐赠物资由专人进行登记造册,然后依据物资在灾区的急需程度,安排不同种类物资的发运。每一批物资都有民政厅专人负责全程押运,物资运抵灾区后,由灾区有关物资接收负责人签字确认。在接收捐赠过程中,灾区民政部门严格执行监督检查程序,请纪检监察部门派专人全程参与,确保在捐赠物资资金使用过程中全方位接受监督;主动拓宽舆论监督渠道,定时向公众公开接收捐赠和物资转运使用情况,接受社会监督,确保救灾捐赠物资资金在使用过程中的公开、公平、公正、透明。整个流程最大限度地保证救灾捐赠物资能安全、快速运抵灾区,帮助灾区群众渡过难关。截至 8 月 15 日,甘肃全省接收社会捐赠资金 38643.63 万元,其中各级民政部门累计接收 21147.53 万元(甘肃省民政厅直接接收 10623.19 万元)。②

2010 年的两次救灾捐赠活动,在以往救灾捐赠工作经验积累上,特别是 2008 年汶川地震抗震救灾捐赠工作基础上,对开展救灾捐赠的募捐主体、接收捐赠渠道、资金汇缴、捐赠款物使用、管理和监督等都事先作出了明确规定,确保了整个救灾捐赠工作的规范、有序进行,体现出救灾捐赠规范化和制度化的增强。

五、2013 年"4·20"四川雅安芦山地震捐赠

2013 年 4 月 20 日 8 时 02 分四川省雅安市芦山县发生 7.0 级地震。4

---

① 《国务院办公厅关于有序做好支援甘肃舟曲灾区有关工作的通知》(国办发明电〔2010〕22号),2010 年 8 月 10 日,见 http://www.gov.cn/zwgk/2010-08/10/content_1675947.htm。
② 《民政部:舟曲损坏房屋 11 月底前全部修复》,2010 年 8 月 16 日,见 http://news.sina.com.cn/c/2010-08-16/203717973013s.shtml。

月 21 日,民政部下发《关于高效有序做好支援四川芦山地震灾区抗震救灾工作的通知》,明确指出鉴于灾区交通、通信条件不便,加之余震不断,为了支持灾区高效有序做好抗震抢险救灾工作,各级民政部门及其所属单位,近期原则上不要自行安排工作组和工作人员前往灾区。对于灾区确有需要的,由民政部协调安排。根据救灾工作实际情况,可公告非专业救援人员、志愿者等社会公众在现阶段不要自行前往灾区。

在捐款的收缴、使用等方面,提出对于各级党政机关、人民团体、企事业单位和社会公众的捐款,同级民政部门可逐级汇缴至省级民政部门,由省级民政部门转交四川省民政厅,及时用于抗震救灾工作;对社会各界有捐赠意愿的,提倡以资金为主,适应灾区重建和受灾群众长期安置需要。对于捐赠物资和装备,要提前做好与灾区民政部门的协调工作,有组织地运往灾区。①

在捐赠款物的监管方面,要求严格执行《救灾捐赠款物统计制度》,民政部门要加强救灾捐赠数据统计和上报工作,定期在门户网站公布同级公益慈善组织的数据报送情况。

随后,4 月 22 日民政部又发布《关于四川芦山 7.0 级强烈地震抗震救灾捐赠活动的公告》(第 277 号),对抗震救灾捐赠活动给予具体指导。对捐赠渠道、捐赠资金使用、信息公开、汇总统计、反馈监督等方面都给予明确要求。

与之前历次大规模抗震救灾捐赠不同,这次救灾捐赠并没有对接收捐赠款物的单位主体进行特别的要求和限定,也没有要求社会慈善公益组织将接受的救灾捐赠款物汇缴给政府部门。在汶川特大地震和青海玉树地震后,民政部都曾针对救灾捐赠款物的接收、管理、使用等下发一系列文件。这些文件的主要内容,就是指定接收善款的单位。而本次救灾捐赠并未限制各家公益组织接收或募集善款的权利,对救灾募捐主体采取了放宽放开的做法。提倡通过依法登记、有救灾宗旨的社会公益慈善组织和灾区民政部门进行捐赠,要求各级民政部门要依法履行对救灾捐赠活动的监管和指导,对已开展募捐活动的公益慈善组织和接收捐赠的单位,指导其按照《民政部关于规范基金会行为若干规定(试行)》《民政部关于完善救灾捐赠导向机制的通知》的要求,做好信息公开、资金使用、反馈和汇总统计工作。②

① 《国办发出通知 要求有序做好支援四川芦山地震灾区抗震救灾工作》,2013 年 4 月 21 日,见 http://www.people.com.cn/24hour/n/2013/0421/c25408-21220826.html。
② 《民政部关于四川芦山 7.0 级强烈地震抗震救灾捐赠活动的公告》,2013 年 4 月 22 日,见 http://news.163.com/13/0422/09/8T29PTJR00014JB5.html。

强调通过社会组织行业自律，自我约束、自己依照有关法规和自己的章程来依法、规范开展募捐活动。同社会监督、引进第三方力量的专业监督、政府监督和捐赠者的监督，形成"五位一体"的立体监督，保证捐赠活动的高效、透明，使善款得到善用。此次捐赠活动政府部门并没有大包大揽，而是更多地发挥社会组织自身灵活、社会公益性等优势，通过政府、社会组织、第三方独立机构、捐款人等多方协作监督，确保了捐赠的透明化、高效化和规范化，使得捐赠人能够知道善款的去向，从而大大提高救灾捐赠的公信力和善款的数量。

截至 2014 年 4 月 20 日 8 点 02 分，全国共有 219 家基金会参与雅安地震紧急救援和灾后重建工作，共接收社会捐赠款物合计 16.96 亿元，包含 14.55 亿元资金和价值 2.41 亿元物资。地方性基金会接收社会捐赠超过 40%，尤其是以深圳壹基金公益基金会和上海市慈善基金会为代表的地方性公募基金会，成为募捐市场的"黑马"。它们同中国扶贫基金会、中国妇女发展基金会和中国青少年发展基金会三家全国性公募基金会一同名列接收社会捐赠总额前五名。[①] 汶川地震时，慈善会系统、红会系统接收的捐款高。红会系统接收的款物占整个社会捐款的比例是最高的，约 138 亿元，占 21.1%；慈善会系统是 96 亿元，占 14.8%。当时，公募基金会总共才接收 13.75 亿元，占 1.81%。[②] 由此可见，这次抗震救灾捐赠活动中，地方性基金会作为接受捐赠主体发挥了重要作用，基金会总体募款量较汶川地震的 13.75 亿元，增加了 3.21 亿元。基金会行业第三方信息披露平台基金会中心网这一第三方独立机构在此次捐赠中发挥了重要作用，基金会中心网搜集汇总了各基金会的信息披露详情，提高了捐赠的透明度和信息披露的及时性。这次捐赠活动表明，由过去行政干预机制下官办机构透明度低，老百姓选择少；到社会选择机制下，谁公开透明度高，谁有公信力，谁募集的捐款就多，从而真正激发出社会活力，极大地推动了中国公益慈善捐赠的透明度和公信度的提升。

此次雅安芦山救灾捐赠在政策上有两个重大突破，极大地激发了救灾募捐，很好地营造了社会慈善氛围和价值。

第一，放开募捐主体。这是在 2012 年《民政部关于完善救灾捐赠导向机制的通知》有关规定要求指导下，救灾捐赠工作的重大创新实践。与过

---

① 《芦山地震 1.6 亿捐款去向不明 募捐市场"黑马"引正义》，2014 年 4 月 21 日，见 http://sn.people.com.cn/n/2014/0421/c340887-21044397.html。

② 《芦山地震红会获捐款超 5 亿元占总额一半》，《新京报》2013 年 4 月 28 日。

去救灾捐赠过程中由各地政府民政部门作为募捐主体冲在前面,扮演"运动员"角色不同,此次救灾捐赠中,各类公益慈善组织成为开展救灾捐赠活动的"运动员"。《民政部关于四川芦山 7.0 级强烈地震抗震救灾捐赠活动的公告》第一次提出,"个人、单位有向灾区捐赠意愿的,通过依法登记、向有救灾宗旨的公益慈善组织和灾区民政部门进行"①,救灾募捐第一次不再受"指定专门募捐机构"的限制,实现了从行政干预向社会选择的转变,这是救灾捐赠的历史性变化。政府民政部门根据《民政部关于完善救灾捐赠导向机制的通知》中,"支持公益慈善组织依其宗旨和业务范围,依法、依章程开展救灾募捐活动"的要求,处于"教练员"的位置,更多地发挥引导、导向作用,更好地诠释和强化了救灾捐赠的社会化功能。

第二,放宽对社会捐赠资金的处理要求。此次救灾捐赠并没有要求公益慈善组织将接受的捐赠汇缴给政府部门。《民政部关于四川芦山 7.0 级强烈地震抗震救灾捐赠活动的公告》中指出,"非灾区地方党政机关、人民团体、企事业单位和社会组织的捐款,可通过同级民政部门逐级汇缴至省级民政部门,由省级民政部门转交四川省民政厅,及时用于抗震救灾工作"②。一个"可"字,充分体现出此次捐赠善款管理使用要求上的政策变化。以往救灾捐赠资金都要汇缴至政府民政部门专用账户或者是有政府背景的慈善组织的账户,使得政府成为接受捐赠的唯一主体。如 2008 年汶川地震中,《国务院办公厅关于汶川地震抗震救灾捐赠资金使用指导意见》要求,"接收的捐赠资金或集中到在民政部开设的汶川地震抗震救灾捐赠专户,按照规划安排使用,或缴入中国红十字会总会、中华慈善总会"③。据 2009 年清华大学 NGO 研究中心所做的一项调研显示,汶川地震后募集的 760 亿元救灾捐款中,有 58.1%流向了可接受社会捐赠的政府部门,36%流向政府指定的红十字会和慈善会系统,只有 5.9%流向公募基金会。④ 而此后的青海玉树地震中,国务院抗震救灾总指挥部发布《青海玉树地震抗震救灾捐赠资金使用管理监督办法》中也明确要求,"民政部接收和各地汇缴到民政部的捐赠资金,统一汇缴至民政部——中央财政汇缴专户。15 家全国性社会组

---

① 《民政部关于四川芦山 7.0 级强烈地震抗震救灾捐赠活动的公告》,2013 年 4 月 22 日,见 http://news.163.com/13/0422/09/8T29PTJR00014JB5.html。
② 《民政部关于四川芦山 7.0 级强烈地震抗震救灾捐赠活动的公告》,2013 年 4 月 22 日,见 http://news.163.com/13/0422/09/8T29PTJR00014JB5.html。
③ 《国务院办公厅关于汶川地震抗震救灾捐赠资金使用指导意见》(国办发〔2008〕51 号),2008 年 6 月 17 日,见 http://www.gov.cn/zhengce/content/2008-06/17/content_6578.htm。
④ 包丽敏:《调查称八成地震捐款可能转入政府财政账户》,《中国青年报》2009 年 8 月 12 日。

织和公募基金会所募资金,由民政部会同发展改革委、财政部和青海灾区恢复重建领导机构,与各捐赠接收机构协商沟通"①。而这次救灾捐赠中放宽了社会捐赠资金的使用和汇缴政策,给救灾捐赠募集善款带来极大地积极影响。公众可以自由选择自己信任的社会组织作为善款的接收者,同时,公益慈善组织还可以自行保留开展灾后重建项目所需的资金,使得灾后重建工作更加精准到位,有力地推动了救灾捐赠的社会化。

六、2014 年"8·3"云南鲁甸地震捐赠

2014 年 8 月 3 日,云南省昭通市鲁甸县发生 6.5 级地震。为进一步规范救灾捐赠活动和志愿服务,8 月 4 日,民政部发布了《关于云南鲁甸 6.5 级地震抗震救灾捐赠活动的公告》,对志愿服务、捐赠渠道、信息公开、数据统计、资金使用等方面都作出了明确要求。公告指出,倡导社会捐赠由通过依法登记、有救灾宗旨且有公募资格的社会组织和灾区民政部门来进行,捐赠物资应提前与灾区有关机构确认需求后再实施。要求接收捐赠的社会组织依法依规进行信息公开,按照《救灾捐赠款物统计制度》填报统计数据,接受捐赠者、社会和政府监督。民政部还首次提出,灾区有关机构在发放和使用救灾捐赠资金时,应向受益人明确告知资金的来源和性质。这一做法不仅可以让受益人感受到捐赠人的爱心,也方便受益人和捐赠人对资金的使用和管理进行监督,让捐赠资金的使用更加透明、公开。同时,民政部还在公告中对开展募捐活动的社会组织如何进行信息发布提出了明确要求,包括定期公布详细的收入和支出明细,信息发布以各自的网站作为主要渠道,并保证信息长期可查询;按照谁接收、谁反馈的原则,社会组织应主动向捐赠人反馈信息等。② 这些规定要求都是为了进一步细化和规范救灾捐赠行为,让救灾捐赠的主体即捐赠人和受益人都能明明白白、清清楚楚地了解和知道每一笔善款的来源及去向、用处,让捐赠人不再担心自己的捐赠是否真正被使用,让爱心和善款落到实处、发挥实效。这一举措增强了救灾捐赠的透明度和公信力,推动了救灾捐赠的发展。

此后,民政部在网站上发布《民政部关于社会组织接收和使用云南鲁甸 6.5 级地震救灾捐赠款物统计情况的通报》,公布截至 8 月 11 日 17 时,

---

① 《青海玉树地震抗震救灾捐赠资金使用管理监督办法》(国务院抗震救灾总指挥部发明电〔2010〕2 号),2010 年 4 月 30 日,见 http://www.gov.cn/zhengce/content/2010-04/30/content_5632.htm。

② 柳霞:《民政部关于云南鲁甸 6.5 级地震抗震救灾捐赠活动的公告》,《光明日报》2014 年 8 月 5 日。

中国红十字会总会和五家在民政部登记的社会组织向民政部报送的救灾捐赠款物统计数据的具体情况。①（见表 4.1）

表 4.1　中国红十字会及五家民政部登记的社会组织接受救灾捐赠款物统计表②

单位:万元

单位名称	接收情况			使用情况			数据截止日期
	资金	物资	合计	资金	物资	合计	
中国红十字会总会(含全系统)	9306.29	4284.66	13590.95	\	\	\	8 月 11 日 15 时
中华慈善总会	504	0	504	200	—	200	8 月 11 日
中国残疾人福利基金会	6.06	\	6.06	100	\	100	8 月 11 日
中国社会福利基金会	312.74	9.28	322.02	95.25	\	95.25	8 月 11 日
中国青少年发展基金会	2530.22	95.00	2625.22	94.40	\	94.40	8 月 10 日
中华社会救助基金会	110.62	0	110.62	17.05	—	17.05	8 月 10 日

注:1. 表中"\"表示该单位未填报该项数据,"—"表示该单位不存在此项内容;
　　2. 中国残疾人福利基金会支出的 100 万元为其自有资金,非本次救灾捐赠接收资金。

　　近年来,随着经济社会发展和人民群众公益慈善意识的显著增强,每当遭遇地震等重大自然灾害时,社会各界的捐赠意愿都十分高涨。在救灾捐赠活动中,一些不具备募捐资格的公募基金会也参与了捐赠活动,充当接受慈善捐款的募捐主体。根据《基金会管理条例》规定,基金会组织募捐、接受捐赠,应当符合章程规定的宗旨和公益活动的业务范围。因此,民政部在发布本次救灾捐赠活动公告中提出,"倡导通过依法登记、有救灾宗旨且有公募资格的社会组织和灾区民政部门进行捐赠"③,而正是因为这些社会组织在宗旨和业务范围中已经明确了自己的公益服务方向,才可以从成立之日起就围绕救灾、资金及物资的募捐、发放和管理等内容和范围不断提升自身的公益服务能力和专业水平,才可以更好地确保救灾捐赠活动科学、有序

① 《民政部通报社会组织收用鲁甸地震救灾捐赠款物情况》,2014 年 8 月 12 日,见 http://www.gov.cn/xinwen/2014-08/12/content_2733976.htm。
② 《民政部通报社会组织收用鲁甸地震救灾捐赠款物情况》,2014 年 8 月 12 日,见 http://www.gov.cn/xinwen/2014-08/12/content_2733976.htm。
③ 柳霞:《民政部关于云南鲁甸 6.5 级地震抗震救灾捐赠活动的公告》,《光明日报》2014 年 8 月 5 日。

进行。

　　综上所述,2000 年以来的救灾捐赠活动中,民政部门对救灾捐赠的组织、发动、接收、使用、统计、信息公开和监督管理等环节的具体操作有了深入细致的实践,并进行了积极探索、系统总结,形成了一整套制度化的模式和运作机制,有效地保证了捐赠款物的合理、规范使用,提高了捐赠款物社会效益最大化,推动了救灾工作的顺利进行。民政部牵头指导,各有关部门积极协调、密切配合,引导动员全社会力量广泛参加的协调一致的救灾捐赠工作机制得到进一步调整、规范,日臻完备。

第三节　经常性社会捐助制度的形成和创新

　　1996 年 1 月 21 日,中共中央办公厅、国务院办公厅下发《关于在大中城市开展经常性捐助活动支援灾区、贫困地区的意见》。按照中共中央和国务院的要求,各级民政部门在全国范围内广泛开展了以"扶贫济困送温暖"为主题的经常性社会捐助活动,募集到大量款物,积极有效地帮助灾区和农村贫困地区解决了群众生活困难问题。据统计,1996 年至 2000 年,通过开展经常性社会捐助和大灾之年的集中性救灾捐赠,全国民政系统接收捐赠款物超过 110 亿元,其中捐款 72 亿元,捐物折价约 38 亿元。[①] 这些款物为 3 亿多灾民和贫困群众解决了吃、穿、住、医等生活困难,充分发挥了社会捐助的巨大作用,显示了救灾社会化的力量。

　　进入新世纪,为真正落实把捐助活动"作为一项经常性的社会公益活动常年开展起来",实现捐助活动由集中性、突击性向经常性、日常性的转变,民政部先后制定了一系列加强经常性社会捐助活动规范管理的措施和规定,推进扶贫济困送温暖活动的经常化、规范化、制度化,使经常性社会捐助活动向规范化、制度化方向发展。

一、加快建立经常性社会捐助制度

　　2001 年 5 月,江泽民在中央扶贫开发工作会议上再次明确指出:"现在,许多城市居民的生活用品经常要更新,更换下来的不少生活用品对贫困地区的群众还是可以有用的。要想办法把这些东西送到贫困地区去。这些年来,我们也搞了一些这样的活动,但没有形成一套经常性机制,大多是临

---

①　北京市接受救灾捐赠事务管理中心:《北京市经常性社会捐助工作文件资料汇编》(内部资料),2002 年版,第 88 页。

时性地搞一下,效果和作用有限。希望有关部门好好研究一下,尽快建立一套把城市更换下来的生活用品和其他物品转送到贫困地区的畅通渠道,年复一年地坚持下去。"①为贯彻落实好这一指示,进一步推动在全国开展经常性社会捐助活动,切实加强规范和管理这项工作,推动其深入、持久、健康发展,民政部对 1996 年以来全国开展经常性捐助工作进行总结,分析了存在的矛盾和问题。2001 年 8 月 31 日,民政部下发了《关于进一步开展经常性社会捐助活动的意见》,具体部署进一步加强经常性社会捐助工作的实施意见,明确、细化了社会捐助工作的管理和运行体制,标志着经常性社会捐助开始由最初的一种活动向一项制度过渡和转变。

9 月 11 日,中共中央办公厅和国务院办公厅向全国转发了《民政部关于进一步开展经常性社会捐助活动的意见》,提出从六个方面进一步加强经常性社会捐助工作的规范和管理。

第一,充分认识开展经常性社会捐助活动的重要意义。明确指出:"在大力推进西部开发、加大农村贫困地区扶贫开发力度的同时,继续在全国大中城市和有条件的小城市、党政军机关、企事业单位开展对灾区、贫困地区群众的经常性社会捐助活动,是中央作出的重要决策,是依法促进中国公益事业发展,维护改革发展稳定大局的重要途径。有效开展经常性社会捐助活动,有利于灾区、农村贫困地区恢复生产,推动先进生产力的发展;有利于弘扬中华民族扶贫帮困、团结友爱的传统美德,促进社会主义精神文明建设,发展有中国特色社会主义的文化;有利于坚持党的群众路线和根本宗旨,使广大群众安居乐业,逐步达到共同富裕,更好地实现最广大人民群众的根本利益。"②这就从物质和精神两个层面明确和强调了经常性社会捐助工作对救灾和扶贫帮困的社会效应和重要意义。

第二,进一步完善经常性社会捐助工作的管理体制和运行机制。明确规定了民政部门在经常性社会捐助工作中的具体责任及分工。"经常性社会捐助工作由民政部门负责管理。民政部负责有关规章、政策的制定,组织、发动大灾之年全国性的集中捐赠活动,协调、指导和监督地方开展经常性捐助工作,负责全国范围内捐助款物的调剂、分配、统计和信息发布工作;地方各级民政部门负责本地经常性社会捐助活动的管理工作,按照民政部制定的有关对口支援方案,实施跨省(自治区、直辖市)对口支援。慈善组织等公益性社会团体或公益性民办非企业单位受民政部门委托,可承担经

① 《江泽民文选》第三卷,人民出版社 2006 年版,第 254 页。
② 民政部救灾救济司:《经常性社会捐助工作手册》(内部资料),2002 年版,第 28 页。

常性社会捐助有关工作。"①

第三,努力建立健全经常性社会捐助活动服务网络。建立经常性社会捐助工作站点,健全服务网络,是开展经常性社会捐助活动的基本条件。各大中城市和有条件的小城市都要设立经常性社会捐助接收工作站,负责捐助物品的集中、清理、消毒、运输等工作和捐助款的清点、接收工作。同时,要按照方便、就近以及合理布局的原则,在各城市社区居民委员会设立经常性社会捐助接收工作点,负责捐助款的接收和捐助物品的验收、登记、整理、打包并运送到经常性社会捐助接收工作站。各机关、团体、企事业单位内部的捐助款物,以组织名义送所在城市的经常性社会捐助接收工作站。经常性社会捐助接收工作站点要向社会公布其名称、地址、电话、银行账号等,以方便群众随时捐助。②

第四,严格规范捐助款物的接收、管理和发放等制度。针对1996年开展经常性社会捐助活动以来出现的一些问题,明确规定了开展经常性社会捐助活动的原则和一些规范制度。"捐助应当是自愿和无偿的,禁止强行摊派或变相摊派。开展社会捐助活动要坚持经常性捐助为主、集中性捐助为辅的原则。"③在捐助款物的接收上,要求经常性社会捐助接收工作站点接收捐助款物后,要向捐助者出具合法、有效的凭证,将捐助款物登记造册,妥善保管,做到账目清楚、手续完备、安全可靠。在管理方面,要求经常性社会捐助接收工作站要及时对接收的款物进行统计汇总,定期向社会公布接收和分配情况。对灾区、贫困地区不适用、不宜运输的捐助物品,要在严格审批和评估的条件下,由民政部门进行变卖,变卖所得款必须用于解决灾区、贫困地区群众生活困难,不得挪作他用。在捐助款物的发放上,要求乡镇政府和村(居)民委员会要合理确定救助对象,切实把捐助款物发放到贫困户和灾民手中,分配情况要及时张榜公布,做到公开、公正、公平。各级民政部门要会同监察、审计等部门对捐助款物的使用和发放情况进行监督检查。④

第五,明确经常性社会捐助工作的经费来源和优惠政策,各级财政要为开展经常性社会捐助活动提供必要的经费。民政部门设立的经常性社会捐助接收工作站点在物品接收、整理、消毒、储存、运输等工作中所需经费,由地方各级财政负担。经常性社会捐助接收工作站点和仓储设施所需经费由

①　民政部救灾救济司:《经常性社会捐助工作手册》(内部资料),2002年版,第28—29页。
②　民政部救灾救济司:《经常性社会捐助工作手册》(内部资料),2002年版,第29页。
③　民政部救灾救济司:《经常性社会捐助工作手册》(内部资料),2002年版,第30页。
④　民政部救灾救济司:《经常性社会捐助工作手册》(内部资料),2002年版,第30页。

地方政府筹措解决。对捐助物品接收工作量大、任务重的居民委员会,地方财政要提供必要的经费补助。捐助物资的运输以及过桥、过路等费用,各地要给予减免或优惠。跨省(自治区、直辖市)对口支援所需的铁路运输费用由中央财政给予补助。①

第六,要切实加强组织领导,形成推进经常性社会捐助活动的整体合力。要求各级党政主要领导要高度重视,把开展经常性社会捐助工作摆上重要议事日程,及时研究解决工作中出现的突出问题。各有关部门和单位要各司其职,各负其责,大力支持和配合民政部门做好工作。要依靠工、青、妇等群众团体,在机关、企事业单位、军队、街道广泛动员,发动和组织群众积极参与捐助活动。各新闻媒体要主动做好宣传报道工作,树立典型,加强引导,使踊跃参加经常性社会捐助活动在全社会蔚然成风。②

按照《民政部关于进一步开展经常性社会捐助活动的意见》要求,为切实加强好捐助款物的使用和管理,12 月 14 日,民政部下发《关于建立经常性社会捐助公示制度的通知》,决定在全国建立经常性社会捐助公示制度,要求明确规定经常性社会捐助的公示内容、公示方式、公示时间和公式工作的监督检查。在公示内容上,各级民政部门要逐级公布本行政区域内社会捐助款物的接收使用情况,具体内容包括接受捐赠款数量、捐赠衣被数量、其他捐赠物资折价款数量、来源;捐助款物的分配去向、分配数量以及受益人(次)数量。在公示方式上,省、地、县级民政部门可通过报刊、广播、电视等新闻媒体以及国际互联网向社会公布,也可印制宣传材料向社会散发,乡(镇)、村须在政务公开栏、村务公开栏张榜公布。在公示时间上,要求每年至少集中公示两次,1 月 10 日以前公示上年度全年情况,7 月 10 日以前公示上半年情况。民政部每年 1 月向社会公布全国各地捐助款物的接收和分配情况。在公示工作的监督检查上,各级民政部门要会同有关部门加强对公示工作的督促检查,切实将公示制度落到实处。各级所公示的内容,应同时报审计部门和上级民政部门备案。要认真做好捐赠人和有关方面对捐助款物发放使用情况询问的答复工作,自觉接受社会监督。经常性社会捐助公示制度的建立对经常性社会捐助制度的建设起到了极大的推动作用。

2004 年 3 月 25 日,民政部下发《关于加快建立完善经常性社会捐助制度的通知》,要求加快建立经常性社会捐助制度,规范操作,逐步实现由集中性、突击性、全国性捐助向经常性、日常性、区域性捐助转变。明确提出探

---

① 民政部救灾救济司:《经常性社会捐助工作手册》(内部资料),2002 年版,第 30—31 页。
② 民政部救灾救济司:《经常性社会捐助工作手册》(内部资料),2002 年版,第 30 页。

索"民政主导，部门协调，社会参与"的社会捐助工作实现形式，并要在政策、管理、经费上鼓励公益性社会团体积极参与社会捐助工作，大胆探索社会捐助的市场化运作模式。这就极大地推动、促进了经常性社会捐助工作机制的创新发展。10月，民政部结合"扶贫济困送温暖捐助月"活动，对捐助接收站点进行了一次全面检查、调整，以多种形式公告接收站点热线电话、地址和账号，健全社会捐助接收站点的工作机制，进一步完善了社会捐助服务网络。

从2001年《关于进一步开展经常性社会捐助活动的意见》，到2004年《关于加快建立完善经常性社会捐助制度的通知》，民政部在经常性社会捐助的管理、经费来源、优惠激励、服务网络、运作机制等方面提供了有力的政策和制度支持，推动了社会捐助站点的建设和经常性社会捐助工作的发展。据统计，截至2004年，中国经常性社会捐助服务体系已经使4亿人次受益，共募集款物折合人民币236亿元，其中包括捐款126亿元和约9.57亿元的衣被。①

二、经常性社会捐助活动的创新模式——"慈善超市"

"慈善超市"是经常性社会捐助活动的产物，它是面向低保户和低收入家庭低价销售或免费发放社会捐赠物品的救助点，也被称作"扶贫超市""爱心超市""阳光超市"等。与单纯的专门社会捐助接收站点相比，它更重要体现的是"助"的功能。

"慈善超市"在西方发达国家并不陌生，它起源于1902年在美国成立的"好意慈善事业组织"，至今已有100多年历史，已经形成了相当成熟和完善的经营管理模式。它主要以接受居民捐赠为主，一般采用"前店后厂"的超市形式，洗涤、整理、修配、估价一条龙。不仅很多居民去"慈善工厂"捐物，凭收据享受免税政策，同时还可以在"慈善商店"购物，极大地调动了居民捐赠的积极性，而且为三到五万失业人员和残疾人提供了就业岗位。②这一经营管理模式为中国解决城市困难群众生活救助问题带来了很多可借鉴的经验。

随着进入新世纪和中国加入WTO，"慈善超市"模式被引入中国。从2001年开始，在建立健全经常性社会捐助制度过程中，一些地方就开始创立"慈善超市"。这种社会捐助新模式，是经常性社会捐助工作的一个创

①　白英：《社会捐助：细节中渐成公益文化》，《光明日报》2006年12月9日。

②　参见刘珂：《慈善超市悄然兴起》，《今日中国》2005年第5期。

新,是一种新型的物资交流平台。把社会上闲散的物资收集起来,利用人性化的超市运作模式,不仅可以实现扶贫帮困活动的日常化、长期化,同时,也为捐赠者提供了一个经常化的捐赠渠道。很多时候人们觉得捐东西太麻烦了,得先知道哪里发生了什么灾害才清楚将物品捐到哪里去。要让居民将东西收拾好,在指定的时间送到指定的地点,也是件很困难的事情。"慈善超市"的开设,为捐赠者提供了一条方便的渠道,不仅激发了社会各界参与社会捐助的热情,扩大社会救助的参与面,而且有利于更快、更实在地帮助困难者,丰富和完善了社会捐助制度。

2004 年 5 月 12 日,民政部下发《关于在大中城市推广建立"慈善超市"的通知》,要求有条件的大中城市要积极推广"慈善超市"。这一做法得到了胡锦涛同志的肯定批示,要求对这一城市扶贫的新事物做好试点工作,总结经验,不断完善。为贯彻落实中央精神,9 月 16 日,民政部下发《关于加快推广"慈善超市"和做好今年"捐助月"工作的通知》,要求加快在大中城市推广建立"慈善超市"。提出要通过开展"捐助月"活动,把调整、扩充社会捐助接收站点与推广建立"慈善超市"结合起来,争取用一到两年时间在全国大中城市普遍建立起布局合理、运行良好的"慈善超市"网络。①

随后,全国各地开始大力推广"慈善超市",并探索出许多新的做法和经验。比如,辽宁省慈善超市提出倡导"你提需要,我来捐助"的人性化服务,依据困难家庭的需要来进行募捐,使捐赠更有针对性,发挥了捐赠者和受赠者双方的积极性,也使各慈善超市之间互通有无,物尽其用。上海慈善基金会通过申请慈善超市的服务商标,以前店后厂模式完善自身的慈善救助机制,接受各单位的积压产品,经专业评估师评估验收后销售,工作人员中也以经常性社会捐助体系的受助下岗失业人员为主。

为引导"慈善超市"创新性发展,2013 年 12 月 31 日,民政部出台了全国慈善超市建设工作的第一个综合性文件——《民政部关于加强和创新慈善超市建设的意见》,将"慈善超市"定义为"以社会公众自愿无偿捐助为基础、借助超级市场管理和运营模式,为困难群众提供物质帮扶和志愿服务的社会服务机构"。其主要帮扶对象为低保对象、低保边缘群体、临时救助对象以及支出型贫困群体②。这就厘清了"慈善超市"的功能定位,为加强"慈善超市"的建设和创新发展提供了有力保证。

---

① 蒋积伟:《"慈善超市"政策评价——制约"慈善超市"发展的政策因素》,《社会科学研究》2008 年第 2 期。
② 何振锋:《北京推进经常性社会捐助体系建设的实践》,《中国国情国力》2017 年第 7 期。

　　"慈善超市"作为经常性社会捐助活动的产物,是经常性社会捐助的新探索、新模式。利用"慈善超市"捐助,可以把经常性捐助和经常性救助相结合,逐步实现由突发性捐助向经常性捐助转变。进一步完善社会捐助服务网络,健全社会捐助接收站点工作机制,为经常性社会捐助开辟了新道路。

　　在政府的积极引导和大力推动下,"慈善超市"走上了快速发展之路。截至 2017 年年底,全国共建立"慈善超市"8969 个。[①] 但在其发展过程中也出现了只重量不重质的现象,"慈善超市"在实际运营过程中也出现了一些问题。如由于捐赠物品与实际需求有较大偏差,造成大量捐赠物品库存积压现象。虽然社会各界爱心人士为"慈善超市"捐赠了不少衣物,但救助对象对衣物等生活用品的需求是有限的,而对粮油等食品需求却很大。这样,一方面,造成大量衣物等物品积压,这些衣物既占场地又要清洗、消毒、平整、翻晒,需要投入大量的人力物力,造成了一定的浪费;而另一方面,"慈善超市"又要对外采购再发放,以满足困难群众对食品等的需求,这无形就增加了"慈善超市"的运营成本。另外,一些企业的捐赠积极性也不高,"慈善超市"多是由政府出面支持和接收社会捐赠来维持,只能通过"政府输血"或"化缘"来维持,其自身造血机制不足,不足以维持自身运营。一些"慈善超市"运营工作地点场所受客观条件限制,只能设立在社区、党群服务中心、居委会等,没有足够的存储空间,工作人员少,物品处理能力差、周转慢等都极大地限制了"慈善超市"作用的发挥。

　　这些问题都需要我们在今后的实际工作中不断探索、解决。我们可以借鉴西方发达国家比较成熟的"慈善超市"经营管理模式,制定一些相应的鼓励政策,如适当减免税收等,提高企业和个人捐赠的积极性,扩充捐助物资的来源。此外,还应推动"慈善超市"的社会化、市场化运作,将慈善捐赠与现代易货结合起来,使之具有维持自身运转的造血功能,既保障其公益性又有效整合资源,合理控制成本,实现社会效益的最大化。

三、经常性社会捐助制度正式形成

　　到第十个五年计划完成时,尽管中国经济已经连续多年保持高速增长,但由于人口基数庞大、人均国内生产总值低、自然灾害频发等原因,还存在着一个规模庞大的困难群体。据民政部统计,中国每年仍有近 6000 万以上

---

① 《2017 年社会服务发展统计公报》,2018 年 8 月 11 日,见 http://www.gov.cn/xinwen/2018－02/28/content_5269506.htm。

的灾民需要救济,2000 多万城市低收入人口处于社会最低生活保障线以下,7500 多万农村绝对贫困人口和低收入人口需要救助。① 关心这部分人民群众脱贫和抵御灾害,帮助落后地区和灾区群众赶上来,切实解决人民群众最关心、最直接、最现实的利益问题,使发展为了人民、发展依靠人民、发展成果由人民共享,是国家发展经济的主要任务和"十一五"期间工作的重点。

为贯彻落实十六届四中全会精神和进一步推进慈善事业的发展,扎扎实实做好"扶贫济困送温暖捐助月"工作,2005 年 9 月 20 日,民政部下发《关于支持慈善事业发展扎实做好今年"捐助月"工作的通知》,要求各地结合 10 月开展的"捐助月"活动,大胆探索"政府倡导、民间运作、社会参与"的慈善事业发展新思路;利用"宣传周"活动,大力宣传慈善理念、弘扬慈善文化,倡导团结互助、扶贫济困的良好风尚,努力营造支持慈善事业发展的良好舆论氛围。广泛宣传慈善捐赠税收优惠政策,引导和鼓励社会各界更积极地参与慈善捐赠事业。

随着天气的转冷,党和政府非常关心重视受灾困难群众的过冬问题。2005 年 12 月 7 日,胡锦涛同志亲自倡导在中央部门和单位全体共产党员中开展为困难群众特别是受灾群众"送温暖、献爱心"活动,中央国家机关掀起了一场募捐高潮。在此激励示范下,各地也纷纷开展了共产党员"送温暖、献爱心"活动和"冬衣暖人心"为主题的形式多样的捐助活动。12 月末,中央保持共产党员先进性教育活动领导小组发出通知,要求各级党组织和广大共产党员要认真贯彻落实中央领导同志关于做好冬令期间困难群众特别是受灾群众生活安排工作的重要指示精神,让广大党员、群众切实感受到党的关怀和温暖,感受到先进性教育活动带来的新变化,将全国性的募集棉衣被活动再次推向高潮。截至 2005 年 12 月 29 日,中央部门和单位共产党员"送温暖、献爱心"活动共捐款 4005 万元,棉衣被 52 万件;各地收到捐款 2 亿元,衣被 2300 多万件。据不完全统计,2005 年各级民政部门接收捐款 21 亿元,接收各类衣物 5350 多万件。②

在这次捐赠活动中,民政部门采取了有效措施,保证了捐赠活动顺利开展和捐赠款物及时发放到困难、受灾群众手中。首先,民政部会同中宣部等部门,对捐助工作在全国范围内进行了广泛的宣传和报道。其次,民政部会

---

① 季明、张琴、秦亚洲:《送温暖:全球规模最大的政府爱心工程》,2006 年 1 月 27 日,见 http://politics.people.com.cn/GB/1026/4068401.html。

② 《民政部公布 2005 年我国灾情、救灾和社会捐助情况》,2006 年 1 月 5 日,见 http://www.gov.cn/gzdt/2006-01/05/content_148408.htm。

同铁路、交通等各有关部委,及时协调安排捐赠款物的收集、分配和调运工作。再次,民政部会同财政、审计等有关部委组成了工作组,对困难群众的生活捐助工作进行了严格的监督检查落实。最后,地方基层民政部门严格按照多年已经形成的制度化的救灾捐赠款物发放程序,通过户报、村评、乡审等程序确定发放对象,并张榜公布接受捐助人的名单和款物的数量,做到透明、公开,确保募集的衣被发放到困难户和灾民手中。这一年的全国性共产党员"送温暖、献爱心"募集衣被活动为今后这项工作的开展打下了良好的开端和基础。

2006 年是进入 21 世纪以来第一个重灾年。随着天气逐渐转寒,灾区群众在恢复重建和过冬方面存在着严重的口粮短缺、缺衣少被、恢复重建负担重等突出困难。8 月 31 日,胡锦涛同志主持召开中央政治局常委会第 152 次会议,专题研究部署抗灾救灾工作。会议要求在 11 月组织开展一次全国性的社会救灾捐助活动,广泛动员社会各界捐赠款物,对困难群众特别是受灾特困户倒塌房屋恢复重建给予资金援助,为困难群众和灾民募集过冬棉衣被。10 月 17 日,中宣部、中直机关工委、中央国家机关工委、民政部、铁道部、交通部、解放军总政治部联合召开全国"送温暖、献爱心"社会捐助电视电话会议。根据党中央、国务院指示要求,确定从今年开始将共产党员"送温暖、献爱心"活动与已经在全国开展 10 年的"扶贫济困送温暖"活动结合起来,统一部署,时间定在每年 11 月,并明确规定今后每年的 11 月都要为困难群众筹集捐赠款物。一个全国性、经常性的社会捐助制度被正式确定下来。①

从临时性、集中性的社会捐赠到 1996 年"扶贫济困送温暖"经常性社会捐助活动,再到 2006 年"送温暖、献爱心"经常性社会捐助活动,经常性社会捐助活动以制度化的形式被固定下来,成为解决受灾、困难群众实际困难的一种常态化、日常化的救灾制度。作为救灾捐赠的常态化制度化形式——经常性社会捐助活动在实施过程中,在全社会营造了关注慈善、奉献爱心的氛围,弘扬了正气,传递了正能量,对宣传慈善捐赠文化起到了积极作用,对党和政府救灾工作产生了积极地推动效应。据统计,截至 2014 年年底,全国共建立经常性社会捐助工作站、点和慈善超市 3.2 万个(其中,慈善超市 10174 个)。全年各地共接收社会捐赠款物 604.4 亿元,其中,民政部门直接接收社会各界捐款 79.6 亿元,各类社会组织接收捐款 524.9 亿

---

① 《民政部部长在"送温暖、献爱心"捐助会议上的讲话》,2006 年 10 月 18 日,见 http://www.gov.cn/govweb/gzdt/2006-10/18/content_416304.htm。

元。全年各地接收捐赠衣被 5244.5 万件,捐赠物资价值折合人民币 8.0 亿元。间接接收其他部门转入的社会捐款 2.2 亿元,衣被 105.6 万件,捐赠物资折款 39011.6 万元。全年有 1694.9 万人次困难群众受益。[①] 慈善捐赠事业得到极大推动和发展。

第四节　救灾捐赠对口支援的调整和发展

20 世纪 90 年代中期,民政部开始在每年开展的向贫困地区和灾区捐送衣被的经常性捐助活动中运用对口支援的办法,探索在救灾捐赠工作中建立对口支援制度。这种对口支援方式体现了"先富帮后富,实现共同富裕"的思路,也是精准扶贫、精准救灾的有效方式和途径。经过多年的实践,救灾对口支援模式不断得到调整和完善,逐渐形成了一套比较成熟的经验和固定做法,为更好地开展救灾捐赠工作提供了有力的政策制度支持。

一、适时调整救灾捐赠对口支援方案

2001 年 9 月的经常性社会捐助工作中,在总结五年来的实践经验基础上,结合当年的实际受灾和救灾情况,配合国家西部大开发战略的实施,民政部对对口支援方案进行了适时的调整,确立了 8 省 4 市对口支援中西部 10 省(区)的省际援助方案,即北京支援内蒙古、江西;天津支援甘肃;上海支援江西、云南;江苏支援陕西;浙江支援四川;山东支援新疆;广东支援广西;福建支援宁夏;深圳、青岛、大连、宁波市支援贵州。[②] 各省内部也结合实际确定了地区间的对口支援方案。

2004 年 9 月,根据当年全国灾情和救灾工作需要,民政部又适当调整了跨省对口支援方案:北京支援内蒙古、江西;天津支援甘肃;上海支援云南、四川;江苏支援陕西;浙江支援宁夏;山东支援新疆;广东支援广西;福建支援四川;大连、宁波、深圳市支援贵州;青岛市支援云南。[③] 并要求支援与受援地区要加强交流,及时沟通需求信息,密切合作,保质保量完成支援任务。

2005 年 12 月开展的以"冬衣暖人心"为主题的募集棉衣被活动中,在

---

① 《民政部发布 2014 年社会服务发展统计公报》,2015 年 6 月 12 日,见 http://www.gov.cn/xinwen/2015-06/12/content_2878622.htm。
② 民政部救灾救济司:《经常性社会捐助工作手册》(内部资料),2002 年版,第 37 页。
③ 民政部救灾救济司:《救灾救济工作文件汇编(1988—2005)》(内部资料),2005 年版,第 157 页。

基本保持原对口支援方案不变的同时,民政部又将重点支援活动作了一定的调整,即北京重点支援广西、安徽;上海重点支援云南、四川;天津重点支援甘肃;宁波、深圳重点支援贵州;青岛重点支援云南;大连重点支援广西。并要求受援省区在本省区内要大力提倡非灾区支援灾区、轻灾区支援重灾区以及邻里互助活动的对口支援,争取在本地多募集一些棉衣被,以解群众燃眉之需。①

2006 年 11 月开展的"送温暖、献爱心"全国性社会捐助活动中,根据灾情的特点,民政部将重点对口支援作出适当调整:北京重点支援内蒙古、江西、重庆;天津重点支援甘肃;山东重点支援新疆;上海重点支援云南、四川;江苏重点支援陕西;浙江重点支援宁夏;青岛、宁波、深圳重点支援贵州;大连重点支援广西。鉴于广东、福建两省遭受到严重的台风灾害,暂停对口支援任务。承担跨省对口支援任务的省市,要加大支持力度,帮助受援省区解决实际困难。不承担跨省对口支援任务的省(区)要重点做好本省(区)内的捐助工作,确保困难群众和灾民的过冬需要。自行解决群众过冬衣被确有困难的省区由民政部在全国范围内进行调剂。②

2007 年中国部分地区重复受灾,局部地区雨情、汛情和灾情超历史同期,造成了严重的人员伤亡和经济损失。11 月的"送温暖、献爱心"全国性社会捐助活动,根据灾情分布情况,民政部对重点支援活动再次作出了适当调整:北京支援内蒙古、江西;天津支援甘肃;上海支援云南、四川;江苏支援陕西;浙江支援宁夏;山东支援新疆;广东支援广西;福建(含厦门)支援四川;深圳、宁波、青岛、大连支援贵州。自行解决群众过冬衣被确有困难的省(区),由民政部在全国范围内进行调剂。

从 2001 年开始,每年的经常性社会捐助活动,民政部都根据灾情特点和受灾情况,有针对性地将对口支援方案进行调整。在基本保持已经形成的对口支援方案的同时,重点安排支援活动,确保了经常性社会捐助活动真正为困难、受灾群众解燃眉之急。

二、"5·12"汶川地震救灾捐赠对口支援的重大发展

2008 年 5 月 12 日,四川汶川特大地震发生后,根据灾害的严重程度和1200 多万受灾群众缺衣、少被的严峻形势,5 月 16 日,民政部发出《关于请

---

① 《民政部进一步开展社会捐助工作的方案》,2005 年 12 月 5 日,见 http://www.china.com.
cn/chinese/MATERIAL/1051314.htm。
② 《民政部部长在"送温暖、献爱心"捐助会议上的讲话》,2006 年 10 月 18 日,见 http://
www.gov.cn/govweb/gzdt/2006-10/18/content_416304.htm。

有关省级民政部门向灾区紧急提供救灾物资的通知》,在全国发动和组织开展对口支援捐赠活动,协调全国 11 个省区市,向四川、甘肃灾区支援和调运 100 万床被子和 100 万件衣物。[①] 针对灾区救灾物资极度短缺的局面,非灾区省份通过对口支援和社会捐赠等形式大力进行援助。天津市向灾区调运救灾帐篷 2.4 万顶、衣服 41.7 万件、被子 40.9 万床、方便食品 46.6 吨,辽宁省向灾区调运了 1.1 万多吨救灾物资,安徽省向灾区调运救灾帐篷 2.3 万顶、21 万套(床)衣被、1 万吨大米,山东省应急期间向灾区调运各类救灾物资价值 4.15 亿元,湖北省向灾区调运救灾帐篷 4 万顶、活动房 1.3 万平方米、棉被 10 万床、衣服 16 万件、方便食品 2.8 万箱。其他各省(自治区、直辖市)也迅速组织力量,向地震灾区调运了大量生活类救灾物资。[②]

为推动灾区群众生活安排和恢复重建工作,统筹协调使用捐赠资金和物资,5 月 22 日,民政部下发《关于对口支援四川汶川特大地震灾区的紧急通知》,进一步把支援任务扩大到 21 个省市。确定由北京等 21 个省市分别对口支援四川省的一个重灾县。包括支援帐篷、衣被等救灾物资,帮助灾区开展灾民应急救助工作,提供受灾群众的临时住所,协助灾区恢复重建,提供经济合作、技术指导等。其中,上海支援都江堰市,湖南支援彭州市,黑龙江支援温江区,山西支援郫县,内蒙古支援大邑县,河北支援崇州市,江苏支援绵竹市,北京支援什邡市,辽宁支援安县,山东支援北川县,吉林支援平武县,河南支援江油市,广东支援汶川县,福建支援理县,天津支援茂县,安徽支援松潘县,江西支援小金县,广西支援黑水县,浙江支援青川县,湖北支援汉源县,海南支援宝兴县。同时,北京还对口支援甘肃省陇南市,天津还对口支援甘肃省甘南市。未承担对口支援任务的贵州、西藏、青海、宁夏、新疆和新疆生产建设兵团等六省(区、兵团)接收的捐赠款物重点用于支持陕西灾区灾民生活安排和恢复重建。[③]

当灾情基本稳定,灾区基本进入恢复重建阶段,对口支援方式又被运用到灾后恢复重建工作中。为加快地震灾后恢复重建,2008 年 6 月 18 日,经党中央、国务院同意,颁布《汶川地震灾后恢复重建对口支援方案》,建立灾后恢复重建对口支援机制。明确提出"一省帮一重灾县"原则。根据这一

① 谢永刚、李岳芹:《重灾救援与灾后重建的"中国模式"探讨》,《中国井冈山干部学院学报》2012 年第 5 期。

② 民政部救灾司:《5·12 汶川特大地震灾害应急救助与农户住房重建》,《四川行政学院学报》2010 年第 3 期。

③ 《关于对口支援四川汶川特大地震灾区的紧急通知》,2008 年 5 月 23 日,见 http://www.gov.cn/zwgk/2008-05/23/content_990040.htm。

方案,山东、广东、浙江、江苏、北京、上海、河北、辽宁、河南、福建、山西、湖南、吉林、安徽、江西、湖北、重庆、黑龙江、天津等 19 个省市分别对口支援四川省 18 个重灾县(市)和甘肃、陕西严重受灾的县(市)。①

"一省帮一重灾县"的原则充分考虑支援方经济能力和受援方灾情程度,合理配置力量,作出对口支援灾区灾后恢复重建的战略部署。强调坚持"硬件"与"软件"相结合,"输血"与"造血"相结合,当前和长远相结合,调动人力、物力、财力、智力等多种力量,优先解决灾区群众基本生活条件。对口支援的内容和方式也有了极大地调整和拓展,包括提供规划编制、建筑设计、专家咨询、工程建设和监理等服务;建设和修复城乡居民住房;建设和修复学校、医院、广播电视、文化体育、社会福利等公共服务设施;建设和修复城乡道路、供(排)水、供气、污水和垃圾处理等基础设施;建设和修复农业、农村等基础设施;提供机械设备、器材工具、建筑材料等支持。选派师资和医务人员,人才培训、异地入学入托、劳务输入输出、农业科技等服务;按市场化运作方式,鼓励企业投资建厂、兴建商贸流通等市场服务设施,参与经营性基础设施建设,以及对口支援双方协商的其他内容等。②

建立对口支援机制,推动了跨省救灾对口支援迈上了一个新台阶。对口支援被看作是创造"从悲壮走向豪迈的中国奇迹"背后"最深刻的创新",是实现灾后重建"中国奇迹"速度的"引擎","是人类抗震救灾史上的伟大创举","充分展示了中国特色社会主义无比强大的生命力和集中力量办大事的制度优势"③。

纵观 21 世纪以来,救灾捐赠对口支援模式的调整、完善,可以看出,从救灾捐赠工作,到灾后恢复重建,对口支援作为一种有效的资源流动方式和帮助模式,是救灾领域具有中国特色的政策制度模式。它的运用和发展是随着灾情的变化和救灾工作需要而不断调整和完善的。由中央政府统一规划,全面协调,部署安排支援省区和受援省区一对一的对口关系,帮助灾区群众渡过难关,重建家园,充分展现了中华民族一方有难、八方支援的优良传统,显示出中华民族万众一心、全国一盘棋、社会主义制度集中力量办大事的优势。

---

① 《国务院办公厅关于印发汶川地震灾后恢复重建对口支援方案的通知》(国办发〔2008〕53号),2008 年 6 月 18 日,见 http://www.gov.cn/zwgk/2008-06/18/content_1019966.htm。

② 《国务院办公厅关于印发汶川地震灾后恢复重建对口支援方案的通知》(国办发〔2008〕53号),2008 年 6 月 18 日,见 http://www.gov.cn/zwgk/2008-06/18/content_1019966.htm。

③ 梅松武:《从悲壮走向豪迈的中国奇迹——写在汶川特大地震三周年之际》,《四川日报》2011 年 5 月 4 日。

虽然在救灾对口支援的实际操作过程中,还存在着制约对口支援充分发挥作用的一些问题,如援助资金的监管不到位、分配使用不合理,支援方与受援方信息沟通不畅,缺少法律法规保障等问题。这些都是我们在今后工作中需要加以重视和解决的,以推进救灾对口支援模式的不断发展和完善。但对于中国这样一个人口众多,地域广阔的大国,它确实是一种行之有效、立竿见影的帮助模式,这一模式不仅可以为灾区提供人力、物力、财力、智力等各种形式的支持援助,在较短的时间内集中各方力量,迅速帮助灾民恢复基本生活,重建家园,快速实现重灾区恢复重建工作,而且可以充分调动干部群众的积极性,互帮互助,生产自救,提高抗灾防灾能力,增强全民族的凝聚力和向心力。

对口支援政策从最初的一项临时性、应急性的政策,逐步发展成为一种常规性、长期性的社会制度安排,被应用于更多的社会层面。如教育领域、工程建设、扶贫开发、卫生医疗、救灾等方面。特别是为实现2020年全面建成小康社会的目标,落实中央打好精准扶贫、精准脱贫的攻坚战的战略部署,更要充分发挥好对口支援政策的优势,坚持以人民为中心,践行共享发展理念,实现先富带后富、共同富裕,全体人民共同携手奔向小康,建设富强民主文明和谐美丽的社会主义现代化强国。

第五节　救灾捐赠应急响应机制的探索和实践

中国是一个自然灾害多发的国家,每年各种自然灾荒造成的直接经济损失逾千亿元,自然灾害已成为中国国民经济发展和社会进步的一大制约因素。如何有效地预防、抗御自然灾害,迅速实施灾后救助,把灾害造成的损失减少到最低限度,一直都是救灾工作的核心内容。随着中国社会主义市场经济体制的建立和完善,如何提高灾害救助规划能力,进一步做好防灾、抗灾、救灾工作,已摆上各级政府重要议事日程。通过制定救灾应急预案,进一步明确救灾工作管理体制,落实政府各部门的救助责任,规范和完善救灾工作程序、制度,探索新的灾害管理运行机制,提高灾害应急反应能力,将对中国救灾工作产生深远影响。

一、灾害救助应急预案体系的建立和完善

进入21世纪,中国政府开始着手制定灾害救助应急预案体制,以提高灾害预防管理能力。2001年,民政部确定将推进救灾应急预案制定工作作为当年工作的重点之一,推动制定灾害救助预案工作。5月,民政部救灾救

济司在安徽省召开全国救灾应急预案工作会议,要求各地民政部门要高度重视救灾应急预案制定工作,尽快以政府名义出台各级救灾应急预案。一旦灾害发生,迅即启动预案,使各项救灾工作紧张有序地进行。

2003 年突发的"非典"事件,加速了灾害应急预案体系和灾害应急管理体制工作的进程,推动了中国灾害应急管理工作的全面发展。2003 年 6 月 9 日,民政部总结抗击"非典"的经验,制定并颁布了具有预案性质的《民政部应对突发性自然灾害工作规程》,按照灾害损失情境,将应对突发性自然灾害工作设定为三个响应等级,并明确了各个等级响应工作的具体操作规程。

2004 年 6 月 23 日,经过修订的《民政部应对自然灾害工作规程》对民政部在自然灾害发生后的应对工作流程做出了更加具体化、程序化规定。按照灾害损失情境,将应对自然灾害工作设定为四个响应等级。根据一次灾害过程造成的损失情境,立即启动本层级的应急响应;在接到省级民政部门灾情报告的 2 小时内,完成灾情数据的审核、汇总工作,向国务院报告并送有关部门。必要时向国际社会通报情况。11 月,民政部又向全国下发《灾害应急救助工作规程》,对从突发性自然灾害发生到灾情基本稳定期间,各级民政部门紧急转移安置灾民和对灾民实施紧急救助的相关工作制定出具体工作流程。

2005 年年初,国务院批准将中国国际减灾委员会更名为国家减灾委员会,同时赋予其承担减灾和全国抗灾救灾综合协调的职能,国家的灾害应急救助协调机制得到全面加强。① 5 月 14 日,国务院颁布的《国家自然灾害救助应急预案》规定,根据突发性自然灾害的危害程度等因素,国家设定四个响应等级,并按照灾情的不同程度启动相应等级。按照"条块结合,以块为主"的原则,灾害救助工作以地方政府为主。灾害发生后,乡级、县级、地级、省级人民政府和相关部门要根据灾情,按照分级管理、各司其职的原则,启动相关层级和相关部门应急预案,做好灾民紧急转移安置和生活安排、抗灾救灾、灾害监测、灾情调查、评估和报告等工作,最大程度地减少人民群众生命和财产损失。② 随后,与《国家自然灾害救助应急预案》相配套,各省(自治区、直辖市)、各地市(州)、各县(市、区)和部分乡村陆续制定了本级行政区域的灾害应急救助预案。到 2005 年年底,共制定 31 个省级自然灾

---

① 《我国自然灾害应急救助体系建设取得长足进展》,2006 年 1 月 12 日,见 http://www.gov.cn/jrzg/2006-01/12/content_156848.htm。

② 《国家自然灾害救助应急预案》,2006 年 1 月 11 日,见 http://www.gov.cn/yjgl/2006-01/11/content_153952.htm。

害救助应急预案,310 个地市、2347 个县市也都制订了救灾应急预案,全国救灾应急预案体系初步建立。重大灾害一旦发生,民政部一般在两个小时左右就能得到灾情信息,并迅速启动应急预案。①

已经基本形成的全国省、市、县三级自然灾害应急预案体系在应对重特大自然灾害,特别是在应对 2008 年南方低温雨雪冰冻灾害和"5·12"汶川特大地震两次巨灾过程中,发挥了至关重要的作用。

为进一步完善自然灾害救助应急预案体系建设,2008 年 12 月 9 日,民政部印发《关于加强自然灾害救助应急预案体系建设的指导意见》,要求在2009 年 3 月底之前,完成所有市、县预案的制定工作,完成省、市、县三级现有预案的修订工作。同时,重点推进城乡基层预案建设,2009 年之内完成基层乡镇(街道)和行政村(社区居委会)的预案制定工作,从而形成"纵向到底、横向到边"的救助应急预案体系,切实提高各级民政部门自然灾害应急救助能力,为自然灾害救助法制化、制度化建设奠定了基础。

2010 年 6 月 30 日,国务院第 117 次常务会议通过《自然灾害救助条例》,多年来形成的灾害救助工作原则、制度、方法以法律形式被确定下来。从法律形式明确了灾害救助工作在国家应急法律体系中的重要地位,推动灾害救助工作进入依法行政历史发展阶段,实现了灾害救助工作法制化新阶段。

二、救灾捐赠工作规程的制定和应急机制的完善

在建立自然灾害救助应急预案体系和推进灾害应急响应机制工作的基础上,救灾捐赠预案制定工作也加快了步伐。2004 年 3 月 25 日,民政部印发《关于加快建立完善经常性社会捐助制度的通知》,提出"要抓紧制定救灾捐赠应急预案,结合各地重特大自然灾害应急预案建设,认真做好与之相对应的救灾捐赠应急预案"②。2005 年 5 月 14 日,国务院颁布《国家自然灾害救助应急预案》,再次强调要完善救灾捐赠工作应急方案,规范救灾捐赠的组织发动、款物接收和分配以及社会公示等各个环节的工作。随后,民政部加紧推进救灾捐赠预案的制定工作。

针对实际工作需要,根据《国家自然灾害救助应急预案》,2007 年和2009 年,民政部两次对《救灾应急工作规程》进行修订和完善。对自然灾害发生后,民政部的工作流程,以及人员保障、灾情信息管理、紧急救助、灾情

---

① 《我国自然灾害应急救助体系建设取得长足进展》,2006 年 1 月 12 日,见 http://www.gov.cn/jrzg/2006-01/12/content_156848.htm。

② 民政部救灾救济司:《救灾救济工作文件汇编(1988—2005)》(内部资料),2005 年版,第161 页。

评估、综合协调、救灾捐赠、实时工作报告、新闻宣传报道、后勤保障等启动响应的具体措施,进行了细致地划分和明确规定。

随着灾害应急救助体系的建立和完善,救灾捐赠应急机制和工作模式也越来越明晰。经过几年救灾捐赠工作实践的探索和积累,2008年4月28日,民政部颁布《救灾捐赠管理办法》,并开始着手制定《救灾捐赠工作规程》。2008年年初的南方低温雨雪冰冻灾害和"5·12"汶川特大地震救灾捐赠工作,使已初步形成的救灾捐赠应急机制和工作模式得到了很好的演练和检验,并进一步得到加强和完善。特别是汶川特大地震发生后,国务院迅速成立抗震救灾总指挥部,下设抢险救灾组、群众生活组、地震监测组、卫生防疫组、宣传组、生产恢复组、基础设施保障组和灾后重建组、水利组、社会治安组等9个工作组,统一指挥抗震救灾工作。在国务院统一领导下,民政部作为群众生活组的牵头部门,紧急启动救灾捐赠机制,组织开展了全国性救灾捐赠活动,取得了显著成效,较好地支援了灾区群众生产生活,缓解了灾区的生活困难问题。随着灾害应急救助体系的建立和完善,救灾捐赠机制也随之得到不断的完善和发展。

在"5·12"汶川特大地震抗震救灾捐赠经验基础上,2009年9月3日,民政部制定了《救灾捐赠工作规程》,对民政部组织开展救灾捐赠活动的原则、启动条件、组织体系、工作流程以及工作机构的具体职责做出了明确规定,规范了救灾捐赠工作,提高了救灾捐赠管理水平。主要内容包括以下几个方面。

1. 救灾捐赠启动的条件和程序:当启动救灾应急三级以上响应时,开展救灾捐赠工作。当启动救灾应急三级响应,由救灾司救灾捐赠处负责,视情况指导灾区组织开展救灾捐赠工作;向社会发布灾区救灾物资需求;定期公告救灾捐赠款物的接收和使用情况。当启动救灾应急二级响应,由救灾司救灾捐赠处负责,视情况指导灾区组织开展救灾捐赠工作;向社会发布灾区救灾物资需求;必要时公布接受捐赠单位和账号,设立救灾捐赠热线电话,接受救灾捐赠款物并及时拨付;定期公告救灾捐赠款物的接收和使用情况。当启动救灾应急一级响应,组织开展跨省或者全国性救灾捐赠活动,统一接收、管理、分配救灾捐赠款物,视情况建议以减灾委名义呼吁国际救灾援助。①

2. 救灾捐赠的组织体系:根据《民政部救灾应急工作规程》,成立民政部救灾捐赠办公室,与民政部救灾应急指挥部办公室为同一个机构,两块牌

---

① 参见《民政部救灾应急工作规程》,2012年12月12日,见 http://www.ruzhou.gov.cn/221/28632.html。

子。救灾捐赠办公室下设综合协调、统计调配、资金接收、物资接收 4 个组。

3. 救灾捐赠的响应措施具体有以下几个方面。

（1）综合协调组负责发布救灾捐赠公告，启动救灾捐赠联动机制。具体职责为：第一，向民政系统和具有救灾宗旨的有关社会组织发出通知，要求组织开展全国性救灾捐赠活动，同时下发捐赠统计信息系统。第二，向社会发布组织开展全国救灾捐赠活动的公告，公布接收救灾捐赠单位的名称、地址、联系人、联系电话和账号。第三，设立民政部本级救灾捐赠热线电话，提供救灾捐赠政策等方面咨询。第四，启动与外交、商务等部门及我驻外使领馆、联合国有关机构和其他国际组织、外国驻华使馆接收涉外救灾捐赠协调工作机制；启动与海关、检验检疫等部门的涉外捐赠物资入关协调工作机制；启动与铁路、交通运输、民航等部门的捐赠物资调运协调工作机制；启动与工商、文化、体育部门监督赈灾义卖、义演、义赛等活动的募捐协调工作机制；启动与承担接收救灾捐赠任务社会组织的信息沟通机制；启动与新闻媒体救灾捐赠宣传的协调工作机制。

（2）资金接收组负责接收和统计救灾捐款。具体职责为：第一，接收并统计通过银行向民政部捐赠账户汇寄的捐款；第二，领取从邮局汇寄的捐款，统一上缴到救灾捐赠账户；第三，现场直接接收的捐赠现金或转账支票统一上缴到救灾捐赠账户；第四，为捐款人打印、寄送捐赠收据；第五，视情况举行接收救灾资金捐赠仪式。

（3）物资接收组负责接收和统计救灾捐赠物资。具体职责为：第一，接收、统计国外捐赠物资，协调外交、海关、质检、卫生、教育等相关部门，办理境外捐赠物资的检验检疫、免税和入境等相关手续；第二，接收、统计国内捐赠物资；第三，视情况举行接收救灾物资捐赠仪式。

（4）统计调配组负责统计、调配全国捐赠款物。具体职责为：第一，统计全国捐赠款物的接收情况，必要时提出调配指导建议；第二，统计全国性具有救灾宗旨的社会组织接收的救灾捐赠款物。

（5）统计调配组会同资金接收组和物资接收组共同完成拨付民政部接收的救灾捐赠款物。主要职责是：第一，根据受灾地区救灾需求拨付救灾捐款，包括根据灾区需求，与受灾地区沟通、协调捐款的具体使用方向，与财政部社保司协商救灾捐款拨付方案；提出捐款分配意见，报民政部救灾捐赠办公室，经部领导批准后实施；会同部规划财务司办理下拨捐款手续；跟踪监督救灾捐款的使用情况。第二，根据受灾地区救灾需求调拨捐赠物资，包括根据灾区需求，提出捐赠物资分配意见，报民政部救灾捐赠办公室，经部领导批准同意后实施；协调铁路、交通运输、民航等部门，确保救灾捐赠物资及时运抵受灾地区,并跟踪物资运输过程;与接收救灾捐赠机构和受灾地区协调,了解捐赠物资使用情况等。

(6)综合协调组会同其他各组共同完成组织捐赠宣传活动和捐赠信息公开。具体职责是:第一,及时、主动公开捐赠款物的来源、种类、数量和去向,自觉接受社会各界和新闻媒体的监督,包括适时向社会公告全国和民政部本级捐赠款物接收和使用情况;通过民政部网站公布民政部本级接收捐赠款物的明细;指导具有救灾宗旨的社会组织通过网站、报刊等媒体,适时公告捐赠款物接收和使用情况;通过捐赠热线答复捐赠人关于捐款使用情况的咨询。第二,组织捐赠宣传活动,包括组织召开新闻发布会,定期向社会公布灾情和灾区需求情况;协调外交、商务等部门,对外通报救灾捐赠相关信息,报道国际救灾援助信息;举行必要的救灾捐赠仪式等宣传活动。①

2016年3月,根据近年来发生的四川雅安芦山地震、云南鲁甸地震、"威马逊"超强台风等重特大自然灾害应对工作的做法和经验,民政部在综合分析我国自然灾害和救灾工作的新形势、新变化的基础上,对2005年发布的《国家自然灾害救助应急预案》进行第二次修订。从总体上提出"三个坚持"的基本工作原则,第一坚持以人为本;第二坚持统一领导、综合协调、分级负责、属地管理;第三坚持政府主导、社会互助、群众自救,并在预案适用范围、应急响应启动条件、启动程序及响应措施等方面进行了调整和完善,以进一步提高预案的针对性、实用型和可操作性。② 新修订的《预案》对应急响应启动条件进行完善,国家层面四个响应等级的核心指标(包括因灾死亡人口、倒塌或严重损坏房屋数量、紧急转移安置人数或需紧急生活救助人口等)做出相应调整和完善;对应急响应启动程序进行优化和完善,对灾情报告、灾情发布、灾害损失、信息共享、社会动员等内容进行充实和完善;扩大了预案适用范围,在考虑到近年来尼泊尔、巴基斯坦、缅甸、俄罗斯等邻国发生重特大自然灾害对我国边境省份造成较大影响,增加了"当毗邻国家发生重特大自然灾害对我国境内造成重大影响时,按照本预案开展国内应急救助工作"的内容。③

---

① 参见《民政部救灾捐赠工作规程》(民办发〔2009〕27号),2009年9月3日,见http://www.jishui.gov.cn/index.php? c=show&id=373885&s=xxgk。

② 《国务院办公厅印发〈国家自然灾害救助应急预案〉的通知》(国办函〔2016〕25号),2016年3月24日,见http://www.gov.cn/zhengce/content/2016-03/24/content_5057163.htm。

③ 《保障自然灾害救助工作规范有序、科学高效开展——民政部有关负责人解读2016年版〈国家自然灾害救助应急预案〉》,2016年3月24日,见http://www.gov.cn/xinwen/2016-03/24/content_5057498.htm。

　　同时,根据救灾捐赠导向机制和支持鼓励引导社会力量参与救灾工作的精神,新修订的《预案》根据响应级别对社会组织参与进行了不同程度的安排。规定启动Ⅲ级响应时,民政部指导社会组织、志愿者等社会力量参与灾害救助工作;启动Ⅱ级响应时,民政部指导社会组织、志愿者等社会力量参与灾害救助工作,同时,中国红十字会总会依法开展救灾募捐活动,参与救灾工作;启动Ⅰ级响应时,民政部向社会发布接受救灾捐赠的公告,组织开展跨省(区、市)或者全国性救灾捐赠活动,呼吁国际救灾援助,统一接收、管理、分配国际救灾捐赠款物,指导社会组织、志愿者等社会力量参与灾害救助工作。外交部协助做好救灾的涉外工作。中国红十字会总会依法开展救灾募捐活动,参与救灾工作。① 新修订的《预案》极大地体现了调动社会组织参与救灾工作的理念,对于公益性社会组织和基层群众自治组织作用的发挥起到巨大推动作用。

　　《国家自然灾害救助应急预案》《民政部救灾应急工作规程》和《救灾捐赠工作规程》等的制定、修订极大地推动了救灾捐赠工作应急响应机制的完善。为自然灾害发生后,紧急启动应急响应,迅速开展救灾捐赠,支援灾区,缓解灾民困难提供了完整的、明确的工作模式和具体操作流程,大大地推动了救灾捐赠工作的制度化、规范化建设。

第六节　救灾捐赠激励机制的探索和建立

　　2000 年以后,随着救灾捐赠的蓬勃发展,团结友爱,助人为乐,互帮互助,已成为全社会的广泛共识和自觉行动。帮助困难群众,为困难群众解决实际问题,是党和政府的职责,也是全社会的共同责任。为更好地利用、发挥社会捐赠在救灾工作中的作用,党和政府开始探索鼓励救灾捐赠行为的方法和政策,初步形成了表彰奖励和减免税收相结合的激励机制。

一、表 彰 奖 励

　　每次自然灾害发生后,社会各界都踊跃捐赠,奉献爱心,为灾区、贫困地区群众无偿捐助了大量资金和物资,有效地改善了困难群众的生产生活条件。社会捐赠不仅给困难群众带来了物质上的帮助,更带来了精神上的鼓励,体现出全社会对困难群众的关心和支持,坚定了他们战胜困难的信心,

---

① 参见王勇:《〈国家自然灾害救助应急预案〉印发　根据响应级别民政部组织社会组织开展相应工作》,《公益时报》2016 年 3 月 29 日。

倡导了新型的社会风尚。

为进一步弘扬团结、友爱、互助精神和"一方有难，八方支援"的传统美德，倡导经常性的社会捐助，调动社会各界参与救灾捐赠的积极性，营造人人关心和帮助困难群众的社会氛围，促进中国社会捐助活动深入、健康、持续发展，根据《中华人民共和国公益事业捐赠法》的有关规定，从 2003 年开始，民政部设立了社会捐助方面的政府奖——全国"爱心捐助奖"。该奖专门用来褒扬积极参与公益事业，在社会捐助活动中作出突出贡献的单位和个人。当年就有 208 个单位和个人被民政部授予"爱心捐助奖"，在全社会引起强烈反响和关注。设立"爱心捐助奖"，对热心公益捐助的单位和个人进行表彰，这对于进一步激发社会各界的捐赠积极性，推动向城乡困难群众"送温暖、献爱心"捐助活动深入、持久地开展，使困难群众得到帮助，体现社会主义制度的优越性具有重要意义。

2005 年 11 月 20 日，由民政部、中华慈善总会主办的中华慈善大会在人民大会堂召开。这是新中国成立以来第一次由政府部门与民间慈善组织共同举办的慈善大会。会上，民政部公布了《中国慈善事业发展指导纲要（2006—2010 年）》，提出了今后五年中国慈善事业发展的总体要求、目标原则和政策措施。其中，强调把完善表彰奖励制度，发挥先进典型的示范作用作为发展慈善事业的基本措施之一。在这次大会上，民政部将救灾捐赠表彰、经常性社会捐助和慈善捐助相结合，把"爱心捐助奖"提升为"中华慈善奖"，专门表彰对公益慈善事业做出特殊贡献并具有深刻社会影响的个人，成为中国慈善公益事业最高级别的国家政府奖。同时，要求地方各级要建立健全表彰奖励机制；鼓励民间开展各种形式的宣传表彰活动。建立政府表彰和社会表彰相结合的奖励机制，初步形成了社会捐赠表彰激励机制。

此后，民政部每年度组织一次"中华慈善奖"评选表彰活动，以"慈善中华"为主题，大力褒扬在赈灾、扶老、助残、救孤、济困、助学、助医以及支持文化艺术、环境保护等公益慈善领域做出突出贡献的个人、机构和慈善项目。"中华慈善奖"一般设立五个慈善类别，即"最具爱心慈善捐赠个人""最具爱心慈善行为楷模""最具爱心内资企业""最具爱心外资企业"和"最具影响力慈善项目"等，分类开展评选表彰。通过中央电视台、互联网向社会公布候选名单，进行展播。最终经过公众投票排榜，评选委员会参考社会投票结果评选出当年度"中华慈善奖"获奖者，其余候选者获提名奖。这一奖项的评选表彰，在全社会大力倡导了团结互助、扶贫济困的良好风尚，促进了人人参与慈善的社会文化氛围，极大地推动了社会慈善事业的健康发展，加快了社会主义和谐社会建设。

2008 年中国先后发生大范围低温雨雪冰冻灾害和汶川特大地震,国内外社会各界踊跃捐款捐物,捐赠款物达到新中国成立以来最大规模。为弘扬社会慈善精神,表彰在"5·12"抗震救灾和其他救灾、慈善领域做出突出贡献的机构和个人,12 月 5 日,由民政部主办的第二届中华慈善大会暨2008 年度"中华慈善奖"评选表彰大会在北京人民大会堂举行。胡锦涛同志出席大会并做重要讲话。他强调指出,慈善事业是改善民生、促进社会和谐的崇高事业,希望海内外社会团体、各类企业和各界人士进一步发扬人道主义精神,乐善好施,扶危济困,热情参与慈善活动,向需要帮助的人们献出更多的关爱。① 这就把发展慈善事业与建设社会保障体系、构建社会主义和谐社会、树立社会文明新风、全面建设小康社会等党的根本方针和国家发展宏伟目标紧紧联系在一起,从战略高度阐释了发展慈善事业的重要意义。在此次评奖上,民政部还首次引入了中华慈善总会、中国红十字基金会以及李嘉诚基金会、比尔和梅琳达·盖茨基金会、克林顿基金会等 10 家中外知名慈善机构参与评选,成为政府部门与社会组织慈善协作的新起点,救灾捐赠激励机制得到了新的发展和完善。

在国家设立"中华慈善奖"鼓励社会捐赠的同时,各公益组织、媒体和地方也都组织各种形式的评奖表彰活动,如各公益组织年底举办的公益晚会、《公益时报》社编制发布的"中国慈善排行榜",河南省、深圳市、天津市等地的地方"慈善排行榜"等,这些形式的激励,一方面给捐赠人的捐赠行为予以肯定和褒扬,另一方面又有利于鼓励捐赠人再次作出捐赠行为。

改革开放以来,特别是近年来,中国的慈善事业发展较快,取得了很大的成绩,但与西方发达国家相比,还处于起步阶段。虽然,在抗击汶川特大地震中,举国上下患难与共,同心协力,海内外和衷共济,掀起了新中国历史上规模最大的社会捐赠行动,但如何使这种捐赠行为成为普通人自觉的行为和身边的事情,在全社会形成这种"向善"的捐赠文化氛围,适当的激励机制就显得格外重要。召开慈善大会,设立奖项表彰慈善人物、组织、机构和项目等无疑成为鼓励捐赠行为的一种重要激励机制。随着全面依法治国的推进,这种慈善公益事业的鼓励激励机制得以规范化、法治化。国家从慈善法律层面对慈善捐赠事业进行正面宣传与鼓励,2016 年全国人大颁布《中华人民共和国慈善法》,明确规定,"国家建立慈善表彰制度,对在慈善事业发展中做出突出贡献的自然人、法人和其他组织,由县级以上人民政府

---

① 民政部政策法规司编:《民政工作文件选编(2008 年)》,中国社会出版社 2009 年版,第551 页。

或者有关部门予以表彰"①。并将"每年 9 月 5 日确定为中华慈善日"②。这种已经形成的,从国家到地方、从公益组织到媒体的捐赠奖励机制,对于促进中国社会慈善公益事业的发展具有重要意义。

二、税 收 激 励

政府通过减免税收等方式用来扶持和鼓励捐赠行为和发展社会慈善公益事业是国际上通行的做法。通过完善、健全和落实税收减免优惠政策机制,可以有效地激发各类组织和个人参与社会捐赠的积极性。现阶段,中国制定了一系列针对企业和个人在捐赠方面减免所得税的税收优惠政策和规定。

1993 年 10 月 31 日,新修订的《中华人民共和国个人所得税法》规定,个人将其所得对教育事业和其他公益事业捐赠的部分,按照国务院有关规定从应纳税所得中扣除。③ 1994 年 1 月 28 日,国务院颁布实施的《中华人民共和国个人所得税法实施条例》规定,个人将其所得通过中国境内的社会团体、国家机关向教育和其他社会公益事业以及遭受严重自然灾害地区、贫困地区的捐赠,捐赠额未超过纳税义务人申报的应纳税所得额 30% 的部分,可以从其应纳税所得额中扣除。④

1993 年 12 月 13 日,国务院颁布的《中华人民共和国企业所得税暂行条例》规定,纳税人用于公益、救济性的捐赠,在年度应纳税所得额 3% 以内的部分,准予扣除。⑤ 1994 年 2 月 4 日,财政部颁布的《中华人民共和国企业所得税暂行条例实施细则》规定,纳税人通过中国境内非营利的社会团体、国家机关向教育、民政等公益事业和遭受自然灾害地区、贫困地区的捐赠,在年度应纳税所得额 3% 以内的部分,准予扣除。纳税人直接向受赠人的捐赠不允许扣除。⑥

1998 年 6 月 29 日,财政部、国务院关税税则委员会、国家税务总局、海

---

① 《中华人民共和国慈善法》,《人民日报》2016 年 3 月 20 日。
② 《中华人民共和国慈善法》,《人民日报》2016 年 3 月 20 日。
③ 跨国公司与公益事业高级论坛暨公益项目展示会:《公益事业法律文献汇编》(内部资料),2003 年版,第 209 页。
④ 跨国公司与公益事业高级论坛暨公益项目展示会:《公益事业法律文献汇编》(内部资料),2003 年版,第 214 页。
⑤ 跨国公司与公益事业高级论坛暨公益项目展示会:《公益事业法律文献汇编》(内部资料),2003 年版,第 152 页。
⑥ 跨国公司与公益事业高级论坛暨公益项目展示会:《公益事业法律文献汇编》(内部资料),2003 年版,第 155 页。

关总署《关于救灾捐赠物资免征进口税收的暂行办法》规定,对外国民间团体、企业、友好人士和华侨、香港居民和台湾、澳门同胞无偿向我境内受灾地区捐赠的直接用于救灾的物资,在合理数量范围内,免征进口关税和进口环节增值税、消费税。①

1998 年 9 月 22 日,国家税务总局发布《关于企业向灾区捐赠所得税前扣除问题的通知》中规定,企业所得税纳税人(包括国有企业、集体企业、私营企业、股份制企业、联营企业事业单位等)向遭受洪涝灾害地区的捐赠(包括现金和实物),其捐赠额在年度应纳税所得额 3% 以内的部分,计征企业所得税时准予扣除;超过年度应纳税所得额 3% 的部分,计征企业所得税时不得扣除。②

1999 年颁布的《中华人民共和国公益事业捐赠法》专辟一章"优惠措施"对捐赠的税收优惠加以规定,公司和企业、自然人和个体工商户捐赠财产用于公益事业享受企业所得税和个人所得税方面的优惠,境外向公益性社会团体和公益性非营利的事业单位捐赠的用于公益事业的物资,依法减征或者免征进口关税和进口环节的增值税。同时,对于捐赠的工程项目,当地人民政府也应当给予支持和优惠。③

2000 年 7 月 12 日,财政部、国家税务总局发布《关于企业等社会力量向红十字事业捐赠有关所得税政策问题的通知》规定,企业、事业单位、社会团体和个人等社会力量,通过非营利性的社会团体和国家机关(包括中国红十字会)向红十字事业的捐赠,在计算缴纳企业所得税和个人所得税时准予全额扣除。④

2001 年 1 月 15 日,财政部、国家税务总局、海关总署联合发布《扶贫、慈善性捐赠物资免税进口税收暂行办法》规定,对境外捐赠人无偿向受赠人捐赠的直接用于扶贫、慈善事业的物资,免征进口关税和进口增值税。⑤

2003 年,针对"非典"捐赠,北京市地方税务局 4 月 24 日发出通知规

① 跨国公司与公益事业高级论坛暨公益项目展示会:《公益事业法律文献汇编》(内部资料),2003 年版,第 91 页。

② 跨国公司与公益事业高级论坛暨公益项目展示会:《公益事业法律文献汇编》(内部资料),2003 年版,第 96 页。

③ 跨国公司与公益事业高级论坛暨公益项目展示会:《公益事业法律文献汇编》(内部资料),2003 年版,第 83 页。

④ 跨国公司与公益事业高级论坛暨公益项目展示会:《公益事业法律文献汇编》(内部资料),2003 年版,第 116 页。

⑤ 跨国公司与公益事业高级论坛暨公益项目展示会:《公益事业法律文献汇编》(内部资料),2003 年版,第 93 页。

定,企事业单位、社会团体和个人通过北京市卫生局对防治非典型肺炎捐赠现金,按卫生局开具的收据所列金额在当期计算缴纳企业和个人所得税时予以全额扣除。① 4月29日,财政部、国家税务总局发布《关于纳税人向防治非典型肺炎事业捐赠税前扣除问题的通知》规定,2003年1月1日起,企业、个人等社会力量向各级政府民政部门、卫生部门捐赠用于防治非典型肺炎的现金和实物,以及通过中国红十字会总会、中华慈善总会向防治非典型肺炎事业的捐赠,允许在缴纳所得税前全额扣除,当疫情解除后,停止执行。② 这项政策的出台对于动员全社会力量参与救灾捐赠起到极大地促进作用,全社会捐赠热情高涨,捐赠款物势如破竹般涌来。

2008年2月18日修订的《中华人民共和国个人所得税法实施条例》规定,个人将其所得通过中国境内的社会团体、国家机关向教育和其他社会公益事业以及遭受严重自然灾害地区、贫困地区的捐赠,捐赠额未超过纳税义务人申报的应纳税所得额30%的部分,可以从其应纳税所得额中扣除。③

为进一步推动和鼓励企业捐赠,国家加大了对企业捐赠的优惠力度,对企业捐赠的税收激励机制有所增强。新修订的2008年1月1日起开始实施的《中华人民共和国企业所得税法》第九条规定:企业发生的公益性捐赠支出,在年度利润总额12%以内的部分,准予在计算应纳税所得额时扣除。④ 这就将企业发生的公益性捐赠免税的额度由原来所得额的3%提高到了年利润总额的12%,从而进一步激发了企业捐赠的热情。

2008年5月19日,财政部、国家税务总局《关于认真落实抗震救灾及灾后重建税收政策问题的通知》,明确了"5·12"汶川特大地震抗震救灾企业和个人捐赠的税收优惠政策。企业和个人发生的公益性捐赠支出,可按企业所得税法和个人所得税法的有关规定从应纳税所得中扣除。企业和个人通过公益性社会团体或县级以上人民政府及其部门,向地震灾区的捐赠,企业可在年度利润总额12%以内的部分,准予扣除。个人捐赠扣除限额则是应纳税所得额的30%。个人向地震灾区红十字事业的捐

---

① 钟国栋:《凸显企业捐赠缺陷"非典"引发企业非常捐赠》,2003年5月12日,见 http://finance.sina.com.cn/b/20030512/1548339336.shtml。

② 《财政部、国家税务总局〈关于纳税人向防治非典型肺炎事业捐赠税前扣除问题的通知〉》,《中国税务》2003年第7期。

③ 《中华人民共和国个人所得税法实施条例》,2008年3月28日,见 http://www.gov.cn/zhengce/content/2008-03/28/content_1946.htm。

④ 《中华人民共和国企业所得税法》,2007年3月19日,见 http://www.china.com.cn/policy/txt/2007-03/19/content_7979760.htm。

赠,准予全额扣除。①

此外,民政部还通过认定全国性社会团体公益性捐赠税前扣除资格来拓宽社会参与慈善捐赠的渠道。2011 年 6 月,民政部出台《全国性社会团体公益性捐赠税前扣除资格初审暂行办法》,越来越多的公益性机构获得捐赠税前扣除资格。2013 年度,财政部、国家税务总局及民政部先后两批批准了 170 家公益性社会团体获得公益性捐赠税前扣除资格。② 这些规定和办法降低了企业的公益性捐赠门槛,扩大了企业捐赠的选择范围。

2016 年 3 月 16 日,全国人大通过了《中华人民共和国慈善法》,其中第79 条至第 84 条专门对慈善捐赠的税收优惠政策进行了细化,极大地提升了税收激励的作用。如"慈善组织及其取得的收入依法享受税收优惠。自然人、法人和其他组织捐赠财产用于慈善活动的,依法享受税收优惠。企业慈善捐赠支出超过法律规定的准予在计算企业所得税应纳税所得额时当年扣除的部分,允许结转以后三年内在计算应纳税所得额时扣除。境外捐赠用于慈善活动的物资,依法减征或者免征进口关税和进口环节增值税。受益人接受慈善捐赠,依法享受税收优惠。慈善组织、捐赠人、受益人依法享受税收优惠的,有关部门应当及时办理相关手续。捐赠人向慈善组织捐赠实物、有价证券、股权和知识产权的,依法免征权利转让的相关行政事业性费用。国家对开展扶贫济困的慈善活动,实行特殊的优惠政策。"③这些针对慈善税收优惠政策的法律制度安排对于激励社会捐赠、推动慈善公益事业发展起到积极作用。税收优惠政策作为推动慈善捐赠的一种重要制度安排,是《中华人民共和国慈善法》最核心、最关键的内容,将慈善税收优惠激励推向更高位阶的法律制度支撑层面。

从以上有关鼓励企业、个人社会捐赠的税收优惠政策规定来看,中国已经遵循国际惯例,运用税收减免方式,并通过不断调节、提高其免税比例来鼓励、推动社会捐赠和慈善事业的发展。尤其是向慈善机构、基金会等非营利机构捐赠、向红十字事业捐赠,均准予在缴纳企业所得税和个人所得税前全额扣除的规定,以及重特大自然灾害捐赠时临时性准予在缴纳企业所得税和个人所得税前全额扣除的规定。但与国外税法比较,从总体来看,优惠待遇水平一般,免税数额比例还比较低,对可以享受全额扣除的非营利组织的资格有很多限制且数量不多。随着国家经济实力的夯实和人民生活质量

---

① 《财政部 国家税务总局关于认真落实抗震救灾及灾后重建税收政策问题的通知》,《中华人民共和国财政部文告》2008 年第 6 期。

② 高鉴国:《中国慈善捐赠机制研究》,社会科学文献出版社 2015 年版,第 157 页。

③ 《中华人民共和国慈善法》,《人民日报》2016 年 3 月 20 日。

的提高,完善并加大对捐赠税收优惠的力度,理顺慈善捐赠免税体制,简化慈善捐赠税收减免的获得手续,同时,增加享受全额扣除规定的慈善机构数量,吸引更多的企业、个人参与到慈善捐赠事业中来;此外,进一步加强慈善税收优惠政策的监管,做到减免税收优惠和表彰奖励双管齐下,通过发挥这两种激励形式的刺激合力,促进包括救灾捐赠在内的慈善捐赠事业向更高水平发展。

第七节　参与国际救灾援助的新变化

进入 21 世纪以来,随着全球化发展趋势的日益加强,自然灾害的跨国界影响日益明显,国际救灾援助成为灾后跨国救灾的重要一环,发挥着不可替代的作用。中国接受国际救灾援助活动越来越频繁,对待国际救灾援助的态度越来越积极、主动,接受国际救灾援助的渠道越来越多元化,接受国际救灾援助的操作程序越来越规范化、制度化。

一、主动、规范、多元接受国际救灾援助

2000 年以来,国务院和各有关部委针对国际救灾援助工作先后制定和出台了一些政策、规章,保证了国际救灾援助工作的规范、有序进行。2000年 5 月 12 日,民政部颁布《救灾捐赠管理暂行办法》,专设一章"境外救灾捐赠",对国际救灾援助的呼吁、接收主体、接收外汇方式等作出规定。2003 年 3 月 6 日,民政部下发《关于进一步规范境外救灾捐赠物资进口管理的通知》,对境外救灾捐赠物资的接收、免税、分配、发放等问题作出规定,进一步促进了境外捐赠工作的顺利开展。2005 年 5 月 14 日,国务院颁布《国家自然灾害救助应急预案》,规定"启动二级响应时,民政部成立救灾应急指挥部,经国务院批准,向国际社会发出救灾援助呼吁,公布接受捐赠单位和账号,设立救灾捐赠热线电话,主动接受社会各界的救灾捐赠"。①2008 年 4 月 28 日,民政部颁布《救灾捐赠管理办法》,对"境外救灾捐赠"内容进行了补充修订,调整了接收外汇的方式,并对国际救灾援助的呼吁、接受、备案、管理等问题作出更加明确具体规定。2009 年 3 月,民政部制定《自然灾害救助应急工作规程》,规定"启动二级响应,民政部报国务院批

---

① 《国务院办公厅关于印发国家自然灾害救助应急预案的通知》(国办函〔2016〕25 号),
2006 年 3 月 24 日,见 http://www.gov.cn/zhengce/content/2016 - 03/24/content_5057163.
htm。

准,向国际社会发出救灾援助呼吁;启动一级响应,建议以国家减灾委员会名义对外通报灾情,呼吁国际救灾援助。"①这些有关境外救灾捐赠的政策法规对开展国际救灾援助工作起了重要的指导和规范作用。特别是在2008 年"5·12"汶川特大地震救灾工作中得到了积极、有效的实践。

2008 年 5 月 12 日汶川特大地震发生后,国际社会纷纷向中国表达了援助动议。根据《国家自然灾害救助应急预案》,国家减灾委员会、民政部紧急启动国家应急救灾一级响应,并主动对外呼吁国际社会提供救灾援助。5 月 13 日,民政部就接受国际社会向地震灾区捐赠提出具体意见,即对于国际社会主动向我地震灾区捐赠救灾资金,迅速接受并致谢;由于灾区道路受阻,运输困难,接受救灾物资暂时有困难,建议对捐赠物资表示感谢并婉拒;对于外国非政府组织和个人向灾区捐款,可提供中国红十字会总会和中华慈善总会账号并由其具体接受。此后,外交部新闻发言人多次明确表示,在这次大地震以后,对于国际上凡是愿意向我们提供援助的,均表示诚挚感谢和欢迎。具体政策是,外交部负责统一对外接收的政策衔接,对内接收统一由民政部归口,由民政部负责统一协调。

为做好接受国际救灾援助工作,民政部与外交部、海关总署、质检总局、民航等部门积极协调、相互配合,共同建立了特事特办、简化手续、通关验放的"快速通道",在办理时采取先登记放行、后补办手续的办法,最大限度地为接收救灾援助物资提供方便。外交部负责接收外国政府和国际组织对中国的慰问和援助,并及时对外发布有关消息。

关于境外救灾捐赠物资的运输问题,经各部委商议决定:境外救灾捐赠物资的境外运费由外交部提供境外运费单据,事后由中央财政在一定额度内据实结算。境外援助物资到达口岸后运往灾区的境内费用,由受援省政府支付。考虑到四川省是接收境外援助物资较多的省,中央财政在以后安排对四川省的财力补助时将统筹考虑这一因素。对于境外救灾捐赠物资在国内口岸的转运办理,要求专人负责在转运机场接货并办理快速通关、转关及转运手续;交通、民航、铁路、海关等部门根据民政部救灾救济司或者省级民政厅(局)出具的公函,对转运的救灾物资优先办理通关和安排运输等便利。

在免税方面,根据《关于救灾捐赠物资免征进口税收的暂行办法》和《扶贫、慈善性捐赠物资免税进口税收暂行办法》,对外国政府,国际组织,

---

① 《民政部自然灾害救助应急工作规程》,2008 年 5 月 31 日,见 https://news.sohu.com/20080531/n257198597.shtml。

外国民间团体、企业、友好人士和华侨,香港、澳门和台湾同胞无偿向境内受灾地区捐赠的直接用于救灾的物资,免征进口关税和进口环节增值税、消费税。① 财政部、国家税务总局还联合发出《关于认真落实抗震救灾及灾后重建税收政策问题的通知》,明确了企业和个人捐赠的税收优惠政策。其中企业和个人发生的公益性捐赠支出,可按企业所得税法和个人所得税法的有关规定从应纳税所得中扣除。企业和个人通过公益性社会团体或县级以上人民政府及其部门,向地震灾区的捐赠,企业可在年度利润总额12%以内的部分,准予扣除。个人捐赠扣除限额则是应纳税所得额的30%。个人向地震灾区红十字事业的捐赠,准予全额扣除。②

　　"5·12"汶川特大地震抗震救灾中,以民政部为主要牵头单位,各部门协调配合,规范、有序地接受了大量国际救灾援助物资。先后得到170多个国家和地区、20多个国际组织提供的资金或物资援助。国际社会提供的现金援助达44亿多元人民币;俄罗斯、日本、韩国、新加坡派出专业救援队参与紧急救援;英国、日本、俄罗斯、意大利、法国、古巴、印度尼西亚、巴基斯坦政府和德国红十字会的九支医疗队参与灾区伤员救治工作;美国、英国和墨西哥等国家的志愿者到灾区参与救灾;日本、意大利、美国等多国卫星向中国提供了灾区遥感影像。③ 这次国际救灾援助中国首次打破惯例,突破了单一接收救灾资金、物资、设备的界线,本着"邻近、快捷"原则同意接受外国专业救援人员的援助,允许境外专业救援队、医护和卫生防疫人员、志愿者赴灾区参加救援,其数额之大、品种之多、来源之广、速度之快,都是历史上空前的。

　　从80年代开始接受国际救灾援助起逐步形成的国际救灾援助政策规定在这次实践中起到了很好的指导作用,并得到了进一步的补充完善。"5·12"汶川特大地震国际救灾援助工作,无论在国内,还是在国际上都收到了很好效果,充分展现了改革开放以来中国接受国际救灾援助的巨大变革,国际救灾援助工作向更加积极主动、规范有序、多元化方向发展。

二、积极开展印度洋海啸等对外救灾援助

　　国际救灾援助是跨国救灾的重要途径和形式,包括接受救灾外援和对

① 跨国公司与公益事业高级论坛暨公益项目展示会:《公益事业法律文献汇编》(内部资料),2003年版,第91、93页。

② 《财政部 国家税务总局关于认真落实抗震救灾及灾后重建税收政策问题的通知》,《中华人民共和国财政部文告》2008年第6期。

③ 中华人民共和国国务院新闻办公室:《中国的减灾行动》,外文出版社2009年版,第34—35页。

外救灾援助两个方面。随着对外开放的深入,中国越来越深刻地融入国际社会。在接受国际救灾援助的同时,开始扩展国际救灾援助领域,积极开展对外救灾援助,与国际社会相互支持,相互援助,承担国际责任,体现人文关怀,促进世界共同发展。

2004 年 12 月 26 日,印度洋发生强烈地震并引发严重海啸,给东南亚、南亚和非洲等许多国家带来了严重灾难。中国向各有关受灾国政府及联合国有关机构提供了中国有史以来最大规模的紧急救援,救灾援助总额达人民币 68763 万元,并派出中国国际救援队和医疗救援队赴印度尼西亚开展紧急救援。[①] 与此同时,在国内开展了迄今为止最大规模的对外救援民间捐赠活动。

按照"政府主导、民间组织"的宗旨,民政部专门成立民间援助印度洋海啸灾区协调办公室,统一负责本次捐赠活动的组织协调、宣传报道、数据汇总、信息发布等工作,实行统一指挥,归口管理,协调行动。

2005 年 1 月 1 日,民政部下发《关于开展对印度洋海啸灾区民间捐赠活动的紧急通知》,明确规定本次接受民间对印度洋海啸捐款的主体是中国红十字会总会及各地红十字会、中华慈善总会及各地慈善会。其他部门和社会组织不得接受社会捐赠,已接受的捐赠款要如数移交至当地的红十字会、慈善会或民政部门。要求本次捐赠活动坚持自愿原则,不得搞行政命令或硬性摊派。要求加强对捐赠物资的监督和管理,及时查处和取缔各种形式的非法募集活动。要求各地按照《中华人民共和国公益事业捐赠法》及有关规定,制定严格的接受捐赠工作程序,明确纪律要求,建立责任制度,做到手续完备、专账管理、专人负责、账款相符、账目清楚。接受捐款要向捐款人出具合法、有效的收据和感谢信。要求在全国建立信息统计报告制度,各地民政部门及中国红十字会总会、中华慈善总会要在每日 15 时前将当日接受捐款情况报民政部。

各部门之间也相互协调,保证了此次民间捐赠活动的顺利进行。中宣部、广电总局就宣传报道工作及时给予指导和协调;中央电视台全方位、深层次地报道了民间捐赠活动和中国人民关心灾区、奉献爱心的感人事迹;信息产业部向全国邮政系统发出通知,免收向印度洋海啸捐款汇款服务费;外汇管理局特事特办,在较短的时间内批准中国红十字会总会和中华慈善总会将人民币捐款兑换成美元,进行对外国际援助;外交部、商务部、卫生部、海关总署、食品药品检验检疫总局也都对民间捐赠给予了全力支持。形成

---

① 中华人民共和国国务院新闻办公室:《中国的减灾行动》,外文出版社 2009 年版,第 33 页。

了民政部门负责协调指导、各有关部门互相配合、社会各界广泛参与的协调一致的民间捐赠工作局面。

这次跨越国界的爱心捐赠活动表现出中国人民崇高的国际人道主义精神。截至 2005 年 2 月 6 日,全国民间援助印度洋海啸灾区捐款资金人民币 49794.523 万元,其中中国红十字会总会及各地红十字会接受人民币 26000 万元,中华慈善总会及各地慈善会接受 23794.523 万元。① 迅速、及时、有效的对外救灾援助,不仅体现了中国人民的情谊,也进一步提升了中国在东南亚及国际社会的形象,并为中国开展对外救灾援助提供了成功的范例,丰富发展了国际救灾援助政策。

此后,对国际社会发生的巨灾,中国都及时开展了对外救灾援助,显示了中国在国际事务中负责任的良好形象。2005 年 8 月 29 日,美国南部地区遭受"卡特里娜"飓风袭击,中国政府向美国提供 500 万美元救灾援款和一批救灾急需物资;2005 年 10 月 8 日巴基斯坦发生 7.8 级大地震后,中国政府先后四次提供总价值 2673 万美元的紧急人道主义援助,并派出中国国际救援队、医疗救援队开展救灾行动;2008 年 5 月,缅甸发生"纳吉斯"热带风暴,中国政府在进行四川汶川抗震救灾的同时,先后提供价值 100 万美元的紧急援助物资、3000 万元人民币援助款和 1000 万美元援助,并派出医疗救援队;②2010 年 1 月,海地发生 7.3 级强烈地震,截至 2 月 25 日,中国政府已提供 9300 万元人民币的人道主义救灾援助,并派出中国国际救援队。③ 2011 年 3 月 11 日,日本发生 8.8 级强烈地震并引发大海啸,中国政府向日本政府提供人民币 3000 万元的人道主义救援物资,并无偿提供 2 万吨燃油。④ 2015 年 4 月 25 日,尼泊尔发生 8.1 级强烈地震,中国政府分三轮提供了总价值 1.4 亿元人民币的紧急人道主义物资援助。⑤

在其他国家遭遇重大灾害时迅速提供人道主义援助,是中国对外援助的重点内容之一。自 2004 年建立紧急人道主义救援机制以来,截至 2015

---

① 《我国民间援助印度洋海啸受灾区捐款近 5 亿元》,2005 年 2 月 6 日,见 http://world. people.com.cn/GB/1029/42354/3172698.html。

② 参见中华人民共和国国务院新闻办公室:《中国的减灾行动》,外文出版社 2009 年版,第 33 页。

③ 参见《商务部召开例行新闻发布会(2010 年 2 月 25 日)》,2010 年 2 月 26 日,见 http:// www.fdi.gov.cn/1800000121_21_9150_0_7.html。

④ 《中国政府近日将对日本紧急援助 2 万吨燃油》,2011 年 3 月 17 日,见 http://news.sohu. com/20110317/n279867572.shtml。

⑤ 参见《中国对尼泊尔地震实施三轮援助 总价值 1.4 亿元》,2015 年 5 月 15 日,见 ht-tp://www.xinhuanet.com/politics/2015-05/15/c_127804257.htm。

年 4 月,中国政府已共启动该机制近 200 次。仅 2014 年至 2015 年 4 月中国就已向亚洲、非洲、大洋洲的近 40 个国家提供了总额约 13 亿元人民币的人道主义援助。[1]

在自然灾害面前,中国需要国际人道主义救灾援助。其他国家或地区也同样需要国际人道主义援助。中国基于国际人道主义进行对外救灾援助,不仅具有物质意义,更体现了人类的博爱之心与人性的光辉之美,展示了中国在国际舞台上的负责任的大国形象,是中国特色大国外交的展现,是以国际救灾援助推动构建人类命运共同体的重要实践。

三、全方位、多渠道、多层次、宽领域参与国际救灾减灾交流合作

21 世纪以来,本着开放合作、发展共赢的理念,中国积极参与多个框架下的救灾减灾领域的国际合作,同各国政府、国际组织和国际机构在救灾减灾领域建立了全方位、深层次、多渠道、宽领域的交流合作。中国在国际减灾救灾舞台上的话语权、影响力和国际地位得到极大提升,通过主办和参加国际会议、开展项目合作、进行技术交流、举办培训班、联合演练等方式,不仅提高自身的综合防灾减灾能力,也为提升有关国家的减灾能力作出了自己的贡献。

2002 年以来,中国一直努力推动上海合作组织成员国政府间救灾协作。2002 年 4 月,上海合作组织成员国紧急救灾部门领导人在俄罗斯圣彼得堡举行首次会晤。2003 年 4 月,上海合作组织在北京举行救灾部门专家级会议,对《上海合作组织成员国政府间救灾互助协定》进行磋商。2006 年 11 月,在北京召开第二次上海合作组织成员国紧急救灾部门领导人会议,通过《上海合作组织成员国 2007—2008 年救灾合作行动方案》,为上海合作组织成员国在救灾联络、信息交流、边境区域救灾、人员研修和技术交流等方面开展活动奠定行动框架。2008 年 9 月下旬,上海合作组织成员国边境地区领导人首次会议在中国乌鲁木齐举行。会议就开展成员国边境地区救灾合作,推动建立边境地区联合救灾行动机制,以及开展有关信息交流、人员培训等问题达成共识。[2] 此后,中国与上海合作组织成员国政府间的救灾交流与合作积极开展进行。2017 年 8 月 24—25 日,第九次上海合作组织成员国紧急救灾部门领导人会议在吉尔吉斯共和国举行,各成员国就

---

[1] 参见《中国积极参与国际人道援助 积极参与灾后重建工作》,2015 年 12 月 21 日,见 http://yws.mofcom.gov.cn/article/c/201512/20151201214720.shtml。

[2] 中华人民共和国国务院新闻办公室:《中国的减灾行动》,外文出版社 2009 年版,第 32—33 页。

进一步加强上海合作组织框架下紧急救援领域未来合作交流了意见,讨论通过了 2018—2019 年落实《上合组织成员国政府间救灾互助协定》行动计划,并共同签署了《第九次上海合作组织成员国紧急救灾部门领导人会议纪要》。① 随后,11 月 29—30 日,上海合作组织成员国紧急救灾部门灾害管理研讨会在南京召开。围绕本国、本地区紧急救灾工作体制机制,自然灾害预警和风险评估、重特大自然灾害应对以及灾后恢复重建等工作情况进行交流研讨,并就进一步加强上海合作组织框架下的紧急救灾务实合作交换意见。② 上海合作组织各成员国地缘相近、利益相关,有效减轻自然灾害风险、降低灾害损失是各成员国都迫切希望破解的难题。特别是在习近平总书记提出"构建人类命运共同体"的重要思想指导下,中国政府和人民做出了推进"一带一路"合作发展重大战略,积极探索加强上海合作组织框架下紧急救援领域的合作成为上海合作组织发展的重点领域和优先方向之一。③

中国还重视与东盟和南亚国家讨论签署双边或多边减灾救灾协定,开展减灾人力资源开发合作。2005 年 5 月,中国为印度洋地震海啸受灾国举办了防灾减灾人力资源培训班。2006 年 5 月,在北京召开了中国—东盟框架下的防灾减灾研讨会。2007 年,中国先后举办了东盟和亚洲国家应急和救助研讨会、灾害风险管理研修班和灾后恢复重建管理研修班。中国积极参与东盟灾害管理各项活动,出席东盟举办的各类研讨会,观摩灾害应急演练,积极探讨中国—东盟合作协议和行动计划。同时,还积极推动建立亚洲国家间的减灾对话与交流平台。2005 年 9 月,中国政府在北京主办第一届亚洲部长级减灾大会,会议通过了《亚洲减少灾害风险北京行动计划》,为亚洲各国进一步加强减灾合作奠定基础。此后,中国政府积极参与推动亚洲部长级减灾会议的举行。2008 年 12 月,在北京举办了加强亚洲国家应对巨灾能力建设研讨会。④ 2011 年 10 月,中日韩三国救灾减灾研讨会在北京召开,形成灾害管理合作机制,定期召开灾害管理部门负责人会议及其专家会议。

---

① 《第九次上海合作组织成员国紧急救灾部门领导人会议在吉尔吉斯共和国举办》,2017 年 8 月 27 日,见 http://www.gov.cn/xinwen/2017-08/27/content_5220819.htm。

② 《上海合作组织成员国紧急救灾部门灾害管理研讨会在南京召开》,2017 年 12 月 5 日,见 http://info.cer.hc360.com/2017/12/05100231455.shtml。

③ 《第九次上海合作组织成员国紧急救灾部门领导人会议在吉尔吉斯共和国举办》,2017 年 8 月 27 日,见 http://www.gov.cn/xinwen/2017-08/27/content_5220819.htm。

④ 中华人民共和国国务院新闻办公室:《中国的减灾行动》,外文出版社 2009 年版,第 32 页。

中国在减灾领域还与联合国开发计划署、国际减灾战略、人道主义援助事务协调办公室、亚太经社理事会、世界粮食计划署、粮农组织和外空委等机构建立了紧密型合作伙伴关系，积极参与联合国框架下的减灾合作。2006 年 3 月，向联合国成立的"中央紧急应对基金"认捐 100 万美元。2006 年 11 月，与联合国驻华机构共同举办印度洋海啸紧急援助回顾研讨会。与联合国国际减灾战略共建国际减轻旱灾风险中心，参与联合国灾害管理与应急反应天基信息平台，积极筹建北京办公室。派遣专家参与联合国灾害评估队，多次执行灾害评估任务，积极参与联合国搜索与救援咨询国活动，积极推进全球灾害应急救援领域的合作，成功举办了 2006 年联合国亚太地区地震应急演练。[1] 2010 年 11 月 10 日，在联合国外空司的倡议、组织和推动下，联合国灾害管理与应急反应天基信息平台（UN-SPIDER）北京办公室揭牌成立。作为中国与联合国外空司在利用空间技术开展防灾减灾领域合作的重要成果，对于进一步促进国际间灾害管理与空间技术应用部门之间的信息交流，加强空间技术在灾害风险管理领域应用的实用性与适用性，完善相关国际与区域合作机制，并对减轻自然灾害风险、提高灾害风险管理能力产生积极影响。[2]

在国家"一带一路"重要战略的指引下，充分发挥亚太经合组织、上海合作组织、东盟以及世界减灾大会、亚洲减灾大会等框架的作用，积极与联合国国际减灾战略、联合国开发计划署、联合国难民署等国际机构进行深度交流合作，展开救灾减灾国际合作顶层设计，推动救灾减灾成为中国与沿线及周边国家国际合作发展的重要战略支撑点，促进构建人类命运共同体。

21 世纪以来，积极、主动、规范、多元地参与国际救灾援助，使中国在国际救灾援助方面积累了丰富的实践经验。接受救灾外援的操作程序和有关规定更加规范、成熟、完善，对外救灾援助的领域和规模逐渐扩大，中国救灾捐赠的对外开放程度逐步加深，不仅增强了国家救灾减灾能力，而且使我国在世界舞台的国际地位明显提升。通过国际救灾减灾交流合作，以救灾减灾作为我国与沿线及周边国家合作发展的战略支撑点，在共商共建共享原则下，推进"一带一路"建设，这也是中国国际救灾减灾的新理念新战略新举措。

---

[1]　参见中华人民共和国国务院新闻办公室：《中国的减灾行动》，外文出版社 2009 年版，第 31—32 页。

[2]　《联合国灾害管理与应急反应天基信息平台北京办公室正式成立》，2010 年 11 月 10 日，见 http://news.ifeng.com/gundong/detail_2010_11/10/3066859_0.shtml。

第八节　救灾捐赠立法进程加快

21 世纪以来,继《中华人民共和国公益事业捐赠法》出台后,在"依法治国""法治民政"的理念指导下,救灾捐赠立法工作也加快了步伐。

一、出台《救灾捐赠管理暂行办法》

1999 年《中华人民共和国公益事业捐赠法》出台后,对规范社会公益性捐赠行为起到了很大的作用。虽然《中华人民共和国公益事业捐赠法》中规定了"救助灾害"属于"公益事业"的范畴,对救灾事项进行捐赠时适用该法的有关规定。但由于中国每年的自然灾害发生频率很高,自然灾害救助具有紧急性,要求的资金数量较大,受灾群众需要的援助不是政府能够独自承担的。因此,在实际的救灾工作中,经常需要根据灾情开展一定规模的捐赠物资支援灾区活动,这样就需要有一部专门针对救灾捐赠工作的法律规章来加以指导。基于这样的考虑,为进一步规范救灾捐赠活动,加强救灾捐赠款物的管理,保护捐赠人、救灾捐赠受赠人和灾区受益人的合法权益,2000 年 5 月 12 日,民政部颁布了《救灾捐赠管理暂行办法》,这是第一部专门针对救灾捐赠工作而制定的部门规章,对救灾捐赠的募捐主体、受赠主体、管理主体以及救灾捐赠的募捐、接收、管理、使用等各个环节,都作出了相关具体规定。切实有效地规范了救灾捐赠工作的操作程序,对救灾捐赠进行了一定的规制,对救灾捐赠工作的有序开展起到了较好的推动作用。

根据《中华人民共和国公益事业捐赠法》的基本原则和内容,《救灾捐赠管理暂行办法》针对救灾捐赠过程中的一些问题作出了规定。

第一,适用范围。自然灾害发生时,自然人、法人或者其他组织向救灾捐赠受赠人捐赠财产,用于支援灾区、帮助灾民的活动适用本暂行办法。其他目的的公益事业捐赠、开展义演、义赛等救灾募捐活动不属于暂行办法调整的范围。

第二,救灾捐赠的管理体制。国务院民政部门负责管理全国救灾捐赠工作。县级以上地方人民政府民政部门负责管理本行政区域内的救灾捐赠工作。民政部门作为救灾捐赠的主管单位,其承担的主要职责包括:对境外灾情通报;根据灾情和灾区实际需求,统筹平衡,统一调拨分配救灾捐赠款物;会同监察、审计等部门及时对救灾捐赠款物的使用发放情况进行监督检查。避免了《中华人民共和国公益事业捐赠法》没有设定主管部门的不足,明确规定了救灾捐赠的管理部门和管理体制。

　　第三,救灾捐赠的捐赠人和受赠人。救灾捐赠的捐赠人可以是任何一个有捐赠意愿的公民、法人和其他组织。救灾捐赠的捐赠人同公益事业捐赠的捐赠人一样在捐赠过程中需要承担一定的义务。即提供法律上和事实上无瑕疵的捐赠款物。

　　救灾捐赠受赠人限于:县级以上人民政府民政部门;经县级以上人民政府民政部门认定具有救灾宗旨的公益性社会团体;法律、行政法规规定的其他受赠人。县级以上人民政府民政部门是救灾捐赠的受赠人,公益性的社会团体中只有在章程中明确规定有救灾宗旨的才可以作为救灾捐赠的受赠人。受赠人的受赠义务包括:信息公布;验收捐赠物资;出具凭证等。

　　第四,开展境内救灾捐赠。县级以上人民政府民政部门作为受赠人开展救灾捐赠。不同级别的民政部门根据自然灾害的程度以及发生区域开展救灾捐赠活动。对于具有救灾宗旨的社会组织接受救灾捐赠的问题可以依据《社会团体登记管理条例》《基金会管理条例》和《民办非企业单位登记管理暂行条例》等有关规定执行。

　　第五,境外救灾捐赠的特殊规定。其一,境外救灾捐赠指的是捐赠款物来源于中国境外。国务院民政部门负责接受境外对中央政府的救灾捐赠。县级以上地方人民政府民政部门负责接受境外对地方政府的救灾捐赠。经认定具有救灾宗旨的公益性社会团体可以接受境外救灾捐赠,但应当报民政部门备案。其二,灾情通报。国务院民政部门负责对境外通报灾情,表明接受境外救灾捐赠的态度,确定受援区域。未经国务院民政部门批准,任何部门、单位和个人不得对境外通报灾情或者呼吁救灾援助,法律、行政法规另有规定的除外。其三,境外救灾捐赠物资的检验、检疫、免税和进境,按照国家的有关规定办理。其四,境外救灾款物的保管和使用。救灾捐赠受赠人接受的外汇救灾捐赠款应当全部结售给指定的外汇银行。对免税进口的救灾捐赠物资不得以任何形式转让、出售、出租或者移作他用。

　　第六,救灾捐赠款物的管理和使用。第一,救灾捐赠款物只能用于解决灾民无力克服的衣、食、住、医等生活困难;紧急抢救、转移和安置灾民;灾民倒塌房屋的恢复重建;捐赠人指定的与救灾直接相关的用途;其他直接用于救灾方面的必要开支。第二,救灾捐赠款物的财务管理。救灾捐赠受赠人应当对救灾捐赠款指定账户,专项管理;对救灾捐赠物资建立分类登记表册。第三,救灾捐赠款物的汇总。经认定具有救灾宗旨的公益性社会团体接受救灾捐赠款物的情况应当报民政部门,由民政部门负责统计汇总、制订分配方案。在国务院民政部门组织开展的跨省(自治区、直辖市)或者全国性救灾捐赠活动中,县级以上地方人民政府民政部门应当将接受的救灾捐赠款逐级上划,将接受的救灾捐赠物资清单分批逐级上报,由国务院民政部门统一分配、调拨。县级以上地方人民政府民政部门组织开展救助本行政区域灾区的救灾捐赠活动,接受的救灾捐赠款物由县级以上地方人民政府民政部门负责分配、调拨,并报上一级人民政府民政部门备案。第四,救灾捐赠款物的分配。由县级以上人民政府民政部门根据灾情和灾区实际需求,统筹平衡,统一调拨分配。对捐赠人指定救灾捐赠款物用途或者受援地区的,应当按照捐赠人意愿使用。在捐赠款物过于集中同一地方的情况下,经捐赠人同意,省级以上人民政府民政部门可以调剂分配。第五,救灾捐赠款物的发放。应当坚持民主评议、登记造册、张榜公布、公开发放等程序,做到账目清楚、手续完备、制度健全,并向社会公布。第六,救灾捐赠款物调拨费用的负担。国务院民政部门负责调拨的救灾捐赠物资,属境外捐赠的,其运抵口岸后的运输等费用由受援地区负担;属境内捐赠的,由捐赠方负担。县级以上地方人民政府民政部门负责调拨的救灾捐赠物资,运输、临时仓储等费用由地方同级财政负担。第七,对灾区不适用的境内救灾捐赠物资,经捐赠人书面同意,报省级人民政府民政部门批准后可以变卖。变卖救灾捐赠物资应当由省级人民政府民政部门统一组织实施。变卖救灾捐赠物资所得款必须作为救灾捐赠款管理、使用,不得挪作他用。可重复使用的救灾捐赠物资,县级以上地方人民政府民政部门应当及时回收、妥善保管,作为地方救灾物资储备。①

作为第一部专门针对救灾捐赠制定的部门规章,《救灾捐赠管理暂行办法》的出台为开展和完善救灾捐赠工作奠定了政策规范和制度基础,有效地指导了救灾捐赠实践,推进了救灾捐赠的立法进程。

二、修订、颁布《救灾捐赠管理办法》

《救灾捐赠管理暂行办法》对规范救灾捐赠行为起到了很大的作用。但"暂行"一词本身也说明了此管理办法尚不完善,对一些问题的考虑还不成熟。随着救灾捐赠实践的深入,救灾捐赠工作中逐渐暴露出很多管理和监督上的不规范。如何实现对救灾募捐的归口管理,改变多头募捐、违法募捐、强制摊派或变相摊派等现象,对捐赠行为进行全程监督,依法保护捐赠者的合法权益等,都需要加以规范。为此,民政部加紧对《救灾捐赠管理暂行办法》进行修订,以尽快破解这些难题。经过几年的实践检验,在总结近

① 跨国公司与公益事业高级论坛暨公益项目展示会:《公益事业法律文献汇编》(内部资料),2003 年版,第 88—90 页。

八年救灾捐赠工作经验并广泛征求有关部门和各地意见基础上,民政部救灾司对《救灾捐赠管理暂行办法》进行了修订。2008 年 4 月 28 日,《救灾捐赠管理办法》正式公布,进一步明确了救灾捐赠的管理主体、募捐主体资格、接收境内和境外捐赠的主体以及开展赈灾义演、义赛等方面的要求,为救灾捐赠工作的开展提供了有力支持,标志着救灾捐赠立法进入快速发展时期。

《救灾捐赠管理办法》共分为七章,对救灾募捐主体、救灾捐赠受赠人、救灾捐赠款物的使用范围、组织捐赠与募捐、接受捐赠、境外救灾捐赠、救灾捐赠款物的管理和使用以及相关法律责任进行了明确的认定和规定。增加了适用范围:"在境外发生特大自然灾害时,需要组织对外援助时,由国务院民政部门参照本办法组织实施社会捐赠,统一协调民间国际援助活动",以及"自然灾害以外的其他突发公共事件发生时,需要开展捐赠活动的,参照本办法执行"。① 并在以下几个方面作了修改和完善。

第一,扩大了救灾捐赠受赠人的范围。明确规定了具有救灾宗旨的公募基金会的救灾募捐主体地位。《救灾捐赠管理办法》首次明确了具有救灾宗旨的公募基金会是救灾募捐的主体,扩大了救灾捐赠受赠人的范围。《办法》规定县级以上人民政府民政部门及其委托的社会捐助接收机构、经县级以上人民政府民政部门认定具有救灾宗旨的基金会、民办非企业单位等公益性民间组织可以作为救灾捐赠受赠人。② 此外,还规定具有救灾宗旨的公募基金会,可以依法开展救灾募捐活动,但在发生自然灾害时所募集的资金不得用于增加原始基金。③

第二,明确了救灾捐赠款物的使用范围和捐赠原则。救灾捐赠款物的使用范围:解决灾民衣、食、住、医等生活困难;紧急抢救、转移和安置灾民;灾民倒塌房屋的恢复重建;捐赠人指定的与救灾直接相关的用途;经同级人民政府批准的其他直接用于救灾方面的必要开支。此外,强调救灾捐赠应当是自愿和无偿的,禁止强行摊派或者变相摊派,不得以捐赠为名从事营利活动。对捐赠人进行公开表彰的,应当事先征求捐赠人的意见。

第三,明确规定了民政部门不得从捐赠款中列支救灾经费。考虑到救灾捐赠活动的特殊性,规定各级民政部门在组织救灾捐赠工作中,不得从捐赠款中列支费用,经民政部门授权的社会捐助接收机构、具有救灾宗旨的公

---

① 国家减灾委员会办公室:《中国减灾年鉴·2008》(内部资料),2009 年版,第 81 页。

② 《明确规定救灾捐赠款物的使用期限——〈救灾捐赠管理办法〉解读》,《司法业务文选》2008 年第 22 期。

③ 国家减灾委员会办公室:《中国减灾年鉴·2008》(内部资料),2009 年版,第 79 页。

益性民间组织,可以按照国家有关规定和自身组织章程,在捐赠款中列支必要的工作经费。

第四,强化了救灾捐赠和募捐信息的公开化、透明化。规定救灾捐赠、募捐活动及款物分配、使用情况由县级以上人民政府民政部门统一向社会公布,一般每年不少于两次。集中捐赠和募捐活动一般应在活动结束后一个月内向社会公布信息。救灾捐赠款物的接受及分配、使用情况应当按照国务院民政部门规定的统计标准进行统计,并接受审计、监察等部门和社会的监督。此外,接受的救灾捐赠款物,受赠人应当严格按照使用范围,在本年度内分配使用,不得滞留。如确需跨年度使用的,应当报上级人民政府民政部门审批。

第五,对"捐赠不兑现"者可依协议追要。对于目前社会上经常出现的"捐赠不兑现"现象,规定捐赠人应当依法履行捐赠协议,按照捐赠协议约定的期限和方式将捐赠财产转移给救灾捐赠受赠人。对不能按时履约的,应当及时向救灾捐赠受赠人说明情况,签订补充履约协议。救灾捐赠受赠人有权依法向协议捐赠人追要捐赠款物,并通过适当方式向社会公告说明。

第六,增加了对挪用、侵占或者贪污救灾捐赠款物的法律责任和救灾捐赠受赠人的工作人员的法律责任。挪用、侵占或者贪污救灾捐赠款物的,由县级以上人民政府民政部门责令退还所用、所得款物;对直接责任人,由所在单位依照有关规定予以处理;构成犯罪的,依法追究刑事责任。追回、追缴的款物,应当用于救灾目的和用途。救灾捐赠受赠人的工作人员,滥用职权,玩忽职守,徇私舞弊,致使捐赠财产造成重大损失的,由所在单位依照有关规定予以处理;构成犯罪的,依法追究刑事责任。

第七,明确发放、变卖救灾捐赠物资的权限。对灾区不适用的境内救灾捐赠物资,经捐赠人书面同意,对境内的救灾捐赠物资由县级以上地方人民政府民政部门批准后变卖,对灾区不适用的境外救灾捐赠物资由省级人民政府民政部门批准后变卖。变卖救灾捐赠物资应当由县级以上地方人民政府民政部门统一组织实施,一般应当采取公开拍卖方式。变卖救灾捐赠物资所得款必须作为救灾捐赠款管理、使用,不得挪作他用。

第八,对开展义演、义赛、义卖等大型救灾捐赠和募捐活动作出规定。对开展义演、义赛、义卖等大型救灾捐赠和募捐活动,举办单位应当在活动结束后30日内,报当地人民政府部门备案。备案内容包括:举办单位、活动时间、地点、内容、方式及款物用途等。

第九,对救灾捐赠款物的使用期限作出明确规定。接受的救灾捐赠款物,受赠人应当严格按照使用范围,在本年度内分配使用,不得滞留。如确需跨年度使用的,应当报上级人民政府民政部门审批。

第十,按照现行财务、税收管理规定规范接收捐赠凭证,对税收优惠作出原则规定。救灾捐赠受赠人接受救灾捐赠款物后,应当向捐赠人出具符合国家财务、税收管理规定的接收捐赠凭证。对符合税收法律法规规定的救灾捐赠,捐赠人凭捐赠凭证享受税收优惠政策,具体按照国家有关规定办理。

《救灾捐赠管理办法》基本涵盖了救灾捐赠的各方面内容,基本满足了救灾捐赠工作的需要,有力地指导了 2008 年后的各种救灾捐赠活动。但在实际工作中,也存在救灾募捐主体和受赠主体的资格认定不明晰,对捐赠款物的接收、管理和使用缺乏具体指导,监督管理力度不够,信息公开不全面、不规范等问题,这些都需要通过进一步制定具体实施细则,并尽快出台《救灾捐赠法》或《赈灾法》,在国家法律层面来加以指导、解决和规范。

三、制定一系列指导救灾捐赠的政策规章

2008 年是救灾捐赠政策法规出台最多、最频繁的一年。针对"5·12"汶川地震抗震救灾捐赠活动中出现的大量新问题,根据《中华人民共和国公益事业捐赠法》和《救灾捐赠管理办法》,国务院和各有关部委相应制定和颁布了大量有针对性的捐赠法规、规章或规范性文件,初步形成了以《中华人民共和国公益事业捐赠法》为指导,包括《救灾捐赠管理办法》等部门规章在内的一整套救灾捐赠政策法规、规章、文件等。(见表 4.2)

表 4.2　2008 年汶川地震期间有关救灾捐赠的文件

序号	颁布(实施)时间	制定和颁布部门	政策法规名称
1	2008—5—13	民政部	关于组织开展向地震灾区捐赠工作的通知
2	2008—5—19	国家食品药品监督管理局	关于进一步做好捐赠救灾药品和医疗器械监管工作的通知
3	2008—5—20	中央纪委、监察部、民政部、财政部、审计署	关于加强对抗震救灾资金物资监管的通知
4	2008—5—29	中纪委、监察部	抗震救灾款物管理使用违法违纪行为处分规定
5	2008—5—30	国家税务总局	关于中国共产党党员交纳抗震救灾"特殊党费"在个人所得税前扣除问题的通知

续表

序号	颁布（实施）时间	制定和颁布部门	政策法规名称
6	2008—5—31	国务院办公厅	关于加强汶川地震抗震救灾捐赠款物管理使用的通知
7	2008—6—1	民政部	汶川地震抗震救灾资金物资管理使用信息公开办法
8	2008—6—11	国务院办公厅	汶川地震灾后恢复重建对口支援方案
9	2008—6—13	国务院办公厅	关于汶川地震抗震救灾捐赠资金使用指导意见
10	2008—6—14	民政部、财政部、住房和城乡建设部	关于进一步做好汶川地震灾区救灾款物使用管理的通知
11	2008—6—25	民政部	关于汶川地震捐款收据寄送事宜的公告
12	2008—7—12	民政部、财政部、国家统计局	汶川地震抗震救灾捐赠款物统计办法
13	2008—7—30	财政部、海关总署、国家税务总局	关于支持汶川地震灾后恢复重建有关税收政策问题的通知
14	2008—9—17	民政部	关于加强5·12汶川地震抗震救灾捐赠款物信息统计工作的紧急通知
15	2008—10—20	民政部、国家发展改革委、财政部、教育部、卫生部	关于汶川特大地震抗震救灾捐赠资金使用有关问题的意见

　　这些政策法规涉及了救灾捐赠的组织、接收、分配、使用、监管等内容，基本保证了抗震救灾捐赠工作的顺利进行，为救灾捐赠立法提供了坚实的政策理论和实践基础。

　　为进一步规范救灾捐赠活动，加强对救灾捐赠款物的管理，民政部还积极探索实践，出台了一系列制度和指导文件来保护救灾捐赠人、救灾捐赠受赠人和救灾捐赠受益人的合法权益。2009年，由国家减灾中心、民政部救灾司起草的《社会捐助基本术语》（GB/T24440-2009）发布。同时，民政部还在加紧制定《慈善超市服务标准》《社会捐助款物管理和使用通则》两个国家标准。2009年民政部出台了《关于进一步加强社会捐助信息公示工作的指导意见》，推动了捐赠信息的公开化、透明化。为减少乃至杜绝自然灾害救助工作中违法侵占和骗取救助款物或者捐赠款物的现象，确保救助款物或者捐赠款物用于自然灾害救助，强化对救助款物或者捐赠款物的监管措施，规范包括救灾捐赠在内的自然灾害救助工作。2010年，国务院颁布《自然灾害救助条例》，规定自然灾害救助工作实行各级人民政府行政领导负责制,国家鼓励和引导单位和个人参与自然灾害救助捐赠、志愿服务等活动。2011 年还出台了《救灾捐赠款物统计制度》和《全国性社会团体公益性捐赠税前扣除资格初审暂行办法》。

随着我国社会经济的不断发展和公益慈善事业的稳步推进,公益慈善组织日益成熟,公民和公益慈善组织通过救灾捐赠支持和参与救灾工作的愿望和要求与日俱增,做好救灾捐赠的组织引导工作成为今后一个时期救灾捐赠工作的重要任务。为此,2012 年 11 月 27 日民政部出台了《关于完善救灾捐赠工作导向机制的通知》,要求以建立救灾捐赠需求发布制度和救灾捐赠接收机构评估发布制度为主要内容,对救灾捐赠引导工作给予指导。第一,建立需求导向,要求统一发布救灾需求信息,建立救灾捐赠需求发布制度,引导公众根据灾区需求进行捐赠,提高捐赠的针对性和有效性。第二,建立组织导向,鼓励引导捐赠者向评估评级高的公益慈善组织捐赠,支持和发挥优秀公益慈善组织的作用。第三,建立使用导向,探索建立救灾捐赠接收机构评估发布制度,继续加强完善救灾捐赠管理制度,强化规范救灾捐赠信息的公开和社会监督,使得善款效用的最大化。① 这一救灾捐赠导向机制,尤其强调了组织导向,解决了《救灾捐赠管理办法》中指定个别或少数具有救灾宗旨的公益慈善组织接受捐赠的问题,扩大了社会组织参与救灾捐赠的范围和广度,推动了社会组织参与救灾捐赠的社会化和常态化。

2013 年 11 月,民政部修订了 2011 年出台的《救灾捐赠款物统计制度》,由国家统计局批准出台《救灾捐赠款物统计制度》。明确规定民政部门为救灾捐赠款物统计汇总单位。民政部负责统计汇总中央级救灾捐赠接收机构和省级民政部门汇总上报的救灾捐赠款物信息。地方各级民政部门负责统计本行政区域内同级救灾捐赠接收机构的救灾捐赠款物信息和下一级民政部门汇总的救灾捐赠款物信息。救灾捐赠款物综合统计信息由民政部门管理并对外公布。按照谁接收、谁公开的原则,各捐赠接收机构要通过有效方式及时公布本机构接收和使用救灾捐赠款物的有关情况,为捐赠人提供查询相关信息的平台,并保证信息长期可查询。从制度层面实现了对救灾捐赠统计工作的进一步规范,强化了救灾捐赠款物管理使用的监管,加强了救灾捐赠信息公开统计发布,切实保证了救灾捐赠款物使用效益的发挥。

---

① 参见《民政部关于完善救灾捐赠导向机制的通知》(民发〔2012〕208 号),2012 年 12 月 5 日,见 http://www.gov.cn/zwgk/2012-12/05/content_2283129.htm。

四、《中华人民共和国慈善法》颁布实施

2008 年汶川特大地震灾害后，救灾捐赠迅猛发展，但由于"郭美美"事件的持续发酵，"诺而不捐"现象频繁曝出，"诈捐门"等慈善捐赠的负面影响，严重损害了社会慈善捐赠事业的发展。一时间，慈善捐赠成为"众矢之的"，引发了全社会广泛而持续的关注。虽然 1999 年颁布的《中华人民共和国公益事业捐赠法》中明确规定"捐赠人应当依法履行捐赠协议，按照捐赠协议约定的期限和方式将捐赠财产转移给受赠人"①，但对于捐赠人不履行捐赠协议行为，却没有相关约束规定，对"诺而不捐""诈捐"等行为没有实质的法律约束力。而 2008 年民政部制定的《救灾捐赠管理办法》规定："捐赠人应当依法履行捐赠协议，按照捐赠协议约定的期限和方式将捐赠财产转移给救灾捐赠受赠人。对不能按时履约的，应当及时向救灾捐赠受赠人说明情况，签订补充履约协议。救灾捐赠受赠人有权依法向协议捐赠人追要捐赠款物，并通过适当方式向社会公告说明。"②虽然较之前有很大进步，对"诺而不捐""诈捐"行为有所规制和约束，但毕竟只是部门办法、规章制度，没有上升法律层面，不具有实质的法律约束力，对不履行协议的救灾捐赠人的约束和惩治也是非常有限的。为此，亟待出台一部慈善法，从国家法律层面，对慈善事业进行全方位、多角度的规范和梳理。

经过多方面努力，2016 年 3 月 16 日，第十二届全国人民代表大会第四次会议审议通过了《中华人民共和国慈善法》（以下简称《慈善法》），并于 2016 年 9 月 1 日起施行。一部慈善事业的基础性、综合性立法出台。《慈善法》共分 12 章、112 条，分总则、慈善组织、慈善募捐、慈善捐赠、慈善信托、慈善财产、慈善服务、信息公开、促进措施、监督管理、法律责任以及附则等内容，③对慈善事业进行全方位规范和引导。其目的在于鼓励和规范慈善行为，在全社会树立慈善公信。让慈善行为在全社会得到法律的保障和尊重，让求助者有章可循，让不法行为受到惩处，为爱心保驾护航，在全社会构建更加规范的慈善环境。

《慈善法》对慈善活动及其主体进行了界定，对慈善组织的行为准则和内部治理方面提出了公信要求，突出强化了慈善组织的信息公开义务，明确

---

① 《中华人民共和国公益事业捐赠法》，2005 年 10 月 1 日，见 http://www.gov.cn/ziliao/flfg/2005-10/01/content_74087.htm。

② 《救灾捐赠管理办法》，2008 年 5 月 9 日，见 http://www.gov.cn/flfg/2008-05/09/content_965425.htm。

③ 《中华人民共和国慈善法》，《人民日报》2016 年 3 月 20 日。

规范慈善募捐行为,首次规定慈善信托,明确了慈善活动享受税收优惠,等等。① 其中涉及救灾捐赠的规定有以下几个方面②。

第一,明确界定了慈善活动及其主体。第三条指出:"本法所称慈善活动,是指自然人、法人和其他组织以捐赠财产或者提供服务等方式,自愿开展的下列公益活动:(一)扶贫、济困;(二)扶老、救孤、恤病、助残、优抚;(三)救助自然灾害、事故灾难和公共卫生事件等突发事件造成的损害;(四)促进教育、科学、文化、卫生、体育等事业的发展;(五)防治污染和其他公害,保护和改善生态环境;(六)符合本法规定的其他公益活动。"表明救灾捐赠适用本法,慈善法适用的主体更加广泛。

第二,要求公开募捐需要具备相应资质,公开募捐必须履行法定义务。依据《慈善法》规定:"慈善募捐,包括面向社会公众的公开募捐和面向特定对象的定向募捐。慈善组织开展公开募捐,应当取得公开募捐资格。"以便对公开募捐所得及慈善财产进行监管。由于个人公开募捐难以规范管理,相关部门也无法对资金的使用进行监督,容易引发骗捐、诈捐等行为,个人不得公开募捐,但个人在自身面临困难时可以向社会求助。因此,第二十六条规定:"不具有公开募捐资格的组织或者个人基于慈善目的,可以与具有公开募捐资格的慈善组织合作,由该慈善组织开展公开募捐并管理募得款物。"

第三十条规定:"发生重大自然灾害、事故灾难和公共卫生事件等突发事件,需要迅速开展救助时,有关人民政府应当建立协调机制,提供需求信息,及时有序引导开展募捐和救助活动。"

《慈善法》第三十一条、第三十三条明文禁止骗捐、诈捐行为,并且规定对于该类行为的法律责任,依据第一百零七条(自然人、法人或者其他组织假借慈善名义或者假冒慈善组织骗取财产的,由公安机关依法查处)及第一百零九条(违反本法规定,构成违反治安管理行为的,由公安机关依法给予治安管理处罚;构成犯罪的,依法追究刑事责任),由公安查处,构成刑事犯罪的,依法追究刑事责任。第三十一条规定:"开展募捐活动,应当尊重和维护募捐对象的合法权益,保障募捐对象的知情权,不得通过虚构事实等方式欺骗、诱导募捐对象实施捐赠。"第三十三条规定:"禁止任何组织或者个人假借慈善名义或者假冒慈善组织开展募捐活动,骗取财产。"对募捐主

---

① 参见王勇:《慈善法草案二次审议稿修改稿征求意见》,2016 年 1 月 25 日,见 http://www.gongyishibao.com/html/xinwen/9280.html;《慈善法的 8 大进步与 10 大期待》,2016 年 3 月 12 日,见 https://www.sohu.com/a/63152797_168553。

② 参见《中华人民共和国慈善法》,《人民日报》2016 年 3 月 20 日。

体资格的取得和认定以及"骗捐""诈捐"等现象进行了法律约束和规制,极大地推动了诚信捐赠,破解了诺而不捐、诺而少捐的难题。

第三,从捐赠人的角度规定了"慈善捐赠"及其权益,实现了捐赠形式的多样化。根据《慈善法》第四章有关"慈善捐赠"的规定,慈善捐赠财产可以是资金、实物、有价证券、股权、知识产权收益等有形或者无形财产。一般情况下,大额捐赠要通过慈善组织进行,以便享受国家税收优惠政策,如果不经由慈善组织进行捐赠,无法享受税收优惠。小额捐赠如果捐赠人没有享受税收优惠政策的要求,可以不通过慈善组织,直接向受益人捐赠。对于数额较大的捐赠,签订捐赠协议是慈善组织的义务;并且,慈善组织接受捐赠,应当向捐赠人开具由财政部门统一监(印)制的捐赠票据。另外,捐赠人有权约定受益人(受益人不得为捐赠人的利害关系人)与捐赠财产的用途,并享有知情权,如发现慈善组织滥用捐赠财产的,捐赠人有权要求其改正;拒不改正的,捐赠人可以向人民法院起诉。

考虑到捐赠人享有权利的同时在特定情况下捐赠人应当履行一定的义务,对于"诺而不捐"的行为,《慈善法》第四十一条规定了在一定情形下捐赠人应当履行捐赠义务和要求捐赠人覆行义务的主体及方式。当捐赠人公开承诺捐赠,或者捐赠财产用于扶贫、济困、扶老、救孤、恤病、助残、救助自然灾害、事故灾难和公共卫生事件等突发事件造成的损害,并且签订了捐赠协议时,慈善组织或受赠人可以先要求捐赠人交付,若捐赠人拒不履行捐赠义务的,慈善组织和其他接受捐赠的人可以向法院申请支付令或提起诉讼。而捐赠人公开承诺捐赠或者签订书面捐赠协议后经济状况显著恶化,严重影响其生产经营或者家庭生活的,经向公开承诺捐赠地或者书面捐赠协议签订地的民政部门报告并向社会公开说明情况后,可以不再履行捐赠义务。

《慈善法》是中国慈善事业发展进程中的第一部基础性和综合性的法律,是中国公益慈善事业和社会治理发展的一个重要里程碑,是完善慈善法律制度,加强社会领域立法,进一步推进全面依法治国的重要内容,是国家治理体系和治理能力现代化的重大实践。国家用立法的形式,让捐赠者得到更好的保障,让求助者有章可循,让欺诈行为受到惩处,弘扬中华民族传统美德,培育积极向上、乐善好施、互帮互助的社会主义核心价值观,对于救灾捐赠事业的发展起到了极大地推动作用。随后,在《慈善法》的基础上,民政部配合国务院法制办开展了《社会团体管理条例》《基金会管理条例》《社会服务机构管理条例》的修订工作,制定了《慈善组织认定办法》《慈善组织公开募捐管理办法》《公开募捐平台服务管理办法》《社会组织登记机关受理投诉举报办法》,并联合财政、税务部门制定了《慈善组织开展慈善活动年度支出和管理费用标准》,联合银监会出台了《关于做好慈善信托备案有关工作的通知》,面向社会公开遴选指定了首批13家互联网募捐信息平台,从而为《慈善法》施行奠定了良好基础。接下来,还要在税收优惠、费用减免、用地保证、金融支持、购买服务等方面落实相关政策制度支持,为慈善事业发展提供更加有力的法制保障。

《救灾捐赠管理办法》的出台、《中华人民共和国慈善法》的颁布实施和一系列救灾捐赠政策规定以及国家标准的制定,体现了党对救灾捐赠制度化、规范化、法制化建设的重视和推进。随着救灾捐赠实践的增多和深入,必然会出现许多新问题,亟须以法律法规等形式加以明确规定和解决,促使救灾捐赠立法进入实质性阶段。

小　　结

21世纪以来,救灾捐赠工作驶入蓬勃发展的快车道。经历了2003年防治"非典"、2008年年初南方低温雨雪冰冻灾害和"5·12"汶川特大地震、2010年"4·14"玉树地震和"8·7"舟曲泥石流灾害、2013年"4·20"四川雅安芦山地震、2014年"8·3"云南鲁甸地震等几次大规模的救灾捐赠实践,救灾捐赠在组织、发动、接收、运输、分配、统计、信息公开、监督等环节越来越明晰、规范,逐步形成了一套比较成熟的运行模式,明确了"政府推动、民间运作、社会参与、各方协作"的救灾捐赠工作机制;经常性社会捐赠活动取得了突破性进展,向日常化、经常化、制度化转变,作为一种救灾制度被固定下来;救灾捐赠对口支援模式根据灾情特点和实际受灾情况不断调整,并被运用到灾后恢复重建中,成为救灾领域具有中国特色的政策制度模式;初步建立起救灾捐赠工作规程和应急响应机制;探索形成了表彰奖励和税收优惠相结合的救灾捐赠激励机制;国际救灾援助也突破单一接受救灾外援界限,扩展为积极进行对外救灾援助和参与国际救灾减灾交流合作与互助;随着《救灾捐赠管理办法》《中华人民共和国慈善法》和一系列救灾捐赠政策规定的出台,救灾捐赠立法也进入快速发展时期,解决了社会组织参与救灾捐赠募捐主体资格的问题,为社会组织参与救灾捐赠的社会化和常态化提供了法律制度保障,扩大了社会组织参与救灾捐赠的广度和深度。在救灾捐赠事业蓬勃发展的过程中,也存在着捐赠信息公开不透明、不规范,监督机制不健全,捐赠鼓励力度不够,受到公众质疑等问题,这些都需要继续不断改进、完善。

第五章　新中国成立以来救灾捐赠的成效与启示

新中国成立以来救灾捐赠取得了重大进展,同时在实践中也暴露出一些问题,总结归纳、肯定评估救灾捐赠发展演进的基本成绩,并从中总结经验教训,可以为进一步改革和完善救灾捐赠工作提供一定的借鉴和指导。

第一节　新中国成立以来救灾捐赠成效显著

新中国成立以来,中国救灾捐赠工作通过不断探索、调整和改革,在各方面都取得了巨大成绩,特别是改革开放后,随着社会各领域的改革,救灾捐赠也进入深化改革发展期。21世纪后,实现了快速蓬勃发展,从理论到实践,从理念到制度都实现了重大突破和进展,在救灾工作中显示出强大的力量,充分展现出改革开放和中国特色社会主义现代化建设的成果。救灾捐赠有效地保障了灾民基本生活和灾区恢复重建,维护了社会的稳定和谐,彰显了国家强盛的实力所在,也从救灾工作的侧面反映出中国特色社会主义制度的强大优越性。

一、救灾捐赠规范化、制度化显著加强

新中国成立后,救灾捐赠作为救灾工作的一项重要内容受到党和国家的高度重视,主要体现在救灾捐赠政策和实际操作层面的逐步规范化、制度化。

新中国成立初期,基于巩固国家政权和改善人民生活,党和国家对救灾工作采取了高度的关注和部署。但由于新中国刚刚成立,各项事业和工作都在起步中,还不具备成熟的治理能力和水平,在对救灾捐赠的探索过程中还有很多不足。在制定救灾捐赠政策和制度探索上比较笼统、随意性很大,缺少规范性、制度性的政策规章,在已有政策规章的执行过程中也存在一定的盲目性。面对频繁发生的自然灾害,党和国家的治理水平和能力在应对各种灾害中不断提升,伴随国家经济实力的不断增强和人民生活水平的不断提高,特别是改革开放后,党和国家在救灾捐赠的政策管理和运作机制方面越来越成熟、规范。特别是在1998年全国性特大洪涝灾害后,救灾捐赠

在组织、接收、分配、使用、监督、管理等方面形成了一整套比较成熟、稳定的运行制度和规范，并逐步确立了"政府推动、民间运作、社会参与、各方协作"的工作运行机制，保证了救灾捐赠工作的规范、有序进行。

随着经常性社会捐助制度的确立和特大自然灾害的频繁发生，救灾捐赠实践不断增多。中国政府遵循国际惯例，运用先进科学的管理办法，在救灾捐赠实践中不断对组织募捐的资格主体、募捐的区域和范围，捐赠的接收资格主体、原则、途径、程序，捐赠款物的使用、发放以及监督管理等方面进行制度规范、完善和细化，使救灾捐赠的各个环节都有了比较明确的规章、规范和制度可循，保证了救灾捐赠工作的顺利开展。特别是近年来，随着接受救灾捐赠款物的增多，为确保救灾捐赠款物的规范使用，使善款真正用于灾区、灾民，实现捐赠人的意愿，政府加大了对救灾捐赠接收、发放、使用、信息公开等环节的监管力度。推动法律、审计、海关、监察、网络、舆论等多种形式的监督措施，形成监督合力，强化了监督制度，形成较为严密的监督机制，救灾捐赠的制度化、规范化建设明显加强。从而保证了救灾捐赠的科学、规范发展，调动了民众参与救灾捐赠的积极性，提高了救灾的针对性、实效性。

二、救灾捐赠法制化成效明显

救灾捐赠的法制化起步于 1978 年改革开放。改革开放后，随着经济和政治体制改革的深入，救灾捐赠的法制化建设取得明显成效，为救灾捐赠提供了法律制度保障，促进了救灾捐赠工作的大发展。

1998 年之前，中国还没有专门针对救灾捐赠的政策规定，救灾捐赠方面的法律法规建设还非常滞后。1998 年，长江、嫩江、松花江发生特大洪涝灾害，国内外社会各界踊跃捐赠，救灾捐赠无论在数量和规模上，还是范围领域都前所未有，民众捐赠热情高涨，捐赠过程中也随之出现了许多亟待解决的问题。此后，一方面，随着救灾捐赠实践的深入，对救灾捐赠的认识不断深化，理论和经验有了一定的积累，为救灾捐赠立法奠定了一定的基础；另一方面，在突发自然灾害面前，救灾捐赠的混乱，严重制约了社会捐赠的积极性，救灾捐赠立法呼声高涨。为此，20 世纪 90 年代末开始，中国针对救灾捐赠先后出台了一些法律法规、政策、规章，开启了救灾捐赠法制化的建设进程。

1999 年 6 月 28 日，第九届全国人民代表大会常务委员会第十次会议审议并通过了《中华人民共和国公益事业捐赠法》，对包括救灾捐赠在内的公益事业捐赠行为给予了法律规范和约束，捐赠立法实现突破，奠定了救灾捐赠法制化建设的基础,推动了救灾捐赠法治化进程;2000 年 5 月 12 日,中华人民共和国民政部以部长令的形式发布了《救灾捐赠管理暂行办法》,这是新中国制定的第一部专门针对救灾捐赠工作的部门规章,对救灾捐赠的募捐主体、受赠主体、管理主体以及救灾捐赠的募集、接收、管理、使用和监管等各个环节都作出了具体规定,以部门规章的形式较好地规范了救灾捐赠工作的实践操作程序,推动了救灾捐赠的制度化发展;2008 年 4 月 28 日,民政部对《救灾捐赠管理暂行办法》进行修订完善,并在此基础上颁布了《救灾捐赠管理办法》,使救灾捐赠的管理工作更加规范。在 2003 年防治"非典"、2008 年低温雨雪冰冻灾害和"5·12"汶川特大地震灾害等典型自然灾害中,相应制定了一些规范救灾捐赠工作的政策性文件、法规。这些法律法规、政策、规章基本保证了救灾捐赠工作的顺利开展。

此外,救灾捐赠还涉及慈善领域的一些其他法规。如全国人民代表大会及其常务委员会颁布的《中华人民共和国慈善法》《中华人民共和国红十字会法》《中华人民共和国个人所得税法》《中华人民共和国企业所得税法》及国务院制定的《社会团体登记管理条例》《民办企业单位登记管理暂行条例》《基金会管理条例》《中华人民共和国企业所得税法实施条例》《自然灾害救助条例》《社会捐助基本术语》等法律、行政法规、国家标准中的部分条款都涉及慈善捐赠的相关内容。国务院各部门和地方政府也都出台了各种涉及慈善捐赠内容的部门规章、地方政府规章及规范性文件。特别是《中华人民共和国慈善法》的出台极大地推动了慈善捐赠的法治化进程。

救灾捐赠法制化建设的加快和完善充分表明,救灾捐赠已纳入国家法治化建设轨道,有力地推进了全面依法治国和法治民政。救灾捐赠基本做到了有章可循、有法可依,救灾捐赠的相关法规制度保证了救灾捐赠实践的规范、有序和顺利进行,为进一步推进救灾捐赠法治化建设奠定了坚实的基础。

三、救灾捐赠社会化进程加快

新中国成立以来救灾捐赠的发展演变实质上就是救灾捐赠不断社会化的过程。如果说新中国成立初期党从弘扬中华民族传统美德角度出发,倡导群众开展互助互济是救灾捐赠社会化的萌芽,那么改革开放后第十次全国民政会议的召开就是救灾捐赠真正走向社会化的开端。

1994 年,第十次全国民政会议指出:"民政工作任务很多,具有鲜明的社会性和群众性,这些工作完全由政府包揽是不可能的,必须坚定不移地走社会化的道路,把单纯的政府行为扩大为社会行为,变成人民群众的自觉行动。""实践证明,只有依靠群众,动员、组织社会各方面的力量,走社会化道路,民政事业的发展才有广阔的天地"。① 在救灾捐赠社会化方向的指引下,从 1996 年开始在全国范围内广泛开展以"扶贫济困送温暖"为主题的经常性社会捐助活动,要求"有条件的地方,要探索由社会团体、民间组织承担部分救灾事务的路子。大中城市要建立经常化、规范化的募集衣被制度,对口支援灾区和贫困地区,并以此推动救灾工作社会化,使救灾工作由政府行为、部门行为变成全社会共同的义务"。② 至此,救灾捐赠由突击性的活动向经常性的活动转变;由单纯的政府部门行为向全社会的自觉行为转变,逐步建立党政领导、民政部门协调下的由社会团体、基层组织实施,形式多样的经常性募集活动新机制。

1998 年抗洪救灾捐赠中,民间组织的参与将救灾捐赠的社会化程度向前推进一大步。这次捐赠虽然是由政府出面组织、发动的,但中华慈善总会和中国救灾协会等非政府组织承担了大量具体事务,并募集到大量款物。民政部、中华慈善总会、中国红十字总会、各地民政部门共接收捐款 35.15 亿元,民政部会同财政部向灾区共拨出特大自然灾害救济补助费 122820 万元,③社会捐款首次超过了政府拨款。这在新中国的历史上是第一次,也展现出社会力量的巨大作用。中国慈善总会、中国红十字总会和中国救灾协会等各类非政府组织对救灾捐赠的广泛参与集中体现出社会层面参与救灾的积极性、主动性和灵活性。

2000 年后,由"政府推动、民间运作、社会参与、各方协作"的救灾捐赠社会化运行机制逐步形成,民间组织作为社会力量参与的重要组成部分,在救灾捐赠中发挥着越来越重要的作用。

2005 年年初的援助印度洋海啸捐赠活动,中国红十字总会及各地红十字会、中华慈善总会及各地慈善会等民间组织成为接收捐款的主体。2008 年汶川地震抗震救灾捐赠,民间组织、社会团体和个人的热情参与更加推动了救灾捐赠社会化的飞跃。汶川特大地震抗震救灾捐赠中,民众捐赠热情极其高涨。据统计,2008 年国内个人捐款约 458 亿元,占捐

---

① 民政部法制办公室:《民政工作文件选编》(1994),中国社会出版社 1995 年版,第 19、20 页。

② 民政部法制办公室:《民政工作文件选编》(1996),中国社会出版社 1997 年版,第 39—40 页。

③ 民政部救灾救济司:《1949—2004 重大自然灾害案例》,(内部刊物)2005 年版,第 179 页。

款总额的 54%,首次超过企业,完全改变了此前国内个人捐赠不超过总额的 20%的格局。① 民间组织充分发挥自身优势,全力配合政府,深入开展了多种形式的抗震救灾活动,成为一支与政府并驾齐驱的救灾力量,在抗震救灾捐赠中发挥了重大作用。此外,志愿者也发挥了重要作用。各地志愿者积极响应政府号召,充分发挥自身特有的人才、信息、资源优势,结合抗震救灾实际需要,配合、协助政府相关部门,深入开展了扶贫济困、医疗救助、科技服务、心理辅导等多种形式的救灾支援活动,不仅帮助灾区筹措了救灾资金,而且锻炼了社会组织参与救灾的能力,为进一步发动全社会力量广泛参与救灾积累了经验。2008 年汶川地震后的社会志愿者服务是新中国成立以来最大规模的。据不完全统计,深入地震灾区的国内外志愿者人数超过 300 万人,后方参与抗震救灾的志愿者在 1000 万人以上。② 汶川地震救灾捐赠印证了依靠民众、非政府组织和志愿者等社会力量来补充政府力量应对特大自然灾害的巨大作用和社会效益。

从汶川到玉树,从雅安到鲁甸,自 2008 年汶川地震后,中国经历了一次又一次自然灾害的挑战和考验。在经历自然灾害带来巨大伤痛的同时,各种社会救灾力量不断涌现,从公益组织到爱心企业,从民间救援到志愿者社工群体,社会力量参与防灾减灾救灾工作不断成熟与理性,国家防灾减灾救灾机制也不断完善健全。为支持引导社会力量参与救灾,民政部进行了积极探索,初步形成了政府主导、多方参与、协调联动、共同应对的救灾工作格局。2012 年 11 月 27 日,民政部印发《关于完善救灾物资捐赠导向机制的通知》,引导除具有官方背景的慈善会及红十字会系统之外的社会慈善组织参与救灾捐赠,而不再指定个别或者少数公益慈善组织接受捐赠。政府鼓励更多的社会组织参与救灾捐赠,并通过引导公益慈善组织主动公开慈善捐赠活动目录,引导捐赠者向年检合格、评估等级高的社会慈善组织捐赠,极大地激发了社会慈善组织参与救灾的热情。2015 年 10 月,民政部出台《支持引导社会力量参与救灾工作的指导意见》,阐述了支持引导社会力量参与救灾工作的重要意义,明确了支持引导社会力量参与救灾工作的基本原则、重点范围、主要任务和工作要求。首次将社会力量参与救灾工作纳入政府规范体系,着眼于社会力量参与救灾工作的全过程,强调坚持"政府主导、统筹协调,鼓励支持、引导规范,效率优先、就近就便,自愿参与、自助

---

① 《民政部召开发布会公布 2008 年度中国慈善捐赠报告》,2009 年 3 月 10 日,见 http://www.gov.cn/gzdt/2009-03/10/content_1255955.htm。

② 邹铭:《减灾救灾》,中国社会出版社 2009 年版,第 164 页。

为主"基本原则,对进一步完善救灾体制机制,规范引导社会力量高效有序参与救灾,提高救灾工作整体水平提出指导意见,极大地推动了社会力量高效有序参与救灾工作的积极性、规范性和自律性。社会力量参与救灾走上有序、规范、高效的发展之路。① 2016 年《中华人民共和国慈善法》出台,以国家法律形式进一步明确了慈善组织参与救灾募捐资格的取得,推动了社会组织参与救灾捐赠的合法化,从法律制度层面为社会组织参与救灾捐赠常态化提供了法治环境和制度空间。

救灾捐赠社会化不仅是救灾捐赠实践的重要成果,而且是救灾捐赠继续深化改革发展的方向。救灾捐赠社会化在增加救灾资金来源渠道、弥补由政府单一救灾资金短缺、发动社会力量救灾、强化社会互助、整合各种资源、体现中国特色社会主义优越性、形成社会合力、凝聚磅礴力量、增强民族共同体意识等方面都发挥了重要作用。

四、救灾捐赠对外开放不断深入

人类活动使自然环境不断恶化,抗击自然灾害已经成为全球关注的普遍问题。面对自然灾害的强大破坏性,单靠一个国家的力量是不足以解决灾害所带来的经济、政治、社会、生态等一系列问题,尤其是发展中国家,抵御自然灾害的能力就更弱一些。人类为了保护自然环境,维持自身生存发展,促进共同进步,需要不断深化国际意识、加强灾害中的国际交流合作与相互援助,携起手来共同面对自然灾害这一全球性问题。中国国际减灾委员会的建立,就是加强国际间交流与合作共同应对自然灾害的最好例证。

从新中国成立初期只强调国内互助,排斥国际救灾援助,到逐步调整对待国际救灾援助的态度和政策,70 多年间,中国共产党人对待国际救灾援助的认识随着改革开放和国家事业发展的实践逐步深化发展。改革开放加速推进了救灾捐赠对外开放的进程,一方面,救灾捐赠从改革开放前的国内单一渠道拓展为改革开放后的国内、国际两个层面。新中国成立到 1978 年的救灾工作中,党领导人民开展了非灾区支援灾区,城市支援农村灾区,工业支持农业灾区,以及亲友邻里间的互帮互助,义演、义卖、义赈等救灾捐赠活动,救灾捐赠普遍在国内范围组织发动和进行,只局限于国家和人民内部。1978 年十一届三中全会后,救灾捐赠打破单一

---

① 参见徐娜:《支持和引导社会力量参与救灾——专访国家减灾委员会办公室副主任、民政部救灾司副司长杨晓东》,《中国减灾》2015 年第 21 期。

的国内范围,突破国界,逐步向国际社会敞开大门,中国开始寻求和接受国际救灾援助,并越来越积极、主动、规范、频繁。另一方面,随着改革开放的深化,21世纪以来,中国开始扩展国际救灾援助领域,从只接受国际救灾援助的单一领域,扩展到既积极进行对外救灾援助也扩大参与同国际社会在救灾减灾领域的交流合作与互助,与国际社会相互支持,相互援助,共同应对自然灾害,承担国际责任,促进世界共同发展。在2004年印度洋海啸、2005年美国"卡特里娜"飓风和巴基斯坦7.8级地震、2008年缅甸"纳吉斯"热带风暴、2010年海地7.3级地震、2011年日本8.8级地震海啸、2015年尼泊尔8.1级地震中,中国政府不仅提供了大量的资金和物资援助,而且派出国际救援队和医疗救援队参与救援。在2008年汶川地震中,中国政府还首次打破惯例,允许境外专业救援队、医护和卫生防疫人员、志愿者参与国内救援。与此同时,本着开放合作的态度,在国家"一带一路"重要战略的指引下,中国还同各国政府、国际组织和国际机构在救灾减灾领域建立了全方位、深层次、多渠道、宽领域的交流合作,推动救灾减灾成为中国与世界交流合作发展的重要战略支撑点,促进构建人类命运共同体,极大地提高了中国的国际地位。

从改革开放前的完全拒绝,到今天的坦然接受;从通过联合国救灾署向国际社会提出救灾援助请求,到直接向国际社会发出救灾呼吁;从通过联合国救灾署或国际红十字会等单一渠道接收,到多渠道接收来自国际社会的一切人道主义援助;从单一接收救灾资金、物资、设备等,到同时接受专业救援队、医疗队和志愿者参与救灾活动;从单一接受国际救灾援助,到积极进行对外救灾援助和参与国际救灾减灾交流合作与互助,与国际社会共同应对自然灾害,承担国际责任,促进世界共同发展,从不同侧面反映出中国救灾捐赠对外开放的逐步发展和深化。中国积极融入国际社会,体现在方方面面,其中也包括救灾减灾的交流合作与互助。全球化进程的加速,加深了中国救灾捐赠对外开放的广度和深度,其参与的频次也越来越多,在操作程序上也越来越接轨国际社会,越来越规范和明晰。中国救灾捐赠对外开放的不断深入,推动了国内与国际社会的融合,加速了中国救灾捐赠的国际化进程。救灾捐赠作为中国与国际社会救灾减灾合作交流的重要战略支撑点,为更多、更广、更快地获取救灾援助资金、物资、设备和技术提供了便利,缩短了救灾时间,提高了救灾的时效性,全面提升了中国的救灾减灾能力,也赢得了国际社会的广泛支持与赞誉。

五、救灾捐赠内容、渠道不断拓宽

从新中国成立初期的节约捐输、募集棉衣等救济款物、群众间的互助互济，到1978年改革开放后，救灾捐赠的内容、渠道的不断拓宽，救灾捐赠由单一、传统形式向多样化、现代化转变，充分展现了救灾捐赠的立体化发展。

从管理学角度来看，人、财、物是组织管理得以运转的核心要素。在救灾捐赠中，人、财、物是实现其作用和价值的关键要素。在新中国成立初期的救灾捐赠中，财、物是救灾捐赠的主要内容，属于物质资源。随着现代经济社会发展，人们对于自然灾害的认识越来越清晰，抵御自然灾害的能力也不断增强，尤其是人的要素在对抗自然灾害中的作用越来越凸显，特别是在救灾捐赠过程中，人作为一个单一、独立的要素成为救灾捐赠的重要内容，推动了救灾捐赠从单一、传统的物质资源捐赠向物质资源与人力资源相结合的多元捐赠转变。包括心理咨询等内容的志愿者服务成为除了资金、实物、医疗救治等传统捐赠内容外的救灾捐赠的新内容。志愿者在灾害现场救援、救灾物资运送、维持社会秩序、卫生防疫、心理干预疏导等方面，不仅可以为灾区和灾民提供实实在在的服务和帮助，为社会、国家作出积极贡献，而且凸显出民众的社会责任感和参与意识，体现了救灾捐赠理念的更新，为救灾捐赠增添了新的活力。

另一方面，救灾募捐在形式上实现了新的突破。打破了过去主要以单位、社区捐赠，银行、邮局汇款，义演、义卖、义赛、街头募捐、发行纪念邮票等传统、常见的方式和渠道，向网络、手机短信、微信账号、支付宝等现代化捐赠渠道发展。信息化时代的今天，网络已经成为人们生活和了解世界的重要平台，是当代人生活和工作不可或缺的重要组成部分。网络改变了传统的救灾捐赠模式，引发了救灾捐赠方式和渠道的深刻变革，成为救灾捐赠的现代化手段之一。捐赠者可以随时通过网上电子银行缴费或转账等功能将捐款直接、即时汇入捐赠账户，实现了捐赠的快捷、便利。如"5·12"汶川特大地震发生后，新浪联合中国红十字基金会、天涯社区联合壹基金会，PPLive联合中国宋庆龄基金会等发起了网络募捐活动；网易、搜狐、腾讯、淘宝等各大网站也联合各慈善组织发起网络捐赠，并及时将捐赠者的名单及捐款数额进行网络公示，得到了广大网友的热情响应。[1] 此外，随着通信

---

[1] 《2008年网络互动空间热点透视》，2009年8月5日，见 http://news.china.com.cn/txt/2009-08/05/content_18279683.htm。

技术的迅猛发展,手机短信捐赠也成为募集善款的又一现代化渠道。手机短信捐赠不仅普及面广,汇集捐赠者多,而且方便、快捷,为一些捐款能力比较小的群体提供了一个奉献爱心的平台,只要编辑、发送任意数字到指定的短信接收地址,就可以向灾区捐赠相应数字的捐款。目前,中国移动、中国联通、中国电信、中国网通都与中国红十字会、中国扶贫基金会等慈善组织联合开通短信救灾捐赠平台。"5·12"汶川地震中,中国红十字会于5月12日当天开启短信捐助绿色通道,截至5月18日夜,短信捐款总额已超过3000万元。①

救灾捐赠在内容、方式和渠道等方面呈现出多样化、现代化、数字化、网络化和科技化的发展趋势。这不仅加快了募集善款支援灾区的速度,为救灾赢得了宝贵的时间,而且为民众捐款提供了便捷,吸引更多地人参与捐赠、奉献爱心,特别是年轻群体。激发全社会关注救灾、关心他人,为救灾捐赠注入了新的活力,宣传了捐赠理念,营造了捐赠文化氛围,极大地推动了民众参与捐赠的积极性。

六、救灾捐赠规模、水平快速增长

如果说新中国成立初期的救灾捐赠是处于萌芽状态、起步阶段,那么改革开放后,面对自然灾害的频繁发生和受灾程度的日益加剧,全社会的捐赠热情也随之不断高涨,救灾捐赠规模也日益增大,捐赠物资和善款日益规模化。特别是1996年经常性社会捐助制度确立后,救灾捐赠的规模、水平不断扩大,呈现快速增长趋势。

表 5.1　1997—2017 年接收社会捐赠(款)情况②

（单位：亿元）

年份	1997	1998	1999	2000	2001	2002	2003	2004	2005	2006	2007	2008	2009	2010	2011	2012	2013	2014	2015	2016	2017
款额	4.1	50.2	6.9	9.3	11.7	19	41	34	60.3	83.1	132.8	744	507.2	596.6	490.1	572.5	566.4	604.4	654.5	827	754.2

---

① 刘京:《2008 中国慈善捐赠发展蓝皮书》,中国社会出版社 2009 年版,第 64 页。

② 中华人民共和国民政部:《中国民政统计年鉴 2008》,中国统计出版社 2008 年版,第 12 页;《民政部:2015 年全国共接收社会捐款超 650 亿元》,2016 年 7 月 11 日,见 http://www.gov.cn/xinwen/2016-07/11/content_5090301.htm;《2016 年全国接收社会捐款为何能达 827 亿元?》,2017 年 8 月 8 日,见 http://www.xinhuanet.com//gongyi/2017-08/08/c_129673116.htm;《2016 年全国共接收社会捐款 827 亿元 同比增长 26.4%》,2017 年 8 月 3 日,见 http://www.xinhuanet.com/2017-08/03/c_1121427912.htm。

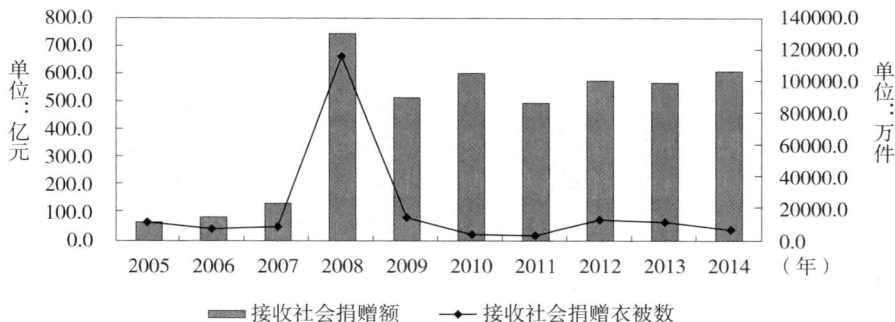

图 5.1　2005—2014 年接收社会捐款和衣被情况①

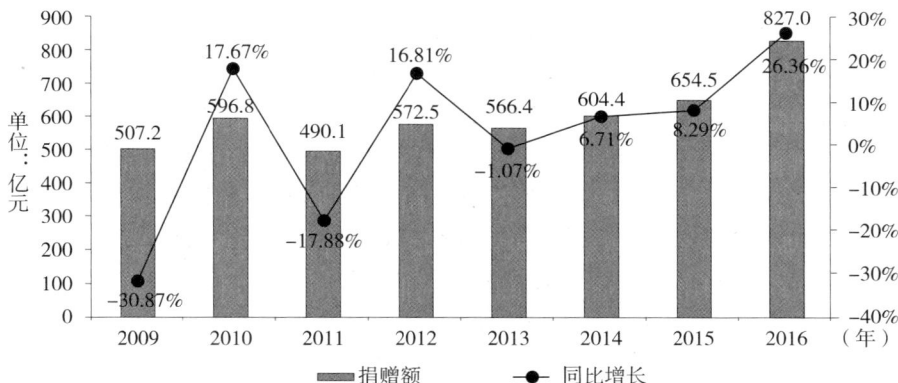

图 5.2　2009—2016 年中国接受社会捐赠款金额情况统计②

　　从以上图表的数据来看,改革开放以来,在遭遇重特大灾害的年份,如
1998 年、2003 年、2008 年,社会救灾捐赠额都呈现出跳跃式的增长,而平常
年份救灾捐赠额从整体上看,也呈现出稳步、快速增长的特点。从 2012 年
起,全国社会捐赠总额稳步上升,2016 年全年共接收社会捐赠款 827 亿元,
达到历史最高值。

① 《民政部发布 2014 年社会服务发展统计公报》,2015 年 6 月 12 日,见 http://www.gov.
cn/xinwen/2015-06/12/content_2878622.htm。

② 《慈善事业走出郭美美事件阴影 一年获捐 827 亿》,2017 年 8 月 4 日,见 https://www.
sohu.com/a/162222393_350221。

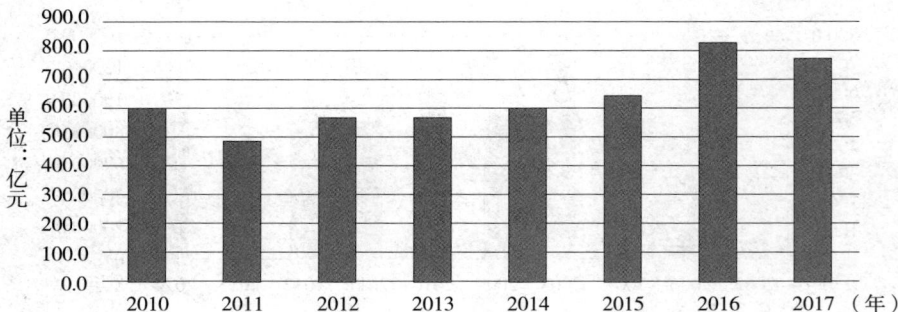

图 5.3　2010—2017 年民政部门和社会组织共计接收社会捐款金额情况统计①

　　从 1996 年开始确立经常性社会捐助活动,到 2008 年汶川地震抗震救灾捐赠,中国社会捐赠款额实现了历史性突破。2008 年中国救灾捐赠形成"井喷",掀起了中国历史上的捐赠大潮,成为新中国历史上接收社会捐赠最多的一年。《2008 年度中国慈善捐助报告》显示,2008 年中国接收国内外各类社会捐赠款物共计 1070 亿元(不含港澳台地区),是 2007 年的 3.5 倍,年增长率达 246%。② 这表明,社会各界救灾的积极性不断提高,广大民众捐赠意识不断增强,全社会公益慈善氛围日益高涨,对政府救灾起到了极大地辅助作用。而在此后的年份中救灾捐赠总额也稳步增长,逐年攀升,截至 2016 年社会捐赠总额突破历史,走出了"郭美美事件"给慈善事业带来的危机,这其中最根本的原因是就是救灾捐赠法律、政策和体制的完善进步以及相关制度政策环境的保障。"2016 年是《中华人民共和国慈善法》公布并实施的第一年,全社会对法律的实施给予了十分积极的回应。许多法律规定正在迅速地转化为社会政策并在各地落地,给广大民众增强了依法行善的信心。"③这一捐赠的历史性突破足以显现出法律、制度、政策带来的重要作用,突显出社会法治化和全面依法治国的总要求和重大意义。

七、救灾捐赠社会效果凸显

　　纵观新中国成立以来中国救灾捐赠的发展演进,最大的、最成功的经验

---

① 《民政部发布 2017 年社会服务发展统计公报》,2018 年 8 月 11 日,见 https://www.sohu.com/a/246721345_99939264。

② 刘京:《2008 中国慈善捐赠发展蓝皮书》,中国社会出版社 2009 年版,第 61 页。

③ 《2016 年全国接收社会捐款为何能达 827 亿元?》,2017 年 8 月 8 日,见 http://www.xinhua-net.com/gongyi/2017-08/08/c_129673116.htm。

就是在自然灾害面前全体中国人民所表现出的"一方有难、八方支援"的中华民族优秀传统美德、强大的社会动员能力和政府组织协调能力。这种救灾捐赠所产生的精神动力对于灾区和灾民有着极大地鼓舞和支持作用,有助于在全社会形成强大的感召力和引领力。随着救灾捐赠的快速蓬勃发展,救灾捐赠的社会效果和作用也越来越明显,主要体现在物质和精神两个方面。

从物质层面看,积极开展救灾捐赠,既可以在短时间内募集到大量物资,支援灾区抗灾救灾,进行灾后重建等,也可以解决单靠国家财政拨款救济灾民的单一模式,缓解国家救灾经费的紧张和不足。同时,救灾捐赠有助于加快灾区恢复重建的进度,增强灾区人民抵御自然灾害的能力,对稳定灾区秩序和人心起到很大作用。救灾捐赠使灾区人民能够迅速摆脱灾害的影响,发展经济,重建家园,从而缩小贫富差距以及发达地区与贫困地区的差距,有利于保证全社会的稳定、和谐、发展,有助于全体人民共同富裕目标的实现。

从精神层面看,救灾捐赠体现了全社会对灾区的关心,鼓舞灾区人民抗灾救灾和重建家园的信心,使其从极端的困境中崛起,以满腔的热情和必胜的信心投入到抗灾自救的斗争中去。同时,密切了城乡关系、干群关系,体现了全社会互帮互助的友爱精神,弘扬了中华民族扶危济困的优良传统;使得全民共同参与救灾、投身社会救助事业蔚然成风,全民防灾抗灾意识和社会责任感得到增强。自1991年华东水灾后,全社会对自然灾害的发生与危害、灾民的困难情况、灾区的恢复重建等都更加关注,防灾抗灾意识有所加强,向受灾地区捐款捐物已经成为全体公民的慈善意识和自觉行动;有助于在全社会营造慈善捐赠文化氛围,激发海外华人华侨、港澳台同胞的爱国之情和民族自豪感,汇聚一切致力于中华民族伟大复兴的爱国力量,增强全社会、全民族的凝聚力和组织力,提高全民族的道德修养水平和精神素养,推动慈善文化理念发展,促进社会文明进步。

此外,救灾捐赠深化了对外开放的领域范围,拓宽了中国与国际社会交流合作的领域,为与国际社会的广泛合作开辟了新的途径。无论是接受国际救灾援助,还是对外开展救灾援助,都是与国际社会交流合作的重要领域,体现着世界各国和各民族互相关心、共同发展的良好愿望。通过抗灾救灾减灾国际交流与合作,可以推动中国与世界各国相互取长补短,学习先进经验,加快救灾工作与国际社会的接轨,与世界各国一道共同应对自然灾害挑战等重大风险,推动构建人类命运共同体。

综上所述,新中国成立以来救灾捐赠在制度规范、法制建设、社会化、对外开放、内容、渠道、规模、社会效果等方面都取得了显著成效,这是新中国成立 70 多年来,中国共产党对救灾捐赠工作不断探索、调整、改革的重要实践成果,是中国共产党人带领全国各族人民抗击自然灾害风险挑战取得的成绩,是中国经济社会不断发展、积累的结果,是中国特色的救灾捐赠工作,彰显了中国特色社会主义的制度优势,为进一步改革和完善救灾捐赠工作提供了重要的实践基础和经验借鉴。

第二节　新中国成立以来救灾捐赠发展存在的问题

发展救灾捐赠既是一种客观需要,也是社会文明进步的重要标志,它关系着广大人民群众的切身利益,也关系着社会的和谐、稳定和发展。改革开放推动了救灾捐赠的发展,特别是 1998 年特大洪涝灾害后,救灾捐赠得到迅速发展,无论在规模上还是在数量上都达到了前所未有的高度,在扶危济困、缓解国家公共财力不足、救灾减灾及灾后恢复重建等领域起到了很大作用。国家经济实力的增强为救灾捐赠发展提供了广阔的空间,但是由于经济社会发展的不平衡不充分、社会捐赠文化和民众捐赠意识、理念的限制,以及制度设置和法制建设等方面的影响,救灾捐赠工作还存在一定的不足和短板,制约着救灾捐赠的进一步深化改革和发展。

一、救灾捐赠法律体系不够完备

健全救灾捐赠法律法规体系是做好救灾捐赠的重要保证。一直以来,中国救灾捐赠立法是滞后于实际工作需要的,这成为制约救灾捐赠发展的"瓶颈"。救灾捐赠工作多是根据当时需要,以"通知""办法"等形式来提出一些指导性的意见和规定,多具有临时性的特征,政策的有效性存在限制,缺少长远的规划和宏观性的规范。

近年来,救灾捐赠仍然存在着多头募捐、重复募捐等情况。对谁是救灾捐赠的主管部门、谁有资格发起救灾募捐等仍然混淆不清。一旦灾情发生,一些不具有募捐主体资格的个人、企业、社会组织和团体纷纷以各种名义开展募捐活动,导致捐赠渠道混乱。有的不能如实向社会公布资金的筹集和使用去向;许多捐赠者感到捐赠款物的接收使用工作不够透明,对自己捐赠的款物能否真正用于受益人产生质疑;有的把募捐活动变成变相摊派;有的以捐赠名义从事诈骗、促销以及营利性活动;有的假借救灾捐赠之名大肆作秀,出现事前承诺、事后赖账的"空头支票"现象;等等。这些问题表明,从全面依法治国、建设社会主义法治国家,促进国家治理体系和治理能力现代化的要求来看,救灾捐赠法制建设还存在着一定的差距和短板。

1. 救灾捐赠法律制度缺乏整体性、系统性,体系还不健全。1999 年全国人大颁布的《中华人民共和国公益事业捐赠法》,对救灾捐赠行为进行了一定的法律规定,但这部法律并不是专门针对救灾捐赠制定的,而只是对包括救灾捐赠在内的所有公益事业捐赠行为进行指导的一个宽泛的法律规范。而 2016 年 3 月颁布的《中华人民共和国慈善法》则是一部主旨为引导各方面社会力量参与慈善事业的基础性、综合性法律,其中虽然对慈善捐赠进行了明确规定,但过于原则性,并没有专门针对救灾捐赠做出具体规定。因此,到目前为止,中国还缺少类似《救灾捐赠法》或《赈灾法》之类的只针对救灾捐赠的系统性和整体性的专门性法律。中国现行的救灾捐赠法律制度建立的依据基本上是国家各有关部门出台的"决定""办法""通知"等部门规章、法规或政策,它们大多是在救灾形势所需的背景下颁布的,无论是在内容上还是在体系上,都缺少统一的原则指导和全面规范。这些部门规章只能规范救灾捐赠的某一方面,规范监管不强,效力有限。许多政策、规章缺乏协调、配套,很难对救灾捐赠进行全面的政策支持和综合规划调整,并且部门规章属于指导性文件,缺乏法律、法规的刚性,对救灾捐赠的程序和实际运行的约束效力有限,在一定程度上制约着救灾捐赠的整体发展。

此外,救灾捐赠涉及对口支援、应急响应、税收优惠、表彰激励、善款的使用、监督和管理、国际救灾援助等多方面内容,对这些内容的规定大都散见于一些政策性、行政性的文件规章中,比较零散,不系统,没有形成一定的法律制度体系。这不仅削弱了救灾捐赠法律制度的地位,而且影响了其作用的发挥。

2. 缺乏可操作性。救灾捐赠是一项操作性和实践性很强的工作。当前救灾捐赠法律法规、政策过于笼统,原则性强,大多都是应然性、提倡性、指引性的规定,缺少具体的、可供操作的实施细则和规范,而且要求过于行政化,本身缺乏可行性,难免流于形式。因而,在实践中很难真正贯彻、落实。此外,由于与其他相关法律衔接不畅通,还存在一定的漏洞。如 1999 年颁布的《中华人民共和国公益事业捐赠法》,由于对募捐主体和行政管理部门没有进行明确界定,一些条款原则性强,缺乏可操作性,最终导致在法律执行过程中很难对现实中的义演、义赛、义卖等募捐活动进行实质性规范和管理。2008 年 1 月 1 日开始实施的《中华人民共和国企业所得税法》,虽然为救灾捐赠规定了非常优惠的税收减免政策,但却没有出台配套的实施细则和相应的操作执行办法、规则,导致各地税务部门在具体执行税收优惠政策时对相关法规出现理解不一致、捐赠款物的税收减免办理程序和标准不一样等现象,直接影响到救灾捐赠的政策落实、工作协调与信息统计。2016年3月出台的《中华人民共和国慈善法》虽然明确了救助自然灾害、事故灾难和公共卫生事件等突发事件造成的损害属于慈善活动,并明确了慈善组织等社会力量参与慈善活动进行公开募捐的主体和募捐资格的取得,弥补了《中华人民共和国公益事业捐赠法》中募捐主体混淆没有明确界定的问题,但是在救灾捐赠减税优惠方面仍然缺乏可操作性的具体规定。由于包括救灾捐赠在内的慈善捐赠税收优惠涉及慈善组织、捐赠人、受益人等多元主体,涉及救灾捐赠款物的发放、使用、监管流转等环节,涉及的部门组织税收优惠有很多主体和环节,要一一对应加以规定。所以,需要进一步修改完善专门针对救灾捐赠的税收法律,进行统筹考虑和规范约束。

2008年4月28日以民政部部长令方式颁布的《救灾捐赠管理办法》,从部门规章制度的层面为救灾捐赠工作提供了制度规范和操作依据。但对救灾捐赠款物的募集、接收、使用、管理、监督、统计、公布等缺乏具体的指导性规范,管理力度不强,尤其是对社会组织从捐赠资金中提取工作费用、捐赠物资的运费应该如何开支、捐赠款物应该按照何种机制进行分配使用等问题,中国现行的法规政策都没有做出具体的规定要求。为此,应当尽快出台针对救灾捐赠主体、捐赠范围、募捐程序、免税资格、监督管理、捐赠款物使用以及法律责任等作出明确规定的配套法律法规,促进社会救灾捐赠工作的进一步制度化、规范化、法治化。

3.《救灾捐赠管理办法》和《中华人民共和国慈善法》中关于募捐主体资格问题存在矛盾,《救灾捐赠管理办法》需要与法律一致,亟待进行补充修订。2008年修订的《救灾捐赠管理办法》规定,救灾募捐主体是指在县级以上人民政府民政部门登记的具有救灾宗旨的公募基金会;经县级以上人民政府部门认定的具有救灾宗旨的公益性民间组织可以接受救灾捐赠。但在中国具有救灾宗旨的公益性民间组织很少,能够被民政部门认可的具有救灾宗旨的公益性社会团体就更少。目前被认定的具有救灾宗旨的公益性社会团体——各地慈善会,大多本身就是民政部门下属的一个处室(或科室),只是"一套人马、两块牌子"而已。根据《中华人民共和国红十字会法》规定,红十字会依法享有募捐资格,这也是国际惯例。因此,在实际的救灾过程中,除红十字会外,就是民政部门既募捐又接受救灾捐赠,并且以第二个身份(慈善会)同时募捐与接受救灾捐赠,民政部门将募捐和接受捐赠独揽一身,剥夺了民间组织作为救灾募捐主体或受赠主体的资格。2012年11

月印发的《关于完善救灾物资捐赠导向机制的通知》规定,今后民政部门不再指定个别或者少数公益慈善组织接受捐赠,社会组织参与救灾不再受限,为社会组织广泛参与救灾提供了政策导向机制。2016年出台的《中华人民共和国慈善法》对慈善组织的设立和公开募捐资格的取得进行了明确规定,依法登记满二年的慈善组织,可以向其登记的民政部门申请公开募捐资格;不具有公开募捐资格的组织或个人基于慈善目的,可以与具有公开募捐资格的慈善组织合作,由该慈善组织开展公开募捐并管理募得款物,①这一法律规定扩大了公开募捐主体的范围,使得社会组织参与救灾合法化、常态化,极大推动了救灾的社会化进程,是积极推动引导社会力量参与救灾的重要成果和进步。但是作为部门规章的《救灾捐赠管理办法》跟国家法律之间就出现了矛盾和衔接的问题,民政部需要及时跟进《救灾捐赠管理办法》的补充修订,与《中华人民共和国慈善法》相衔接,重新解释规定社会组织参与救灾捐赠进行公开募捐资格的取得等一系列相关问题,为扩大社会组织参与救灾捐赠的广度和深度提供完整系统的制度保障。

二、政府行政干预功能过强,社会组织参与不够

受2000多年中国封建集权统治和传统文化的影响,政府将社会"大一统"的思想根深蒂固,政府及其官员有着"为民作主"的强烈责任感,政府将社会生活的方方面面全部包下来,大包大揽一切,承担了过多本不应该由政府承担的责任。随着中国经济体制改革和政府机构改革的逐步深入,政府逐步转变职能,逐步下放一些权力,淡出一些社会领域,实现政社分开,逐渐由"弱社会"向"强社会"转化。

救灾捐赠作为社会救助事业的一部分,是一项社会公益事业,是有组织、有管理、有发动的以救灾扶贫为目的而开展的社会公益和慈善活动,是发动社会力量抗灾救灾的主要途径,也是救灾社会化的重要内容。在国外,社会组织是救灾的重要力量之一,在救灾资金物资的捐赠、募集和发放等方面起着很大的作用。例如,在印度,每当发生自然灾害时,印度的非政府组织马上就会行动起来进行募捐和准备救灾物品。

随着社会主义市场经济体制改革的不断深入,20世纪90年代中后期开始,中国各类民间组织如雨后春笋般发展起来,并在灾害救助等方面发挥着独特的作用。但相对多数发达国家,由于中国政府权力部门对社会领域干预的巨大惯性,社会组织与政府之间千丝万缕的联系以及社会组织自身

---

① 《中华人民共和国慈善法》,《人民日报》2016年3月20日。

发展的局限,使得救灾捐赠工作中政府行政干预过强,始终处于主体地位,社会组织的功能无法得到充分发挥。以汶川地震救灾捐赠情况为例,社会捐赠资金中,58.1%流向了政府部门,36%流向了政府指定的红十字会和慈善会系统,只有5.9%流向了公募基金会。社会捐赠的物资更是流向了政府部门和红十字会系统。① 救急和高效是救灾捐赠最突出的两个重要特征。救急需要速度快,但并不等于说救急时,政府就可以越位。慈善捐赠事业的社会化发展方向决定着其主体是民间组织,政府的角色是促进发展、监督指导、政策供给、综合协调。

1.政府传统治理社会模式的巨大惯性使社会组织的作用得不到应有的重视。社会组织和民众是中国社会救助事业的基本力量,在社会救助中扮演的角色和所发挥的作用,是政府机构无法完全替代的,必须充分发挥社会力量参与救灾。但由于长期受"万能政府"思想的影响,社会组织的作用并没有得到足够的重视。虽然民政部制定救灾捐赠导向机制,支持公民和公益慈善组织参与救灾,并通过发布《关于支持社会力量参与救灾工作的指导意见》,推动社会组织和其他社会力量有序高效参与救灾工作,而且《中华人民共和国慈善法》中也明确规定慈善组织是动员社会资源、提供公益服务、救助自然灾害和扶贫济困等社会公益慈善活动的主要力量。但由于各级政府部门思想认识的固化,缺乏顶层设计和战略思维,最终导致社会组织的发展还仅仅停留在号召和动员层面上。当前,发动社会组织和社会力量参与救灾捐赠的机制还不够完善,没有真正为其提供发展壮大的空间,社会组织的应有地位和作用还没有回归,对救灾捐赠的社会化发展起着一定的阻碍作用。

2.民间慈善组织对政府依赖性强,带有很强的官方色彩。中国的社会组织包括社团、基金会和民办非企业单位,他们中有相当比例是原来政府的某个职能部门改制之后组建的,或者是官方领导或指导下成立的社会团体。因此,它和政府及其有关部门有着天然的千丝万缕的联系,造成了对政府的过度依赖,其独立性和中立性的第三方组织的民间性质不足。这些机构与政府存在的关系,使得这些机构和人员的待遇参照公务机构和人员,但监督和责任却往往不够明确,这些机构和人员中难免存在一些不合法的现象,反过来损害政府的公信力。② 中国目前比较有影响的、初具规模的慈善组织多是依托于特定的政府部门转化而来。比如,青基会产生于团中央,慈善总会依托于民政部。各地慈善会大多与民政部门是"一套人马、两块牌子"。

---

① 邓国胜:《响应汶川:中国救灾机制分析》,北京大学出版社2009年版,第85页。
② 周贤日:《我国公益捐赠法律制度思考》,《中国发展观察》2008年第7期。

因而,慈善组织从一产生就与政府有着千丝万缕的联系。这种联系还不是一种成熟的合作关系,而是一种领导与被领导的关系。因此,培育和发展真正意义上的慈善组织尤为重要。这一点在 2016 年出台的《中华人民共和国慈善法》中得以法律的支持和规范。慈善法以法律的形式和约束力对慈善组织的设立条件和程序进行明确,以此鼓励和支持兴办慈善组织,推动慈善事业发展。但慈善组织的培育、发展和规范也需要一个时间过程,需要一个量变的积累过程,还有一个慢慢显效的过程。

3. 民间慈善组织受到准入资格以及资金的限制而难以壮大。社会组织的培育、发展、壮大是现代社会发展的大趋势。但目前中国民间非营利组织面临的一个最主要难题就是"注册难"的问题。根据 1998 年国务院发布的《社会团体登记管理条例》,中国对民间组织实行登记管理机关与业务主管单位双重负责、分级管理的体制。要成立非营利组织首先需要有一个挂靠单位,而且根据分级管理原则,一个全国性组织的挂靠单位必须是部委一级;此外,如果同一行政领域内已经有相同或类似的组织则不予注册,而事实上,几乎每一个行政领域,都已经有一个官办社会团体。① 2016 年修订后的《社会团体登记管理条例》虽然降低了社会团体的登记门槛、简化了社会团体注册登记的程序等社会需求,但仍然规定对于成立直接登记范围以外的社会团体,以及法律、行政法规和国家规定必须有业务主管单位的全国性行业协会商会,应当经业务主管单位审查同意。② 这就表明目前大多数社会团体都带有浓厚的官方色彩,不是挂靠在这个部委就是那个系统,其中有一些社团,本身就是为了和国际接轨的产物,真正称得上"民间社会团体"的非营利组织是很少的。而那些真正从草根阶层发展起来、在民间自发成长和壮大起来的非营利组织,只能借道工商部门,从而在身份上遭遇"尴尬"。虽然 2016 年颁布的《中华人民共和国慈善法》已经从国家法律层面对慈善组织的设立和准入资格进行了明确的规定,但在实际操作过程中可能会出现政府行政手段等一些干扰因素对慈善组织发展壮大的影响。2018 年 8 月 3 日,民政部发布《社会组织登记管理条例(草案征求意见稿)》,并向社会各界公开征求意见。其中,在社会组织登记注册要求上有所提高。在基金会的注册资金要求方面,不再区分非公募基金会(≥200 万)和地方性公募基金会(≥400 万),基金会注册资金统一提升至 800 万,且为到账货

---

① 段文:《抗击"非典"中国 NGO 成长的挑战与机遇》,2003 年 5 月 21 日,见 http://finance.sina.com.cn/roll/20030521/1307342957.shtml。

② 赵艳红、尹艺斐、杨涵:《社会团体登记管理条例拟修订 专家详解四大亮点》,2016 年 8 月 4 日,见 http://politics.people.com.cn/n1/2016/0804/c1001-28609806.html。

币资金;而全国性基金会的注册资金从不低于 800 万直接提高到 6000 万,且限定为应当以资助慈善组织和其他组织开展公益慈善活动为主要业务范围。而在注册层级方面,基金会的注册权限由之前的市级甚至是县级收回到省级。而社会服务机构从无统一规定注册资金要求变更为全国性社会服务机构注册资金不得低于 1000 万元人民币。① 很明显,作为行政法规,这一草案征求意见稿与保障社会组织合法权益、规范社会组织合法运营、促进社会组织有序发展的初衷还不完全相符,缺失一定法律依据支撑,在一定程度上会阻碍基金会的发展。

4. 民间组织参与救灾捐赠缺乏有效的沟通协调机制和政策环境。从新中国成立之初的"节约度荒、生产自救、群众互助、以工代赈",到 21 世纪的"政府主导、分级管理、社会互助、生产自救",尽管中国救灾工作方针经历了多次变化,但依靠群众、生产自救、发动社会力量救灾的核心却始终没有改变过。改革开放后,在这一思想的指导下,更加明确了公众参与、发动社会力量救灾的原则。但在救灾捐赠发展过程中,民间组织参与救灾捐赠还存在很多制约。从募捐主体资格看,虽然《救灾捐赠管理办法》规定,救灾募捐主体是指在县级以上人民政府民政部门登记的具有救灾宗旨的公募基金会;经县级以上人民政府部门认定的具有救灾宗旨的公益性民间组织可以接受救灾捐赠。② 但是,在中国具有救灾宗旨的公募基金会数量极少,被认定的具有救灾宗旨的公益性社会团体只是各地慈善会,其本身与民政部门就是"一套人马、两块牌子",必然依附民政部门参与救灾捐赠。而哪些民间组织属于具有救灾宗旨的公益性民间组织? 认定的标准是什么? 却没有明确标准和规定。因此,实际上,只有红十字会系统在救灾捐赠中具有规范化、合理化的畅通参与渠道,1993 年 10 月 31 日通过的《中华人民共和国红十字会法》第 22 条规定,"红十字会为开展救助工作,可以进行募捐活动"③,2017 年 2 月 24 日修订的《中华人民共和国红十字会法》第 19 条规定,"红十字会可以依法进行募捐活动。募捐活动应当符合《中华人民共和国慈善法》的有关规定"④,这就明确了红十字会开展募捐活动的资格。为了鼓励更多的社会组织参与救灾等慈善活动,扩大民间慈善组织参与救灾

---

① 《社会组织登记管理条例征求意见即将结束 概念不清、登记门槛高存争议》,2018 年 8 月 31 日,见 http://k.sina.com.cn/article_6187077517_170c74f8d019008jan.html。

② 国家减灾委员会办公室:《中国减灾年鉴·2008》(内部资料),2009 年版,第 78 页。

③ 《中华人民共和国红十字会法》,《新法规月刊》1994 年第 3 期。

④ 《中华人民共和国红十字会法》,2017 年 2 月 25 日,见 http://www.chinanews.com/gn/2017/02-25/8159229.shtml。

捐赠的规模和数量,2012 年 11 月,民政部颁布了《关于完善救灾物资捐赠导向机制的通知》,从部门规章制度层面对社会组织参与救灾捐赠的募捐资格进行了明确规定。社会组织参与救灾捐赠不再受指定和限制,这是救灾社会治理政策的重大调转和变化,推动了社会治理的创新。此后,为从根本上解决慈善组织参与救灾捐赠的主体资格问题,促进中国特色社会主义慈善事业发展,2016 年出台的《中华人民共和国慈善法》对慈善组织的设立和募捐资格进行了明确的法律规定。但同时也要看到,由于民间组织与政府部门之间缺乏有效的分工协作和沟通协调机制,各种社会力量之间也缺少相互沟通协调,造成各种社会救灾资源的浪费,在全社会也还没有形成社会力量参与救灾捐赠的活动空间和政策环境支持。各种民间组织等社会力量在参与救灾捐赠过程中,只关注紧急救援阶段的救灾捐赠工作,在恢复重建阶段和防灾减灾领域也需要救灾捐赠的投入,这一点常常被忽视,导致参与救灾捐赠的主体缺乏全面性和持久性,急需从主导责任、统筹方式、监管机制等方面健全完善救灾捐赠社会治理政策。

5. 政府职能越位,一定程度上抑制了社会组织参与救灾捐赠的环境空间。救灾时,谁有资格募捐? 谁有资格接受捐赠? 谁来进行监督管理? 这一直是中国救灾捐赠中难以解决的问题。

早期的救灾捐赠并没有对募捐主体和受赠主体进行严格的区分,民政部门作为整个救灾捐赠工作的主管部门,既统一组织募捐又负责统一接受募捐。1998 年特大洪涝灾害,中国红十字会成为法定的、可面向全社会开展救灾募捐活动的非政府募捐主体。① 1999 年,中国第一部,也是迄今为止唯一一部有关捐赠方面的专门法律——《中华人民共和国公益事业捐赠法》,对谁可以接受捐赠(受赠主体)做出了规定,但没有规定谁可以向公众劝募(募捐主体)。2000 年民政部《救灾捐赠管理暂行办法》对 1998 年的救灾捐赠管理规定进行了确认,并明确了受赠者范围,但仍然没有规定在救灾时谁可以向公众劝募。2008 年新修订的《救灾捐赠管理办法》对救灾募捐主体和受赠主体进行了明确区分。2012 年《关于完善救灾物资捐赠导向机制的通知》规定建立救灾捐赠导向机制,民政部不再指定公益慈善组织,为慈善组织参与救灾捐赠打开了制度之门。2016 年出台的《中华人民共和国慈善法》将救助自然灾害、事故灾难和公共卫生事件等突发事件造成的损害的公益活动列为慈善活动进行规范,并对慈善组织

---

① 1993 年 10 月 1 日,全国人大常委会通过《中华人民共和国红十字会法》,第 22 条规定"红十字会为开展救助工作,可以进行募捐活动",明确了红十字会开展募捐活动的资格。

的设立和募捐资格取得以及募捐方式包括互联网募捐都进行了明确的法律规定,从而从根本上解决了救灾募捐主体和慈善组织如何取得募捐资格以及募捐方式等一系列问题。(见表5.2)这种变化,可以看出对救灾募捐主体和受赠主体这个问题的认识是一个随着实践不断深化而提高的过程,从而反映出救灾捐赠中政府职能以及救灾捐赠工作从无序到有序的逐渐转变。

表5.2　关于救灾募捐主体与受赠主体相关规定的变化情况

时间	法规名称	关于募捐主体与受赠主体的表述
1991年	民政部:《民政部国内救灾捐赠工作通告》	民政部设立国内救灾捐赠接受办公室,并委托各级民政部门代办国内救灾捐赠接收事务。
1998年	国务院办公厅:《关于加强救灾捐赠管理工作的通知》	救灾捐赠由民政部门统一组织,各系统、各部门只能在本系统、本单位内组织救灾捐赠活动,除红十字会外,在未经民政部门同意的情况下,任何个人、单位不得在社会上开展任何形式的救灾募捐活动。
1999年	全国人大:《中华人民共和国公益事业捐赠法》	三类组织可以接受救灾捐赠: 一是公益性社会团体,即指依法成立的,以发展公益事业为宗旨的基金会、慈善组织等社会团体; 二是公益性非营利的事业单位,即从事公益事业的不以营利为目的的教育机构、科学研究机构、医疗卫生机构、社会公共文化机构、社会公共体育机构和社会福利机构等; 三是县级以上人民政府及其部门在发生自然灾害时或者境外捐赠人要求县级以上人民政府及其部门作为受赠人时,县级以上人民政府及其部门可以接受捐赠,并依照本法的有关规定对捐赠财产进行管理。
2000年	国务院:《救灾捐赠管理暂行办法》	县级以上人民政府民政部门统一组织救灾捐赠工作,各系统、各部门只能在本系统、本单位内组织救灾捐赠活动。 救灾捐赠受赠人包括:县级以上人民政府民政部门;经县级以上人民政府部门认定的具有救灾宗旨的公益性社会团体。法律、行政法规另有规定的除外。
2008年	国务院:《救灾捐赠管理办法》	救灾募捐主体是指在县级以上人民政府民政部门登记的具有救灾宗旨的公募基金会。 救灾捐赠受赠人包括:县级以上人民政府民政部门及其委托的社会捐助接收机构;经县级以上人民政府部门认定的具有救灾宗旨的公益性民间组织;法律、行政法规规定的其他组织。

续表

时间	法规名称	关于募捐主体与受赠主体的表述
2012 年	民政部:《关于完善救灾物资捐赠导向机制的通知》	探索建立救灾捐赠接收机构评估发布制度。各地要支持公益慈善组织依其宗旨和业务范围,依法、依章程开展救灾募捐活动。要逐步建立本区域内依法可以进行救灾募捐的公益慈善组织名录,加强对公益慈善组织开展救灾捐赠活动的评估和救灾捐赠数据统计工作。引导公益慈善组织按照相关规定在开展募捐活动前进行备案,民政部门要将已备案的公益慈善组织在网站上公开,供捐赠者选择;同时在网站上公开相应公益慈善组织的年检和评估情况,鼓励捐赠者向年检合格、管理规范的公益慈善组织捐赠,发挥优秀公益慈善组织的骨干作用,维护捐赠者的合法权益。
2016 年	全国人大:《中华人民共和国慈善法》	慈善募捐,包括面向社会公众的公开募捐和面向特定对象的定向募捐。 第二十二条　慈善组织开展公开募捐,应当取得公开募捐资格。依法登记满二年的慈善组织,可以向其登记的民政部门申请公开募捐资格。民政部门应当自受理申请之日起二十日内作出决定。慈善组织符合内部治理结构健全、运作规范的条件的,发给公开募捐资格证书;不符合条件的,不发给公开募捐资格证书并书面说明理由。 法律、行政法规规定自登记之日起可以公开募捐的基金会和社会团体,由民政部门直接发给公开募捐资格证书。 第二十三条　开展公开募捐,可以采取下列方式: （一）在公共场所设置募捐箱; （二）举办面向社会公众的义演、义赛、义卖、义展、义拍、慈善晚会等; （三）通过广播、电视、报刊、互联网等媒体发布募捐信息; （四）其他公开募捐方式。 慈善组织采取前款第一项、第二项规定的方式开展公开募捐的,应当在其登记的民政部门管辖区域内进行,确有必要在其登记的民政部门管辖区域外进行的,应当报其开展募捐活动所在地的县级以上人民政府民政部门备案。捐赠人的捐赠行为不受地域限制。 慈善组织通过互联网开展公开募捐的,应当在国务院民政部门统一或者指定的慈善信息平台发布募捐信息,并可以同时在其网站发布募捐信息。 第二十六条　不具有公开募捐资格的组织或者个人基于慈善目的,可以与具有公开募捐资格的慈善组织合作,由该慈善组织开展公开募捐并管理募得款物。

　　尽管《救灾捐赠管理办法》对募捐主体和受赠主体在概念上进行了界定,《关于完善救灾物资捐赠导向机制的通知》强调民政部门不再指定公益慈善组织,《中华人民共和国慈善法》也对开展募捐的慈善组织的设立和资格的取得进行了清晰地认定和规范。但在救灾捐赠的实际操作层面,我们看到的却是,自然灾害发生后,更多的是政府民政部门成为在各种媒体上发布募捐公告的急先锋。政府民政部门越位,充当了救灾募捐主体,而且将募捐、接受捐赠、管理募捐高度集中于一身。募捐主体和受赠主体的最大区别在于,募捐主体一定是受赠主体,但受赠主体不一定是募捐主体。募捐主体是可以向公众募捐的。而非募捐主体是不可以面向社会募集资金款物的,即不可以通过公开媒体发布募集广告或募捐信息,不可以在公共场合设立募捐箱。根据《救灾捐赠管理办法》《关于完善救灾物资捐赠导向机制的通知》和《中华人民共和国慈善法》的相关规定,各级政府民政部门是救灾受赠主体,是救灾捐赠的管理者,并不是救灾募捐主体。而慈善活动的募捐主体是取得公开募捐资格的慈善组织。因此,政府民政部门更多的是对救灾捐赠指导和监督管理的职能,保证救灾捐赠款物的及时合理发放、使用、流转,最大化地发挥救灾捐赠的效力,而公开募捐发布救灾劝募公告和信息则应交还给慈善组织,推动引导社会力量参与救灾,形成政府、社会组织、公众之间良性互动的救灾合力。

　　6. 社会组织自身发展不成熟、不完善,缺少科学化制度化的运作机制。由于参与救灾机制和政策规范的不完善,特别是约束和监督管理机制的缺乏,社会组织自身发展还很不完善,普遍规模较小。有的社会组织活动行为不规范;有的组织机构不健全;有的没有健全的会计监督制度;有的内部治理结构混乱;有的不能按时向所登记的民政部门报送有关年度工作报告和财务会计报告,导致内部运作混乱;有的作用发挥不明显;有的政社不分,存在"官办、官管、官运作",行政化倾向严重;有的工作透明度不高。这些问题使社会组织在很大程度上容易失去社会的信任,限制了社会组织发挥作用的空间,增加了救灾捐赠社会化工作的难度。

三、救灾捐赠的优惠政策和鼓励力度不足

　　救灾捐赠是救灾工作的重要内容,与社会经济生活有着密切的关系。近年来,国家初步探索和形成了鼓励救灾捐赠的优惠政策和做法,如表彰奖励和税收激励等,并以法律形式给予确认。《中华人民共和国慈善法》对慈善活动税收优惠的基本制度做了明确的原则规定,并规定每年9月5日为"中华慈善日"。但救灾捐赠激励机制还不够健全,缺乏长期性、持

续性,尤其税收优惠作为促进慈善事业发展的关键举措,力度不大、效果不明显,其激励力度还远远不够,不能达到刺激救灾捐赠大幅度增长的目的。

自然灾害发生后,国家采取直接或行政手段宣传、鼓励、提倡公众和社会团体参与救灾捐赠是一直以来的固有做法,其作用也是显而易见的,但这并不是唯一的手段。利用税收这一经济手段间接调节来激励救灾捐赠同样是尤为重要的,也是国际上通行的做法。国家对企业、个人所得税率和减免政策的变动,以及将企业、个人应纳税的收入用作救灾捐赠都会对企业、个人的救灾捐赠活动产生鼓励或抑制的作用,从而对救灾捐赠款物的多寡产生影响。因此,利用健全的税收经济手段鼓励救灾捐赠是救灾捐赠适应社会主义市场经济,走社会化道路的重要途径。但目前,中国救灾捐赠税收优惠制度还不系统、不健全,内容还不明确,力度还不够大,税收激励手段的应有作用还没有得到充分发挥。

1.救灾捐赠的免税数额较低。《中华人民共和国公益事业捐赠法》第四章"优惠措施"中规定,公司和其他企业依照本法的规定捐赠财产用于公益事业依照法律、行政法规的规定享受企业所得税方面的优惠。① 个人、国外向中国境内进行捐赠可享有相关税收优惠。《中华人民共和国慈善法》也明确规定慈善组织、捐赠人和受益人依法享受税收优惠。但这种税收优惠比例却很少。1998 年 9 月 22 日,《国家税务总局关于企业向灾区捐赠所得税前扣除问题的通知》规定,企业所得税纳税人(包括:国有企业、集体企业、私营企业、股份制企业、联营企业事业单位等)向遭受洪涝灾害地区的捐赠(包括现金和实物),其捐赠额在年度应纳税所得额 3% 以内的部分,计征企业所得税时准予扣除;超过年度应纳税所得额 3% 的部分,计征企业所得税时不得扣除。② 这实质上并没有给捐赠企业带来太多的税收减免,反而抑制了其捐赠积极性,其症结在于3% 的限额,也就是说超出 3% 的免税限额部分,仍要缴税,无法真正刺激捐赠积极性。

为进一步推动和鼓励企业捐赠,国家对捐赠免税额度有所增强。根据2008 年 1 月 1 日起施行的《中华人民共和国企业所得税法》第九条规定:企业发生的公益性捐赠支出,在年度利润总额 12% 以内的部分,准予在计算

---

① 跨国公司与公益事业高级论坛暨公益项目展示会:《公益事业法律文献汇编》(内部资料),2003 年版,第 83 页。

② 跨国公司与公益事业高级论坛暨公益项目展示会:《公益事业法律文献汇编》(内部资料),2003 年版,第 96 页。

应纳税所得额时扣除。① 其免税的额度由原来所得额的 3% 提高到了年利润总额的 12%,虽然在一定程度上激发了企业捐赠的热情,但超过 12% 扣除限额的捐赠,则不允许企业进行跨年递延抵扣。国际通用做法是,允许做递延抵扣,且递延时间一般为 5 年。与国际通用做法相比,救灾捐赠扣除比例仍然很低,又缺乏递延抵扣的政策,极大影响企业的捐赠积极性,税收激励被弱化。如:印度税法规定公司捐赠给慈善组织的现金予以减免 50% 的税款。此外,企业所得税实行固定的比例税率,也没有形成刺激企业积极捐赠的鼓励性因素。

　　为大力鼓励社会组织参与慈善活动,保证慈善组织的规范发展,2016年国家出台《中华人民共和国慈善法》。其中第 80 条对依法享受捐赠税收优惠做出了新的规定安排。企业慈善捐赠支出超过法律规定的准予在计算企业所得税应纳税所得额时当年扣除的部分,运行结转以后三年内在计算应纳税所得额时扣除。② 这样就解决了跨年顺延结转的问题。但是,跟国际通用做法相比,时间上比较短,只有三年,所以其激励效果弱化,还存在一定不足。

　　就个人所得税而言,其允许扣除的比例也比较小。1999 年修改的《中华人民共和国个人所得税法》及其实施细则规定,个人将其所得通过中国境内的社会团体、国家机关向教育和其他社会公益事业以及遭受严重自然灾害地区、贫困地区的捐赠,在申报个人所得税未超过应纳税所得额 30%以内的部分准予税前扣除。③ 2018 年新修订的《中华人民共和国个人所得税法》规定,个人将其所得对教育、扶贫、济困等公益慈善事业进行捐赠,捐赠额未超过纳税人申报的应纳税所得额 30% 的部分,可以从其应纳税所得额中扣除;国务院规定对公益慈善事业捐赠实行全额税前扣除的,从其规定。④ 而加拿大《税务法》规定,纳税人一年能申报的慈善捐款额为当年个人税后收入的 75% 以下。美国个人所得税的可抵税比例为 50%。虽然中国个人所得税实行的是累进税率,但也无法达到鼓励和刺激个人特别是中国先富阶层的捐赠意识和积极性。

---

① 《中华人民共和国企业所得税法》(全文),2007 年 3 月 19 日,见 http://www.china.com.cn/policy/txt/2007-03/19/content_7979760.htm。
② 《中华人民共和国慈善法》,《人民日报》2016 年 3 月 20 日。
③ 跨国公司与公益事业高级论坛暨公益项目展示会:《公益事业法律文献汇编》(内部资料),2003 年版,第 214 页。
④ 《中华人民共和国个人所得税法》(2018 年版),2018 年 12 月 24 日,见 https://www.sohu.com/a/284266111_757181。

2. 救灾捐赠的免税程序复杂烦琐。中国捐赠的免税程序烦琐、效率很低,公众为之付出的时间成本很高。《救灾捐赠管理办法》规定:救灾捐赠受赠人接受救灾捐赠款物后,应当向捐赠人出具符合国家财务、税收管理规定的接收捐赠凭证。对符合税收法律法规规定的救灾捐赠,捐赠人凭捐赠凭证享受税收优惠政策,具体按照国家有关规定办理。① 但在实际生活中,并没有明确的操作规程,更没有明确的细则加以指导,而且手续复杂、烦琐。民政部救灾救济司同志曾讲述过自己捐款 500 元并申请减税的经历:捐款500 元抵扣的 50 元税金,历时两个月的时间,经过 10 道手续,才最终打回到他的账户上。可见,个人捐赠免税程序的烦琐和低效率,个人要取得捐赠免税要付出极高的成本。而在实际生活中,很多公众并不知道个人救灾捐赠免税的优惠政策。即使知道,也因为手续的烦琐而不去申请,救灾捐赠免税措施也就根本无法真正得到落实。正如民政部救灾救济司同志所述:"如果税法中有一个更合理的规定,如果免税程序落实得快,中国的慈善捐赠很可能发展到相当高的地步。"②

3. 实物捐赠不享受税前扣除。在现行救灾捐赠税收优惠中,没有关于救灾实物捐赠的价值确认和税收扣除的具体规定。如个人捐赠衣物、企业等社会力量捐赠救灾设备及生产工具等实物捐赠时,要在所得税前扣除,就涉及价值换算的问题。目前税法尚未明确实物捐赠的计价方法以及估价数额发生异议后如何处理的规定,需要由专业机构来评估实物捐赠的实际价值,而具体操作起来非常困难。在救灾捐赠实践中,由于中国地区经济发展不平衡,城乡差距较大,根据灾情程度的不同,除现金捐赠外,还有许多实物捐赠,如为灾区捐赠衣被、简易板房、帐篷、药品等。鼓励公众实物捐赠在大多数灾情下更为重要,但目前中国捐赠税收中却缺少对实物捐赠优惠的具体规定,不利于激励企业、个人进行实物捐赠。

除税收激励机制的不健全外,救灾捐赠的表彰机制也不完善。召开慈善大会,设立奖项表彰慈善人物、组织、机构和项目、授予荣誉证书或赠予冠名权等是鼓励捐赠行为的一种重要激励机制,既对捐赠人的捐赠行为予以肯定和褒扬,又有利于鼓励捐赠人再次作出捐赠行为,并激发、号召、带动更多人参与捐赠。《中华人民共和国慈善法》明确规定:"国家建立慈善表彰制度,对在慈善事业发展中做出突出贡献的自然人、法人和其他组织,由县

① 跨国公司与公益事业高级论坛暨公益项目展示会:《公益事业法律文献汇编》(内部资料),2003 年版,第 79 页。
② 谢丁:《民政部欲解慈善免税限额 3% 困局　五年纲要将发布》,2005 年 11 月 19 日,见 http://biz.163.com/05/1119/18/22UK4U8000020QFC.html。

级以上人民政府或者有关部门予以表彰。"①2003 年开始,民政部设立了社会捐助方面的政府奖——全国"爱心捐助奖"。随后,又将"爱心捐助奖"提升为最高级别的国家政府奖——"中华慈善奖",同时也要求地方各级也相应建立健全表彰奖励机制,省(自治区、直辖市)原则上每年要组织一次本行政区域内的表彰活动,形成表彰制度;县(市)表彰活动也要根据当地的实际情况,建立健全表彰奖励制度。② 各公益组织、媒体和地方也都组织各种形式的评奖表彰活动,如各种公益晚会、慈善排行榜等,对于个人救灾捐赠大体采取授予荣誉证书或赠予冠名权的方式来回报激励个人捐赠。但是现有的救灾捐赠表彰机制并不能稳定地给予捐赠行为有效的回报、激励,大多都是临时性的,且力度不大,随着某项活动的结束这种捐赠激励也就逐渐消失,往往达不到真正的激励效果。从整体上看,中国的救灾捐赠表彰机制还刚刚起步,处于探索阶段,还不健全,其持续性、传承性还有待完善。

四、救灾捐赠信息公开不够规范、透明

救灾捐赠信息公开、透明是提升公众对救灾捐赠信任度、提高救灾捐赠水平、规范救灾捐赠的重要工具和手段。随着社会慈善意识的增强,社会公众对慈善捐赠的信任度早已不仅满足于救灾捐赠款物不被贪污、浪费、挪用等基本要求,还希望能更多地参与和了解捐赠款物的使用、发放、监督等流程,甚至要清楚自己的每一分捐款的去向。在一定程度上,救灾捐赠信息的公开、反馈,已经成为公众对于政府社会管理和服务能力考验的标准。救灾捐赠信息的公开、披露应包括救灾捐赠的接受情况、使用情况、发放的程序和流程,以及政府对救灾捐赠监管的详细信息等。一直以来,由于有关救灾捐赠信息公开、披露的立法和监督管理的薄弱以及缺乏信息披露的动力,中国救灾捐赠运作还存在不够透明,信息公开、披露不规范、不充分等问题。

1. 救灾捐赠信息公开披露缺乏完整性,导致可信任度下降。大数据时代下,信息公开披露是需要一定成本的,包括救灾捐赠信息的搜集、处理、审计、传输、分析、交互以及对已披露信息的质询进行处理和答复的成本。救灾捐赠受赠者压缩、降低信息披露成本必然导致救灾捐赠信息的不公开或公开不充分。同时,信息使用者对信息的要求各不相同、纷繁复杂:捐赠者关注的是捐赠是否被有效使用的反馈信息,受益者关注的是自己是否受益,监管机构关注的是受赠者的运作是否合法,以及根据详细、准确和及时的捐

---

① 参见《中华人民共和国慈善法》,《人民日报》2016 年 3 月 20 日。
② 《中国慈善事业发展指导纲要(2006—2010 年)》,《中国民政》2005 年第 12 期。

赠信息,以进一步为救灾款物调拨和灾后重建规划提供决策参考。信息使用者要求和侧重点的不同,很容易导致信息需求的分散、不对称,使信息使用者的群体影响力下降,最终导致救灾捐赠受赠者对信息披露的简化甚至是忽视。救灾捐赠信息公开披露最关键最核心的要素就是"我们的善款到底用到哪里去了? 怎么用的?"而受到成本、信息使用者等方面的压力,受赠者大多能够较好地反馈救灾捐赠的接收情况,披露频率较高,内容具体、详细。但对于救灾捐赠的使用情况披露的则较少,频率较低,而且内容简单、抽象、笼统,对资金使用流向、发放的程序和流程、使用效率与效果等信息则是很少披露。而一些慈善组织将接受了谁的捐款披露得非常详细,可是关于接收的巨额捐款最终花在了什么地方,捐赠款物的具体使用情况等公众最为关心的数据却一笔带过。甚至有一些个别慈善组织无论是组织发动募捐还是募捐款物最终的使用都不透明,到底募到多少钱、谁捐的、使用在了什么地方,最后都成了一笔糊涂账。另外,也存在个别信息漏报、误报、瞒报等现象,造成信息真实性受到公众的质疑。

大数据时代下,网络技术高度发达,社会公众对救灾捐赠每个数据信息都要求完整清晰,公众对信息公开披露具有及时性、完整性、真实性、迫切性的需求。救灾捐赠信息公开的不完整将导致社会公众疑问的累加,最终引发民众整体的怀疑,不仅严重损害救灾捐赠者的善心,也打碎了慈善组织的"玻璃瓶子",使慈善事业的社会公信力受到挑战。如中民慈善捐助信息中心发布的《2010 年度中国慈善透明报告——全国慈善信息披露现状抽样调查》显示,仅有不到三成的慈善组织信息透明度较高,近九成受访者表示从未接受过慈善机构的信息反馈,超过九成公众对慈善信息公开程度不够满意。[1] 很多捐赠者希望公益慈善组织把捐赠的款项全程公开,运用到什么方向,哪些人得到了资助,对捐赠者的每一分捐助都要有说法,都要有反馈,对社会公众不做任何隐瞒。

2. 救灾捐赠信息公开监管的乏力、不到位,导致监督缺失。救灾捐赠款物的募集、使用、管理和监督过程不是某一个职能部门可以独立完成的,而是要涉及民政、税务、财政、审计、交通、海关、检验检疫等多个部门,是多部门、多领域、多系统完成的复杂联动过程。由于各部门之间的职能存在一定的交叉重叠,相互之间协调起来会出现一定的困难和阻碍。因此,容易造成监管空白或多头监管的现象,无法形成监管合力。作为负责信息统计与监

---

[1]　中民慈善捐助信息中心:《2010 年度中国慈善透明报告——全国慈善信息披露现状抽样调查》,《中国青年报》2010 年 12 月 3 日。

管的民政部门,本身不是执法部门,没有执法能力,因此,对救灾捐赠信息公开、披露的监管力度不强。这就直接导致一些地方政府对于信息披露存在监管缺位的现象,如不能及时公布红十字会、慈善会和其他基金会等慈善组织接收救灾捐赠的统计、审计情况等详细监管信息,也不能对救灾捐赠信息公布不及时、不完整现象进行监督,致使捐赠者和受益人的知情权无法得到有效实现。社会公众也无法对捐赠款物的使用情况进行有效的监督,最终对政府和社会组织的公信力有所质疑。此外,对不履行捐赠信息公布义务或者公布虚假捐赠信息,应承担何种法律责任,没有明确的法律规定。虽有处罚的有关规定,但处罚的依据却没有详细说明,而且一般都是以承担行政责任为主,缺乏刑事责任和民事责任的认定,导致救灾捐赠违法披露行为无法得到有力的打击和遏制。

3. 救灾捐赠信息公开缺乏共享平台,导致信息不对称,沟通不顺畅。完善的信息公开共享平台是救灾捐赠信息公开的重要手段和支撑。通过建立完善的信息公开共享平台,可以实现信息的实时沟通、交互、对接、互联,避免信息"孤岛"。救灾捐赠中,由于缺乏信息公开共享平台,加上各地区各部门在统计救灾捐赠款物时没有统一的标准口径和技术体系,自上而下和自下而上的信息沟通渠道不畅,造成信息沟通不畅,信息难以有效对接互联,捐赠需求与接收捐赠存在信息不对称,导致捐赠款物不能物尽其用,物资调配使用出现浪费或盲区等现象时有发生。如在 2013 年雅安地震震中的芦山县太平镇救援物资迟迟不到位,村民只能挂起"缺水缺食品"的牌子等待救援。[1] 为此,可以借鉴国外救灾信息公开的做法,建立统一的信息技术平台,遵循信息发布的梯度原则,完善信息公开共享平台建设。

五、救灾捐赠监督管理机制不健全、不到位

救灾中,常常会收到来自国内外的大量救灾物资和捐款,能否保证这些捐款和物资真正用到灾区和灾民身上,切实做到廉明赈灾,是救灾捐赠发挥政府救灾有益补充作用的关键。救灾捐赠的监督管理是一个系统工程,应包括政府部门监督、社会公众监督、独立的第三方机构监督和媒体监督等多重防线。救灾捐赠虽然探索形成了一定的监督管理机制,但监督管理机制还不够完善、不够健全,信息公开的透明化、信息新闻发布的真实性都处于不断调整完善之中。由于监督管理缺位,使救灾捐赠款物的使用存在一些

---

[1] 刘再春:《公共危机信息公开问题研究——以 4·20 雅安地震为例》,《中共珠海市委党校珠海市行政学院学报》2013 年第 6 期。

问题,如个别捐赠资金没有按照捐赠人的意愿发放到受益人手中,捐赠款物的用途常常违背捐赠人的初衷,捐赠款物最终的流向和使用情况没有公开,存在一些非法使用问题,甚至出现腐败和造成不良社会影响等问题。因此,有待进一步完善、强化救灾捐赠监督管理。

1. 缺少专门监督机构。绝对的权力带来绝对的腐败。要防止救灾捐赠款物使用出现问题,使善款真正用于灾区和灾民,实现捐赠者的爱心,就必须加强政府部门的监督。政府是唯一对于救灾捐赠具有法律权威的监督部门。当前,政府监督救灾捐赠的部门主要是救灾捐赠归口管理的民政部门、业务主管单位、税务部门、审计部门、财政部门等,它们是救灾捐赠的官方监督机构。此外,《基金会管理办法》规定基金会还应当接受人民银行的监督。这种多头的监督格局、模式,往往会造成不同部门之间职能的相互交叉重叠,以致相互扯皮、互相推诿,效率低下,再加上民间组织自身制度和自律性的不完善,很容易引发违规行为。为此,政府部门要强化监督职能,成立一个专门的针对救灾捐赠的监督部门或平台,增强完善政府对民间组织监督检查的能力和方法等。

2. 监督主客体混乱,政府角色模糊。政府到底是救灾捐赠的监督管理者,还是行动者?是裁判员,还是运动员?这一直是一个争论不休的话题。随着社会主义市场经济的发展和中国社会的巨大变化,中国民间组织无论在数量上,还是质量上都取得了长足的进步,人们对民间组织的认识程度不断提高。《救灾捐赠管理办法》也规定了在县级以上人民政府民政部门登记的具有救灾宗旨的公募基金会是唯一具有合法资格的救灾募捐主体,《中华人民共和国慈善法》也对慈善组织的设立和资格取得做出明确规定。但一到具体执行层面,政府民政部门仍然是救灾捐赠的主角,政府民政部门既是救灾捐赠的募捐主体或受赠主体、行动者、运动员,又是救灾捐赠的监督管理者、裁判员。这种既当运动员又当裁判员的双重身份,不仅在法理上自相矛盾,而且当政府充当受赠主体时,谁来监管其受赠行为?是否由政府的自律来规范其受赠行为?这些问题就成为无法回答的不解难题,使救灾捐赠的政府监督职能大打折扣,很容易导致出现通过行政手段强制捐赠行为,使公众产生二次纳税的嫌疑,甚至是发生权钱交易、滋生腐败。此外,政府角色的模糊,还导致政府与民间组织竞争救灾捐赠市场,挤占民间组织的生存发展空间,不利于民间组织的长远发展,不利于政府职能的转变,也违背了鼓励和支持社会组织参与救灾的理念。随着中国对外开放的深入,包括救灾捐赠在内的越来越多的社会事务,需要依靠社会组织来完成,通过社会组织的运转和自治来实现社会治理的现代化。救灾捐赠的具体工作势必要真正转交给社会组织来运作、实施。而政府的角色仅仅是政策供给、指导监督和促进其发展。

3. 监督管理缺乏具体的、可操作性的法规政策。就目前来看,有关救灾捐赠监督管理的规定还比较简单,只是提纲挈领的指导,过于概念化,而缺乏具体的实施细则,可操作性低。如《中华人民共和国公益事业捐赠法》第二十二条规定:"受赠人应该公开接受捐赠的情况和受赠财产的使用、管理情况,接受社会监督。"①《救灾捐赠管理办法》第二十三条规定:"具有救灾宗旨的公益性民间组织应当按照当地政府提供的灾区需求,提出分配、使用救灾捐赠款物方案,报同级人民政府民政部门备案,接受监督。"第二十六条规定:"县级以上人民政府民政部门应当会同监察、审计等部门及时对救灾捐赠款物的使用发放情况进行监督检查。"第三十条规定:"救灾捐赠款物的接受及分配、使用情况应当按照国务院民政部门规定的统计标准进行统计,并接受审计、监察等部门和社会的监督。"②《中华人民共和国慈善法》对民政部门的监管职责、监管措施以及监管程序作了明确规定。但这些法律、法规中的规定,都过于笼统、概念化,对如何监督,具体的监督程序、监督方式、监督制度等都没有做出详细规定,就算是公众想要监督,也因为缺少相应的依据和操作程序而只能作罢。在救灾捐赠的具体实施过程中,相关社会团体、组织以及实际受赠人将详细受赠情况向全社会进行公布的并不多,即使公布的,也仅是几组总数据,捐赠的具体去向则极少标明。在这种信息不透明的状况下,社会监督无法得以实现。对能否允许第三方民间组织进行审计,信息披露的频率和程度的具体标准如何,是否能够查到每一笔捐赠款项的流向和使用过程,能否在网络平台将使用信息公布并同步跟踪,由民政、税务、财政、审计、监察等各部门联合进行监管,会不会出现多头管理,造成行政效率低下等问题,都没有明确的规定和解答,这些问题都有待在实践中挖掘、解决,借以补充法律制度的缺位。

以上这些问题是笔者在梳理新中国成立以来救灾捐赠发展演进过程中发现的突出问题。这些问题不仅是救灾慈善事业发展的掣肘,而且严重影响着社会进步和改革开放发展成果的共享,需要在中国特色社会主义救灾实践中不断改革完善。

---

① 跨国公司与公益事业高级论坛暨公益项目展示会:《公益事业法律文献汇编》(内部资料),2003 年版,第 83 页。
② 国家减灾委员会办公室:《中国减灾年鉴·2008》(内部资料),2009 年版,第 79—80 页。

第三节　新时代救灾捐赠的发展思路

新中国成立后,中国共产党领导中国人民开启了从革命转向社会主义建设、进而进行改革开放的伟大征程,中华民族经历了从站起来、富起来、再到强起来的伟大飞跃。救灾捐赠作为社会建设的一个方面,其发展过程从一个侧面印证了中国社会救助和慈善捐赠事业的发展,也折射出中国共产党人对社会救助、社会建设的探索和完善。党的十八大以来,以习近平同志为核心的党中央围绕治党治国治军、内政外交国防提出了一系列思想理念,不断提高国家治理体系和治理能力现代化,对坚持和发展中国特色社会主义进行了艰辛探索,中国正向着"两个一百年"奋斗目标迈进。中国特色社会主义进入新时代,人民日益增长的美好生活需要和不平衡不充分的发展之间的矛盾成为我国社会的主要矛盾,这一矛盾决定我们不仅要不断满足人民群众对于衣食住行物质文化生活的高要求,更要满足人民群众在社会环境、卫生医疗、教育、社会保障和贫富差距等社会公共问题方面的要求。这就需要继续深化经济、政治、文化、社会和生态文明建设,尤其在社会保障、社会治理方面深化改革,为人民群众追求全面发展提供保证。笔者对新中国成立后救灾捐赠事业的发展进行爬梳研究,在深刻分析救灾捐赠发展演进过程中取得的成绩与不足的基础上,提出一些进一步推动新时代救灾捐赠事业发展的对策思路和路径选择,以希对社会捐助和慈善事业的改革提供有益的启示和借鉴。

一、构建中国特色社会主义慈善捐赠文化

中华民族五千年灿烂文明中,慈善文化和慈善理念源远流长。孔子的"仁者爱人",孟子的"老吾老以及人之老,幼吾幼以及人之幼",《道德经》中的"上善若水,水利万物而不争",《三国志》中的"勿以恶小而为之,勿以善小而不为",都是中华优秀传统文化中慈善文化、慈善捐赠理念的最好诠释。中华民族慈善文化,通过自古以来以"仁""和"为核心的宣传教育,在一定程度上宣传和组织有能力的团体和个人,通过捐赠、救济等多种途径,帮助有需要有困难的群体。从全社会层面出发,缓解和缩小贫富差距,促进人们共同进步,最终推动先富带后富,实现全体人民共同富裕,体现中国特色社会主义的制度优势。慈善文化通过特殊的社会影响力和号召力,体现着中国特色社会主义社会的伦理道德,体现社会对困难群体的关怀和帮助,对社会的稳定和谐发展、共享成果起着重要的作用。中国特色社会主义

慈善捐赠文化是中国优秀传统文化的重要组成部分,也是中华民族文化自信的内容之一。

贫富差距和救助问题始终是社会发展中无法回避和彻底根除的问题,如果不能有效遏制贫富差距,必将降低社会凝聚力、引发社会冲突、破坏社会的持续发展。推动加强捐赠文化建设,强化公众慈善理念,对推动社会良性运行、缩小贫富差距、缓解社会矛盾、促进社会和谐有着重要的作用。党的十九大报告明确指出,到2020年全面建成小康社会,进而夺取新时代中国特色社会主义的伟大胜利,向全面建成社会主义现代化强国迈进。这个强国梦的实现不仅包括社会主义现代化建设"五位一体"整体布局,而且包括全体人民的共同富裕。要实现全体人民共同富裕,最首要的问题就是解决贫困人口、精准脱贫,从根本上消除致贫的原因,尤其是因灾致贫更是社会救助的重要内容。这就需要动员全社会力量来参与共同解决贫困问题,在全社会营造团结互助、慈善关爱、奉献爱心、和谐友善的慈善文化氛围,积极培育全民慈善意识,推动中国特色社会主义慈善文化建设,构建共治共建共享的社会治理格局。

发展是解决中国一切问题的根本。发展是第一要务,要使经济进步和社会发展协调并进,同步发展,真正使经济的发展为人民共享,实现共享发展理念,还需要人们之间的互相关爱、互相帮助,最终实现人与人的和谐共享,推动社会和谐稳定发展。加强社会主义捐赠文化建设,弘扬慈善捐赠理念对中国特色社会主义社会的和谐稳定发展起着重要的促进作用。因此,要加强慈善文化舆论宣传,在全社会营造有温度、有情感、有责任的捐赠文化氛围,增强全民的慈善意识,让捐赠意识、慈善理念深入人心,让人们真正意识到,慈善是一种社会责任和公民义务,是中国特色社会主义制度在社会层面的深刻展现。

1. 政府要成为中国特色社会主义慈善捐赠文化宣传的倡导者和规范者。政府是慈善捐赠文化建设的舵手。政府要通过制定法律法规、政策为培育和发展慈善捐赠文化提供规范、良好的制度和法制环境。通过法律、政策让公众明白政府鼓励、倡导慈善捐赠的目的,并运用宣传渠道向公众广泛传播以奉献爱心、互助和谐为核心的现代慈善文化理念。把慈善理念的普及和慈善精神的培育生动具体地融入中国特色社会主义文化建设中,将人道主义、人文关怀、中华民族仁爱美德与社会主义道德结合起来,培育践行社会主义核心价值观,推动中华优秀传统文化的创新性发展和创造性转化,为建设中国特色社会主义慈善捐赠文化创造一个和谐的大环境,筑牢中华民族命运共同体意识。政府要将慈善捐赠文化宣传渗透到基层文化活动中。民政部门应与宣传部门、文化部门密切合作,对慈善捐赠文化宣传进行适度引导。要利用广播、电视、报刊、互联网等媒体积极开展慈善公益宣传活动,普及慈善知识,传播慈善文化,构建慈善捐赠宣传网络,用一切老百姓喜闻乐见的宣传方式特别是群众自娱自乐的方式,使慈善捐赠文化宣传走进街道、走进社区、走进居民委员会、走进平民百姓家,渗透到群众生活的每一个角落。同时,要将慈善文化宣传与募捐筹款活动结合起来。例如,近年来全国各地组织的"慈善一日捐""扶贫济困送温暖""一帮一爱心助学"等筹款活动,都是通过基层群众性文化活动来进行宣传的,并取得了非常好的效果。此外,要利用宣传典型人物,树立榜样,弘扬慈善精神。慈善活动中的先进典型人物具有很强的示范效应。政府利用各种现代化媒体手段,特别是"互联网+慈善",大力宣传典型人物,树立慈善捐赠典范,弘扬慈善精神,使慈善意识深入人心。如每年中国慈善总会都会推出若干名"慈善人物"加以宣传,就起到了很好的示范作用。《中华人民共和国慈善法》第七条规定,将每年 9 月 5 日定为"中华慈善日",这一天就成为动员全体民众参与慈善捐赠活动和慈善公益活动的固定日子,有利于广泛、集中动员全体民众关注慈善的积极性,激发公众参与慈善的热情,在全社会弘扬慈善文化,为慈善事业发展营造更有利的社会氛围。而这个日子被冠以"中华"这一前缀,就更能体现慈善作为中华民族优秀传统文化和传统美德的源远流长,更应该进一步传承和弘扬,并将所有致力于中华民族伟大复兴的爱国者都包括在内,无论是国内还是国外,特别是对海外华人都更加有凝聚力和亲和力。此外,学校等教育机构应当将慈善文化纳入教育教学内容,国家鼓励高等学校培养慈善专业人才,支持高等学校和科研机构开展慈善理论研究,①助推慈善文化的弘扬。

2. 社会慈善组织、企业要成为中国特色社会主义慈善捐赠文化建设的推手。慈善组织是救灾捐赠的主要载体,特别是取得公开募捐资格的慈善组织,是发动社会各界开展慈善救灾捐赠活动的组织保证。因此,社会慈善组织要通过自身良好的运转及其健康向上、传播正能量的公益形象,宣传、影响公众对慈善文化的理解。通过广泛开展慈善捐赠和救助活动,形成便捷、规范的捐赠网络,让普通民众真切感受到慈善捐赠就在身边,激发他们的善心,促进社会进步,形成慈善友爱和谐的社会氛围。

中国红十字会和中华慈善总会作为中国民间最大、最具影响力的两个社会群团组织,应充分发挥自身在中国特色社会主义慈善捐赠文化建设中的引领和导向作用,弘扬和助推中国特色社会主义慈善文化的建设。中国

---

① 《中华人民共和国慈善法》,《人民日报》2016 年 3 月 20 日。

红十字会是中华人民共和国统一的红十字组织，是从事人道主义工作的社会救助团体，是红十字国际委员会的成员，在全社会宣传、推广慈善文化，培育慈善意识方面具有重要的引领作用和示范效应。为此，红十字会应在自身建设和事业发展中注重其形象和影响力的塑造，在项目运作、机构运转、事业发展中要践行人道、博爱、奉献、和平、发展的精神和宗旨，主动接受全社会的监督，时刻树立积极向上、健康和善、廉洁公正的社会公益形象，引领全社会慈善文化的发展方向，广泛传播慈善救助、社会和谐的正能量。中华慈善总会作为中国最大、最具影响力的慈善组织之一，应充分发挥自身在全社会弘扬中华民族扶贫济困的传统美德，广泛开展多种形式的社会救助工作中的优势和导向作用，恪守人道主义精神，积极倡导全民慈善意识，广泛动员社会力量参与慈善事业，不断拓展慈善文化和慈善事业发展的广阔空间，引领中国特色社会主义慈善文化建设的方向。中华慈善总会在紧急救援、扶贫济困、安老助孤、医疗救助等方面要继续发挥作用，在宣传、推广、构建慈善意识、加强慈善文化建设、引领中华优秀传统文化的创新性发展和创造性转化方面发挥自己独特的优势和作用。

企业参与救灾捐赠是企业回报社会、树立企业"公民形象"的重要内容，企业的救灾捐赠行为本身就是一种企业文化的展示。在"信任危机""道德滑坡"等一些社会不良现象曝光后，企业更要注重自身形象、社会责任和企业信任文化的构建，要加强对企业法人进行合法经营、担负社会责任的教育，将企业家吸引到党的周围。通过宣传中国特色社会主义慈善捐赠文化，引导企业家提高自身的学习和认识水平，不断提高企业的社会责任感和回报社会的使命感，将企业慈善捐赠与企业"公民形象"有机结合起来，引导企业参与慈善事业，塑造良好的企业形象，实现企业发展和社会责任的双赢。

3. 营造和谐互助的慈善文化氛围，培育公民慈善意识，强化民众的道德义务感和社会责任感。宣传社会主义捐赠文化，营造和谐互助的慈善文化氛围，发展慈善事业，不仅仅是为了解决社会问题、实现社会公平正义，共享改革开放发展成果，更重要的是为了培育民众的社会责任感、提升公民的道德素质和整个中华民族的共同体意识。党的十九大报告指出，要"把社会主义核心价值观融入社会发展各方面，转化为人们的情感认同和行为习惯"。"深入挖掘中华优秀传统文化蕴含的思想观念、人文精神、道德规范，结合时代要求继承创新，让中华文化展现出永久魅力和时代风采"。① 全社

---

① 习近平:《决胜全面建成小康社会　夺取新时代中国特色社会主义伟大胜利——在中国共产党第十九次全国代表大会上的报告》，人民出版社 2017 年版，第 42 页。

会慈善意识的培育和发展是培育和践行社会主义核心价值观的重要内容，对弘扬中华优秀传统文化，激励人们向善向上、共享发展具有重要的精神引领作用。民众参与是救灾捐赠发展的动力，要使广大群众都来参与救灾捐赠，就必须在全社会做好慈善理念的宣传和慈善意识的普及。同情心是一种善念，一种爱的表示，它展现出一个民族的向心力与凝聚力。中华民族是富有爱心、善心和同情心的民族，这也是中华民族重要的文化软实力。我们要在全社会广泛、深入、持久地进行慈善文化宣传教育，唤起人们内心的共鸣，将民众的同情心培育、转化为慈善意识、慈善行为，强化公民的道德义务感和社会责任感，激发社会各界参与慈善事业的潜能，挖掘社会慈善资源。"现代慈善文化更多地指向专业性、公共性活动，捐赠者和受益者是分离的。有段时间，慈善组织本身存在的种种问题导致公众对其缺乏信任感，甚至回到过去'一对一'救济的方式，这并不符合现代慈善文化理念。《中华人民共和国慈善法》通过对于慈善组织在信息公开等方面的规范，提升公众对于组织的信心，促进现代慈善文化的培养。将来我国要重视从文化方面为慈善事业扫除障碍、培育氛围。"①只有在全社会宣传、弘扬慈善观念，塑造乐善好施的和谐互助慈善文化氛围和社会环境，才能实现捐赠行为本身的精神价值和社会伦理意义，为实现全面小康进而实现社会主义现代化强国汇聚磅礴力量，为实现中华民族伟大复兴提供精神动力支撑。

二、完善救灾捐赠法律体系

新中国成立后，面对不断发生的各种自然灾害，党领导人民积极应对，取得一次又一次胜利。在历次自然灾害救助过程中，救灾捐赠都发挥了积极作用。随着改革开放的深入，救灾捐赠改革实践也进入深耕阶段，国家针对救灾捐赠相继出台了一些法律法规、行政规章、政策和具体措施。从总体上看，它们基本满足了对救灾捐赠实践的指导和规范，但其实用性、可操作性、前瞻性、整体性和系统性还存在一定不足，还比较薄弱，没有形成完整配套的法律体系，与推动救灾捐赠发展的要求还有一定的差距。为此，应强化、完善救灾捐赠立法，加强相关配套法律法规和实施细则的修改和制定，以完备、健全的法律制度保障救灾捐赠顺利进行和科学发展。一是要加快《救灾捐赠法》或《赈灾法》的立法工作。以《中华人民共和国慈善法》的出台为契机，推动救灾捐赠立法进程，以法律形式对救灾捐赠形成统一的原则指导和全面规范调整，提升救灾捐赠法律地位，以法律形式确保其在救灾中

---

① 徐璐:《郑功成:〈慈善法〉开启慈善事业黄金发展时代》,《中国减灾》2016 年第 11 期。

发挥应有的作用。二是要制订相应的法规和实施细则,增强救灾捐赠法规的可操作性和实用性。要制订出《救灾捐赠法》《救灾捐赠管理办法》等相关法律法规的"条例"或"实施细则",特别是针对救灾捐赠的税收优惠政策的具体实施细则、条款。为鼓励更多企业、组织、法人参与到救灾中来,就要为救灾捐赠提供具体的、细化的规范、制度和措施,满足救灾捐赠实践发展的需要,形成一套完整的救灾捐赠法律法规体系。

在加快、完善救灾捐赠相关配套法律法规时,必须明确以下制度规定:其一,做好救灾捐赠相关法律制度的规范衔接。针对《救灾捐赠管理办法》和《中华人民共和国慈善法》中关于募捐主体资格问题的不同认定和表述进行科学法律解释,及时对《救灾捐赠管理办法》进行修订补充,或基于法定原则,直接认定《中华人民共和国慈善法》为最高解释规定。明确慈善组织公开募捐资格的认定标准,对慈善组织参与救灾捐赠给以明确规定。严格明确政府民政部门对救灾捐赠的管理职责,明确各类民间组织的募捐和受赠资格,做到归口管理,防止发生多头、多层次重复募捐,以稳定救灾捐赠市场,维护社会秩序。其二,要强化对救灾捐赠资金、物资的使用、分配、信息公开和监督管理等制度的规定和完善,形成比较完整系统的救灾捐赠法律制度体系。对义演、义赛、义卖等募捐手段的管理措施、民间组织救灾捐赠工作经费提取、救灾捐赠物资的运费、救灾捐赠款物分配使用机制、募捐程序、救灾捐赠信息公开、监督等做出详细规定和具体措施指导,确保制度清晰、操作规范、信息透明、管理严格。其三,完善《税法》等相关法律法规对救灾捐赠的具体规定细则。提高救灾捐赠的税收减免制度,统一国内与国外企业救灾捐赠扣除额度,简化免税程序,鼓励和引导社会力量特别是先富阶层积极参与救灾捐赠。其四,要确立救灾捐赠责任追究制度。在修订相关配套法律法规时,应对救灾捐赠违法违纪行为的具体评估标准进行相关规定,评估和检查所有受赠主体和捐赠活动,对捐赠活动的全过程进行监控追责,并给予相应的奖励和处罚;从民事补偿甚至刑事责任惩罚等角度,对救灾捐赠活动中存在的违法、违规行为,进行相应的法律责任追究和法律制裁,为依法开展救灾捐赠提供有力的法律保障。

三、转变政府领导慈善发展的方式

救灾捐赠最大的特点是政府始终处于主导、领导地位。这也是中国特色社会主义制度优越性的体现。这一点与国外相比,有很大的不同。国外承担捐赠事务的一般都是民间慈善机构。在"强政府——弱社会"模式的主导下,政府主导捐赠,容易将民间行为转化为政府行为,有悖于自发、自愿的捐赠要求,使政府在赈灾中的本职责任缺位,而且容易只从面上、大的、宏观需求出发,而忽视点的、小的、细节的特殊需求。为此,转变政府领导方式,救灾捐赠去行政化,形成"政府搭台、社会组织唱戏"的救灾捐赠模式,激发慈善组织的活力,这既是政社分开的需要,也是国家治理体系和治理能力现代化的要求。

　　救灾不仅仅是政府的职责,更是全社会的责任。面对突如其来的自然灾害,动员全体人民捐款捐物,群策群力,从物质上和精神上支援灾区人民战胜灾害,有利于发挥全社会力量参与救灾,走社会化救灾道路。新中国成立后,救灾捐赠的演进过程实质上就是救灾捐赠的社会化过程,是救灾工作社会化的重要内容和途径。现代社会的发展和社会主义市场经济体制的确立,为进一步推进救灾捐赠的社会化发展提供了条件。随着社会主义市场经济的确立和发展,社会力量和利益主体呈现多元化发展,各种社会组织如雨后春笋般涌现出来并蓬勃发展,为捐赠者提供了更多选择。社会组织与政府相比,具有联系社会的广泛性、贴近民众、自主灵活、不受利益驱动、非营利性、专业性强、风险承受能力大等优势。民间组织参与救灾捐赠,可以利用政府所不具备的优势提高捐赠效率和数量,解决"通过谁捐赠""受赠过程由谁来监督""如何迅速准确地把捐赠送到最需要的人手里"等公众关注的问题。社会组织在社会救助中扮演的角色和所发挥的职能,是政府机构无法完全替代的,社会组织和民众是中国社会救助事业未来发展的基本力量。在这一点上,我们可以借鉴美国救灾捐赠工作机制的非政府主导的优势,专门进行救灾工作中各民间志愿者组织的协调、合作,充分发挥社会组织的优势,鼓励、发展、壮大民间慈善组织,扩大社会组织全面广泛参与救灾捐赠,推进救灾捐赠社会化发展。

　　1. 强化政府对慈善组织的有效监管。募捐主体资格一直是救灾捐赠存在争议的问题。对这个问题的解决是一个不断探索成熟的过程。1999年颁布的《中华人民共和国公益事业捐赠法》的最大缺陷之一就是没有明确谁有资格进行募捐。为了弥补这个缺点,2008年4月,民政部颁布的《救灾捐赠管理办法》规定:"救灾募捐主体是指在县级以上人民政府民政部门登记的具有救灾宗旨的公募基金会。"也就是说,凡具有救灾宗旨的公募基金会均可以在救灾时募捐。但是,对于如何认定"具有救灾宗旨"却没有给出明确的说明。2008年汶川地震发生后,很多慈善组织参与到救灾中来,很多公益慈善组织都开展了募捐活动并取得了不错的效果,救灾社会化程度向前跨越了一大步。在国外,募捐主体资格一般放得很宽,国家主要通过法律来进行监管。为了适应救灾社会化的新特点,与国际接轨,我国开始逐步、有序地放开救灾募捐市场。2012 年民政部《关于完善救灾物资捐赠导向机制的通知》规定民政部不再指定慈善组织参与救灾捐赠,2016 年出台的《中华人民共和国慈善法》明确回应了慈善募捐主体的这个问题,规定凡是公益性慈善类民间组织只要取得公开募捐资格就都可以在救灾时开展募捐活动。至此,在救灾过程中,有公开募捐资格的慈善组织都可以作为募捐主体以法律形式明确规定下来。依据《中华人民共和国慈善法》的规定,依法登记满二年的慈善组织,可以向其登记的民政部门申请公开募捐资格。①这样就使得那些凡是符合内部治理结构健全、运作规范的条件的慈善组织就都可以取得公开募捐资格,参与救灾捐赠的社会组织的范围被扩大,不仅可以激发不同募捐主体的积极性,动员更多的社会资源,增加捐赠者选择的权利,而且有利于促进募捐机构募款能力的提升,提高募捐机构的自律和善款使用效率,避免善款过度集中于几家民间组织,降低募捐市场的风险。

　　救灾募捐市场的放开,使得更多有募捐资格的慈善组织参与到救灾中来,扩大了民众参与慈善捐赠的途径和渠道,拓展了慈善捐赠发展的空间,实现了社会资源的有效使用和流转,同时,也厘清了政府与慈善组织在救灾捐赠中的资格问题。有公开募捐资格的慈善组织是救灾捐赠的募捐主体,政府主要负责监管,并只充当受赠主体,这就可以有效避免政府职能的“缺位”和“越位”问题。就目前来看,由于中国民间组织自律程度还不高,民间组织的评估制度和机制还在探索中,社会信用体系也还正在建设之中,捐赠者的慈善意识还不太成熟和理性。因此,救灾募捐市场如果只放不管,或者缺少有效的监管的话,就会失去其真正意义。为此,政府应发挥好对救灾捐赠的主导作用。在发动和组织募捐时应充分发挥有募捐资格的慈善组织的力量和平台作用,推动救灾募捐的社会化运作,在全社会上下形成捐赠热潮,汇聚力量支援灾区。政府要摒弃过去那种“大一统”的模式,要从原来的“运动员”真正转变为“裁判员”,当好裁判,主要负责救灾捐赠的信息采集、协调、立法、监督、检查、评估、审计、执法等职能。政府对救灾捐赠的主导作用,更多是体现在救灾捐赠方向、立法、监督、检查等方面,而不是发动和组织募捐。这些募捐活动要充分交给专业的慈善组织来运作,政府在救灾捐赠中要积极探索与民间慈善组织之间建立相互支持、相互促进的合作伙伴关系,为民间慈善组织发展创造空间,营造有利于慈善组织发展的环境,支持和引导其规范有序开展救灾募捐。利用法律、制度等手段制定规则、政策,对救灾捐赠及慈善组织进行管理,减少行政上的直接干预,准确把

---

① 《中华人民共和国慈善法》,《人民日报》2016 年 3 月 20 日。

握政府角色尺度,既不"缺位",也不"越位",推动救灾捐赠社会化体系建设和国家治理能力现代化。

2. 建立政府与民间组织的合作伙伴关系,共同致力于发展社会慈善事业。长期以来,政府对社会民间组织的管理模式较为僵化,加之社会慈善组织有相当比例是由原来政府的某个职能部门改制之后组建的,或者是在官方领导或直接指导下成立的社会团体。这就导致这些社会慈善组织对政府依赖性强,带有很强的官方色彩,自身发展不完善,在一定程度上阻碍了救灾捐赠的社会化发展。因此,要推动社会慈善公益事业的发展,就必须开辟社会化的途径,逐步放开救灾捐赠市场,培育、规范慈善组织参与救灾活动,逐步减少各类社会慈善组织的政府背景和捐赠活动的行政色彩,建立政府与民间组织的合作伙伴关系,充分发挥慈善组织在救灾捐赠中的积极作用,强化其有公开募捐资格的慈善组织的募捐主体地位。

成熟完善的社会主义市场经济条件下,国家与社会是既相联系又相分离的。政府不再是"全能政府",不可能面面俱到地包揽一切社会事务,而必须借助社会的力量。在中国社会转型过程中,随着公民自主意识的发展和成熟,国家应将本该属于社会的权力重新归还给社会,推动政社分开,为社会的自我发展提供空间。而政府放权于社会,并不等于政府要完全退出社会,将一切事务都交由社会自己处理。在处理政府与社会组织的关系时,政府要做到有所为、有所不为,政府仍然应当担负起规范社会组织行为、监督社会组织活动,维护社会安全、稳定和发展的责任。政府与社会组织各自有着对方没有的优缺点,二者之间可以互为补充。救灾捐赠是一项社会化很强的社会事务,由社会组织来运作、实施,这样不仅可以大大降低动员社会资源的成本,提高社会效率和国家的管理能力,为政府管理工作提供有益的补充,而且可以推动民间组织的有序性、规范性发展。

在推动实现国家治理体系和治理能力现代化的深化改革目标下,政府对社会民间组织的管理模式也应及时调整和转变,不应再是过去那种管控型、控制型的管理模式,而应转变职能,管理、监督并不是"约束",而是推动、指引、保证社会组织有序、规范参与社会救灾,充分发挥社会组织的优势,弥补政府职能的不足。为此,政府要实现"由领导者到管理者""由控制者到合作者"的角色转换,把更多的精力放在宏观救灾捐赠政策的制定、救灾捐赠发展的政策环境、救灾捐赠的法制化建设以及救灾捐赠各个环节的监督管理等方面上来,即担负救灾捐赠的指导、管理和监督职责,通过制定救灾捐赠法律法规和各种优惠政策,扶持和引导社会组织、企业和公众广泛参与救灾捐赠。此外,政府还要与社会组织建立一种良好、合理、协调的合作伙伴关系,彻底改变民间组织对政府的依赖性和官方色彩,增强社会组织独立开展活动的能力。民间组织在救灾捐赠中为政府分担责任,发挥积极作用,共同推动社会慈善事业发展,推动社会"善治",共同致力于打造共治共建共享的社会治理格局。

3. 慈善组织要加强自身建设,做到组织内部治理结构健全、运作规范。随着社会的发展和政府角色的转变,社会组织将逐渐成为推动救灾捐赠事业发展的主体。作为联系捐赠者和受益人的中间桥梁,慈善组织要经常进行自我检视和改进,不断提高自身能力建设,发展、壮大其自身组织,在内部结构建设、运作程序方面不断提升,为发展救灾捐赠提供规范有序的组织保证。首先,要建立健全的内部治理结构。慈善组织自身要依据法律规定和慈善组织章程的规定,明确慈善组织内部的决策、执行和监督等方面的职责权限,建立完整的内部治理结构,有序规范开展慈善捐赠活动,做到合法、合规、合民意。建立健全财务制度,执行国家统一的会计制度,依法进行会计核算,建立健全会计监督制度。除对本机构财务会计核算进行监督外,特别要加强对募捐资金和物资的管理,快速、及时、准确地对救灾捐赠物资进行汇总、统计。完善财务公开制度,按照法律规定和慈善组织章程要求及时如实地向民政主管部门提交财务报告和救灾捐赠资金使用的详细说明,接受政府有关部门的监督管理,并通过权威媒体对外发布,接受媒体舆论监督和社会监督,提高资金管理和使用的透明度。同时,民间组织还要提供可行、方便的查询工具供公众查询,如门户网站等,从而保证民间组织在资金使用上的公开透明性,提升民间组织的公信力。其次,培养专业化队伍,提高资源的动员与配置能力。民间组织的正常运转需要大量专业知识人才。因而,对工作人员进行专业化培训就显得尤为重要。不仅需要加强理论学习,还要积极参与具体的救灾募捐实践,充分运用市场机制,加强民间组织成员的资源动员和配置能力。最后,要完善民间组织内部的监管机制。必须理顺民间组织内部中有募捐资格的募捐机构与具体提供服务的机构之间的职责和相互关系,使捐赠资金管理权与使用权相分离,形成有利于救灾捐赠事业健康发展的制衡机制,保障救灾捐赠物资使用的高效率和安全性,实现善款善用及善款的有效使用。特别是要保障救灾捐赠者的知情权、干预权,尊重捐赠者所提出的资金定向使用要求,对救灾捐赠者的询问和请求作出积极的反馈和回应。①

4. 以《中华人民共和国慈善法》的出台为契机,推动慈善组织参与救灾

---

① 蓝春娣、杨颖:《政府主导型慈善事业发展的弊病及其对策》,《特区经济》2012年第4期。

捐赠合法化。与大多数发达国家相比，中国的民间社会组织起步比较晚，带有比较浓厚的官方色彩，对其发展还停留在号召和动员层面，得不到足够重视，民间组织参与救灾捐赠的机制还不完善，这些都限制了民间组织社会化作用的发挥。为此，政府必须为社会组织参与救灾捐赠提供制度化、合法化、常态化的渠道，发挥其在救灾捐赠社会化过程中的积极作用。2016 年《中华人民共和国慈善法》的颁布，从国家法律层面对慈善组织参与包括救灾在内的慈善活动给予了明确的主体资格，这就从根本上解决了社会慈善组织参与救灾捐赠的合法性问题，为慈善组织发展和推动救灾事业提供了法律保障。

长期以来，中国救灾捐赠市场一直处于高度集中的封闭状态。以往的救灾捐赠一般都是由政府发动，难免存在强行摊派、强制捐赠等问题，降低了救灾捐赠的社会化效果。政府一般通过颁布临时性的规范性文件，规定只有政府民政部门和红十字会、慈善会系统可以募捐或接受救灾捐赠，其他民间组织都不可以开展募捐活动，甚至不可以接受救灾捐赠。如 2003 年"非典"期间，国务院办公厅颁布的《关于加强防治非典型性肺炎社会捐赠款物管理工作的通知》明确规定，民政部门、卫生部门负责接受社会捐赠款物，中国红十字会总会、中华慈善总会也可接受社会捐赠。其他部门和社会组织一律不得接受社会捐赠。也就是说民政部门、红十字会、慈善会在救灾捐赠中具有独特甚至是"独大"的地位。

2008 年 4 月，民政部出台《救灾捐赠管理办法》，规定在县级以上人民政府民政部门登记的具有救灾宗旨的公募基金会是唯一具有合法资格的救灾募捐主体，也就是说具有救灾宗旨的公募基金会可以在救灾时募捐。这就为打破中国红十字会和中华慈善总会独享中国救灾捐赠市场的局面提供了法律依据。但在实际操作过程中，公募基金会仍然被排除在外。如何界定"具有救灾宗旨"，成为困扰政府和民间组织的难题。如果从严格意义上来说，必须是在基金会的章程中含有组织的宗旨是救灾的文字性表述的话语，那么中国没有一家公募基金会符合条件。而中国红十字会和中华慈善总会在法律上都是社会团体法人，并不是基金会法人，按照该办法，也不具备募捐资格。因此，可以说中国没有一家民间组织可以在救灾时组织募捐，而且根据该办法，政府民政部门也不可以募捐，只可以接受社会捐赠。

这一问题在"5·12"汶川地震救灾中严重暴露出来。当时，国务院办公厅紧急出台文件规定："各级红十字会、慈善会等具有救灾宗旨的公募基金会可以救灾的名义向社会开展募捐活动，接受救灾捐赠。没有救灾宗旨的公募基金会以救灾名义开展募捐活动,应经民政部门批准",①以此化解了汶川地震救灾捐赠募捐主体的危机。随后,民政部虽然批准了16家全国性公募基金会和一些地方公募基金会可以募捐,但官方公布的接受社会捐赠的账号仍然是不包括这些公募基金会的。此后,2010年玉树地震和舟曲泥石流灾害捐赠中,仍然是以政府发文形式明确规定出开展救灾捐赠的募捐主体(具体基金会)和接收捐赠渠道。国务院的文件只是针对某一次自然灾害救灾捐赠的临时性文件,而下一次救灾的募捐主体资格仍然是一个悬而未决的难题。因此,社会慈善组织参与救灾捐赠曾一度长时间的缺少一个明确的制度化、合法化的渠道。

以法律法规形式明确参与救灾捐赠组织的资格、地位,适度放开救灾捐赠募捐市场,对集中整合社会资源,增加捐赠者选择的权利,避免救灾捐赠物资过度集中,促进民间组织自身能力建设和提高自律性,提高善款的使用效率都有着重要作用。以汶川地震救灾捐赠为例,公众捐赠热情非常高,但是由于可接受捐赠的机构非常有限,再加上红十字会和慈善会自身能力有限,面对突如其来的巨大的资金和物资,无法及时有效地处理,暴露出管理水平跟不上、管理漏洞多等问题,使救灾捐赠物资的使用效率和安全性遭到社会质疑,救灾捐赠机制的局限被放大。如果这些救灾捐赠资金能够适当分散在一些公募基金会,就会极大缓解红十字会和慈善会的压力。

为解决慈善募捐主体资格问题,2016年出台的《中华人民共和国慈善法》单独列一章讲慈善募捐问题,并对慈善组织获得公开募捐资格问题给予了明确的法律规定。从法律层面规范慈善募捐资格的取得,推动了慈善组织参与救灾的合法化。这是慈善组织广泛全面参与救灾的一个重要法律支撑,是慈善组织大发展、大繁荣的一个契机,是救灾捐赠社会化发展的重要转折点。政府要以此为契机,推动慈善组织规范、有序、合法参与救灾捐赠,发挥社会慈善组织联系社会广泛、贴近民众、自主灵活、风险承受能力大等优势,利用社会组织和企业等民间力量,组织和发动社会公众,整合全社会资源,建立社会化的救灾捐赠体系,推动救灾捐赠社会化的繁荣发展。

四、建立健全救灾捐赠信息公开机制

救灾捐赠信息公开机制的建立和完善是救灾捐赠监督管理的重要一环。救灾捐赠的监管归根结底要建立在信息公开的基础上。信息公开透明

---

① 《关于加强汶川地震抗震救灾捐赠款物管理使用的通知》(国发〔2008〕39号),2008年6月2日,见 http://www.gov.cn/zhengce/content/2008-06/02/content_5712.htm。

是社会公众选择把善款捐给哪个慈善组织的重要指标。公众的信任度是慈善组织发展的关键要素,其中最为重要的就是捐赠款物管理的严格、规范、透明、公开。建立救灾捐赠信息公开机制,既可以加大对救灾捐赠社会监管的力度,又可以提高救灾捐赠监管的效率。因此,应着力围绕救灾捐赠信息公开法制建设,健全完善救灾捐赠信息公开机制。

1. 要加强救灾捐赠信息公开立法,制定颁布捐赠信息公开相关法律法规,实现救灾捐赠信息公开的有法可依,有法必依,确保政策法规的有效执行。完善的法律法规是救灾捐赠信息公开的有效保障。要吸取借鉴发达国家在信息公开立法方面的成功经验,重视救灾捐赠信息公开的主体、内容、程序、方式以及责任监管等方面法律法规建设,形成一整套完善的救灾捐赠信息公开法律制度体系。同时,在制定救灾捐赠信息公开法律法规制度时要重点考虑可行性和可操作性,避免过于原则化、行政化。政策法规既不能过于严格、烦琐,造成信息公开的成本过高,使得各受赠机构无法做到,出现上有政策,下有对策的现象;又不能只是表面形式,为了制定政策而制定,政策颁布后其执行问题无人问津或不具备执法能力,使得有法不依的恶习愈演愈烈。要建立健全救灾捐赠信息公开程序制度,对救灾捐赠信息公开、信息发布机构、信息查询、信息互联、信息监管、信息问责等制度进行完善,保障救灾捐赠信息的真实性、准确性和有效性,提高救灾管理的效率。

2. 建立救灾捐赠信息公开共享平台。救灾捐赠信息公开共享是有效整合社会救灾资源的重要基础。我国急需建立先进的信息公开共享平台,整合政府、社会组织、公众等社会资源,实现救灾捐赠信息资源的最大共享、互联和应用。救灾捐赠信息公开共享平台中,最重要、最核心、最具有权威性的发布机构就是救灾捐赠的主要领导者和监督者——政府。为此,政府要重视信息公开发布和共享,学会与各种媒体合作及时迅速、准确、有效地发布权威信息,提高救灾捐赠信息公开的效率。政府部门通过开发一套简单易行的信息公开软件,免费或低成本提供给所有受赠机构使用,更好地发挥政府的服务职能。由政府开发信息公开软件,并提供给受赠机构使用,可以大大降低受赠机构捐赠信息公开的成本,减少其压力,提高民间组织信息公开的规范性、可行性和积极性。如汶川地震救灾捐赠期间,由中民慈善捐助信息中心委托北京美髯公科技发展有限公司紧急开发的“5·12 汶川地震抗震救灾捐赠信息系统”,具有捐赠信息录入、款物支付使用、数据批量导入导出和统计报表自动生成等多种功能,并可向捐赠者提供已捐款物去向的查询和捐赠凭证的在线申请功能。民政部也组建了中民慈善捐助信息中心机构,建立了“中国捐助网——中民慈善捐助信息中心网站”,专门对捐赠信息、求助信息、慈善捐赠年检披露以及慈善动态监测等提供一个公开发布平台。① 此外,可以借助现代网络技术手段,在技术上支持各级慈善组织建立自身的信息发布网站,并统一接入民政部创立的中民慈善信息中心网络平台,整合不同慈善组织的各种信息,实现救灾捐赠信息的互通互联互享。这样可以改变过去那种没有统一要求、分散而不规范的救灾捐赠信息网络公开制度,使各类慈善组织在统一的网络平台上定期公布救灾捐赠款物的需求、来源、接收情况、使用情况、发放的程序和流程、使用效率与效果,以及政府对救灾捐赠监管的详细信息等,建立高度透明和方便快捷的公众查询系统,做到信息长期可查询,随时接受社会公众的监督。

3. 建立完善的救灾捐赠信息公开体系。政府、社会慈善组织要建立健全捐赠登记统计、信息公开等制度,做到捐赠全过程"阳光操作"。每次捐赠结束后,应该及时将接收捐赠款物的数量、使用情况、发放流程、成本开支等公众关注的焦点,通过统一的慈善捐助信息平台网站和媒体及时向公众进行公开披露,提高社会公信力。民政部已经建立的中民慈善捐助信息中心及网站平台,以及国家统计局发布的《救灾捐赠款物统计制度》,较好地规范了慈善捐助信息统计体系,使慈善捐助信息统计、年检与评估信息发布以及救灾信息查询实现日常化、规范化、定期化、制度化。这方面已经显现了很好的效果,要继续加强规范,充分发挥政府行政职能的监督作用。除此之外,可以借鉴国外经验,在国外有很多第三方评估机构专门收集和分析慈善捐赠组织的信息,并进行评估,通过规范、标准化的信息公开,保证公众可以随时了解捐赠资金的使用去向,引导公众的捐赠行为。在中国,由于普通公众缺乏专业的知识、技能去分析杂乱的、不规范的捐赠信息,无法进行正确判断和选择。因此,可借鉴一些发达国家的做法,引入第三方评估机构,用专业性、中立性的分析、评价来向公众进行救灾捐赠信息的公开,引导公众捐赠行为。独立的第三方机构可以专门收集慈善组织接受和使用捐赠的信息,并对慈善组织的各类捐赠信息进行分析、汇总、评价、公开,推动慈善组织自身内部治理和组织管理的公开透明化。同时,通过尝试建立慈善捐赠组织行业自律协会,吸引更多的慈善组织参与救灾捐赠,加强统筹协调,推动慈善组织良性运转,形成集政府、慈善组织、第三方专业评估机构、行业协会为一体的信息公开体系,提高救灾捐赠信息公开透明度。

---

① 　高功敬、高鉴国:《中国慈善捐赠机制的发展趋势分析》,《社会科学》2009 年第 12 期。

五、完善救灾捐赠激励机制

当前,减免税收政策和表彰奖励是鼓励公众参与救灾捐赠的两种行之有效的激励形式。为更好发挥这两种激励形式的刺激作用,进一步提升全社会参与社会捐赠捐助的热情,提高企业和个人的捐赠数量,必须在现有基础上继续完善救灾捐赠激励机制,调节收入分配差距,实现改革发展成果的共享,促进救灾治理政策完善发展。

1. 完善救灾捐赠税收激励政策。利用税收杠杆,放宽救灾捐赠的税收优惠政策是进一步推动救灾捐赠事业发展的最有效办法,有利于激励社会捐赠。因此,要积极探索出台新的救灾捐赠税收优惠政策,完善救灾捐赠税收激励制度。首先,提高救灾捐赠税前扣除比例,设计延长顺延结转政策。捐赠税前扣除比例的提高可以有效地促进捐赠。目前,对企业、个人捐赠的扣除比例还比较低,可以再进一步提高。现有政策规定,我国个人慈善捐赠税的扣除比例是以税前 30% 限额标准扣除。相对国际社会 50% 的标准还比较低。如将个人捐赠扣除比例提高到 50%(美国对个人捐赠的允许扣除限额为 50%),有可能使先富起来的个人提高捐赠额(达到与其该年度应征税额相等的数额),客观上刺激先富阶层参与到救灾捐赠中来。也可以考虑,对超额部分在以后一定期限内继续进行抵免,时间上可以做出 5 年或者更长一些时间的规定,通过延长跨年递延结转时间的方式增强对捐赠者的税收激励力度。同时,将个人捐赠的税前扣除规定具体化,如捐赠扣除应当在捐赠发生的纳税期进行,以次、月为纳税期的应当在捐赠发生的年度内以当年应纳税所得额为基数计算可扣除额,年终进行汇算清缴。在税前扣除存在最高比例限制的情况下,对一次捐赠数额达到或超过年应纳税所得额一定比例的可考虑在以后年度中延长扣除,[①]这样不仅可以保证当年的国家税收收入,而且更有利于个人捐赠。还可以考虑,将所得税前部分扣除改为全部扣除。而对于企业捐赠,可以在现有 12% 的比例基础上再提高一定比例,出台更为优惠的扣除比例,以鼓励企业的捐赠行为。

其次,明确救灾实物捐赠税收优惠规定。实物捐赠是救灾捐赠的主要形式,如一些灾区需要的药品、食品、棉衣、棉被、帐篷等实物捐赠,但税法中并未明确规定有关实物捐赠的税收减免问题。为此,应考虑出台实物捐赠的税收扣除办法,并相应制定实物作价的实施细则和价格认定的具体规定,以及扣除限额和分年度扣除比例等,在政策上区分现金捐赠和实物捐赠,防

---

① 曲顺兰、高国强:《国外税收调节收入分配的经验与启示》,《涉外税务》2011 年第 41 期。

止实物捐赠被滥用。比如以实施细则、规定、规则、办法的形式对实物捐赠的估价办法、估价标准、估价程序、估价异议处理等做出明确的具体规定。在具体操作层面，在捐赠凭证和信息完整的情况下，资产评估师对捐赠物品的价值进行合法合规的估价，并给以准确的评估价值，确保评估价值的真实性和准确性，同时开具具有法律效力的评估价值证明，捐赠者凭借这一证明向税务机关申请捐赠税收减免，从而实现对捐赠者的优惠鼓励并保障国家利益。①

再次，简化救灾捐赠税收减免程序，降低捐赠成本。尽可能降低救灾捐赠的退税成本、切实保障救灾捐赠者享受到捐赠税收激励，是提高救灾捐赠税收政策激励的一个重点。在美国，捐赠者捐款减免税极其方便，只需要在年底的报税单上附上慈善机构的抵税发票，即可坐等税务局寄来的退税支票。而任何一个取得签发抵税发票权利的慈善机构，都受到税务局各项严格的监管。如有违规，将给予处罚或罚金，严重者将被取消免税资格。② 为此，针对中国捐赠免税程序的烦琐，我们可以借鉴吸收美国科学、便捷、规范的免税程序。只要捐赠者取得主管部门开具的合法有效的捐赠收据，税务部门就应根据此收据凭证依法进行税收减免，而不需要经历十几道程序的层层审批。税收部门应不断创新，化繁为简，降低捐赠者的捐赠操作成本，为捐赠者办理税收减免手续提供便捷规范地服务，这不仅为捐赠者提供了方便，而且本身就是国家对捐赠者的一种支持和鼓励。所以，亟须早日制定出一套切实可行、操作简单方便的减免税收激励办法。一是简化捐赠税收抵扣凭证领取手续，对捐赠税收抵扣凭证进行灵活简化操作处理，由基层街道办捐赠点或社区公益机构开具抵扣凭证。二是利用网络平台和税收软件系统，在现有税收申报软件系统中设置"个人捐赠"扣除项目，简化个人捐赠退税程序，方便个人捐赠部分的税前扣除。

最后，适时出台遗产税，强化税收对慈善捐赠的引导。从慈善捐赠事业的长远发展来看，增强税收对慈善捐赠的激励动力机制，是促进慈善事业发展的关键动因。这需要不断完善税制改革，特别是利用征收遗产税"倒逼"强化社会富裕阶层的社会责任感，从税收激励政策出发，实现先富帮后富，进行社会财富的第三次分配，促进慈善捐赠事业的发展。

2. 完善表彰奖励制度等捐赠回报机制。除减免税收、鼓励救灾捐赠的

① 参考郭佩霞：《推动慈善捐赠的税收激励与政策完善》，《税收经济研究》2014 年第 2 期。
② 陈成文、谭娟：《税收政策与慈善事业：美国经验及其启示》，《湖南师范大学社会科学学报》2007 年第 6 期。

激励办法之外,精神表彰奖励对于鼓励捐赠者来说也是非常必要和重要的。任何一种行为都是有一定的价值取向和目标追求的。就救灾捐赠行为而言,无论是个人捐赠还是企业捐赠,其主要动机都是自我实现的需要,即赢得、塑造更好的个人和社会形象。捐赠者如果能够从自己的捐赠行为中得到一定形式的鼓励表彰或勉励,比如社会声望、个人荣誉、个人受尊敬、受社会公众拥趸等,就必然能起到正向激励作用,增强并巩固其继续进行社会捐赠的积极性和持续性,转化为再次捐赠行为或者感召、动员身边人进行捐赠。对救灾捐赠行为进行表彰鼓励本身是一种正能量的传递和辐射,也是一种无形的"广告宣传",会产生良好的社会效应,对全社会产生一种正向激励促进作用,激励更多人效仿并采取类似行为。要发挥好这种表彰奖励的正向激励促进作用,就必须建立健全救灾捐赠回报机制。这种捐赠回报机制主要是为捐赠者提供再次进行捐赠的持续动力,维持其捐赠行为的稳定性、持续性和长期性。因而,相关部门要在法律许可范围内制定出台尽量满足捐赠者不同层次的价值需求和目标追求的回报机制,以鼓励捐赠者持续捐赠。

《中华人民共和国公益事业捐赠法》第一章第八条规定,国家鼓励自然人、法人或者其他组织对公益事业进行捐赠。对公益事业捐赠有突出贡献的自然人、法人或者其他组织,由人民政府或者有关部门予以表彰。第二章第十四条规定,捐赠人对于捐赠的公益事业工程项目可以留名纪念;捐赠人单独捐赠的工程项目或者主要由捐赠人出资兴建的工程项目,可以由捐赠人提出工程项目的名称,报县级以上人民政府批准。[①]《中华人民共和国慈善法》第九章第九十一条规定,国家建立慈善表彰制度,对在慈善事业发展中做出突出贡献的自然人、法人和其他组织、由县级以上人民政府或者有关部门予以表彰。[②] 这些法律规定表明,对救灾捐赠者进行表彰和奖励是合法的、必要的,以法律形式保障表彰制度机制是法治社会建设的重要体现。

当前,对救灾捐赠者进行表彰和奖励主要采用两种方式:一是,召开慈善大会,对捐赠者进行荣誉表彰、奖励。从全国到地方,从政府到社会组织,都可以通过组织各种形式、规模、范围的慈善表彰大会,对救灾捐赠者的捐赠行为进行精神表彰鼓励,满足捐赠者的社会荣誉感,并利用报刊、广播、电视等媒体,特别是互联网等新媒体的优势,对捐赠者及其捐赠行为进行舆论

---

① 跨国公司与公益事业高级论坛暨公益项目展示会:《公益事业法律文献汇编》(内部资料),2003 年版,第 81—82 页。

② 《中华人民共和国慈善法》,《人民日报》2016 年 3 月 20 日。

报道和正向宣传。通过树立典型,在全社会为捐赠者树"名",提升捐赠者及其捐赠行为的广度,达到家喻户晓的"知名度",从而提高捐赠者的社会荣誉,以此鼓励更多人参与到救灾捐赠中来。二是,"冠名"形式。出让"冠名权"是一种切实可行的捐赠奖励方式。允许以个人或家族名义冠名,授予"荣誉市民""爱心大使""慈善大使"等称号;对捐款数额较大者予以署名立传;对大额救灾捐赠资金给予冠名权等形式,都可以吸引更多企业和法人参与救灾捐赠。《中华人民共和国慈善法》第九章第九十条规定,经受益人同意,捐赠人对其捐赠的慈善项目可以冠名纪念,法律法规规定需要批准的,从其规定。①

国家应继续巩固、完善现有的表彰、奖励制度,并使之长期化、稳定化。如向全社会定期发布慈善排行榜、定期召开全国性、地方性慈善大会、定期表彰对慈善公益事业作出特殊贡献的人和企业、对在社会上作出突出贡献的慈善家给予应有的褒奖,对救灾捐赠数额大、时间长、影响力广的企业,给予国家政策的扶持和倾斜。特别是在项目招投标上,应给予优先考虑,保证热衷社会慈善事业的有社会影响的人和企业获得社会效益的合法性和合理性,促使各类捐赠个人及企业团体将捐赠长期而稳定地开展保持下去,实现救灾捐赠表彰奖励回报机制的良性循环。

六、规范救灾捐赠全方位监管网络

政府部门监督、社会公众监督、第三方机构监督和媒体监督的多重防线组合是救灾捐赠监管的全方位网络。要充分发挥互联网时代下,"大数据"和信息化互联的优势,实现对救灾捐赠监管的"玻璃瓶",推动社会救灾捐赠的质和量的飞跃,在全社会形成向善的慈善文化氛围,推动全面建成小康社会。

2008 年汶川特大地震救灾捐赠成为新中国成立以来接收社会捐赠最多的一年,达 1070 亿元,开启了"中国公益元年"。此后,救灾捐赠无论是规模、范围、内容,还是接收捐款数额都逐年增长,不仅极大地帮助了灾区人民尽快从灾害中走出来,重建家园,体现中国特色社会主义大家庭的温暖,也推动了社会慈善事业的发展,提升了国家治理能力的现代化。但在救灾捐赠中也出现了很多救灾捐赠款物被滥用、虚报使用和挪用等不和谐的现象,如 2008 年 6 月 12 日审计署公布救灾款物审计发现的 3 起违法违规事件,其中河南省安阳县工商业联合会主要负责人擅自将 27.11 万元捐赠资

---

① 《中华人民共和国慈善法》,《人民日报》2016 年 3 月 20 日。

金用于购买救灾物资,其中涉及以权谋私事件;中国工商银行绵阳涪城支行用"抗震救灾特别费"为本行职工购买名牌运动鞋事件等①,特别是 2011 年"郭美美事件"给中国红十字会带来严重的负面影响,使这个中国最大的具有浓厚的官方色彩的慈善机构形象一落千丈,遭受整个社会舆论的质疑,导致中国慈善事业经历了一场前所未有的严重的信任危机。"2008 年汶川地震发生时,中国红十字会创下筹款奇迹,累计收到用于汶川抗震救灾的国内外捐赠款物合计人民币 42.97 亿元。"②可是,当 2013 年四川雅安芦山地震发生后,"中国红十字会总会开始在官方微博转发地震消息和赈灾信息,然而评论和转发却几乎是满屏的'滚';关于总会工作组正在赶赴灾区考察的微博信息被网友痛斥'官气熏天';深圳街头人们一见红十字会募捐箱纷纷绕行的图片成为百度新闻的焦点照片;'慈善组织还能信吗?''公众的爱心会不会又拿给郭美美买爱马仕包了?''我宁可自己费点力去邮局邮寄也不把钱交给他们……'"③类似的网络语言、新闻和疑问在地震发生后就开始在互联网上持续传播发酵。红十字会在芦山地震发生当天晚上,通过官方微博公布接收个人善款的数额仅有 14 万多元,遭受冷遇,陷入极其尴尬境地。五年前红十字会这个具有浓厚官方色彩的中国最大的慈善机构振臂一呼、应者云集,五年后接收的捐赠款物却寥寥无几、少得可怜。曾经的辉煌不复存在,而以深圳壹基金公益基金会为代表的公募民间慈善组织却崭露头角,发挥重要作用,这不仅仅是红十字会的信任危机,也给中国慈善捐赠事业敲响警钟。

随着公众慈善意识的觉醒和提高,救灾捐赠不仅仅是过去那种简单的"主管部门呼吁+社会民众捐献"的传统模式,社会民众开始更多地关注慈善捐赠过程中的每一个环节,包括慈善组织在救灾捐赠中募集善款的资质、能力、管理水平、使用去向,甚至细化到一瓶矿泉水的价格、一个帐篷的价格、一张发票的开具、一个捐赠凭证等。总之,社会公众对慈善捐赠给予极大的关注和监督热情,希望每一分善款都得到善用,每一份爱心都展现在阳光下,这也充分表明救灾捐赠不再仅仅是救灾捐赠者、救灾捐赠接收者和受益人的事情,而是整个社会的事业。我国要建立一套完整有效的全方位监督管理网络,发挥政府、慈善组织自身、社会公众、媒体舆论等各方面的合力,更多地赋予救灾捐赠者、救灾捐赠接收者和受益人的知情权、表达权与

①　《审计署公告汶川地震抗震救灾资金物资审计情况》,2008 年 6 月 12 日,见 http://www.gov.cn/gzdt/2008-06/12/content_1014855.htm。

②　亦言:《"红会 PK 壹基金"背后的救灾慈善新局》,《中国减灾》2013 年第 12 期。

③　亦言:《"红会 PK 壹基金"背后的救灾慈善新局》,《中国减灾》2013 年第 12 期。

监督权,提高慈善组织的公信力,帮助慈善组织树立起良好的社会形象,让公众放心地把捐赠款物交给慈善组织,为慈善事业打造"玻璃做的口袋"。

1. 要改革政府监督方式,充分发挥政府对慈善捐赠组织监督的主导作用。在中国,政府是唯一具有法律效力的对救灾捐赠进行监督的主体,对救灾捐赠监督管理具有举足轻重的作用。但就目前政府监管方式来看,需要着重解决的是多头监管和权限重叠等问题。比如,民政部门作为慈善组织的登记管理机关主要负责登记备案、年度检查、检查监督、行政处罚等职责,但是慈善组织的业务主管部门同样也承担着备案审查、年度检查、监督指导、协查违法行为等职责,这样二者之间就存在着严重的职责交叉重叠问题。再比如审计部门负责慈善组织自身内部运行的审计工作,而会计主管部门也同样负有审计职责,这样不仅浪费政府资源,增加行政成本,而且也很容易出现权限不清、责任不明、互相推诿的现象。多头管理严重弱化了政府的监管职责,看起来有严格的监管主体,但实际上却变成了没有明确责任的监督主体来真正负责。为此,要在完善慈善事业法治的基础上,推进慈善组织监督立法,使各级政府对公益慈善组织的监督管理始终贯彻法治原则,在监督法治的基础上,明确慈善事业监管主体单位,扩大监管覆盖面,建立中央、省、市(县)三级联动的监督管控体系。从中央层面来看,通过完善慈善捐赠立法,发挥总揽全局、协调各方的作用,为各级政府提供监管的法律依据,中央各部委按照法律法规对慈善组织进行各自业务范围内的全局性监管,避免出现监管权限交叉重叠的现象,主要以民政部及各级税务总局为主。省级政府则按照中央制定的各项法律、法规制度对在本省内的各类慈善组织进行监管。市(县)级政府则主要监管本市(县)内的慈善组织的各种具体慈善捐赠活动,通过中央、省、市(县)三级联动,对慈善组织活动进行全方位监管。

要实现对慈善组织捐赠活动的中央、省、市(县)三级联动的政府全方位监管,一方面,要建立健全政府对救灾捐赠款物的管理制度,并严格贯彻落实。制定捐赠款物登记统计公开、公示办法,督促监督各级工作部门完善政务公开制度,提高救灾捐赠款物接收、发放、分配、使用的公开性和透明度。利用互联网和"大数据"等现代信息管理技术,建立健全捐赠基础信息,完善数字化监控,做到数据清晰、信息完善、长期可查、操作便捷。此外,要建立登记管理、业务部门主管、审计、纪检、监察等部门的监督协调联动机制,适时组织人大代表、政协委员参与救灾捐赠活动的监督检查,形成政府、人大、政协和监察部门监督的合力,做到各部门各司其职,防止推诿、扯皮、"谁都在管、谁又都不管"现象,提高监管效率。另一方面,要建立完善慈善组织自身内部捐赠管理机制。要保证民政部门必须对慈善组织取得募捐活动资格的登记备案进行全程监督,具有募捐资格的慈善组织要建立救灾捐赠款物专账专户,对救灾捐赠款物进行明细登记,包括捐赠主体、捐赠数额、使用意向、存放流转、使用去向等信息,要做到尽量细化、一日一账,并按照信息公开制度及时真实地通过媒体向全社会进行公布,并要求慈善组织对救灾捐赠款物的使用情况进行详细记录,并与募捐意向保持一致。依据相关制度,定期由审计署及其所属部门的专业审计机构或委托社会中介机构进行审计,并通过媒体将审计与问责结果予以公布,推动慈善组织内部自我约束机制的形成,自觉接受社会监督。

2. 要引入第三方评估监督机制,建立专门的监督机构。引入第三方评估机构对救灾捐赠进行专门专项监督,这是国际社会的通用做法。第三方专门评估机构主要是从事专门审计的机构或会计师事务所等独立的中介机构。它们具有法定地位资格,既独立于政府,又独立于民间组织,保持着自身完全的独立性和中立性,在社会层面具有很强的公正性和公信力。例如,美国慈善信息局是民间专业评估机构,它制定了衡量基金会好坏的九条标准,包括董事会管理职能、目标、项目、信息、财政资助、资金使用、年度报告、职责、预算等,它每年分四次公布对全国几百家基金会的测评结果,该结果直接影响公众选择哪个基金会捐款。[①]　我们也可以借鉴这种做法,拓展救灾捐赠社会监督体系和范围,利用第三方专门评估机构按照有关评审标准、规范、程序对救灾捐赠运作过程、捐赠款物的接收、使用、分配、发放及效果进行独立审计、评估,追踪捐赠款物使用去向及效果,并及时向社会公布真实完整、详细的审计报告、评估报告,以便公众及时掌握政府和具有募捐资格的慈善组织的信用以及善款是否得到有效使用,进而引导社会救灾捐赠流向规范、合格、优质的慈善组织,提高善款使用的效率和透明度。

3. 要强化媒体和社会公众监督的效应。在发达国家,社会力量在慈善捐赠监督中扮演着非常重要的角色,在慈善监督体系中发挥着不可或缺的作用。在我国,计划经济时代下,由于公民自我意识的薄弱和缺乏必要的慈善监督渠道,公民个人参与慈善捐赠监督的积极性并不高,而媒体监督也受到一定的制约。随着改革开放的深入,在共治共建共享社会治理模式的推动下,广大社会民众自我治理、共享社会成果的主体意识越来越强,越来越关注社会问题。特别是当自然灾害来临时,中华民族优秀传统文化中互帮互助、同舟共济慈善思想的迸发和影响,使得越来越多的社会民众主动参与

---

① 　王金涛、张泽伟、季明:《慈善业何时跳出窘境》,《瞭望新闻周刊》2006 年第 44 期。

救灾捐赠,帮助灾民共渡难关,民族共同体意识越来越强。在这种共治共建共享的社会发展背景下,人们更加关注善款的使用是否存在问题,够不够透明公开,为此,应该鼓励广大民众积极参与救灾捐赠监督体系中来,提升民众的权利意识和监督意识。公民应充分认识自身的价值,认识到自身参与救灾捐赠监督是保障自身权利,促进社会慈善事业发展的重要力量,认识到推动社会慈善事业的发展,不仅仅是政府、社会组织的责任,更是每个社会公民的权利和权益。同时,为公众参与救灾捐赠监督提供切实可行的多样化的渠道,如制定举报奖励制度,对提供救灾捐赠违规违法线索经查明属实后,给予一定的奖励,激发公民参与救灾捐赠监督的积极性;又如定期召开新闻发布会,对救灾捐赠的事前、事中、事后情况进行介绍。特别是募捐运作情况,捐赠款物的使用、流转存放、去向等如实向公众进行介绍,最好的监督就是公开,从而消除公众对"捐赠黑幕"的质疑,进而提高政府和民间慈善组织的公信力。此外,要增强媒体监督的效应。新闻媒体是公众获取信息的主要渠道,具有普及面宽、传播范围广、影响力大等特点,是救灾捐赠监督中的重要媒介。特别是互联网技术的发展和应用,推动了传统媒体向互联网媒体的转化,更加强化了新闻媒体在救灾捐赠监督中的重要地位。因而,一方面,要规范新闻媒体宣传、报道的真实性和可靠性,继续发挥好新闻媒体传播监督的作用;另一方面,通过及时准确宣传报道救灾捐赠中的一系列信息、审计、评估结果,及时发现、报道发布救灾捐赠违规违法行为,形成对社会慈善组织和个人的威慑,发挥好新闻媒体在救灾捐赠监督中的导向、约束和威慑作用,强化社会公众的问责能力。

参 考 文 献

（一）经典著作

[1]《马克思恩格斯全集》第 46 卷（下），人民出版社 1980 年版。

[2]《马克思恩格斯选集》第 2 卷，人民出版社 1995 年版。

[3]《毛泽东书信选集》，人民出版社 1983 年版。

[4]《毛泽东著作选读》上册，人民出版社 1986 年版。

[5]《毛泽东选集》第一——四卷，人民出版社 1991 年版。

[6]《毛泽东文集》第一、二卷，人民出版社 1993 年版。

[7]《毛泽东文集》第三、四、五卷，人民出版社 1996 年版。

[8]《毛泽东文集》第六卷，人民出版社 1999 年版。

[9]《毛泽东文集》第八卷，人民出版社 1999 年版。

[10]《建国以来毛泽东文稿》第 1 册，中央文献出版社 1987 年版。

[11]《毛泽东文稿》第八册，中央文献出版社 1993 年版。

[12]《周恩来年谱（1949—1976）》上卷、中卷，中央文献出版社 1997 年版。

[13]《周恩来选集》上卷，人民出版社 1981 年版。

[14]《周恩来选集》下卷，人民出版社 1984 年版。

[15]《周恩来经济文选》，中央文献出版社 1993 年版。

[16]《建国以来刘少奇文稿》第 2、3 册，中央文献出版社 2005 年版。

[17]《邓小平文选》第三卷，人民出版社 1993 年版。

[18]《刘华清回忆录》，解放军出版社 2007 年版。

[19]《谢觉哉文集》，人民出版社 1989 年版。

[20]《董必武选集》，人民出版社 1985 年版。

[21]薄一波：《若干重大决策与事件的回顾》下，中共党史出版社 2008 年版。

[22]《乌兰夫文选》下册，中央文献出版社 1999 年版。

[23]《宋庆龄选集》上卷，人民出版社 1992 年版。

（二）档案、资料汇编

[1]白益华：《中国民政统计年鉴（2002）》，中国统计出版社 2002 年版。

[2]中华人民共和国民政部：《中国民政统计年鉴（2004）》，中国统计出版社 2004 年版。

[3]中共中央党校党史教研室：《中共党史参考资料（七）》，人民出版社 1980 年版。

[4]中国社会科学院等：《1949—1952 中华人民共和国经济档案资料选编（综合卷）》，中国城市经济社会出版社 1990 年版。

[5]北京档案馆：《北京档案史料（2008 年第 2 期）》，新华出版社 2008 年版。

[6]中华人民共和国内务部农村福利司:《建国以来灾情和救灾工作史料》,法律出版社1958年版。

[7]华东生产救灾委员会:《华东的生产救灾工作》,华东人民出版社1951年版。

[8]何定华:《怎样做好生产救灾工作》,中南人民出版社1954年版。

[9]新华时事丛刊社:《生产救灾》,新华书店1950年版。

[10]谭震林:《现代化的大规模的农业建设开始了》,山西日报出版社1960年版。

[11]中央人民政府内务部办公厅:《第二次全国民政会议文件汇编》,出版地和出版时间不详。

[12]河北省救灾委员会:《河北省灾情及生产自救运动》,河北省救灾委员会1949年版。

[13]中华人民共和国民政部:《中华人民共和国民政法规(1949.10—1993.12)》,华夏出版社年1993年版。

[14]民政部法规办公室:《中华人民共和国民政工作文件汇编:1949—1999》全册,中国法制出版社2001年版。

[15]民政部法规办公室:《中华人民共和国民政工作文件汇编:1949—2004》,中国法制出版社2005年版。

[16]民政部法规办公室:《新编中华人民共和国民政法规汇编》,中国社会出版社2003年版。

[17]民政部法规办公室:《中华人民共和国民政法规大全》,中国法制出版社2002年版。

[18]民政部救灾救济司等:《1949—2004重大自然灾害案例(内部刊物)》,2005年版。

[19]中华人民共和国国家统计局等:《中国灾情告:1949—1995》,中国统计出版社1995年版。

[20]民政部政策研究室:《民政工作文件汇编一(内部文件)》,1984年版。

[21]民政部政策研究室:《民政工作文件汇编二(内部文件)》,1984年版。

[22]民政部救灾救济司:《捐赠工作资料汇编(内部资料)》,1998年版。

[23]北京市接受救灾捐赠事务管理中心:《北京市经常性社会捐助工作文件资料汇编(内部资料)》,2002年版。

[24]民政部救灾救济司:《经常性社会捐助工作手册(内部资料)》,2002年版。

[25]跨国公司与公益事业高级论坛暨公益项目展示会:《公益事业法律文献汇编(内部资料)》,2003年版。

[26]民政部救灾救济司:《救灾救济工作文件汇编:1988—2005(内部资料)》,2005年版。

[27]民政部救灾救济司:《救灾救济工作文件汇编(内部资料)》,2005年版。

[28]民政部:《民政30年(内部资料)》,2008年版。

[29]国务院法制办公室:《中华人民共和国新法规汇编:2007》第九辑,中国法制出

版社 2007 年版。

[30]国家民委政策研究室:《全国少数民族地区扶贫工作会议文件集》,民族出版社 1989 年版。

[31]国家民委政策研究室:《国家民委民族政策文件选编 1979—1984》,民族出版社 1988 年版。

[32]国家民委办公厅:《中华人民共和国民族政策法规选编》,中国民航出版社 1997 年版。

[33]国家体改委办公厅:《十一届三中全会以来经济体制改革重要文件汇编》上、中、下,改革出版社 1990 年版。

[34]中国社会科学院工业经济研究所:《十一届三中全会以来经济政策文献选编》重编本,中国经济出版社 1986 年版。

[35]中共中央文献研究室:《新时期经济体制改革重要文献选编》下,中央文献出版社 1998 年版。

[36]中共中央文献研究室:《三中全会以来重要文献选编》上、下,人民出版社 1982 年版。

[37]全国人民代表大会常务委员会办公厅:《中华人民共和国第九届全国人民代表大会第四次会议文件汇编》,人民出版社 2001 年版。

[38]中共中央文献研究室:《十二大以来重要文献选编》上,人民出版社 1986 年版。

[39]中共中央文献研究室:《十二大以来重要文献选编》中,人民出版社 1986 年版。

[40]中共中央文献研究室:《十二大以来重要文献选编》下,人民出版社 1988 年版。

[41]中共中央文献研究室:《十三大以来重要文献选编》上,人民出版社 1991 年版。

[42]中共中央文献研究室:《十三大以来重要文献选编》中,人民出版社 1991 年版。

[43]中共中央文献研究室:《十三大以来重要文献选编》下,人民出版社 1993 年版。

[44]中共中央文献研究室:《十四大以来重要文献选编》上,人民出版社 1996 年版。

[45]中共中央文献研究室:《十四大以来重要文献选编》中,人民出版社 1997 年版。

[46]中共中央文献研究室:《十四大以来重要文献选编》下,人民出版社 1999 年版。

[47]中共中央文献研究室:《十五大以来重要文献选编》上,人民出版社 2000 年版。

[48]中共中央文献研究室:《十五大以来重要文献选编》中,人民出版社2001年版。

[49]中共中央文献研究室:《十五大以来重要文献选编》下,人民出版社2003年版。

[50]中共中央文献研究室:《十六大以来重要文献选编》上,中央文献出版社2004年版。

[51]中共中央文献研究室:《十六大以来重要文献选编》中,中央文献出版社2005年版。

[52]中共中央文献研究室:《十六大以来重要文献选编》下,中央文献出版社2008年版。

[53]《中国共产党第十七次全国代表大会文件汇编》,人民出版社2007年版。

[54]民政部政策研究室:《民政工作文件选编1984》,华夏出版社1985年版。

[55]民政部政策研究室:《民政工作文件选编1985》,华夏出版社1986年版。

[56]民政部政策研究室:《民政工作文件选编1986》,华夏出版社1987年版。

[57]民政部政策法规司:《民政工作文件选编1989》,中国社会出版社1990年版。

[58]民政部政策法规司:《民政工作文件选编1990》,中国社会出版社1991年版。

[59]民政部政策法规司:《民政工作文件选编1991》,中国社会出版社1992年版。

[60]民政部政策法规司:《民政工作文件选编1992》,中国社会出版社1993年版。

[61]民政部法制办公室:《民政工作文件选编1994》,中国社会出版社1995年版。

[62]民政部法制办公室:《民政工作文件选编1995》,中国社会出版社1996年版。

[63]民政部法制办公室:《民政工作文件选编1996》,中国社会出版社1997年版。

[64]民政部法规办公室:《民政工作文件选编1997》,中国社会出版社1998年版。

[65]民政部法规办公室:《民政工作文件选编1998》,中国社会出版社1999年版。

[66]民政部法规办公室:《民政工作文件选编1999》,中国民主法制出版社2000年版。

[67]民政部法规办公室:《民政工作文件选编2000》,中国民主法制出版社2001年版。

[68]民政部法规办公室:《民政工作文件选编2001》,中国民主法制出版社2002年版。

[69]民政部法规办公室:《民政工作文件选编2002》,中国法制出版社2003年版。

[70]民政部法规办公室:《民政工作文件选编2003》,中国法制出版社2004年版。

[71]民政部法规办公室:《民政工作文件选编2004》,中国法制出版社2005年版。

[72]民政部法规办公室:《民政工作文件选编2005》,中国法制出版社2006年版。

[73]民政部法制办公室:《民政工作文件选编2006》,中国社会出版社2007年版。

[74]民政部法制办公室:《民政工作文件选编2007》,中国社会出版社2008年版。

[75]民政部政策法规司:《民政工作文件选编2008》,中国社会出版社2009年版。

[76]李荣时:《中国民政统计年鉴》1990—1994,中国统计出版社1990、1991、1992、

1993、1994 年版。

[77]张汉兴:《中国民政统计年鉴》1995—1998,中国统计出版社 1995、1996、1997、1998 年版。

[78]陈淼:《中国民政统计年鉴 1999》、《中国民政统计年鉴 2000》,中国统计出版社 1999、2000 年版。

[79]陈传书:《中国民政统计年鉴 2001》,中国统计出版社 2001 年版。

[80]白益华:《中国民政统计年鉴 2003》,中国统计出版社 2003 年版。

[81]中华人民共和国民政部:《中国民政统计年鉴 2005》,中国统计出版社 2005 年版。

[82]宋志强:《中国民政统计年鉴 2006》、《中国民政统计年鉴 2007》,中国统计出版社 2006、2007 年版。

[83]中华人民共和国民政部:《中国民政统计年鉴 2008》,中国统计出版社 2008 年版。

[84]宋志强:《中国民政统计年鉴 2009》,中国统计出版社 2009 年版。

[85]中华人民共和国民政部:《中国民政统计年鉴 2010》,中国统计出版社 2010 年版。

[86]陈杰昌:《中国民政年鉴 2002》、《中国民政年鉴 2003》,中国社会出版社 2003、2004 年版。

[87]窦玉沛:《中国民政年鉴 2004》,中国社会出版社 2005 年版。

[88]国家减灾委员会办公室:《中国减灾年鉴 2008(内部资料)》,2009 年版。

[89]范宝俊:《灾害管理文库》第二卷、第四卷、第五卷、第七卷,当代中国出版社 1999 年版。

[90]《江泽民同志在庆祝中国共产党成立 80 周年大会上的讲话》,人民出版社 2001 年版。

[91]胡锦涛:《在全国抗震救灾总结表彰大会上的讲话》,人民出版社 2008 年版。

[92]法律出版社法规中心:《抗震救灾法律政策指引》,法律出版社 2008 年版。

[93]靳尔刚等:《国外救灾救助法规汇编》,中国社会出版社 2004 年版。

[94]中华人民共和国国务院新闻办公室:《中国的减灾行动》,外文出版社 2009 年版。

[95]中共中央文献研究室科研管理部:《中国共产党 90 年研究文集》上、中、下,中央文献出版社 2011 年版。

[96]国务院法制办公室:《中华人民共和国民政法典》,中国法制出版社 2016 年版。

[97]王爱平等:《民政专题研究报告集》,中国社会出版社 2015 年版。

[98]深圳公益救援志愿者联合会:《深圳市公益救援志愿者联合会 深圳公益救援队 2008—2018 年工作报告(内部资料)》,2018 年版。

（三）专著

[1]邓云特：《中国救荒史》，生活·读书·新知三联书店 1958 年版。

[2]孙绍骋：《中国救灾制度研究》，商务印书馆 2004 年版。

[3]周秋光等：《中国慈善简史》，人民出版社 2006 年版。

[4]孟昭华等：《中国民政史稿》，黑龙江人民出版社 1986 年版。

[5]孟昭华等：《中国灾荒史 1949—1989》，水利电力出版社 1989 年版。

[6]徐麟：《中国慈善事业发展研究》，中国社会出版社 2005 年版。

[7]康沛竹：《中国共产党执政以来防灾救灾的思想与实践》，北京大学出版社 2005 年版。

[8]曹应旺：《周恩来与治水》，中央文献出版社 1991 年版。

[9]时正新等：《中国社会福利与社会进步报告》，社会科学文献出版社 1998 年版。

[10]李本公等：《救灾救济》，中国社会出版社 1996 年版。

[11]王卫平：《社会救助学》，群言出版社 2007 年版。

[12]马宗晋：《灾害学导论》，湖南人民出版社 1998 年版。

[13]郑功成：《灾害经济学》，湖南人民出版社 1998 年版。

[14]郑功成：《社会保障学》，商务印书馆 2000 年版。

[15]郑功成：《社会保障概论》，复旦大学出版社 2005 年版。

[16]郑功成：《中国灾情论》，湖南出版社 1994 年版。

[17]王子平：《灾害社会学》，湖南人民出版社 1998 年版。

[18]张健民等：《灾害历史学》，湖南人民出版社 1998 年版。

[19]曾国安：《灾害保障学》，湖南人民出版社 1998 年版。

[20]唐少卿等：《灾害与灾害损失评估》，兰州大学出版社 1992 年版。

[21]李文海：《近代中国灾荒纪年》，湖南教育出版社 1990 年版。

[22]李文海：《灾荒与饥馑 1840—1919》，高等教育出版社 1991 年版。

[23]李文海：《历史并不遥远》，中国人民大学出版社 2004 年版。

[24]孙永福：《中外民间组织交流与合作》，中国对外经济贸易出版社 2001 年版。

[25]黄浩明：《国际民间组织合作实务和管理》，对外经济贸易大学出版社 2000 年版。

[26]钱钢等：《二十世纪中国重灾百录》，上海人民出版社 1999 年版。

[27]莫纪宏：《"非典"时期的非常法制——中国灾害法与紧急状态法一瞥》，法律出版社 2003 年版。

[28]田凯：《非协调约束与组织运作——中国慈善组织与政府关系个案研究》，商务印书馆 2004 年版。

[29]多吉才让：《新时期中国社会保障体制改革的理论与实践》，中共中央党校出版社 1995 年版。

[30]陈佳贵：《中国社会保障发展报告 1997—2001》，社会科学文献出版社 2001 年版。

［31］陈桦等：《救灾与扶贫中国封建时代的社会救助活动1750—1911》，中国人民大学出版社2005年版。

［32］方樟顺：《周恩来与防震减灾》，中央文献出版社1995年版。

［33］王子平：《走出废墟我们怎样应对地震灾害》，中国大地出版社2008年版。

［34］杨尚勤：《抗震救灾社科论文集》，陕西人民出版社2008年版。

［35］沈蓉华：《国外防灾救灾应急管理体制》，中国社会出版社2008年版。

［36］国家民间组织管理局：《一支不可忽视的社会力量：中国社会组织汶川赈灾行动》，中国社会出版社2008年版。

［37］胡鞍钢：《中国自然灾害与经济发展》，湖北科学技术出版社1997年版。

［38］王名等：《中国社团改革：从政府选择到社会选择》，社会科学文献出版社2001年版。

［39］杨桂红：《城镇贫困与社会救助》，经济科学出版社2006年版。

［40］郑功成：《多难兴邦：新中国60年抗灾史诗》，湖南人民出版社2009年版。

［41］王炳南：《中美会谈九年回顾》，世界知识出版社1985年版。

［42］资中筠：《战后美国外交史——从杜鲁门到里根》上，世界知识出版社1994年版。

［43］金磊：《中国21世纪安全减灾战略》，河南大学出版社1998年版。

［44］齐东飞：《洪灾启示录》，中国人民大学出版社1992年版。

［45］李宪文等：《98大洪水百问》，中国水利水电出版社1999年版。

［46］李尚志：《98抗洪抢险备忘录》，中国方正出版社1998年版。

［47］邹铭：《减灾救灾》，中国社会出版社2009年版。

［48］金勇进：《数字中国60年》，人民出版社2009年版。

［49］刘京：《2008中国慈善捐赠发展蓝皮书》，中国社会出版社2009年版。

［50］孟令君：《中国非营利组织法律问题》，中国方正出版社2005年版。

［51］邓国胜：《响应汶川：中国救灾机制分析》，北京大学出版社2009年版。

［52］李程伟：《自然灾害类突发事件恢复重建政策体系研究》，中国社会出版社2009年版。

［53］孟令君：《中国慈善工作概论》，北京大学出版社2008年版。

［54］杨团等：《中国慈善发展报告2009》，社会科学文献出版社2009年版。

［55］王俊秋：《中国慈善与救济》，中国社会科学出版社2008年版。

［56］范宝俊：《中国自然灾害与灾害管理》，黑龙江教育出版社1998年版。

［57］时正新：《中国社会救助体系研究》，中国社会科学出版社2002年版。

［58］王守杰：《非政府组织从传统慈善向现代治理转型研究：发达国家第三部门变迁的经验》，兰州大学出版社2008年版。

［59］田凯：《非协调约束与组织运作：中国慈善组织与政府关系的个案研究》，商务印书馆2004年版。

［60］杜红波等：《慈善事业与和谐社会》，济南出版社2006年版。

［61］郭健：《社会捐赠及其税收激励研究》，经济科学出版社 2009 年版。

［62］施昌奎：《北京慈善事业运营管理模式》，中国经济出版社 2008 年版。

［63］高中华：《祈天忧民：近代以来中国社会救助史论》，中州古籍出版社 2009 年版。

［64］张强：《NGO 参与汶川地震灾后重建研究》，北京大学出版社 2009 年版。

［65］孙志中：《1976·唐山大地震》，河北人民出版社 1999 年版。

［66］李原等：《20 世纪灾祸志》，福建教育出版社 1999 年版。

［67］路甬祥：《中国减灾与可持续发展》，科学出版社 2007 年版。

［68］李文海：《中国近代十大灾荒》，上海人民出版社 1994 年版。

［69］高冬梅：《新中国成立初期中国共产党社会救助思想与实践研究：1949—1956》，人民出版社 2009 年版。

［70］洪大用：《转型时期中国社会救助》，辽宁教育出版社 2004 年版。

［71］曹明睿：《社会救助法律制度研究》，厦门大学出版社 2005 年版。

［72］闫盈全：《非常使命：中国"5·12"抗震救灾审计纪实》，中国时代经济出版社 2009 年版。

［73］国务院国有资产监督管理委员会宣传工作局：《共和国长子：中央企业抗震救灾纪实》，中国经济出版社 2008 年版。

［74］刘京：《中国慈善捐赠发展蓝皮书：2003—2007》，中国社会出版社 2008 年版。

［75］汪寿阳：《突发性灾害对中国经济影响与应急管理研究：以 2008 年雪灾和地震为例》，科学出版社 2010 年版。

［76］李朝：《四川抗洪救灾纪实》，四川人民出版社 1982 年版。

［77］张乃平等：《自然灾害应急管理》，中国经济出版社 2009 年版。

［78］张强：《巨灾与 NGO：全球视野下的挑战与应对》，北京大学出版社 2009 年版。

［79］郑国安等：《国外非营利组织法律法规概要》，机械工业出版社 2000 年版。

［80］邵金荣：《非营利组织与免税》，社会科学文献出版社 2003 年版。

［81］李程伟等：《自然灾害类突发事件恢复重建政策体系研究》，中国社会出版社 2009 年版。

［82］许安标：《〈中华人民共和国公益事业捐赠法〉学习辅导读本》，中国民主法制出版社 2000 年版。

［83］范宝俊：《中国国际减灾十年实录》，当代中国出版社 2000 年版。

［84］［美］托马斯·西尔克：《亚洲公益事业及其法规》，科学出版社 2000 年版。

［85］［美］凯恩：《中国的大饥荒：1959—1961 对人口和社会的影响》，中国社会科学出版社 1993 年版。

［86］［美］艾德勒：《通行规则：美国慈善法指南》，中国社会出版社 2007 年版。

［87］［美］莱斯特·M.萨拉蒙等著：《全球公民社会——非营利部门视界》，社会科学文献出版社 2002 年版。

［88］陈珊著：《我国自然灾害事件下社会救助法制体系研究——基于汶川地震的

实证分析》,中国政法大学出版社 2013 年版。

[89]胡卫萍:《中国慈善事业法律体系建构研究》,中国检察出版社 2014 年版。

[90]王振耀:《以法为善——中国慈善立法现状、挑战及路径选择》,社会科学文献出版社 2014 年版。

[91]邹世允:《中国慈善事业法律制度完善研究》,法律出版社 2013 年版。

[92]薛宁兰等:《中国慈善法研究与立法建议稿》,中国社会科学出版社 2014 年版。

[93]郑功成:《慈善事业立法研究》,人民出版社 2015 年版。

[94]安树斌:《慈善法前沿问题研究》,厦门大学出版社 2016 年版。

[95]彭建梅:《2013 年度中国慈善捐助报告》,企业管理出版社 2014 年版。

[96]师曾志等:《新媒介赋权　国家与社会的协同演进》,社会科学文献出版社 2013 年版。

[97]杨丽娥:《穿越震荡　构建和谐:20 世纪云南地震救灾模式研究》,云南大学出版社 2016 年版。

[98]蒋积伟:《1978 年以来中国救灾减灾工作研究》,中国社会科学出版社 2014 年版。

[99]高鉴国:《中国慈善捐赠机制研究》,社会科学文献出版社 2015 年版。

[100]刘京:《中国慈善捐赠发展蓝皮书 2013》,社会科学文献出版社 2014 年版。

[101]王振耀:《现代慈善与法治社会:2014 年度中国公益事业发展报告》,社会科学文献出版社 2015 年版。

[102]邸耀敏:《中国社会捐赠的规制研究》,海洋出版社 2012 年版。

[103]王宏伟:《公共安全管理研究:非常规突发事件及其应对》,人民出版社 2013 年版。

[104]王名等:《香港非营利组织》,社会科学文献出版社 2015 年版。

（四）期刊论文

[1]张静如:《以社会史为基础深化党史研究》,《历史研究》1991 年第 1 期。

[2]郭德宏:《社会史研究与中国现代史》,《史学月刊》1998 年第 2 期。

[3]詹奕嘉:《从拒绝到开放——中国接受外援 32 年风雨历程》,《文史博览》2008 第 5 期。

[4]李天华:《从"拒绝外援"到"救灾外交"——改革开放以来中国政府应对国际救灾援助的政策演变及其评价》,《党史研究与教学》2008 年第 6 期。

[5]詹奕嘉:《救灾国际援助:争议和思考》,《中国减灾》2008 年第 6 期。

[6]詹奕嘉:《唐山大地震后 30 年:中国接受救灾外援的历程》,《世界知识》2006 年第 7 期。

[7]詹奕嘉:《唐山大地震 30 年:中国接受救灾外援揭秘》,《北京档案》2006 年第 8 期。

[8]柯曾华:《经常性社会捐助工作要解决好五个问题》,《中国民政》2005 年第

8 期。

　　[9]倪锋、张悦、于彤舟:《汶川大地震对口支援初步研究》,《经济与管理研究》2009年第 7 期。

　　[10]王颖、董垒:《中国灾后地方政府对口支援模式初探——以各省市援建汶川地震灾区为例》,《当代世界与社会主义》2010 年第 1 期。

　　[11]王瑞丰:《汶川地震灾后对口支援的思考与对策探究》,《四川行政学院学报》2008 年第 5 期。

　　[12]夏子坚:《中国现行社会捐赠机制的制度困境与政策选择》,《中国青年研究》2006 年第 10 期。

　　[13]葛红兵:《汶川救灾的启示:建立长效捐赠机制》,《探索与争鸣》2008 年第8 期。

　　[14]庞凤喜、燕洪国:《论社会捐赠的制度激励与保护——5·12 汶川地震社会捐赠引发的思考》,《现代财经》2008 年第 9 期。

　　[15]叶立国:《试论中国慈善捐赠激励机制的构建》,《内蒙古大学学报(哲学社会科学版)》2008 年第 9 期。

　　[16]邓国胜:《谁来监督社会捐赠》,《中国减灾》2001 年第 4 期。

　　[17]杨宜勇、邢伟:《抗震救灾募捐的规范及捐款使用》,《中国党政干部论坛》2008年第 6 期。

　　[18]林守钦:《浅议社会捐赠存在的问题与对策》,《中国民政》2008 年第 11 期。

　　[19]樊慧霞:《促进中国社会捐赠事业发展的对策》,《现代经济探讨》2008 年第10 期。

　　[20]吴明:《依法规范民政捐赠行为》,《中国减灾》1999 年第 9 期。

　　[21]侯兆晓:《中国式救灾:十年频现"捐赠秀"》,《民主与法制》2008 年第 9 期。

　　[22]任文启:《呼之欲出的社会公益募捐法》,《西部法学评论》2008 年第 3 期。

　　[23]冉志、杨化:《法治化视野下的社会捐赠》,《法制论丛》2005 年第 9 期。

　　[24]郭霞:《中国捐赠文化生态刍议》,《理论学刊》2010 年第 1 期。

　　[25]郭霞、迟爱敏:《中国捐赠文化运行的平台分析》,《经济理论研究》2009 年第11 期。

　　[26]殷洁、张伟:《试论志愿者精神对慈善捐赠文化的影响》,《前沿》2007 年第1 期。

　　[27]李全茂:《对中国救灾工作方针的回顾与思考》,《中国减灾》2007 年第 12 期。

　　[28]朱宪辰、宋妍:《国外捐赠行为研究述评》,《理论学刊》2008 年第 11 期。

　　[29]孙志祥:《"萨斯(SARS)"捐赠:轰轰烈烈背后的隐忧》,《社会学研究》2003 年第 5 期。

　　[30]李芹:《SARS 危机中慈善捐赠的特点与动机探析》,《河南社会科学》2003 年第 3 期。

　　[31]祝贺、陶传进:《抗震救灾募捐组织的公开透明度比较》,《中国非营利评论》

2008 年第 12 期。

　　[32]郑远长:《汶川地震社会捐赠工作对发展中国现代慈善事业的启示》,《中国非营利评论》2008 年第 12 期。

　　[33]胡卫萍:《中国社会公益捐赠的运行现状及其对策思考》,《江西社会科学》2009 年第 11 期。

　　[34]潘小娟、吕洪业:《构建慈善超市长效发展机制的探索》,《国家行政学院学报》2010 年第 1 期。

　　[35]赵伦、蒋勇杰:《地方政府对口支援模式分析——兼论中央政府统筹下的制度特征与制度优势》,《成都大学学报(社科版)》2009 年第 2 期。

　　[36]刘乃山:《加大救灾捐赠力度》,《中国减灾》2005 年第 11 期。

　　[37]邓国胜:《个人捐赠是慈善事业发展的基石》,《中州学刊》2007 年第 1 期。

　　[38]穆秀丽:《倡导捐赠文化构建和谐社会——美国捐赠文化探析及其对中国慈善事业的启示》,《三峡大学学报(人文社会科学版)》2007 年第 6 期。

　　[39]谢永超、杨忠直:《国际视角下的个人捐赠研究》,《东南亚纵横》2009 年第 5 期。

　　[40]陈成文、谭娟:《税收政策与慈善事业:美国经验及其启示》,《湖南师范大学社会科学学报》2007 年第 6 期。

　　[41]庞陈敏、韩煜皎、刘乃山:《最大规模的中国民间对外援助——中国民间援助印度洋海啸灾区的简要回顾》,《中国减灾》2005 年第 3 期。

　　[42]李宝俊:《中国捐助走向规范化运作——2001 年经常性社会捐助活动回眸》,《中国减灾》2001 年第 11 期。

　　[43]孙绍骋、张杰等:《捐助活动社会化研究》,《中国社会工作》1998 年第 2 期。

　　[44]王锡源:《论社会转型时期慈善捐赠机制的完善——以上海慈善捐赠事业为例》,《中共杭州市委党校学报》2007 年第 5 期。

　　[45]高功敬、高鉴国:《中国慈善捐赠机制的发展趋势分析》,《社会科学》2009 年第 12 期。

　　[46]康沛竹:《新中国成立以来自然灾害对社会发展的影响》,《宁夏社会科学》2005 年第 11 期。

　　[47]张富文:《新中国成立初期的生产救灾工作述论》,《河北师范大学学报(哲学社会科学版)》2009 年第 9 期。

　　[48]刘奎:《建国初期灾害救济的措施与成效》,《党的文献》2008 年第 3 期。

　　[49]徐富海:《经常性社会捐助工作呼唤新规则》,《中国减灾》2004 年第 10 期。

　　[50]蒋积伟:《改革开放以来中国救灾减灾政策研究综述》,《北京社会科学》2008 年第 10 期。

　　[51]蒋积伟:《析论 20 世纪 80 年代中国救灾体制的改革》,《北京党史》2008 年第 7 期。

　　[52]蒋积伟:《新中国救灾工作社会化的历史考察》,《当代中国史研究》2010 年第

11 期。

　　[53]杨毅:《"国际减灾十年"简介》,《中国减灾》1991 年第 1 期。

　　[54]《中国国际减灾十年委员会简介》,《中国减灾》1991 年第 1 期。

　　[55]田钊平:《减灾防灾、政府责任与制度优化》,《西南民族大学学报(人文社科版)》2009 年第 4 期。

　　[56]田书和:《中国接受救灾外援历程》,《文史月刊》2008 年第 8 期。

　　[57]孙晓晖:《中国应对自然灾害的社会动员问题刍议》,《江西社会科学》2009 年第 11 期。

　　[58]高建国:《有关汶川地震灾害链的思考》,《科学对社会的影响》2008 年第 6 期。

　　[59]史维新:《第一次向国内外发出救灾援助紧急呼吁》,《中国社会导刊》2002 年第 5 期。

　　[60]郭兴:《对经常性社会捐助活动有效实现形式的探索》,《科技情报开发与经济》2009 年第 29 期。

　　[61]范宝俊:《适应形势　推进救灾分级管理工作》,《民政论坛》1996 年 4 期。

　　[62]罗峰:《志愿组织发展中的政府责任:合法性视角的分析》,《国家行政学院学报》2009 年第 4 期。

　　[63]阿拉塔高娃:《关于东南沿海地区与少数民族地区的对口支援和经济技术协作发展的认识》,《内蒙古社会科学(汉文版)》2000 年第 3 期。

　　[64]易丽丽:《论中央调控下的地方政府间合作》,《南昌大学学报(人文社会科学版)》2008 年第 9 期。

　　[65]许安标:《用法律撑起爱的太空——〈中华人民共和国公益事业捐赠法〉介绍》,《科技与法律》1999 年第 9 期。

　　[66]薛东成、章林军:《向地震灾区捐赠税前扣除应注意的事项》,《涉外税务》2008 年第 7 期。

　　[67]开放:《国际视野的大国胸襟》,《中国质量万里行》2008 年第 6 期。

　　[68]肖宇:《跨国公司在中国捐赠的法律思考——以 5·12 汶川大地震后捐赠为例》,《2008 全国博士生学术论坛(国际法)论文集——国际经济法、国际环境法分册》2008 年第 10 期。

　　[69]江希和:《有关慈善捐赠税收优惠政策的国际比较》,《财会月刊》2007 年第 7 期。

　　[70]赵朝峰:《简评建国初期的放灾渡荒工作》,《中共党史研究》2000 年第 4 期。

　　[71]蒋志强:《建国前后苏北水灾及救灾二作述论》,《江苏科技大学学报(社会科学版)》2006 年第 6 期。

　　[72]陈冬生:《建国初期河北省赈灾工作简论》,《廊坊师范学院学报》2004 年第 4 期。

　　[73]何振锋:《北京推进经常性社会捐助体系建设的实践》,《中国国情国力》2017 年第 7 期。

［74］柴观珍、麻书涛:《建国以来我国接受国际救灾援助政策的演变及经验教训》,《衡阳师范学院学报》2010 年第 4 期。

［75］邓绍辉:《汶川地震与国际援助》,《今日中国论坛》2013 年第 17 期。

［76］崔艳红:《论新中国建立以来我国政府防灾救灾思想的演变》,《岭南学刊》2011 年第 3 期。

［77］詹奕嘉:《善用外援　兼济天下——新世纪中国涉外救灾援助发展述评》,《中国减灾》2012 年第 10 期。

［78］王尧:《企业所得税法修订对公益慈善捐赠的税收激励政策研究》,《经贸实践》2017 年第 17 期。

［79］曲顺兰:《税收激励慈善捐赠:理论依据、作用机理与政策体系构建》,《财政经济评论》2017 年第 1 期。

［80］曲顺兰、张莉:《税收调节收入分配:对个人慈善捐赠的激励》,《税务研究》2011 年第 3 期。

［81］曲顺兰、崔红霞:《慈善捐赠税收政策文献述评及研究展望》,《经济与管理评论》2013 年第 6 期。

［82］靳东升、李永钢:《完善向慈善组织捐赠的税收政策》,《中国民政》2015 年第 6 期。

［83］谢娜:《我国慈善捐赠税收政策》,《财政金融》2012 年第 9 期。

［84］丁美东:《个人慈善捐赠的税收激励分析与政策思考》,《当代财经》2008 年第 7 期。

［85］黄桂香、黄华清:《税收政策影响慈善捐赠行为的经济学分析》,《价格月刊》2008 年第 2 期。

［86］李宁:《我国慈善捐赠人的税收优惠政策研究》,《公共经济与政策研究》2017 年第 1 期。

［87］曲顺兰、王丛、崔红霞:《国外慈善捐赠税收激励政策取向及我国优惠政策的完善》,《经济与管理评论》2016 年第 5 期。

［88］黄晓瑞、吴振华、胡玥:《慈善捐赠、税收激励与政策工具契合研究》,《河南社会科学》2016 年第 5 期。

［89］姜幸克:《国慈善捐赠的税收激励制度研究——以企业捐赠为例》,《佳木斯职业学院学报》2016 年第 3 期。

［90］赵宝爱:《论政府在慈善捐赠激励机制中的角色定位》,《学术界》2011 年第 10 期。

［91］王丽辉:《关于慈善捐赠激励的税收政策研究》,《北方经济》2013 年第 12 期。

［92］黄晓瑞、吴显华:《慈善捐赠的一个政策工具:税收激励》,《武汉大学学报(哲学社会科学版)》2015 年第 4 期。

［93］朱信永、刘诚:《激励企业捐赠的税收政策取向》,《税务研究》2015 年第 6 期。

［94］栗燕杰:《我国慈善税收优惠制度的问题与出路》,《中国公共政策评论》2015

年第 9 卷。

　　[95]黄洪、明仪皓、曾珠、朱盈盈：《税收激励与慈善捐赠：文献评述与启示》，《财会通讯》2015 年第 9 期。

　　[96]闫文婷：《我国慈善捐赠的税收激励制度研究》，《时代金融》2015 年第 24 期。

　　[97]任海穹：《企业慈善捐赠的所得税税收激励分析》，《发展》2015 年第 7 期。

　　[98]张强、韩莹莹：《中国慈善捐赠的现状与发展路径——基于中国慈善捐助报告的分析》，《中国行政管理》2015 年第 5 期。

　　[99]王东明：《对我国捐赠文化内涵的浅显探讨》，《中国减灾》2013 年第 22 期。

　　[100]李瑞雪：《论企业捐赠文化及其建设方略》，《学理论》2013 年第 3 期。

　　[101]林心淦：《改革开放以来华侨华人在福清侨乡捐赠行为的文化解读》，《八桂侨刊》2013 年第 4 期。

　　[102]刘再春：《公共危机信息公开问题研究——以 4·20 雅安地震为例》，《四川行政学院学报》2013 年第 6 期。

　　[103]王皎：《发挥审计"免疫功能"构建救灾捐赠款物审计"免疫"系统》，《哈尔滨金融学院学报》2011 年第 3 期。

　　[104]王东明：《救灾捐赠的精感逻辑探讨》，《中国减灾》2012 年第 21 期。

　　[105]高鉴国：《美国慈善捐赠的外部监督机制对中国的启示》，《探索与争鸣》2010 年第 7 期。

　　[106]栗燕杰：《新时代的救灾捐赠：〈慈善法〉的突破创新与实施展望》，《中国减灾》2016 年第 11 期。

　　[107]蒋积伟：《新中国社会捐助工作的历史考察与反思———以救灾捐赠为例》，《科学社会主义》2011 年第 2 期。

　　[108]徐璨、郑功成：《〈慈善法〉开启慈善事业黄金发展时代》，《中国减灾》2016 年第 11 期。

　　[109]王东明：《从救灾捐赠角度分析灾害社会治理政策发展》，《中国民政》2015 年第 6 期。

　　[110]邓绍辉：《从汶川地震看我国救灾捐赠制度的变化》，《现代经济信息》2013 年第 22 期。

　　[111]叶建之：《对落实民政部〈关于完善救灾捐赠导向机制的通知〉要求的思考》，《中国减灾》2013 年第 23 期。

　　[112]王瑛、邹振华、王宇渠：《美国救灾捐赠工作规程初探———以俄勒冈州为例》，《灾害学》2014 年第 1 期。

　　[113]郭佩霞：《推动慈善捐赠的税收激励与政策完善》，《税收经济研究》2014 年第 2 期。

　　[114]蒋积伟：《新中国救灾方针演变考析》，《当代中国史研究》2014 年第 2 期。

　　[115]谭文艳、邢丹花：《我国救灾捐赠行政监管存在的问题与国外成功经验》，《产业与科技论坛》2017 年第 11 期。

[116]胡小军:《公开募捐制度改革及其影响研究——基于广州的实证分析》,《中国非营利评论》2017 年第 2 期。

[117]张琦、冯丹萌:《我国减贫实践探索及其理论创新:1978—2016 年》,《改革》2016 年第 4 期。

[118]李勇:《改革开放以来东西扶贫协作政策的历史演进及其特点》,《党史研究与教学》2012 年第 2 期。

[119]高冬梅:《从制度创新视角看中国共产党社会救助思想的发展》,《人文杂志》2017 年第 1 期。

[120]王欣欣、李鑫:《近十年来中国救灾史研究综述》,《经济与社会发展》2013 年第 3 期。

[121]张富文:《新中国成立初期的生产救灾工作述论》,《河北师范大学学报(哲学社会科学版)》2009 年第 5 期。

[122]赵铁锁、任春峰、张彤薇:《新时期党和国家救灾减灾举措及其基本经验》,《河北学刊》2011 年第 4 期。

[123]段冰:《民间慈善组织地位研究》,《江苏教育学院学报(社会科学版)》2013 年第 1 期。

[124]曲顺兰、高国强:《国外税收调节收入分配的经验与启示》,《涉外税务》2011 年第 4 期。

[125]蓝春娣、杨颖:《政府主导型慈善事业发展的弊病及其对策》,《特区经济》2012 年第 4 期。

[126]韩颖:《1978 年以来中国接受国际救灾援助述论》,《理论学刊》2010 年第 2 期。

[127]韩颖:《建国初期救灾募捐工作述论》,《理论学刊》2011 年第 2 期。

[128]韩颖:《21 世纪以来中国国际救灾援助的新变化》,《中国减灾》2011 年第 23 期。

[129]韩颖:《中国国际救灾援助的重大变革》,《特区实践与理论》2012 年第 2 期。

[130]韩颖:《改革开放以来救灾捐赠工作的反思》,《特区实践与理论》2014 年第 3 期。

[131]韩颖:《新中国成立初期谢觉哉救灾思想及其当代价值》,《广东省社会主义学院学报》2017 年第 4 期。

[132]钟开斌:《控制性多层竞争:对口支援运作机理的一个解释框架》,《甘肃行政学院学报》2018 年第 1 期。

[133]民政部救灾司:《纪念改革开放 30 周年特别专题:减灾救灾 30 年》,《中国减灾》2008 年第 12 期。

[134]《庆祝中华人民共和国成立 60 周年特别专题:减灾救灾 60 年》,《中国减灾》2009 年第 10 期。

（五）博士论文

[1]蒋积伟:《1978年以来中国救灾减灾工作研究》,中共中央党校博士论文2009年。

[2]陈彪:《中国灾害管理制度变迁与绩效研究》,中国地质大学博士论文2010年。

[3]康晓强:《公益组织参与灾害治理研究》,复旦大学博士论文2010年。

[4]林延光:《当代中国慈善公益募捐发展研究——兼与美国的比较》,湖南师范大学博士论文2014年。

（六）报刊资料

[1]《中央人民政府政务院关于生产救灾的指示》,《人民日报》1949年12月20日。

[2]内务部研究室:《救灾工作及其问题》,《人民日报》1950年1月15日。

[3]新华社:《深入开展生产救灾工作,董副总理在中央救灾委员会成立会上的报告》,《人民日报》1950年3月7日。

[4]新华社:《目前生产救灾工作中的主要偏向》,《人民日报》1950年3月9日。

[5]陈其瑗:《一年来的救灾工作总结》,《人民日报》1950年9月13日。

[6]中央人民政府内务部:《关于检查救灾工作的指示》,《人民日报》1951年1月27日。

[7]傅作义:《毛主席的领导决定了治淮工程的胜利》,《人民日报》1951年11月13日。

[8]伍云甫:《中国人民救济总会两年来的工作概况》,《人民日报》1952年9月29日。

[9]李德全:《中国红十字会总会改组两年来的工作》,《人民日报》1952年9月8日。

[10]《民政工作应积极为国家总路线服务》,《人民日报》1953年12月24日。

[11]《国务院关于进一步做好救灾工作的决定》,《人民日报》1957年9月17日。

[12]《第四次全国民政会议决定从四个方面贯彻总路线》,《人民日报》1958年6月30日。

[13]《深入批邓是战胜震灾的强大动力》,《人民日报》1976年8月28日。

[14]新华社:《1976年唐山地震死亡24万多人》,《人民日报》1979年11月23日。

[15]崔乃夫:《关于民政工作社会化问题》,《中国社会报》1991年5月31日。

[16]《慈善总会开展抗洪救灾紧急救援行动》,《人民日报》1998年8月12日。

[17]江泽民:《考察京九沿线贫困地区和革命老区时的讲话》,《江西日报》1996年9月23日。

[18]中国国际减灾十年委员会:《中华人民共和国减灾规划（1998—2010年）》,《人民日报》1998年6月19日。

[19]《"慈善超市"探索市场化运营之道》,《人民政协报》2004年11月16日。

[20]邹兆辰:《中国史学史研究中的理论审视》,《光明日报》2005年4月21日史学版。

［21］白英：《社会捐助：细节中渐成公益文化》，《光明日报》2006 年 12 月 9 日。

［22］《中华人民共和国突发事件应对法》，《人民日报》2007 年 1 月 1 日。

［23］国务院办公厅：《国家综合减灾"十一五"规划》，《人民日报》2007 年 8 月 15 日。

［24］康沛竹：《新中国成立以来防灾救灾理念的发展》，《中国社会报》2008 年 11 月 3 日。

［25］熊思浩、章念生：《就中国抗震救灾行动国际社会继续予以高度评价》，《人民日报》2008 年 6 月 20 日。

［26］潘跃：《民政部发布公告感谢社会各界对地震灾区捐赠》，《人民日报》2008 年 7 月 11 日。

［27］于泽远：《1949 年以来首次中国同意日本台湾派救援队前往灾区》，《联合早报》2008 年 5 月 16 日。

［28］何惜薇：《外援只是辅助，受灾国自主性需获尊重》，《联合早报》2008 年 5 月 18 日。

［29］钟开斌：《我国救灾体制改革的三大动向》，《学习时报》2018 年 7 月 23 日。

［30］梅松武：《从悲壮走向豪迈的中国奇迹——写在汶川特大地震三周年之际》，《四川日报》2011 年 5 月 4 日。

［31］《国务院批转民政部等部门关于扶持农村贫困户发展生产治穷致富的请示的通知》，《吉林政报》1985 年 6 月 15 日。

［32］《国务院办公厅关于加强救灾捐赠管理工作的通知》，《湖北政报》1998 年 9 月 1 日。

［33］《转发省政府办公厅转发国务院办公厅关于加强防治非典型肺炎社会捐赠款物管理工作的通知》，《广州政报》2003 年 6 月 8 日。

［34］薛志伟：《光辉的历程　宏伟的篇章》，《经济日报》2009 年 9 月 21 日。

［35］《国务院办公厅关于加强汶川地震抗震救灾捐赠款物管理使用的通知》，《中华人民共和国国务院公报》2008 年 6 月 10 日。

［36］《中共浙江省办公厅、浙江省人民政府办公厅关于转发〈省民政厅关于切实做好经常性社会捐助工作的意见〉的通知》，《浙江政报》2002 年 1 月 30 日。

［37］翟伟：《社会捐助：牵动亿万人心》，《解放军报》2001 年 11 月 19 日。

［38］邹国金：《税收支持向地震灾区捐赠》，《中国税务报》2008 年 5 月 19 日。

［39］舒迪：《解读〈救灾捐赠管理办法〉》，《人民政协报》2008 年 5 月 13 日。

［40］李晓平：《公募基金会才能开展救灾捐赠》，《厦门日报》2008 年 5 月 29 日。

［41］《民政部印发〈关于支持引导社会力量参与救灾工作的指导意见〉社会力量参与救灾将不再无序》，《中国社会报》2015 年 10 月 12 日。

［42］荣启涵：《规范工作体系　破解协调难题　支持引导社会力量参与救灾工作》，《团结报》2015 年 10 月 27 日。

［43］王勇：《〈国家自然灾害救助应急预案〉印发　根据响应级别民政部组织社会

组织开展相应工作》,《公益时报》2016 年 3 月 29 日。

［44］张维:《统一发布救灾需求信息　引导捐赠投向评估等级高慈善组织　民政部门不再指定慈善组织接受捐赠》,《法制日报》2012 年 7 月 14 日。

［45］张玉琢:《我国将完善救灾捐赠导向机制》,《中国社会报》2012 年 12 月 6 日。

［46］李建国:《关于〈中华人民共和国慈善法〉的说明》,《人民日报》2016 年 3 月 10 日。

［47］《民政部继续做好鲁甸地震灾区救灾工作》,《中国社会报》2014 年 8 月 6 日。

［48］辛均庆:《〈〈广东省社会力量参与救灾促进条例(草案修改稿)〉拟规定:救灾捐赠物资账目要透明公开》,《南方日报》2015 年 1 月 13 日。

［49］白雪:《民政部:捐赠信息应主动公开长期可查　进入鲁甸救灾的社会组织应由政府统筹管理》,《中国青年报》2014 年 8 月 9 日。

［50］王勇:《从正视到规范　社会组织救灾走向常态化》,《公益时报》2018 年 5 月 15 日。

［51］康晓强:《公益组织募捐与受捐资格规定的历史考察》,《学习时报》2012 年 6 月 11 日。

(七) 网站资料

［1］中华人民共和国民政部:http://www.mca.gov.cn/

［2］人民网:http://www.people.com.cn/

［3］新华网:http://www.xinhuanet.com/

［4］中国网:http://www.china.org.cn.

［5］中国捐助:http://www.donation.gov.cn/

［6］中华慈善网:http://www.chinacharity.cn/

［7］中国知网:http://www.edu.cnki.net.

［8］中华人民共和国中央人民政府网:http://www.gov.cn/

［9］网易新闻网:https://news.163.com/

［10］搜狐新闻网:http://news.sohu.com/

［11］新浪新闻网:https://news.sina.com.cn/

后 记

时光荏苒，弹指一挥间。回望在中共中央党校读书的时光，至今已有十余年时间。那是我人生中最难忘、受益最大的三年。

我在中共中央党校读书的时候，师从刘晶芳教授。刘老师带我走进了中共党史研究的广阔空间。2009年4月，在刘老师的推荐下，我有幸参加了民政部《汶川特大地震抗震救灾志·社会赈灾志》的编纂工作，使我对救灾捐赠这一课题产生了兴趣，并将救灾捐赠研究作为博士论文的选题。本书是在我的博士论文《改革开放以来救灾捐赠研究》的基础上，经过三年多的研究、修改、补充、完善而成的。衷心感谢刘老师对我在学业、生活、工作上的教诲、关怀和鼓励。感谢她为本书作序。

现在，我非常高兴，作为国家社科基金后期资助项目的成果，在人民出版社的支持下，这本《新中国成立以来救灾捐赠研究》即将出版了。非常感谢人民出版社的余平博士，她对本书的出版做了大量编校工作，并提出宝贵的修改建议。在此，向她的辛勤工作致敬。

特别感谢含辛茹苦的父母，感谢他们的养育、无私付出与支持，没有他们不会有我今天的成绩。感谢可爱的女儿给予我的勇气和动力。

遗憾的是，由于博士毕业后长时间从事基层党校培训教学工作，始终未能专门地、一心一意地对这一问题进行研究，只得断断续续地、用业余时间来做。尽管付出很大努力，但由于学识、能力和精力所限，本书仍存在欠缺和不足之处，敬请各位专家学者不吝赐教、批评指正。

韩 颖
2020年3月于深圳市香蜜湖

责任编辑:余　平
封面设计:毛　淳　徐　晖
责任校对:白　玥

图书在版编目(CIP)数据

新中国成立以来救灾捐赠研究/韩颖 著. —北京:人民出版社,2020.5
(国家社科基金后期资助项目)
ISBN 978－7－01－021966－0

Ⅰ.①新… Ⅱ.①韩… Ⅲ.①救灾-社会工作-研究-中国②慈善事业-研究-中国 Ⅳ.①D632.5②D632.1

中国版本图书馆 CIP 数据核字(2020)第 044445 号

新中国成立以来救灾捐赠研究

XINZHONGGUO CHENGLI YILAI JIUZAI JUANZENG YANJIU

韩　颖　著

人 民 出 版 社 出版发行
(100706　北京市东城区隆福寺街 99 号)

北京盛通印刷股份有限公司印刷　新华书店经销

2020 年 5 月第 1 版　2020 年 5 月北京第 1 次印刷
开本:710 毫米×1000 毫米 1/16　印张:17.5
字数:305 千字

ISBN 978－7－01－021966－0　定价:58.00 元

邮购地址 100706　北京市东城区隆福寺街 99 号
人民东方图书销售中心　电话 (010)65250042　65289539